트럼프 2.0 시대
대한민국의 신강대국 전략

윤성학 지음

케이북스

목 차

추천의 글   7
머리말   13

제 1장
트럼프가 뒤흔든 세계 질서

1. 우리가 알던 미국은 없다   27
2. 미국 우선주의와 신팽창주의   33
3. 자유민주주의의 위기와 신극우의 부상   40
4. 해체되는 미국 주도 글로벌 리더십   48
5. 세계화는 끝났는가?   52

제 2장
트럼프의 경제·기술 패권 전쟁

1. 관세전쟁의 충격과 구조   61
2. 첨단 기술 전쟁과 공급망 재편   73
3. 글로벌 빅테크의 전략적 대응   77
4. 미국 제조업의 부활은 가능한가?   83
5. 달러 패권의 지속 가능성   90

제 3장
중국의 대응과 전망

1. 미·중 관세전쟁의 충격과 전망	99
2. 기술 굴기와 내수 중심 전략	108
3. 중국에게 기회인가, 위기인가	116
4. 양안전쟁은 발생할 것인가?	124

제 4장
자유주의 진영의 전략 재편

1. 유럽 : 전략적 자율성과 독립 추구	133
2. 일본 : 불확실한 동맹과 탈출 전략	138
3. 대만 : 위기의 최전선에서	144
4. 동남아시아 : 균형외교의 틈	153
5. 인도 : 지정학적 위기의 심화	172
6. 글로벌 사우스 : 미국 없는 세계와 새로운 협력의 모색	184

제 5장
권위주의 진영의 지정학 전략

1. 러시아 : 제국의 유산과 한계	195
2. 북한 : 부활하는 지정학적 기회와 위태로운 왕조	204
3. 튀르키예 : 동맹 밖의 동맹	209
4. 중앙아시아 : 진화하는 다변화 외교	215
5. 중동 : 전쟁의 문턱에서	224

제 6장
한국의 신강대국 전략

1. 신강대국의 정의와 조건   235

2. 디지털 거버넌스 외교 전략   249

3. 한국형 복합억제군사 전략   255

4. 매력 국가 전략   265

5. 대중국 전략 : 탈중국과 역외 균형   273

6. 대러시아 전략 : 평화 전환과 전략적 유연성   281

7. 대일본 전략 : 전략적 상호의존의 재구성   286

8. 신남방 2.0 전략 : 다자주의 플랫폼의 형성   292

9. 유라시아 초승달 협력 전략 : 개발협력을 넘어   305

10. 대북한 전략 : 최악의 시나리오와

      전략의 재설계   316

맺음말   326
미주   334
참고 문헌   345
찾아보기   352

추천의 글

임혁백(고려대학교 명예교수)

  오늘날의 국제 질서는 다시금 격동의 소용돌이 속으로 진입하고 있다. 트럼프의 재집권은 단순한 미국 내 정치권력의 교체를 넘어, 지난 80여 년간 유지되어 온 자유주의 국제 질서의 근본적 균열을 상징한다. 이는 규범 기반의 다자주의, 자유무역 체제, 동맹 중심의 국제안보 틀을 뿌리부터 흔드는, 문명사적 전환의 신호탄이라 할 수 있다. 이러한 거대한 시대 전환 앞에서 한국은 더 이상 수동적 생존 전략에 머물러서는 안 되며, 능동적으로 새로운 질서를 설계하고 주도할 수 있는 전략적 행위자로 거듭나야 한다. 이 책《트럼프 2.0 시대, 대한민국의 신강대국 전략》은 바로 이러한 전환기의 역사적 요구에 응답하는 이론적 성찰이자, 실천 가능한 국가 대외전략을 제시하는 정책적 제안서이다.

  저자는 서두에서 한국이 더 이상 중견국이 아니며, 오히려 그 지위에 머무르는 것은 전략적 정체의 위험을 자초하는 것이라고 단언한다. 그는 한국의 경제력, 군사력, 기술력, 문화력이 이미 강대국의 문턱에 도달해 있음을 객관적으로 제시하며, 이러한 역량을 '전략화'하지 못하는 인식의 관성과 정책적 무능을 오늘날 가장 시급한 장애로 지적한다. 오늘날 세계 질서는 미·중 간 전략적 경쟁의 격화, 북한의 지속적인 핵 고도화, 양안(兩岸) 갈등의 군사적 충돌 가능성, 반도체를 둘러싼 공급망 전쟁, 그리고 생성형 인공지능을 포함한 기술 패권 경쟁의 심화 등 전방위적인 구조적 변화 속에 있다. 그럼에도 불구하고 한국의 외교 전략이 여전히 '4강 외교'나 지역 기반의 '신북방 정책', '신남방 정책'이라는 과거의 틀에 머무른다면, 이러한 다층적 전환 현실에 효과적으로 대응하기 어렵다.

이 책의 탁월한 점은 단순히 위기의 나열에 그치지 않고, 전략적 주체로서 한국이 취해야 할 구체적 경로를 기술, 안보, 경제, 외교, 이념 등 다차원적 분석 틀을 통해 체계적으로 제시하고 있다는 데 있다. 특히 '플랫폼 주권', '디지털 거버넌스', '복합안보전략', '매력 국가', '신남방 2.0', '평화전환전략', '유라시아 초승달 협력'과 같은 전략 개념들을 전통적인 군사안보 패러다임과 유기적으로 통합함으로써, 21세기형 신강대국의 요건을 새로운 방식으로 재정의하고 있다는 점은 주목할 만하다. 이는 단순한 외교정책의 전환을 넘어, 국가 정체성의 재구성과 문명사적 전환에 대한 전략적 응답으로 해석될 수 있다.

또한, 이 책은 미국의 전략적 후퇴, 중국의 패권 기획, 러시아의 군사주의적 질서 도전을 배경으로, 한국이 기존 질서의 수혜국에서 수호국으로 전환해야 한다는 도덕적·전략적 의무를 강조한다. 트럼프의 '거래 외교'는 동맹국조차 이익의 객체로 환원시키며, 한국 역시 확고한 비전과 능동적 전략 없이는 이 새로운 게임의 규칙에서 철저히 주변화될 수밖에 없다는 저자의 분석은 날카롭고 설득력 있다.

무엇보다 이 책이 지닌 가장 큰 학문적 의의는, 외교와 안보, 기술과 가치, 규범과 전략을 하나의 총체적 구조 속에서 통합적으로 서술하고 있다는 점이다. 이는 단지 외교정책 전문가뿐 아니라, 정치학, 국제관계학, 경제학, 지역학 등 다양한 학문 분야의 연구자들에게도 중요한 이론적 자극과 분석적 통찰을 제공한다. 특히 변화하는 세계 질서를 다층적으로 이해하고자 하는 학제적 접근에 있어, 이 책은 유용한 이론적 출발점이자 레퍼런스가 될 수 있다.

저자가 말하듯이, 대한민국은 더 이상 전략의 대상이 아니라 전략의 주체가 되어야 하며, 그것이 바로 신강대국의 출발점이다. 그 출발은 인식의 전환에서 비롯되어야 한다. 중견국의 함정은 단지 역량의 부족에서 오는 것이 아니라, 스스로를 작게 보고 전략적 행위자로 나서기를 주저하는 집단적 무의식에서 기인한다. 이 책은 바로 그 무의식을 흔들고, 한국이 가진 구조적 역량을 전략적 선택과 실천으로 조직화하자는 강력한 선언이다.

나는 오랜 시간 정치학자로서, 대한민국이 국제사회의 수동적 수혜국을 넘어 능동적 전략국가로 전환할 수 있을지에 대해 고민해왔고, 그 과정에서 학문과 현실 사이의 틈을 줄이는 데 깊은 관심을 가져왔다. 이 책은 그 간극을 가장 치밀하고 구조적으로 메우고자 한 성과 중 하나로 평가될 수 있다. 특히 이 저작은 강대국의 개념을 단순한 물리적 우위에 국한하지 않고, 규범과 질서를 설계하는 능력까지 포함하는 방향으로 확장하며, 한국이 '질서 설계자(order-maker)'로 도약할 수 있는 가능성과 전략적 조건을 설득력 있게 제시하고 있다. 이러한 점에서 이 책은 이론과 실천, 국가 전략과 문명사적 전환을 잇는 중요한 학술적 기여로 자리매김할 수 있다.

이 책은 정책 전문가에게는 전략의 청사진이 되고, 연구자에게는 분석의 틀이 되며, 시민에게는 시대를 꿰뚫는 성찰의 거울이 될 것이다. 지금 이 책이 필요한 이유는 명확하다. 전환의 시대, 위기 속 기회를 포착하고, 전략적 자기규정을 통해 미래를 설계하고자 하는 모든 이에게 이 책은 가장 진지하고도 실천적인 안내서가 될 것이다.

일러두기

1. 본문에 등장하는 영어, 러시아어, 중국어 등의 지명 및 인명 표기는 원칙적으로 국립국어원의 외래어 표기법을 기준으로 하였다. 다만, 국제적 통용성과 학술적 명료성을 고려하여 일부 단어는 예외를 적용하였다. 예를 들어 논란의 여지가 있는 '투르크'는 '튀르크'로 통일하되, 일반명사화된 지명 및 국명(예: 투르크멘, 투르크메니스탄)은 기존 표기를 유지하였다.

2. 지명 및 인명의 표기는 가능한 한 현지어 음역보다는 《브리태니커 백과사전》등 주요 국제 백과사전의 영문 표기를 기준으로 삼았으며, 독자의 이해를 돕기 위해 국제사회에서 통용되는 표기 방식에 따라 통일하였다.

3. 본서는 민족적 정체성과 국가 주권에 관한 논쟁을 피하고자, 현대 국제법과 국제기구의 승인 여부를 지명 및 국가 분류의 기준 중 하나로 삼았다. 독립 민족국가로 간주되는 경우에도, 실질적 자치 수준과 국제적 인정을 함께 고려하여 서술하였다.

이 책은 2021년 대한민국 교육부와 한국연구재단의 지원을 받아 수행된 연구임.
과제번호: NRF-2021S1A5B5A1607774

머리말

트럼프2.0시대 대한민국의 신강대국 전략

머리말

2025년, 트럼프의 귀환은 단순한 미 정부의 권력 교체가 아니라 세계 질서 자체의 균열을 의미한다. 그의 재집권은 2차 세계대전 이후 축적되어온 국제 규범과 제도, 가치 연대의 기반을 뒤흔들며, 기존의 글로벌 체계를 근본적으로 재편하고 있다. 동맹은 사라지고 국제관계에서 비용 대비 이익이 우선시되고 있으며, 자유무역 체제는 미국의 이탈로 인해 중심축을 상실한 채 흔들리고 있다. 세계화는 퇴조하고, 국경은 다시 두꺼워지고 있으며, 자국 우선주의, 기술 패권 경쟁, 보호무역주의, 신극우의 전면화가 동시다발적으로 전개되면서 국제사회는 각자도생의 시대로 급격히 이행하고 있다.

이 책은 바로 이러한 문명사적 전환의 한가운데서 한국은 어떤 전략을 선택할 것인가라는 근본적인 질문에서 출발한다. 글로벌 공급망의 재편, 미·중 간 전략적 경쟁의 구조화, 동맹 유지에 따르는 비용 증가, 기술·무역 질서의 리셋 등 오늘날 한국 외교·안보 환경을 뒤흔드는 핵심 변수들은 모두 트럼프의 귀환이라는 거대한 균열에서 비롯되었다. 이제 한국은 시대에 맞는 새로운 전략을 준비해야 한다. 이 책은 그 전략의 가능성과 방향을 모색하려는 치열한 성찰의 결과물이다.

지금 한국은 거친 언사와 힘의 정치로 무장한 트럼프의 협상 테이블에 마주앉아야 하는 상황에 직면해 있다. 트럼프는 일관된 원칙보다 순간적인 계산과 압박을 중시하며, 동맹국조차 예외 없이 거래의 대상으로 취급한다. 이에 준비되지 못한 국가는 그의 페이스에 휘말릴 수밖에 없다. 그의 말 한마디, 숫자 하나, 돌발적인 정책 발표가 글로벌 질서를 흔드는 상황에서, 확고한 비전과 능동적인 전략 없이는 한국 역시 그와의 협상에서 주도권을 확보하기 어렵다.

하지만 전략을 논하기에 앞서, 우리는 먼저 자신을 객관적으로 이해해야 한다. 개도국, 중견국이라는 과거의 관성, 동맹에 대한 일방적 의존, 자신을 축소하고 비하하는 인식에서 벗어나야 한다. 2025년의 대한민국은 더 이상 중견국이 아니다. 우리는 반도체·배터리·조선·디스플레이 등 핵심 제조 기술 분야에서 글로벌 공급망의 중심을 점하고 있다. 한국은 군사력 면에서도 세계 5위권에 올라 있으며, 자주적 방위 역량과 글로벌 파병 경험을 바탕으로 실질적인 안보 기여국으로 자리매김하고 있다. 또한 K-팝, 드라마, 영화, 게임 등으로 대표되는 K-컬처는 이미 전 세계 수억 명에게 문화적 정체성을 각인시키며, 새로운 소프트 파워의 표준으로 자리 잡고 있다.

대한민국은 산업화와 민주화를 병행하며 압축적 근대화를 이룬 세계사적 특수 사례로 주목받아 왔다. 특히 군사정권과 계엄 통치를 극복하고, 평화로운 정권 교체와 헌정 질서를 제도화한 경험은 아시아 민주주의의 희귀한 성공사례로서 국제사회에서 높은 평가를 받고 있다. 이는 억압과 통제를 넘어선 시민사회의 성숙한 정치적 역량을 입증하며, 민주주의의 회복 가능성과 제도적 탄력성을 보여주는 대표적인 모델이라 할 수 있다.

1987년 민주화 운동을 통해 헌정 질서를 회복한 한국은, 고도 산업화와 문화적 영향력의 확산 속에서 정치적 성숙까지 더하며, 이제는 글로벌 거버넌스의 책임 있는 주체로 부상하고 있다. 특히 2025년 윤석열 정부가 시도한 계엄을 국민 다수의 헌법적 저항과 제도적 절차를 통해 극복된 것은, 한국 민주주의의 자기 회복력이 여전히 유효하다는 점을 확인시켜 준 사건이었다. 이는 한국에서 민주주의가 단순한 제도적 형식이 아니라, 위기 속에서도 실질적으로 작동하는 통치 원리로 작동하고 있음을 보여주는 중요한 증거다.

개발독재를 극복하고 선진 민주국가로 전환한 국가로서 한국의 이 같은 경험은 민주주의 전환을 모색하는 국가들에 실질적 영감을 제공하는 정치적 레퍼런스로 작용하고 있다. 이는 최근 세계적으로 확산하는 권위주의적 반동, 민주주의 후퇴, 정치적 분열과 같은 흐름 속에서 더욱 중요한 의의가 있다. 민주주의의 원리와 절차가 현실 정치를 견인할 수 있음을 실증적으로 보여주는 한국의 경험은, 경제·기술·군사·문화에 이어 하나의 모델로서 'K-정치'라고 부를 수 있다.

오늘날 대한민국은 단순한 선진국을 넘어, 민주주의 실천의 경험을 내재한 모범 국가로 자리매김하고 있다. 경제, 기술, 군사, 문화는 물론이고, 한국의 정치 모델 역시 세계에 수출할 수 있는 매력적인 자산으로 부상하고 있다. 이러한 국가야말로 진정한 강대국이라 할 수 있다. 민주주의라는 이상을 품고 현실의 장애를 폭력이 아닌 제도를 통해 극복한 한국은, 이제 외교에서도 창의적 전략을 제시해야 한다. 특히 트럼프 시대의 불확실성과 힘의 정치가 지배하는 국제 환경 속에서, 한국은 피동적인 동맹국의 위치에서 벗어나 새로운 시대정신을 바탕으로 글로벌 질서를 능동적으로 재설계해야 한다.

21세기 강대국은 단순히 영토나 인구, 자원, 그리고 군사력으로 규정되지 않는다. 세계를 번영시키고 통합하는 질서를 기획하고 규범을 수립하는 능력, 그리고 시장, 기술, 데이터 등 선진 과학 기술을 이끌어가는 국가가 진짜 강대국이다. 한국은 이러한 질서 주도국으로의 전환을 더 이상 미룰 수 없는 전략적 기로에 서 있다. 한국은 아직 국가 비전으로서의 '강대국 전략'을 정립하지 못하고 있다. 학계와 정책 담론 공간에서는 이미 강대국 지위에 대한 분석과 논의가 활발히 진행되고 있음에도 불구하고, 정치 지도층은 여전히 이러한 담론을 구체적인 외교·안보 전략과 정책 비전으로 조직화하는 데 실패하고 있다. 국민 역시 이러한 담론과 사명을 집단적 목표 의식으로 내면화하지 못하고 있으며, 이는 곧 강대국으로서의 자기 인식 부재와 전략적 상상력의 결핍으로 이어진다.

문제는 역량의 부재가 아니라, 그러한 역량을 조직화하고 외교적·정책적으로 동원할 정치적 의지의 결여에 있다. 한국은 세계 10위권의 경제 대국이자, 반도체·조선·디지털 기술 분야에서 세계를 선도하는 기술 강국이며, 세계 5위권의 군사력과 글로벌 문화 트렌드를 주도하는 소프트 파워를 갖춘 나라이다. 그럼에도 불구하고, 외교 현장에서는 여전히 '4강 외교'라는 구조적 수동성과 '신남방 정책'이라는 제한적 외연 확장에 머무르고 있다. 이는 한국이 식민 지배, 전쟁, 냉전이라는 역사적 경험을 거치며 내면화한 약소국 심성을 아직 극복하지 못했음을 방증한다. 그 결과, 한국은 국제정치의 중심부에서 주도적 행위자로 나서기보다는, 여전히 주변부에 머무르며 생존에 집중하는 수동적 존재로 남아 있다.

강대국이 된다는 것은 단순히 더 많은 자원을 보유하거나 더 넓은 영향력을 행사하는 것을 의미하지 않는다. 그것은 더 큰 책임을 감내하고, 더 무거운 결정을 자신의 이름으로 내려야 한다는 정치적·도덕적 책무를 수반한다. 그러나 이 같은 부담을 회피한 채, 중견국의 틀 안에 안주하려 한다면 그 결과는 정체가 아니라 퇴보다. 국제 질서에서 생존을 최우선 과제로 삼고 동맹의 시선을 살피는 외교에 머무른다면, 그 국가는 결코 전략적 주도권을 확보하지 못하고 구조적으로 종속될 수밖에 없다.

국가도 개인이나 기업과 마찬가지로 도약하지 않으면 뒤처지게 된다. 발전이 멈춘 상태는 곧 퇴보로 이어지며, 번영을 누리던 국가가 몰락한 사례는 역사 속에서 적지 않다. 세계 10대 경제대국이었던 아르헨티나, 그리고 전후 가장 부유했던 국가 중 하나였던 일본조차도 강대국으로 도약하지 못한 결과,

국제적 위상과 영향력이 눈에 띄게 축소되었다. 바로 이러한 이유에서 한국의 강대국 전략은 선택이 아니라 숙명이다. 문제는 그것을 뒷받침할 비전과 상상력이다.

21세기의 국제 질서를 주도하는 강대국은 단순히 군사력을 보유한 국가가 아니라, 시장과 평화를 설계하고 조직할 수 있는 능력을 갖춘 국가다. 과거 전근대적 지정학의 시대에 강대국이 일방적인 군사력과 경제력을 통해 영향력을 행사했다면, 오늘날의 강대국은 글로벌 시장 구조와 국제 규범 체계를 주도하며, 물리적 강제력이 아닌 제도적 정당성과 규범 주도권을 바탕으로 영향력을 확대한다. 신강대국은 공정한 무역 규칙의 수립, 기술 표준의 설정, 협력적·개방적 데이터 활용, 평화 체제, 인도적 지원 등을 통해 자발적인 지지를 조직하며, 국제 질서를 창출한다. 이러한 신(新)강대국은 지배가 아니라 기획과 매력, 동의에 기반한 새로운 형태의 헤게모니를 구현하고 있다.

트럼프 2.0 시대에 신강대국은 전통적 시장 구조를 재편해야 한다는 막중한 사명을 안고 있다. 현대 세계시장은 이제 더 이상 전통적인 상품·서비스 교환에 국한되지 않으며, 사이버 공간을 기반으로 한 플랫폼 시장이 핵심축으로 부상하고 있다. 특히 인공지능(AI), 빅데이터, 클라우드 컴퓨팅 등 디지털 기술 기반의 플랫폼 생태계는 단순한 유통 혁신을 넘어, 생산·소비·금융·노동·정보 흐름 등 경제 전반의 가치 창출 구조를 근본적으로 변화시키고 있다. 이른바 '데이터 자본주의(data capitalism)' 또는 '플랫폼 주권(platform sovereignty)' 시대가 도래한 것이다.

기술 표준을 지배하는 국가, 플랫폼 생태계를 주도하는 기업과 제도를 보유한 국가, 글로벌 데이터 흐름의 관문을 장악한 국가가 이제 강대국이다. 21세기의 강대국은 단지 군사적 억지력이나 경제 규모의 크기에 머물지 않고, 규범의 생산자이자 질서의 설계자, 나아가 디지털 세계의 생태계 관리자로서 기능할 수 있는 구조적 역량을 갖춰야 한다. 이와 같은 문명사적 전환 속에서, 강대국 간 경쟁은 더 이상 전통적인 군비 경쟁이 아니라, 데이터·표준·규범을 둘러싼 보이지 않는 전쟁으로 이동하고 있으며, 이에 대한 전략적 준비와 상상력이야말로 새로운 시대의 국가 역량을 결정짓는 핵심 지표가 되고 있다.

이와 같은 변화 속에서 등장한 이른바 '포스트 차이나(Post-China)' 담론은, 더 이상 단순히 중국을 대체할 새로운 저비용 제조기지를 찾는 지리적 확장에만 머물지 않는다. 인도, 베트남, 인도네시아 등으로의 공급망 이전이라는 지리적 대체론은, 글로벌 가치사슬의 근본적 구조 전환 앞에서 점차 설득력을 잃고 있다. 오늘날 제조업의 중심은 점점 더 기술 집약적 구조로 이동하고 있으며, 특히 인공지능, 로봇 공정 자동화, 디지털 트윈(Digital Twin)[1)] 등 고도화된 기술 생태계가 생산의 공간을 물리적 영토에서 디지털 기반 구조로 이전시키고 있다. 현대자동차가 더 이상 값싼 인건비를 좇아 전 세계로 공장을 옮기는 대신, 미국에 스마트 공장을 세워 고급 기술과 자동화를 중심으로 생산 전략을 바꾸는 것이라고 할 수 있다.

21세기형 시장 인프라는 단순한 항만, 도로, 무역로에 국한되지 않는다. 인터넷 인프라, 위성통신망, 데이터 센터, 알고리즘의 안전성과 투명성 등 디지털 기반의 전략적 자산이 국가의 생존과 안보에 직결되는 시대가 도래했다. 이로 인해 군사력, 경찰력, 사이버 보안 역량은 더 이상 분리된 영역이 아니라, 디지털-물리 복합체로 통합되어야 하며, 국가안보는 전통 안보와 기술 안보가 융합된 새로운 패러다임으로 재구성되어야 한다.

한국 역시 이러한 전환기에 대응하여, 신안보(new security) 또는 미래 안보(future security)에 대한 체계적 사고와 전략 수립이 시급하다. 반도체, 디스플레이, 배터리 등 세계 공급망의 핵심 노드를 담당하고 있는 한국은, 디지털 인프라와 첨단 기술 망의 방어가 곧 경제의 생명선이자 주권의 문제임을 자각해야 한다. 만약, 국제사회와의 디지털 안보 협력이나 기술 인프라 공동방어에 있어 한국이 여전히 소극적 자세를 견지한다면, 이는 단순한 전략적 미비를 넘어 국가적 취약성으로 직결될 수 있다.

국가 자산을 방어하는 일은 선택의 문제가 아니라 필수적 과제이며, 이 분야에서의 능동적 개입과 규범 설계 참여는 강대국으로서의 실질적 자격을 구성하는 핵심 요소다. 한국은 이제 더 이상 기술 소비자나 시스템 추종자가 아니라, 디지털 안보 질서와 플랫폼 기반 경제 생태계를 공동으로 설계하고 방어하는 책임 강국의 역할을 적극적으로 수행해야 한다. 통합적 안보 전략의 기획과 실행에 있어 주도권을 확보하지 못한다면, 현재의 경제 선진국 지위조차 유지하기 어렵다는 현실을 직시해야 한다. 강대국이 된다는 것은, 결국 국제사회의 전략 자산을 방어하고 발전시킬 수 있는 역량과 의지를 갖추는 것을 의미한다.

이러한 조건에서 진정한 군사 강국이 되기 위해서는 단지 병력 규모나 무기 수준의 고도화에 의존하는 것을 넘어서야 한다. 대한민국은 자주국방 역량의 질적 도약을 시급히 요구받고 있으며, 이를 위해서는 외부 억제력에만 기대지 않는 독자적 위기 대응 시스템을 갖춰야 한다. 한국은 공식적으로 핵무기를 보유하고 있지 않지만, 고농축 우라늄 생산 능력, 위성 기반 미사일 유도 기술, 극초음속 운반체계 개발 등 핵무기 개발에 필요한 핵심 기술 역량을 이미 상당 부분 확보하고 있다. 이러한 기술적 기반을 종합적으로 고려할 때, 한국은 안보 상황에 따라 단기간 내에 핵무기 수준의 전략 전력을 조립·운용할 수 있는 '준(準)핵보유국'으로서의 잠재력을 갖춘 국가가 되어야 한다.

21세기의 안보 경쟁은 단순히 핵무기 보유 여부로 강대국을 구분하던 기존의 패러다임을 이미 넘어서고 있다. 한국은 핵무기 대신, 고속·고정밀 미사일, 무인기·드론 전력, AI 기반의 실시간 전장 통제 시스템, 전자·사이버전 능력 등 정밀하고 융합적인 억지력 체계를 중심으로 한 미래지향적 국방 전략을 구축해야 한다. 이러한 전략을 통해 한국은 핵을 보유하지 않고도 핵보유국에 준하는 억지력과 전략적 유연성을 확보할 수 있으며, 이는 국제사회에서 기술 기반 안보 국가이자 책임 있는 군사 강국으로 자리매김하는 데 핵심적 조건이 될 것이다.

군사 안보에 있어 자주성과 기술의 독립성, 그리고 디지털-물리 복합 억지력의 구축은 한국이 단순한 방어국이 아니라, 지역 안정과 국제 평화에 이바지하는 강대국으로 도약하는 관문이다. 진정한 강대국이란 동맹의 보호를 넘어, 스스로 생존하고 주변을 안정시킬 수 있는 전략적 자율성과 책임을 갖춘 국가를 말한다. 한국은 이제 그 지점에 와 있으며, 앞으로의 선택은 한국 스스로의 결단에 달려 있다.

이 책을 집필하게 된 동기 또한 여기에 있다. 강대국 진입의 문턱에 선 대한민국이 과연 무엇을 해야 하는가에 대한 진지한 성찰 없이는, 어떤 대외 전략도 설계될 수 없기 때문이다. 지금 우리가 직면한 상황은 단지 트럼프라는 정치인의 재등장에 그치지 않는다. 그것은 그를 계기로 표면화된 세계 질서의 심층 구조 변화이며, 거대한 질서 변화의 징후로 이해되어야 한다. 바로 그렇기 때문에 한국은 외교적 방정식과 전략 인식을 전면적으로 다시 써야 하는 중차대한 시점에 와 있다.

이와 같은 전환기 속에서 한국이 지금의 위상을 달성할 수 있었던 배경 역시 분명히 인식되어야 한다. 한국은 좁은 내수시장과 한정된 지정학적 투사력이라는 조건 속에서도, 전후 미국 주도의 다자주의와 자유무역 질서라는 외부 구조에 의존하여 압축성장을 이룩해왔다. WTO 체제, 동맹 안보체제, 글로벌 기술·자본 흐름은 모두 한국의 중진국 도약과 선진국 진입을 가능케 한 외부 질서의 기반이었다. 그러나 이 질서가 흔들리는 지금, 한국은 생존과 도약을 동시에 고민해야 하는 이중의 과제를 마주하고 있는 셈이다.

더욱이 기존의 수출 주도형 성장 모델은 한계에 봉착하고 있다. 노동인구 감소, 공급망 불안정, 에너지 전환, 기술 블록화 등 복합적 위기 속에서, 한국 경제의 성공 방정식 또한 전면적인 재설정이 요구된다. 이제 한국이 선택해야 할 전략은 명확하다. 첨단 제조업의 경쟁력을 기반으로 삼고, 기술 주권을 확보하며, 동맹과의 관계는 유연하게 조율하되 독자적인 전략 판단을 병행해야 한다. 이는 단지 경제나 안보 차원의 선택이 아니라, 강대국으로 도약하기 위한 전략적 조건이기도 하다.

트럼프의 귀환은 한국에 위기이자 기회다. 그것은 기존의 관성적 외교에서 벗어나, 자신의 전략적 상상력을 시험하고 설계할 수 있는 계기가 되기 때문이다. 세계가 전례 없는 불확실성 속으로 진입하는 지금, 한국 역시 더 이상 타자에 의해 설계된 구조 안에 머물러 있을 수 없다. 우리는 질문해야 한다. 한국은 어떤 질서를 원하는가? 그 질서를 만들 의지와 역량을 갖추고 있는가? 이 책은 바로 그 물음에 대한 나의 응답이다.

어떤 국가이든 발전 경로의 마지막은 선진국과 강대국이다. 중진국 혹은 중견국의 지위는 일시적 단계에 불과하며, 결코 궁극적인 도달점이 될 수 없다. 만약 한 국가가 이 중간 단계에서 안주하거나 발전하지 못한다면, 그 순간부터 발전을 이끄는 내적 동력은 약화되고, 제도 개혁과 전략적 도약을 위한 의지 역시 소진될 수밖에 없다. 또한 일본의 사례에서도 확인되듯, 경제가 성장한다고 선진국이 자동적으로 강대국이 되는 것은 아니다. 세계 각국이 경쟁적으로 상위 질서를 재편하려는 흐름 속에서, 정체된 국가는 자연스럽게 도태될 수밖에 없다.

1644년, 청나라는 운명의 기로에 서 있었다. 이자성의 반란으로 북경이 무너지고 명 왕조가 붕괴되는 상황 속에서, 청은 기존의 만주 영토에 머물 것인지, 아니면 산해관을 넘어 중원으로 진출할 것인지를 선택해야 했다. 이 결정적 순간에 섭정왕 도르곤은 주저하지 않았다. 그는 명의 장수 오삼계와 손을 잡고 산해관을 돌파했는데, 이것은 단순한 군사 작전을 넘어 청 왕조의 생존과 확장을 가른 전략적 대전환이었다. 만약 도르곤이 그 기회를 외면하고 만주에 머물렀다면, 청은 이후의 대제국으로 성장하기는커녕 존속조차 어려웠을 것이다. 역사는 언제나 그렇듯, 결단한 자의 편에 선다. 오늘날 한국이 직면한 국제 질서의 격변도 다르지 않다. 기존의 외교·안보 틀에 안주하는 태도로는 강대국으로의 도약은커녕, 국가 생존조차 담보할 수 없다. 머무르고 안주하기를 선택한 민족에게 미래는 없다.

바로 이러한 문제의식에서, 본서는 대한민국이 중견국의 문턱을 넘어 실질적 강대국으로 도약하기 위해 어떤 전략과 비전을 가져야 하는가를 중심 주제로 삼고 있다. 미국 중심의 패권 체제가 흔들리고, 글로벌 공급망이 재편되며, 경제·기술 패권 경쟁이 격화되는 가운데, 권위주의와 신극우 정치의 확산까지 맞물린 이 복합적 전환의 시대는 한국 외교·안보·경제 전략의 근본적 재설계를 요구하고 있다. 본서는 이러한 세계 질서의 구조적 변화를 다층적으로 진단하고, 이에 대응하는 주요국의 전략을 분석하며, 한국이 취할 수 있는 현실적이고도 능동적인 전략을 도출하는 데 목적을 둔다.

특히 본서는 트럼프 2.0 시대를 하나의 일시적 사건이 아니라, 세계 질서 재편의 단초로 보고, 주요 국가들의 대응 방향과 함께 한국이 어떤 방안을 강구해야 할지를 전 세계를 상대로 분석하였다. 이를 위해 단순한 외교 지형의 해석에 머물지 않고, 기술, 안보, 이념, 가치, 지정학 등 구조적 요소들을 통합적으로 분석하며, 각국의 전략적 선택과 대응 논리를 비교했다. 이것이 이 책의 가장 큰 장점이 아닌가 생각한다.

각 장은 이와 같은 구조적 접근을 기반으로 구성되었다. 제1장은 트럼프의 귀환이 촉발한 세계 질서의 전환을 분석하고, 제2장은 경제·기술 패권 경쟁을 중심으로 글로벌 시스템의 변화에 주목한다. 제3장과 제4장은 중국과 자유주의 진영의 지역 전략을 비교 분석하며, 제5장은 러시아, 북한, 튀르키예, 중동 등 권위주의 국가들의 외교·군사 전략을 검토한다. 마지막 제6장은 한국의 전략적 대응을 중점적으로 다루며, 강대국 외교 전략을 구체적으로 제시한다.

본서는 분석적 통찰과 전략적 대안을 동시에 담고자 하였으며, 독자들이 이 책을 통해 세계 재편의 흐름을 입체적으로 이해하고, 그 속에서 한국이 나아가야 할 방향에 대한 구체적 전략의 실마리를 발견하기를 기대한다. 더불어, 지금이야말로 대한민국이 국제정치의 주변국이 아닌 주도국으로서, 자신의 위치와 역할을 새롭게 정의해야 할 시기임을 함께 성찰할 수 있기를 기대한다.

한국은 이제 세계적 수준의 역량을 보유한 준비된 국가로 평가된다. 글로벌 차원의 긍정적 변화를 이끌 수 있는 실질적 능력을 확보하고 있으며, 이는 자율적 전략 수립과 책임 있는 대외 행동을 통해 구체화될 수 있다. 세계 질서의 전환기에 요구되는 핵심 과제는 확보한 국가 역량에 대한 자각과 이를 전략적으로 발현하려는 정치적 의지와 태도다. 한국의 향후 위상은 그 역량을 어떻게 인식하고, 어떠한 방식으로 외교·안보 전략에 통합하느냐에 따라 결정될 것이다.

이 책을 집필하는 데에는 많은 분의 귀중한 도움이 있었습니다. 무엇보다도 지도교수님이자 평생의 스승이신 임혁백 고려대학교 명예교수님의 국제정치에 대한 탁월한 통찰과 따뜻한 지도 없이는, 이 책을 구상하는 일조차 어려웠을 것입니다. 한양대학교 김영진 교수님, 민귀식 교수님, 그리고 아시아비전포럼의 정호재 박사님과 나눈 토론과 공동의 문제의식 또한 이 책의 내용과 구조를 다듬는 데 든든한 밑거름이 되었습니다. 그리고 귀한 시간을 내어 조언해 주시고, 성찰의 기회를 나눠주신 모든 분께 이 자리를 빌려 다시 한번 깊이 감사드립니다.

제 1 장

트럼프가 뒤흔든 세계 질서

트럼프2.0시대 대한민국의 신강대국 전략

제1장. 트럼프가 뒤흔든 세계 질서

1. 우리가 알던 미국은 없다

오늘날 우리가 당연하게 여기는 국제 질서는 1941년 루스벨트와 처칠이 공동 발표한 대서양 헌장(Atlantic Charter)에 그 뿌리를 두고 있다.[2] 미국과 영국은 이 헌장에서 영토 확장 반대, 민족자결, 무역장벽 완화, 항행의 자유 등을 핵심 원칙으로 삼았으며, 세계를 공포와 결핍에서 해방시키고 평화롭고 공정한 국제 질서를 수립하겠다는 공동의 이상을 천명했다. 이 원칙들은 훗날 유엔 헌장에 계승되었고, 냉전기와 탈냉전기를 거치며 세계를 지탱하는 규범적 기초가 되었다.

미국은 이러한 원칙을 단지 이상으로만 유지한 것이 아니라 압도적인 패권국으로서 실질적인 국제 질서의 설계자이자 관리자 역할을 수행해 왔다. 제2차 세계대전 이후 미국은 전 세계 생산력의 절반을 차지하며 유엔, IMF, 세계은행 등의 국제기구를 주도적으로 설계했고, 이를 통해 평화롭고 지속 가능한 국제경제 체제를 구축했다. 그러나 이러한 질서는 단지 미국의 힘만으로 가능했던 것이 아니라 유럽의 계몽주의 전통과 유럽 출신 지식인들의 지적 기여가 결합한 결과였다. 미국은 유럽 문명의 연장선에서 자유주의, 인권, 민주주의라는 규범을 내세우며 세계를 이끌었고, 여러 나라가 이 체제에 편승해 경제발전과 정치적 안정이라는 혜택을 누릴 수 있었다. 한국 역시 이 질서의 최대 수혜국 중 하나였다.

이러한 자유주의 질서는 미국의 무역적자와 글로벌 금융 시스템의 상호작용 때문에 가능했다. 미국은 막대한 무역적자를 감수했고, 대신 무역 흑자국들은 그 자금을 미국 국채에 투자했다. 이는 미국의 금리 안정과 달러 가치 유지로 이어졌고, 미국은 이를 바탕으로 소비 중심의 경제를 유지함과 동시에 항공모함 전단 등 해군력을 활용해 전 지구적 군사적 영향력을 행사할 수 있었다. 미국 국채와 항공모함, 그리고 달러가 맞물려 작동하는 이 시스템은 사실상 황금사슬(Golden Chain)이었으며, 이로 인해 세계는 전례 없는 평화와 번영을 구가할 수 있었다.[3]

그러나 이 구조는 이미 트럼프 1기 때부터 점차 균열을 보이고 있었다. 미국 내에서는 보호무역주의, 고립주의, 반세계화 정서가 확대되었고, 그 흐름의 결정판으로 트럼프가 등장했다. 트럼프는 단순한 일탈이 아니라 미국 사회의 심층적 변화를 상징한다. 트럼프가 처음 등장했을 때 많은 이들은 그를 예외적인 현상으로 여겼지만, 지금은 오히려 트럼프야말로 오늘날 미국인의 정서를 가장 명확히 반영하는 정치인이라는 평가가 많다.[4] 트럼프는 미국 우선주의(America First)를 내세우며 국제주의 질서를 정면으로 부정했고, 동맹의 가치를 비용의 문제로 환원시켰다. 그는 글로벌 다자주의와 보편주의 이상을 조롱하고 해체하려고 시도하고 있다.

트럼프의 탈동맹화는 단순한 외교정책의 변화가 아니라 미국이 세계 패권국으로서 지켜온 철학과 원칙의 근본적 해체를 의미한다. 그가 만들어가고 있는 미국은 더 이상 계몽주의, 인권, 민주주의의 본산이 아니다. 독재자들과의 거래에 주저함이 없고, 약소국의 생존보다는 강대국 간 협상의 효용을 우선시하며, 규범보다는 실리를 우선시한다. 트럼프의 미국은 이제 중국의 시진핑, 러시아의 푸틴과 같은 권위주의 국가들과 궤를 같이하며, 자유세계라는 개념 자체가 더 이상 유효하지 않게 만들고 있다.

2025년 트럼프의 재집권은 미국 헌정 질서뿐 아니라 세계 질서의 결정적 전환을 의미한다. 미국은 더 이상 국제사회의 신뢰받는 리더가 아니라 자신의 국익만을 추구하는 열강 중 하나가 되고 있는데, 이는 소련 붕괴 이후 형성된 단극 체제의 종언을 뜻한다. 이미 미국은 세계화의 수호자가 아니라 그 해체자가 되었으며, 동맹국들에 대해선 '수혜자 부담 원칙'을 적용하며 방위비 증액을 요구하고 있다. 유럽 국가들이나 아시아 동맹국들은 이제 자력으로 안보를 책임져야 하는 상황에 직면하고 있다.

이러한 변화는 단순히 미국의 문제에 그치지 않는다. 국제정치는 인류의 도덕과 윤리만으로 규제되지 않으며, 일정한 규칙과 강대국의 책임 있는 역할이 필요하다. 제1차 세계대전 이후 국제연맹의 실패를 경험한 인류는 유엔 안전보장이사회라는 구조를 통해 강대국에 책임과 권한을 동시에 부여했다. 그러나 트럼프는 이 구조를 무력화시키고 있으며, 핵무기 보유국이 비보유국을 침략하고 위협하는 상황에서, 이를 제어할 유일한 현실적 세력인 미국이 고립주의로 후퇴하면 인류는 핵전쟁이라는 리스크에 노출될 수도 있다.

최근 미국 공화당 내부에서는 유엔 탈퇴 법안까지 제출되었고, 트럼프 대통령은 우방국의 생존을 보장하지 않겠다는 입장을 노골적으로 표명하고 있다. 미국은 이제 동맹국들에게 민주주의나 시장경제의 가치를 공유하자고 설득하지 않는다. 오히려 자국이 주도해온 국제 질서를 스스로 허물며, 정의보다 탐욕을 앞세우는 태도를 드러내고 있다. 트럼프 시대의 미국은 과거의 '정의로운 경찰국가'가 아니라, 권위주의 국가들과 유사한 방식으로 자국의 이익만을 추구하는 행위자로 변모하고 있는 것이다.[5] 심지어 가상자산과 같은 새로운 질서의 상징조차, 자국의 금융 지배력에 위협이 된다고 판단되면 강력히 규제하거나 배제하는 정책으로 선회하고 있다. 이러한 변화는 단순한 외교 노선의 수정이 아니라, 국제사회의 규범과 신뢰를 근본부터 뒤흔드는 재편의 서곡이라 할 수 있다.

트럼프의 미국은 80년 역사를 가진 대서양 동맹마저 언제든지 내던질 수 있다는 태도를 보이고 있으며, 인권 탄압과 독재로 악명 높은 정권과도 기꺼이 손을 잡을 수 있음을 서슴지 않는다. 보편주의에 기반한 국제 규범과 연대의 이상은 산산조각났고, 세계 각국은 이제 각자도생의 현실에 직면해 있다. 더 큰 비극은, 자유주의 질서의 설계자였던 미국이 그 질서를 스스로 무너뜨리려 한다는 데 있다. 제2차 세계대전이라는 인류사의 참극 위에 구축된 국제 질서가 뒤엉켜 가면서, 과거의 동맹과 적의 구분조차 무의미해지고 있다. 이 같은 전환은 우크라이나 전쟁이라는 현실 속에서 극적으로 드러나고 있다.

우크라이나 전쟁은 제2차 세계대전 이후 형성된 국제 질서의 균열을 구체적으로 드러낸다. NATO는 우크라이나를 정식 회원국으로 방어하지 않으면서도, 무기와 정보 제공을 통해 사실상 간접 개입하고 있지만 독일과 프랑스, 헝가리와 세르비아 등 유럽의 주요 동맹국들은 군사 지원의 강도나 대러시아 제재에 있어 서로 다른 입장을 보이며, 서방 내부의 균열을 노출하고 있다. 더욱이, 냉전 시기 미국의 우방이었던 일부 중남미 국가들과 이른바 글로벌 사우스 일부는 러시아 제재에 동참하지 않거나 중립적 태도를 유지하고 있다. 이러한 양상은 냉전식의 이분법적 동맹 체계가 해체되고, 각 국가들이 각자의 실리와 전략적 자율성을 기준으로 외교 노선을 재편하고 있음을 상징한다.

이와 같은 현실은 미국의 우크라이나 지원과 핵심광물협정(CMA)을 통해 더욱 명확히 드러난다. 미국은 점차 동맹을 이념적 연대보다는 실용주의적 비용-편익 계산의 산물로 인식하고 있으며, 이는 신(新)거래적 동맹주의(Transactional Alliances)[6]의 전형으로 해석될 수 있다. 특히 핵심광물법을 중심으로 한 공급망 동맹은 규범 기반의 협력이 아닌 전략 자원의 안정적 확보를 위한 경제적 계약의 성격이 강하며, 이는 우크라이나에 대한 지원 방식과 마찬가지로, 미국이 동맹을 가치 공유 공동체가 아닌 조건부 개입의 대상으로 인식하고 있음을 의미한다.

심지어 미국 부통령 제이디 밴스(J.D. Vance)는 2025년 3월 3일 폭스 뉴스와의 인터뷰에서, "만약 당신이 진정한 안전보장을 원하고, 블라디미르 푸틴이 우크라이나를 다시 침공하지 않기를 바란다면, 가장 좋은 안전보장은 미국인들이 우크라이나의 미래에서 경제적 이익을 얻도록 하는 것이다"[7]라고 노골적으로 발언했다. 그는 미국이 우크라이나의 안보를 보장하는 대가로 경제적 이익을 요구하는 것으로 해석될 수 있으며, 이는 전통적인 군사적 개입이 아닌 경제적 이해관계를 통해 영향력을 행사하는 신제국주의적 접근으로 비판받고 있다.

결국 미국의 이러한 흐름은 동맹국들에게 '연대는 무상(無償)이 아니다'는 메시지를 내포하며, 미국 외교의 탈이념화와 비용 분담 중심의 구조 재편을 반영한다. 동맹의 본질이 규범에서 실리로 이동하는 이 전환은 미·중 전략 경쟁 속에서 다자 연대의 안정성을 약화시키고, 동맹국 간 전략적 불확실성을 더욱 증대시킬 수 있다.

거래적 동맹주의는 비단 트럼프 행정부의 전유물만은 아니다. 미국은 이미 오랫동안 전략적 이해관계를 우선시하는 실용주의 외교를 전개해 왔으며, 이는 인권이나 민주주의와 충돌되는 국가들과의 동맹 관계에서도 분명히 드러난다. 대표적인 사례로, 미국은 사우디아라비아의 인권 탄압과 권위주의 체제에 지속해서 문제를 제기해왔음에도 불구하고, 에너지 안보와 이란 견제라는 전략적 이익을 이유로 동맹을 유지해왔다. 또한 2023년 바이든 대통령의 베트남 국빈 방문 역시 이러한 경향을 보여 준다. 미국은 공산당 일당체제를 유지하고 있는 베트남과 민주주의라는 가치의 공유 없이도 반도체 공급망, 방위산업 협력, 남중국해에서의 해양안보 공조 등을 강화하며, 실질적 전략 이익에 기반한 안보 협력을 심화하고 있다.

이러한 흐름은 트럼프 2기 행정부에서 더욱 체계화된 형태로 나타날 가능성이 크다. 트럼프의 거래적 동맹주의는 동맹을 이념이나 가치의 공동체가 아닌, 전략적 이익의 교환 대상으로 간주하며, 외교·안보 정책 전반에 걸쳐 비용-편익 계산을 중심으로 한 실용주의적 기준을 적용한다. 대표적으로 주한미군과 주일미군의 유지 비용을 둘러싼 협상에서 확인되듯, 동맹국이 군사적 보호에 상응하는 경제적 부담을 이행하지 않을 경우, 미국은 군사적 지원 축소 또는 철수 가능성을 적극적으로 제기한다. 이는 미국의 안보 개입을 전통적인 집단방위 개념에서 벗어나, 일정 조건이 충족될 때만 개입하는 선택적 개입(Selective Engagement)이라는 제한적 틀로 축소하는 방향성과 맞닿아 있다.

트럼프식 거래적 동맹주의는 미국 외교의 탈이념화를 가속화하며, 동맹의 본질을 규범적 연대에서 전략적 실리로 전환시키는 구조적 재편의 신호탄이라 할 수 있다. 이는 단지 일시적 변화가 아니라, 미국이 더 이상 자국이 주도해온 자유주의 질서를 유지할 의지조차 없음을 보여주는 결정적 징후다. 과거 국제정치에서는 국익이라는 철의 법칙을 견제할 수 있는 최소한의 규범과 제도적 안전장치가 존재했다. 그러나 오늘날, 그러한 규범은 작동하지 않으며, 힘과 이해만이 국제관계를 지배하는 냉혹한 현실이 도래하고 있다. 전후 구축된 세계 질서는 사실상 종말을 고하고 있으며, 지금 우리 앞에 펼쳐지고 있는 것은 단순한 '뉴 노멀'이 아니라, 전혀 새로운 세계체제의 서막이다.

역사상 가장 관대한 제국이라 불렸던 미국의 시대가 저물고 있다. 2025년 트럼프의 재등장은 소련의 붕괴와 그 지정학적 여파에 비견될 만큼, 세계사적 전환점을 형성한다. 세계 패권국이 스스로 질서의 설계자에서 파괴자로 전환하는 것은 유례없는 현상이며, 그 파장은 예측 불가능한 혼란을 야기할 것이다. 국제정치는 이제 더 이상 안정과 협력의 질서가 아니라, 각자의 생존을 위한 냉혹한 투쟁의 공간으로 재편되고 있으며, 우리는 그 격랑의 중심에 서 있다.

2. 미국 우선주의와 신팽창주의

트럼프 대통령의 핵심 정치 슬로건인 'Make America Great Again(MAGA)'은 단순한 선거 캠페인 구호를 넘어, 미국의 외교 및 안보 전략에 있어 근본적인 패러다임 전환을 상징하는 정치적 이데올로기로 기능하고 있다. MAGA는 미국이 직면한 상대적 쇠퇴 서사에 대한 반응으로 등장했으며, 과거의 '위대한 미국'을 복원하고자 하는 정치적·문화적 동원 전략으로 자리 잡았다. 이는 향수 어린 민족주의적 정체성 강화와 결합된 미래 지향적 서사로서, 제조업의 부활, 노후 인프라의 재건, 중산층 복원의 비전을 통해 미국의 재도약을 도모하는 데 초점을 맞춘다.

MAGA는 특히 대중적 감성 동원을 중시하며, 국민주의적 담론을 매개로 사회 내부의 응집력 강화를 도모한다. 이러한 정서적 동원은 정치적 양극화 속에서도 '국가 재건'이라는 공통된 정체성을 구축하려는 시도로 해석할 수 있으며, 이를 통해 트럼프는 미국 사회의 다양한 불만과 불안을 '공동의 상실된 위대함'이라는 표상 아래 결집시키는 데 성공하였다.

반면, 트럼프 1기 행정부에서 강조된 'America First'는 보다 현실주의적이고 계산된 전략 원칙으로, 미국의 글로벌 역할 수행에 따른 비용 효율성에 대한 구조적 회의에서 출발한다. 이 원칙은 다자주의와 전통적 동맹 체계에 대한 회의적 인식을 전제로, 미국의 국익과 재정적 자율성을 최우선으로 고려하는 방향으로 외교·안보 정책을 재편하였다. 구체적으로는 방위비 분담 확대 요구, 무역 불균형 해소 압박, 국제기구 탈퇴 등 일련의 조치들이 America First의 실질적 구현 방식으로 나타났다. 이러한 접근은 동맹 관계를 규범적 가치 기반의 연대가 아닌, 전략적 교환 관계로 재정의하며 선택적 개입주의의 성격을 내포한다. 즉, 미국의 국익이 직접적으로 관련된 사안에 대해서는 개입하되, 그렇지 않은 사안에 대해서는 비용 대비 효과를 고려한 소극적 참여를 택하는 방식이다.[8]

트럼프 행정부의 외교·안보 전략은 MAGA와 America First라는 두 상이한 담론을 중심으로 구성되었다. 이 두 기조는 각각 정치적 감성과 전략적 실용주의를 대표하는 이념과 정책 원칙으로 기능하며, 상호 보완적 관계 속에서 트럼프 외교의 전반적 방향성을 규정하였다. MAGA는 미국 내 중산층의 쇠퇴, 산업 기반의 해체, 문화적 불안정성에 대한 응답으로 제시된 감성적 국가 재건 담론으로, 국민 내부의 정체성과 응집력을 재구성하는 데 초점을 맞춘다. 이는 민족주의적 동원과 정치적 향수를 결합한 서사로, 미국의 위신 회복과 자국 우선의 정체성 강화를 추구한다. 반면, America First는 국제 질서 속 미국의 국익 극대화를 위한 비용-편익 재조정 전략으로, 동맹 관계 및 다자체제를 전략적 교환의 대상으로 간주하는 실용주의적 접근을 내포한다.

이 두 담론은 외교정책의 방향성 측면에서 구분되지만, 트럼프 행정부에서는 하나의 전략적 틀로 통합되며 복합적 영향을 미쳤다. MAGA가 대중적 정당성을 획득하기 위한 감성적 기반을 제공했다면, America First는 그것의 정책적 실현을 위한 외교적 수단으로 기능하였다. 이처럼 트럼프식 외교는 자유주의적 국제주의, 규범 중심의 동맹 네트워크라는 전통적인 미국 외교의 가치 지향과는 분명히 다른 궤적을 형성하며, 이념적 전환의 상징으로 작용하였다.

특히 MAGA의 전략적 방향성은 20세기 전반 미국이 채택했던 고립주의와 일정한 유사성을 지닌다. 제1차 세계대전 이후 우드로 윌슨의 국제주의가 퇴조한 시기, 미국은 외부 개입을 최소화하고 자국 중심의 안보와 경제 질서에 집중하는 노선을 취했다. 그러나 당시의 고립주의는 방어적·수동적 성격이 강했으며, 글로벌 리더십보다는 내부적 안정에 초점을 두었다는 점에서, 오늘날 MAGA의 민족주의적 확신과 능동적 위신 회복 담론과는 차이를 보인다.

이에 반해 트럼프 시대의 고립주의는 명백히 공세적 성격을 띤다. 국제 제도나 동맹 네트워크를 통한 다자간 협조보다 미국 단독의 이해득실 계산에 기반한 자의적 개입 혹은 철수를 선택하며, 자국 이익이 침해된다고 판단되면 선제타격조차 배제하지 않는 실리주의적 태도를 보인다. 이러한 점에서 MAGA는 '능동적 고립주의(offensive isolationism)'라는 새로운 형태의 전략 교리를 구성한다.[9]

트럼프 행정부의 대외 전략은 일관되게 '거래적 패권주의(transactional hegemony)'로 규정할 수 있다.[10] 이는 미국이 더 이상 글로벌 공공재 제공자로서의 역할을 자임하지 않으며, 모든 외교적 결정이 미국의 단기적 실익에 의해 평가되어야 한다는 접근이다. NATO, WTO, UN 등 기존의 다자체제조차 부당한 비용 분담 구조로 간주되었고, 이에 따라 미국은 동맹국에 대한 방위비 증액 요구, 자유무역 협정의 재협상, 국제기구 탈퇴 등을 통해 기존 리버럴 국제주의를 해체해 나갔다.

이러한 태도는 기존의 패권국이 보여왔던 책임 기반의 리더십과는 괴리를 이루며, 대신 일방적 이익 추구와 힘에 기반한 상호주의 전략을 강조하는 실용주의 외교로 대체되었다. MAGA는 이를 정당화하는 구심점으로서 미국 유권자에게는 '잃어버린 번영의 회복'이라는 정서적 호소를 제공하며, 동시에 대외적으로는 힘의 우위를 활용한 이익 극대화를 도모하는 교섭 프레임을 제공한다.

이런 점에서 트럼프 외교의 중심에는 하나의 일관된 대전략(grand strategy)이 존재한다. 그의 언행은 종종 즉흥적이고 충동적으로 보이지만, 그 기저에는 '합법적이고 자유로운 흐름의 보장'이라는 개념이 있으며, 이는 곧 세계 네트워크 질서 내 주요 전략적 요충지의 통제와 교정이라는 전략 목표로 수렴된다.

오늘날의 세계 질서는 글로벌 공급망, 통신망, 금융망, 디지털 플랫폼은 상호 연결된 복잡계로 구성되어 있으며, 이 체계 내에서 '흐름(flow)'의 자유가 보장되는 것이 곧 경제성장과 체제 안정의 전제 조건이다. 그런데 이 흐름은 특정 지점에서 병목 현상을 겪을 수 있다. 트럼프는 전략적 요충지가 적대 세력에 의해 장악될 경우, 미국은 정치·경제적으로 치명적인 위기에 직면할 수 있다고 본다.

파나마운하, 수에즈운하, 말라카해협, 대만해협, 홍해 보급로 등 중요한 해상 전략적 요충지는 글로벌 해상무역의 절대다수를 차지하는데, 트럼프는 이들 지점이 반미 세력에 의해 통제될 가능성을 안보 위협으로 간주한다. 이는 후티 반군에 대한 무력 공습, 대만 문제에서의 강경 입장, 이란에 대한 압박 등으로 이어진다. 이러한 흐름은 해양력에 기반한 '해상 지경학(maritime geopolitics)'의 전략적 재구성이며, 미국의 해군력 우위를 전제로 한 강제적 질서 유지를 추구한다.

두 번째 전략적 요충지는 공급망의 전략적 자립성에 있다. 미국은 20세기 중반까지 세계 최강의 제조국이었으나, 탈산업화 이후 세계 최대의 조달국으로 전환되었다. 코로나19 팬데믹 초기 미국은 마스크, 백신, 의약품 등 기본적 공공물품조차 제때 확보하지 못했고, 이 경험은 트럼프 행정부가 전략적 물자의 국내 생산 및 우방국 중심 공급망 구축 필요성을 절감하게 했다. 여기에는 반도체, 희토류, 철강, 방산물자 등이 포함된다. 즉 제조업의 귀환은 단순한 산업정책이 아니라 안보 전략의 핵심으로 재정의된 것이다.

세 번째 전략적 요충지는 비합법적 흐름에 대한 차단이다. 여기에는 노동 착취 기반의 덤핑 제품, 국가 보조금으로 왜곡된 경쟁, 마약 및 불법 이민, 비공식 금융 흐름 등이 포함된다. 트럼프는 이것이 세계 시장을 교란하고, 미국 내 노동시장과 사회 안전망을 위협한다고 본다. 따라서 그는 관세와 제재라는 비전통적 수단을 동원해 이 흐름을 교정하려 한다. 이는 일종의 비군사적 비대칭 전략으로 해석된다.

트럼프의 신팽창주의는 북극 사례에서 잘 나타난다. 그가 제기한 그린란드 매입 발언은 겉보기에는 비이성적 외교 스타일, 즉 이른바 '매드맨 전략(madman strategy)'처럼 비치지만 단순한 쇼맨십이나 기행이 아니라 미국 대전략의 틀 안에서 논리적으로 설명 가능한 정책 옵션이며, 실현 가능성 또한 결코 낮지 않다.

그린란드는 지정학적으로 미국에게 알래스카와 동등한 전략적 중요성을 지니는 공간이다. 북극항로의 입구이자 러시아 및 유럽과 연결되는 극지 방어의 전초기지로, 북극 대기권을 통해 미국 본토를 향하는 ICBM의 주요 궤적 상에 위치하고 있다. 이는 냉전기의 조기경보시스템 배치 논리와도 일치하며, 현재 그린란드에는 미군의 탐지·감시 임무를 수행하는 툴레 공군기지(Thule

Air Base)가 실재한다.

역사적으로도 미국은 이 지역에 대한 전략적 집착을 보여왔다. 1946년 해리 트루먼 대통령은 덴마크 정부에 1억 달러를 제안하며 그린란드 매입을 공식 요청한 바 있다. 트럼프의 1기 집권 시기 그린란드 매입 구상이 대두된 것도 이러한 지정학적 연속성과 미국 외교의 일관된 공간전략의 연장선으로 볼 수 있다.

법적·행정적으로 그린란드는 덴마크의 자치령이며, 외교와 국방은 덴마크 정부가 관할하지만 내정은 사실상 독립국 수준으로 운영되고 있다. 덴마크는 제2차 세계대전 당시 나치 독일에 항복했던 전력이 있으며, 냉전기부터 현재까지 그린란드의 방위에 대해 충분한 안보 능력이나 의지를 보여주지 못했다. 실질적으로 덴마크의 방어 자산은 순찰용 감시선 4척, 노후 정찰헬기 1대, 개썰매 순찰대 수준에 불과하다는 점은 이 지역의 안보 공백이 덴마크의 한계를 여실히 보여주는 대목이다.

이러한 맥락에서 트럼프의 전략은 단순히 구매라는 경제적 거래를 넘어, 지정학적 진공 지대에 대한 영향력 확보로 이해해야 한다. 더욱이 최근 그린란드 내부에서는 덴마크로부터의 완전 독립을 요구하는 정치적 흐름이 존재한다. 인구는 약 5만 7천 명에 불과하지만, 오랜 식민지 경험과 정체성 갈등으로 인해 덴마크와의 심리적 거리감은 상당하다. 문제는, 그린란드가 트럼프의 접근법은 다소 일방적이며 거칠고, 일방적이며 폭력을 동반할 수도 있다는 점이다.

과거 국제사회는 힘 있는 강대국이 최소한의 위선이라는 가면을 쓰고 약자를 돌보는 시늉을 했다. 그것은 일종의 품격 있는 질서였으며, 강대국의 절제된 권력 사용이 국제사회의 신뢰를 형성했다. 그러나 트럼프의 MAGA와 신팽창주의에는 그러한 위선조차 사라지고 있다. 미국의 국가 행위는 이익 충돌이라는 개념으로 환원되며, 강자는 자신의 이익만으로 정당성을 확보하려 한다.

트럼프가 염두에 둔 대전략은 미국의 제조업 기반 회복, 공급망 재편, 자립적 경제구조 구축 등을 통해 탈세계화 시대의 새로운 국제 질서에 대응하고자 하는 시도로 해석될 수 있다. 이러한 전략 방향은 일정 수준의 합리성을 내포하고 있으며, 미국 중심의 산업주도권 회복이라는 측면에서는 일관된 전략적 비전으로 평가된다.

그러나 문제는 이러한 전략이 시도되는 시점과 물적·제도적 기반의 상태에 있다. 미국은 이미 세계화 과정에서 산업 기반의 해체, 연방정부의 재정 경직성, 사회경제적 양극화, 제도 신뢰의 저하 등의 누적된 문제를 안고 있다. 이러한 조건에서 급진적인 대외경제 전략과 자국중심주의 정책을 실행하는 것은 비용과 충격을 감당할 여력이 제한된 상태에서의 구조적 전환 시도에 가깝다.

이 점에서 트럼프 전략은 과거 고르바초프 시기의 소련 개혁과 유사한 딜레마를 안고 있다. 고르바초프의 페레스트로이카는 방향성 자체는 정당했으나, 개혁을 감당할 체제의 내적 체력이 상실된 상태에서 추진되었기에 제도적 붕괴로 이어졌다.[11] 트럼프의 전략 또한 미국이 그 전환의 정치적, 재정적, 제도적 비용을 감당하지 못할 경우, 체제 전반의 기능 마비 혹은 민주주의적 붕괴라는 결과를 초래할 수 있다.

더욱이 트럼프 행정부는 장기적 전략의 실현에 필요한 구체적 실행 계획이나 제도적 기반 강화 전략 없이, 연방정부 권한의 정치적 동원과 시장 자율성에 의존하는 방식으로 단기적 문제에 대응해 왔다. 이는 전략의 지속가능성을 근본적으로 위협하며, 정책 효과가 가시화되기 전 발생할 수 있는 사회적 저항과 경제적 혼란을 통제하기 어렵게 만든다.

트럼프의 대전략은 궁극적으로 미국 시스템의 재구성인가, 아니면 붕괴의 가속화인가라는 근본적 질문을 일으킨다. 만일 미국 사회가 제도적 회복력을 통해 이 위기를 재조정의 계기로 삼는다면, 이는 새로운 균형점을 향한 통과의례적 진통으로 평가될 수 있다. 그러나 반대로, 이 전략이 분열과 기능 상실을 심화시키는 방향으로 작동할 경우, 미국은 비가역적인 체제 퇴행의 길로 접어들 가능성도 배제할 수 없다.

미국은 개척정신, 제도화된 민주주의, 자본주의 혁신 시스템이라는 역사적 자산을 보유하고 있다. 이 유산이 향후 재조정의 동력으로 작동할 것인지, 혹은 더 이상 작동하지 않는 박제된 신화로 전락할 것인지는, 궁극적으로 미국 유권자와 엘리트 집단의 선택과 제도 설계 능력에 달려 있다.

3. 자유민주주의의 위기와 신극우의 부상

트럼프의 재등장은 낭만주의적 이상주의의 시대는 종말을 의미하며, 현실주의적 권력 정치가 노골화되는 세계로 전환이 진행되고 있다. 20세기 후반 이후 국제사회는 인권, 민주주의, 자유무역, 평화공존이라는 고차원적 가치들을 제도화하고, 이를 정당화 근거로 삼는 국제 규범 질서를 유지해 왔다. 특히 냉전 종식 이후의 세계는 프랜시스 후쿠야마(Francis Fukuyama)가 주장한 '역사의 종말'과 같이 자유주의 민주주의의 보편성과 승리를 선언하는 듯 보였으며,[12] 패권국인 미국은 이러한 질서를 실질적으로 유지·관리하면서, 자국의 국익과 보편적 가치를 병행 추구하는 전략을 펼쳐왔다.

그러나 오늘날 세계는 이러한 리버럴한 규범 질서에서 이탈하고 있으며, 권위주의적 통치 패턴과 민족주의적 대중정치가 재등장하고 있다. 이는 단순한 리더십 교체의 문제가 아니라 국제 질서의 구성 원리에 대한 본질적 변화이다. 강대국들은 더 이상 힘의 행사를 '가치'라는 외피로 포장하지 않으며, 힘 있는 자가 그 힘을 자제하지 않고 곧바로 행사하는 '신홉스주의적 무질서 상태(neo-Hobbesian disorder)'[13]가 실체화되고 있다.

시진핑, 푸틴, 김정은, 에르도안과 같은 권위주의적 지도자들은 사실상 종신 집권 체제를 정당화하고 있는데, 트럼프의 복귀는 이러한 시대정신을 서구 세계 내부에서도 제도화하려는 흐름의 정점으로 해석할 수 있다. 민주주의는 투표라는 형식은 유지되나, 실질적 권력 견제는 사라지고 있으며, 법치주의와 권력분립의 원칙은 점진적으로 약화되고 있다. 다시 말해, 자유주의적 민주주의의 핵심축이었던 형식적 절차의 민주주의와 실질적 민주주의의 괴리가 커지고 있다.

트럼프 대통령의 정치적 행보와 상징 정치는 단순한 보수주의나 우파 포퓰리즘의 범주를 넘어 푸틴, 시진핑과 유사한 권위주의로 전환되고 있다. 트럼프는 미국 민주주의의 제도적 균형과 권력 분산의 원리를 지속적으로 시험하고, 때로는 정면으로 도전하는 행위를 반복해왔다. 트럼프의 생일에 맞춰 추진된 군대 행진의 기획이 그 대표적이다. 이는 미국의 전통적 정치문화에서 보기 드문 시각적 권력과 군사적 상징의 결합이라는 점에서 비판을 받았다. 미국은 그간 군을 정당 정치와 일정하게 분리하는 문민 통제 전통을 견지해 왔으나, 트럼프는 이를 무시하고 개인의 위신과 지지층 결집을 위한 군사적 상징 조작을 시도한 것이다. 이러한 행위는 라틴아메리카와 동유럽 등 권위주의적 과거를 가진 국가들의 지도자 중심적 군사 퍼포먼스와 유사한 양상을 띤다.

더 나아가 트럼프는 2020년 대선 이후 선거 결과 불복과 의회 난입 사태를 부추기거나 방조함으로써, 미국 민주주의의 핵심인 권력 이양의 평화적 절차를 심각하게 훼손하였다. 이는 전통적 자유민주주의 체제가 갖는 제도적 합의와 정당성의 위기를 자초한 사례로 평가된다. 학계에서는 트럼프의 정치적 스타일을 '선동적 권위주의(Plebeian Authoritarianism)' 또는 '민주주의의 후퇴(Democratic Backsliding)'를 보여주는 대표적 사례로 분류하고 있다.[14] 즉, 트럼프는 선거를 통해 정당성을 확보한 뒤, 제도와 언론, 법률 시스템을 끊임없이 '적'으로 규정하며 자기 권위를 극대화하는 방식으로 체제 내부를 약화시킨다. 이는 프랑스혁명 직후 나폴레옹이나, 20세기 초반 무솔리니, 21세기 들어 푸틴과 에르도안 등에서 관찰되는 민주주의를 통해 등장한 권위주의와 궤를 같이한다.

이러한 흐름은 중국의 암흑기였던 문화대혁명적 접근과도 연결될 수 있다. 문화대혁명은 정규 정치 제도와 관료제를 부정하고, 대중 동원을 통한 도덕적·정치적 순결성이라는 기준으로 모든 질서를 재구성하려 한 시도였다. 트럼프 역시 제도적 합리성보다 대중의 분노를 근거로, 미국 내 엘리트 기득권층 및 전통적 제도권에 도전하는 방식으로 권력을 행사하였다. 따라서 일부 중국 지식인들이 트럼프 시대의 미국을 문화대혁명 초기 중국과 유사하다고 평가하는 것은,[15] 단순한 수사적 비유가 아니라 역사적 맥락과 정치적 구조의 유사성에 기반한 분석으로 해석할 수 있다. 트럼프의 권위주의적 행보는 단지 미국 내 정치의 분열을 초래한 것에 그치지 않고, 국제사회에서 미국의 도덕적 리더십과 제도적 신뢰성에 심대한 타격을 가한 현상으로 간주할 수 있으며, 이는 법치에 기반한 자유민주주의 국가라는 미국의 정체성 그 자체를 잠식하고 있다.

시장경제를 이끌었던 경제학 역시 트럼프 2기 시대에 접어들면서 정치 이데올로기의 정당화 도구의 기능을 상실해가고 있다. 20세기 후반 신자유주의는 우파 정치세력의 정책적 정당성을 부여하는 핵심 담론이었으며, 민영화, 감세, 규제 완화와 같은 정책은 학문적 권위와 결합된 경제학적 모델 위에 구축되었다. 그러나 트럼프 이후의 미국 우파는 그러한 이론적 정당화조차 필요로 하지 않는다. 트럼프 경제정책을 공개적으로 지지하는 경제학자를 찾기 어려워졌으며, 오히려 일론 머스크를 비롯한 빅테크 기업 창업자들은 탈정치적 담론과 기술 지상주의를 앞세워 대중 담론을 주도하고 있다. 학문은 퇴장하고, 시장의 질서를 기업인이 대신하는 현상은 전통적 이데올로기 정당화 방식의 해체를 반영한다.

대니 로드릭(Dani Rodrik)은 특히 시장 중심의 세계화 모델이 경제학적 정합성을 기반으로 정당화되어 왔으나, 트럼프 시대 이후 국가주의적 보호무역, 반이민 정서, 일방적 관세 정책 등은 이러한 정합성을 무시하고 정치적 유리함에 따라 경제학을 폐기하는 양상을 띠고 있다고 분석한다.[16] 노벨경제학상 수상자인 폴 크루그먼(Paul Krugman)은 "공급주도 경제학(supply-side economics)은 오랫동안 정치적 신화로 소비되어왔지만, 트럼프 행정부에 이르러서는 이제 아예 경제학이라는 이름 자체가 배척되고 있다. 경제학자라는 직함이 정부 내 논의에서 무의미해졌다"라고 주장한다.[17]

트럼프 2기 시대는 시장경제를 이끌었던 경제학의 권위를 약화시켰을 뿐만 아니라, 경제학을 정치적 정당성의 기반으로 삼았던 기존 자유주의 국가 모델 자체가 도전을 받고 있다. 이는 단순한 정책의 우선순위 변화가 아니라, '경제학의 퇴조'와 '이데올로기의 자율화'라는 구조적 전이며, 학계 역시 이를 '탈지식화된 정치 경제'의 도래로 분석하고 있다.

트럼프 2기 시대는 단순히 경제학의 정책 영향력 저하에 그치지 않으며, 보다 근본적으로 탈지식화된 정치 질서와 신극우 권력의 부상이라는 구조적 전환의 일환으로 이해되어야 한다. 특히 신극우는 기존의 자유시장과 글로벌리즘을 기반으로 한 합리·계산의 언어를 의도적으로 배제하거나 왜곡함으로써, 경제학적 정합성보다는 정체성·분노·배제의 정서를 중심으로 정책을 정당화한다.

이러한 배제는 우연한 정치적 선택의 결과가 아니라, 신극우 정치의 본질적 속성과 연결된다. 신극우는 자유주의 체제가 생산해온 보편성과 합리성의 기제를 문화적 배신으로 전환시키며, 그에 대한 반동으로서 민족주의, 국경 통제, 보호주의를 재정당화한다. 특히 경제학이 제시하는 글로벌 무역의 상호이익 구조나 이민의 경제적 순기능 등은, 신극우 담론에서는 '국가의 탈취' 또는 '국민 주권의 침해'로 재해석된다. 이와 같은 신극우적 서사는 무솔리니의 파시즘 이후 반복적으로 관찰된, 합리성의 정치적 의도적 해체라는 점에서 역사적 연속성을 지닌다.[18]

트럼프는 지성이 아니라 정치적 충성에 기반한 지식 권위의 구조적 재편을 추진하며, 신극우 정치가 경제적 논리보다 정치적 동원과 분열을 중시하는 전략임을 보여주는 사례이다. 이는 오늘날 서구 민주주의 내에서 지식·기술 기반 권위가 급속히 정치화되고 있는 현상과 맞물려, 자유주의 이후의 대안 질서가 신극우의 기표 아래 어떻게 조직되는가를 설명하는 핵심적 단서가 된다.

이러한 시대적 전환 속에서 전 세계적으로 부상하고 있는 정치세력은 '신극우(neo-extreme right)'로 명명할 수 있다. 이들은 전통적 보수주의처럼 도덕적 기초나 역사적 경험에 기반하지 않으며, 가치의 문제를 의도적으로 회피하거나 경멸한다. 대신 그들은 힘(power)의 숭배와 생존에 대한 원초적 욕망을 정치적 우선순위로 내세우며, 리버럴한 연대와 보편윤리를 위선으로 간주한다. 이러한 경향은 트럼피즘(Trumpism)이라는 정치 현상을 통해 명확하게 표출된다. 트럼피즘은 연대를 통한 공동체 형성보다는 배제를 통한 결속을 택하며, 정의와 공공선을 위선으로 매도하고, 권력과 거래의 언어를 정치의 중심에 위치시킨다.

극우 정치의 이러한 양상은 미국에만 국한되지 않는다. 유럽 역시 같은 흐름을 겪고 있으며, 특히 독일과 프랑스에서의 극우세력 부상은 심각한 역사적 역설을 담고 있다. 이 두 국가는 제1차, 제2차 세계대전의 주된 책임국이었으며, 전후 유럽통합 프로젝트의 핵심 동인이 바로 이들의 전쟁책임에 대한 반성이었다. 유럽연합과 유로 체제는 집단안보와 경제적 상호의존을 통해 전쟁을 구조적으로 불가능하게 만들려는 정치적 시도였다. 독일의 메르켈 총리가 2010년대 중반 중동·아프리카 난민을 대규모로 수용한 것은, 이러한 전쟁 트라우마를 이성과 연대로 극복하려는 시도였다.

그러나 21세기 들어 그 트라우마는 급속히 희미해졌고, 유럽 시민들은 다문화주의에 대한 피로, 성장 정체로 인한 좌절, 브뤼셀 중심의 과잉규제에 대한 반감 등을 이유로 극우 정당에 표를 던지고 있다. 유럽 공동체에 대한 신뢰는 약화되었고, 자국 우선주의적 정서가 빠르게 확산되고 있다. 정치적 기억의 퇴행과 이성에 대한 피로는 새로운 권위주의적 대중정치의 기반이 되어가고 있다.

트럼프즘은 이처럼 경제학과 법치주의라는 제도적 규범을 정치적 적대의 도구로 전환하는 방식으로 작동하며, 이는 유럽에서도 유사하게 반복되고 있다. 헝가리의 오르반, 이탈리아의 멜로니, 프랑스의 르펜 등은 각국의 정치적 맥락에 맞춰 트럼프식 정치 전략을 변형·적용하고 있으며, 이들은 공통적으로 '국민', '국경', '기독교', '가족' 등의 기호를 중심으로 정치적 정당성을 재구성하고 있다. 특히 오르반의 '비자유적 민주주의(illiberal democracy)'는 트럼프즘의 전형적 유럽판 사례로 자주 인용된다. 그는 사법부 장악, 반이민 정책, 언론 통제, 유럽연합(EU) 비판 등을 통해 민주주의의 형식을 유지한 채 실질적 권위주의로 이행하고 있다.

신극우 정치세력은 전통적인 자유보수주의와 달리, 시장의 자율성과 개인의 책임을 강조하기보다, 문화적 배제와 국민주권의 절대화를 통해 통치 정당성을 획득한다. 이는 프랜시스 후쿠야마가 경고한 바와 같이, 민주주의 내부에서 '자유 없는 민주주의'가 정착될 수 있음을 보여주는 역사적 경고이기도 하다. 트럼프즘이 유럽 각국의 신극우 세력에 의해 수용·변형되는 과정은 결국 자유주의 체제 내부의 피로와 불신, 그리고 대중의 정체성 위기를 반영하는 구조적 현상이며, 그 정치적 귀결은 단순한 우경화가 아니라 지식 기반 민주주의의 지속가능성 자체를 위협하는 방향으로 전개되고 있다.

이러한 맥락에서 트럼프주의(Trumpism)는 단순한 극우 포퓰리즘의 한 형태가 아니라, 자유민주주의의 규범적 기반을 교란시키는 구조적 전환의 상징으로 이해되어야 한다. 유럽에서 나타나는 트럼프주의의 반복 역시, 서구 자유주의 질서 전반이 직면한 문명사적 전환기의 한 표현으로 해석될 수 있다. 트럼프는 고전적 자유주의와 보수주의의 경계를 해체하고, 사회 내부의 다양한 갈등 축을 의도적으로 극대화함으로써 국민 통합이 아닌 '적 만들기'를 정치 전략의 중심에 둔다. 그는 민주주의의 통합자가 아니라, 분열된 대중 감정을 전략적으로 조직하고 활용하는 선동적 정치 지도자가 되고 있으며, 자유주의 진영의 중심국인 미국을 권위주의 국가들과 유사한 감정 구조와 분극화된 정치 문화로 이끌고 있다.

2025년의 우리는 하나의 문명사적 전환점을 통과하고 있다. 그것은 단순히 정치 체제의 변화나 개별 정권의 교체에 그치는 것이 아니라, 근대 이후 서구를 중심으로 형성된 가치체계, 기억의 구조, 제도적 정당성, 상징 질서 전반이 재구성되는 과정이다. 특히 20세기 세계대전의 경험을 바탕으로 구축된 자유주의적 국제 질서와 그 제도적 유산은 실질적인 동력을 상실하고 있으며, 국제정치는 점점 더 공공재로서의 평화가 아닌, 권력 투쟁이 정상 상태인 세계로 회귀하고 있다.

이러한 변화는 정치철학적 차원에서도 중요한 함의를 갖는다. 공화주의가 강조해 온 시민적 덕성과 공적 책임, 자유주의가 지향한 개인의 권리와 자율성, 그리고 사회민주주의가 구축하고자 했던 사회적 연대의 제도화는 후기 자본주의와 디지털 포퓰리즘의 확산 속에서 점차 정당성 위기를 맞고 있다. 자유민주주의의 전제였던 합리적 공중, 제도적 중립성, 규범적 보편성은 더 이상 설득력 있는 사회적 접착제로 기능하지 못하며, 그 자리를 대체하는 것은 포퓰리즘적 정서, 탈진실(post-truth)의 담론 구조, 위계적 공동체 질서에 대한 향수이다.

이러한 흐름은 단순한 정치적 유행이나 퇴행적 현상이 아니라, 낭만주의적 보편주의의 퇴장과 포스트 리버럴 현실주의(post-liberal realism)의 대두라는 보다 근본적인 가치의 전환으로 해석되어야 한다. 낭만주의적 보편주의는 인류 보편의 이성과 평화를 전제하는 계몽주의적 유산 위에 세워졌으며, 제2차 세계대전 이후 국제연합 체제와 인권 담론, 자유무역 질서, 다자주의 규범 등으로 제도화되었다. 그러나 이러한 보편주의는 21세기 초반 들어 반복되는 위기 속에서 정치·경제적 실효성을 상실하고, 그 이상은 조롱의 대상이 되거나 전략적 이용의 대상이 되고 있다.

우리는 지금 20세기의 전후 세계 질서를 떠받쳐 온 제도와 기억이 더 이상 정치적 정당성을 생산하지 못하는 국면에 진입하고 있다. 전쟁 이후의 도덕적 교훈은 소멸하고, 그 교훈 위에 구축된 제도적 장치는 효용성을 의심받고 있으며, 정치적 담론은 공동선을 향한 규범적 설득이 아니라, 정체성과 생존을 둘러싼 원초적 충돌로 재편되고 있다. 낭만은 사라지고, 현실이 돌아왔다. 그리고 그 현실은 예외가 아니라 규범의 부재를 정상화하는 방향으로 세계를 재구성하고 있다. 이 현실은 근대의 규범적 장치들이 기대한 것보다 훨씬 더 비합리적이고, 충동적이며, 폭력의 가능성을 내포한 상태이다.

이러한 전환은 결국 정치이론, 국제관계이론, 문명사적 인식론 모두에 새로운 패러다임을 요구한다. 지금 세계는 전후 질서의 반복이 아니라, 전쟁 전야의 심리 상태와 구조적 유사성을 획득해가고 있으며, 이는 우리가 익숙하게 받아들여온 진보의 서사가 더 이상 유효하지 않음을 시사한다.

4. 해체되는 미국 주도 글로벌 리더십

미국은 제2차 세계대전 이후 국제 질서의 설계자이자 수호자였다. 유엔, 브레튼우즈 체제, 파리기후협정과 같은 다자주의적 국제 구조는 미국의 주도 아래 형성되었으며, 이를 통해 미국은 정치·경제·환경 전반에 걸쳐 규범 설정자의 지위를 공고히 해왔다. 그러나 21세기 들어 특히 트럼프 행정부 이후, 미국은 자국의 이익을 최우선시하는 외교정책 기조를 강화하며 기존의 글로벌 리더십에서 이탈하는 모습을 보여주고 있다. 이러한 경향은 기후변화 대응과 국제원조 분야에서 가장 뚜렷하게 나타났다.

기후변화 대응의 후퇴는 미국의 규범적 리더십 해체를 상징하는 대표적 사례다. 오바마 행정부는 2015년 파리기후협정 체결을 주도하며 온실가스 감축과 기후재정 기여를 통해 국제사회의 기후 협력 구조를 선도했다. 그러나 트럼프 행정부는 'America First'라는 슬로건 아래 2017년 해당 협정 탈퇴를 선언하며, 초국경적 위기인 기후변화를 일국적 시각에서 대응하는 방식을 채택하였다. 이는 기후변화 문제 해결을 위한 국제 거버넌스 체계에 심각한 균열을 초래하였고, 개발도상국의 감축 동기 약화 및 신흥국의 리더십 대두라는 결과로 이어졌다. 미국의 이러한 이탈은 단순한 협정 탈퇴를 넘어, 국제 규범 설정자에 대한 신뢰를 저하시키는 결정적 계기가 되었다.

특히 주목할 만한 점은 지구온난화의 결과로 우려되는 북대서양 해류 순환(AMOC)의 약화 가능성이다. 이 해류는 멕시코만 난류를 통해 열을 북유럽으로 전달하여 온화한 기후를 유지시키는 역할을 하는데, 북극 지역의 빙하가 급격히 녹으며 해류의 흐름을 방해할 수 있다는 연구 결과가 속속 제기되고 있다.[19] 만약 이 순환이 중단된다면, 영국, 프랑스, 독일 등 유럽 전역은 극심한 기후변화에 직면할 수 있으며, 이는 기후변화의 현실성과 긴급성을 바로 보여 준다. 그런데도 트럼프 대통령은 이러한 과학적 경고를 부정하거나 외면하고 있으며, 오히려 해당 해류를 '아메리카만 난류'로 명명하려는 시도처럼, 기후위기에 대한 미국 중심적 인식을 반영하는 상징적 조치를 통해 국제사회의 우려를 가중시켰다.

국제원조 축소 역시 미국의 글로벌 리더십 퇴조를 상징하는 정책 변화이다. 트럼프 행정부는 1기부터 국제개발처의 기능을 비효율적이라 비판하며 예산을 삭감하고, 해당 기구를 국무부 산하로 통합하거나 핵심 부서를 축소하려는 시도를 이어갔다. 트럼프 2기에 들어서면서 미국 국제개발처는 거의 해체 수준으로 기능과 예산이 축소되었다. 군사·안보 목적의 선별적 원조만을 남기고, 보건, 교육, 여성 권익, 빈곤퇴치 등 인도주의적 목적의 원조 대부분은 삭감되었다.

2025년 1월, 트럼프 대통령은 행정명령 14169호를 통해 90일간의 외국 원조 중단을 명령하였다. 이후, 미국 국제개발처(USAID)의 프로그램 중 약 90%가 영구적으로 종료되었으며, 이는 약 6만 명의 원조 인력의 해고로 이어졌다. 이러한 조치는 HIV, 말라리아, 결핵 등 질병 퇴치 프로그램과 교육, 농업, 인프라 개발 등 다양한 분야에 영향을 미쳤다.

미국의 글로벌 HIV/AIDS 대응 프로그램인 PEPFAR의 자금 지원이 중단되면서, 남아프리카공화국 등에서 HIV 검사 및 치료가 크게 감소하였는데, 특히 임산부, 유아, 청소년층에서 바이러스 검출 및 진단 검사가 최대 21% 감소하였으며, 이는 새로운 감염 및 사망 위험을 증가시킬 수 있다.

미국 농무부는 'Food for Progress' 프로그램을 포함한 주요 식량 원조 프로그램의 보조금을 전면 취소하였다. 이로 인해 탄자니아, 튀니지, 스리랑카 등에서의 농업 및 경제 개발 지원이 중단되었다. 또한, 트럼프 행정부의 외국 원조 축소로 인해 아프가니스탄, 우크라이나 등에서 여성과 아동을 위한 보건, 법률 지원, 트라우마 치료 서비스가 심하게 감소하였는데, 유엔 여성기구는 이러한 자금 삭감이 여성 지원 단체의 운영을 위협하고 있다고 경고하였다.

미국은 Voice of America, Radio Free Europe/Asia 등 글로벌 미디어 기관과 국무부의 민주주의 지원 부서에 대한 자금 지원을 중단하거나 구조조정을 하였다. 이러한 조치는 독립 언론의 약화와 권위주의 정권의 강화로 이어질 수 있다는 우려를 낳고 있다.

트럼프 행정부의 국제원조 축소는 전통적인 규범 기반의 외교에서 벗어나, 실용주의적이고 거래 중심적인 접근으로의 전환을 의미한다. 이는 동맹과 파트너십을 가치 공유보다는 비용-편익 분석의 대상으로 간주하는 경향을 강화하였다. 이러한 변화는 미국의 글로벌 리더십을 약화시키고, 중국 등 경쟁 국가에 국제 영향력을 확대할 기회를 제공할 수 있다.

그뿐만 아니라 '동맹도 대가를 치러야 한다'는 트럼프의 실리주의 원칙은 개발도상국 원조에도 동일하게 적용되어, 조건 없는 지원은 줄어들고 정치적·경제적 보상을 요구하는 거래형 원조로의 전환되었다. 실제로 그는 UN 총회에서 미국에 반대 입장을 표명한 국가에 대해 원조 삭감을 시사한 바 있다. 또한 WHO, UNHCR, 유니세프 등 유엔 산하기관에 대한 불신은 여전하며, 이러한 기구들에 대한 분담금 삭감 또는 탈퇴 시도 역시 재현될 수 있다. 코로나19 팬데믹 당시 WHO에 대한 책임론을 제기하며 탈퇴를 선언한 전례는, 다자주의 체제에 대한 구조적 회의가 트럼프 외교의 고유한 특징임을 보여 준다.

아울러 라틴아메리카와 아프리카 등 저개발국에 대한 장기적 구조개선 목적의 지원도 축소될 가능성이 크다. 트럼프 행정부는 불법 이민, 마약, 테러 등의 안보 이슈와 연계된 국가에 대해서만 제한적 지원을 제공하고, 나머지 분야의 개발 지원은 불필요한 지출로 간주해왔다. 과테말라, 온두라스, 엘살바도르 등 중미 삼각지대에 대한 원조가 거의 전면 중단된 사례는 이러한 정책 방향을 단적으로 보여 준다.

이와 같은 국제원조의 축소와 재편은 단기적으로 미국의 재정 부담을 줄일 수 있으나, 장기적으로는 미국의 도덕적 정당성과 소프트 파워를 심각하게 훼손할 것이다. 특히 원조의 공백은 중국, 러시아, 걸프국가 등 권위주의적 강대국의 영향력 확대로 이어지며, 글로벌 사우스에서 미국의 입지는 점차 약화될 수밖에 없다. 더불어 다자주의 질서의 기능적 마비와 국제협력 기반의 붕괴는 국제사회 전반의 안정성을 저해할 수 있다.

트럼프 행정부의 국제원조 정책은 기존의 가치 중심 외교에서 벗어나, 전략적 비용-편익 계산에 따라 재편된 실용주의적 모델로 변화하고 있으며, 이는 미국의 글로벌 리더십 해체를 구조적으로 고착화할 수 있는 계기가 될 수 있다. 기후변화 대응과 국제원조 분야에서 나타나는 이러한 철수 경향은 단순한 정책적 변화가 아니라 미국이 더 이상 글로벌 공공재를 제공하는 국가가 아니라는 명확한 신호로 작용하고 있다.

이와 같은 미국의 선택은 초강대국 지위의 퇴조를 뜻하는 것이 아니라, 글로벌 공공재 공급자로서의 역할에 대한 재정의이며, 이는 국제정치의 구조적 변화를 초래하는 결정적 변수로 작용하고 있다. 결과적으로 세계는 미국 없는 질서 혹은 다자적 무정부 상태라는 새로운 국제 질서의 실험대 위에 서게 되었다

5. 세계화는 끝났는가?

20세기 후반 이후 미국은 압도적인 군사력, 달러의 기축통화 지위, 그리고 자유무역체제를 통해 세계 질서를 주도해왔다. 미국은 세계의 경찰로서 전 지구적 안보망을 유지했고, 그 기반 위에서 달러를 국제거래의 표준화폐로 기능하게 하였으며, 이를 통해 대규모 재정 적자와 화폐 발행이 가능했다. 발행된 달러는 전 세계에서 미국 제품에 대한 수요를 창출했을 뿐 아니라 역으로 미국이 해외의 재화와 자산을 손쉽게 확보할 수 있는 기반이 되었다. 이는 단순한 경제적 우위가 아니라 글로벌 차원의 패권을 뒷받침하는 핵심 메커니즘이었다. 그러나 오늘날 이러한 구조는 구조적 전환점을 맞고 있다.

트럼프 대통령의 재등장과 함께 미국은 더 이상 이 세계 질서를 유지할 의지를 보이지 않고 있다. 트럼프는 MAGA를 내세우며 다자간 협정에서 이탈하고, 자유무역의 전통을 부정했으며, 우방국에조차 안보와 경제적 기여를 강요하며 조건부 동맹을 제안했다. 특히 TPP 탈퇴, NAFTA 재협상, WTO 기능

마비 등 일련의 조치는 미국이 설계했던 세계화 체계에서조차 스스로 후퇴하고 있음을 보여 준다.

트럼프가 일으킨 근본적인 변화는 무역과 투자 시스템에서 확인된다. 트럼프 행정부는 중국과의 전면적인 무역전쟁을 통해 글로벌 공급망의 안정성을 파괴하였고, 기업들은 리쇼어링, 니어쇼어링, '차이나+1 전략'[20] 등을 통해 생산기지를 다변화하기 시작했다. 이는 비교우위를 바탕으로 한 국제분업 구조의 붕괴를 의미하며, 자유무역을 가능케 했던 제도적 기반이 약화되고 있음을 시사한다. 기술, 에너지, 첨단산업 등 전략적 산업에 대한 수출 통제와 관세 강화 조치는 보호무역주의가 더 이상 예외적 선택이 아니라 '뉴 노멀'로 자리 잡았음을 보여 준다. 세계경제는 다시금 정치·안보의 연장선상에서 관리되는 전략화된 무역 체제로 전환되고 있다.

자본 흐름 또한 자유화에서 통제 중심으로 이동하고 있다. 글로벌 투자자본은 더 이상 수익률만을 기준으로 움직이지 않으며, 각국 정부는 외국인직접투자에 대해 안보 논리를 적용하고 있다. 트럼프는 중국 기업의 미국 내 인수합병을 차단하였고, 반도체·5G·AI 등 전략 기술에 대한 외국 투자 규제를 대폭 강화하였다. 이는 자유로운 자본 이동에 기반한 금융 세계화의 종식을 예고하는 조치로, 글로벌 자본 흐름마저 우방국 중심으로 재편되고 있음을 의미한다. 미국과 중국 간의 기술패권 경쟁은 단순한 무역 분쟁을 넘어, 글로벌 투자 흐름까지 '편 가르기'를 요구하는 새로운 질서를 만들어내고 있다.

21세기 초반까지 미국은 무역, 금융, 외교를 통합한 포괄적 리더십을 바탕으로 세계화의 주도국으로 기능해왔다. 미국은 우방국의 경제성장을 지원하며 자유무역체제와 금융 네트워크를 중심으로 규범 기반의 국제 질서를 설계하고 유지해왔고, 이는 곧 정치적 영향력 확대의 주요 수단이었다. 그러나 최근 들어 이러한 패권 구조에 구조적 균열이 나타나고 있으며, 특히 트럼프 행정부 이후 더욱 가시화되고 있다.

'America First'로 대변되는 트럼프의 대외 정책은 전통적 동맹 구조와 상호의존적 경제 시스템을 점차 해체하는 방향으로 작동해왔다. 미국이 더 이상 자국 내 시장을 우방국에 개방하지 않고, 자국 내 생산 및 고용을 우선시하는 보호무역주의 기조를 제도화함에 따라, 과거 미국이 구축해온 경제적 후원자로서의 역할은 점차 축소되고 있다. 그 결과, 미국의 정치적 영향력 역시 구조적으로 약화되고 있으며, 이는 규범 기반의 국제 질서 유지에 부정적 파급효과를 초래한다.

이러한 변화는 단지 한 국가의 정책 기조 변화에 그치지 않고, 세계화의 방향성과 구조 자체에 심대한 영향을 미치고 있다. 트럼프 1기에 이어 트럼프 2기가 본격화된다면, 글로벌 공급망의 재편은 가속화되고, 자국 우선주의가 국제 질서의 주된 원리가 될 가능성이 크다. 이에 따라 세계화는 더 이상 미국 중심의 일방적 구도로 존재할 수 없으며, '미국 없는 세계화' 또는 '비(非)미국적 세계화'라는 새로운 구조가 부상하고 있다.

이러한 세계경제 질서의 전환은 각국에 새로운 국가 전략의 수립을 요구한다. 기존의 상품 수출 중심의 무역 전략은 더 이상 안정적 성장 모델이 되기 어렵고, 그 대안으로는 본원소득수지(투자수익 등)와 경상수지 전반을 고려한 포괄적 접근이 요구된다. 일본은 상품수지에서 적자를 보더라도 해외 투자로 인한 수익을 통해 경상수지 흑자를 유지하는 구조를 이미 갖추고 있으며, 이는 글로벌 자산운용 역량이 국가 경제안보의 핵심 요소가 되었음을 보여 준다. 한국 역시 무역의존형 경제구조에서 벗어나, 해외직접투자(FDI), 자산의 현지화 및 외화 기반의 소득구조를 통해 새로운 외환 수지를 구축해야 할 시점에 도달하고 있다.

트럼프 대통령이 주도한 세계화의 재편은 단순한 '세계화의 종말'로 환원될 수 있는 현상이 아니다. 이는 오히려 미국 주도의 리버럴 국제 질서가 내재적 한계에 도달함으로써 구조적으로 해체되고 있음을 보여주는 전환기적 국면으로 이해되어야 한다. 트럼프 1기 행정부가 그 전환을 표면화시켰다면, 2기 체제는 이를 보다 체계적이고 제도적인 수준에서 가속화하고 있다. 이 과정에서 미국은 자국의 글로벌 리더십을 전략적으로 후퇴시키며, 헤게모니적 세계화 모델의 상대적 약화를 사실상 수용하는 모습을 보인다.

세계화는 여전히 지속되고 있으나, 그 중심축은 분명히 이동하고 있다. 향후 국제 질서는 미국의 리더십 공백을 누가, 어떻게 대체할 수 있는지에 관한 질문을 중심으로 재구성될 것이며, 동시에 탈세계화와 탈지정학화(re-geopoliticization) 사이의 구조적 긴장이 외교·경제 전략의 핵심 변수로 작동할 것이다. 각국은 기존의 통합 중심 세계화 질서가 아닌, 차등적 연대와 선택적 블록화에 기반한 복합 질서에 적응해야 하는 전환기를 맞이하고 있다.

21세기 초반을 지배했던 미국 주도의 세계화는 이제 그 패러다임적 효력을 잃어가고 있다. 2008년 글로벌 금융 위기, 2020년 팬데믹, 미·중 전략 경쟁의 격화, 보호무역주의의 부상, 그리고 글로벌 공급망의 탈동조화(de-coupling) 등 일련의 복합적 요인들은 자유무역, 무제한 자본 이동, 민주주의 확산이라는 기존 세계화의 핵심 구성 요소들을 구조적으로 흔들고 있다.

트럼프 행정부는 이러한 흐름 속에서 세계화의 도덕적·규범적 기반을 비용-편익의 전략적 계산으로 환원하였다. 미국은 더 이상 글로벌 공공재의 무상 제공자 역할을 수행하지 않았으며, 이는 곧 헤게모니적 세계화 모델의 실질적 종언을 의미한다. 이러한 기조는 바이든 행정부에서도 복원되지 못하였으며, 오히려 기술 패권 경쟁과 안보 블록 중심의 선택적 연대 전략으로 전환되었다. 결과적으로 세계화는 단일한 통합 서사에서 다핵화된 이해 연합체의 상호 견제로 전환되고 있다.

그러나 중요한 점은, 이와 같은 미국 주도의 탈세계화가 새로운 대체적 세계화 모델의 출현으로 이어지고 있지 않다는 점이다. 중국, 유럽연합(EU), 그리고 글로벌 사우스(Global South) 등은 각자의 지정학적 이해와 경제적 우선순위에 기반하여 다극적 질서(multipolarity)를 모색하고 있지만, 이들 중 누구도 보편적 규범과 제도적 구속력을 갖춘 대안적 글로벌 체제를 성공적으로 구축하지 못하고 있다.

예컨대, 중국의 일대일로 전략은 인프라 중심의 경제 블록을 형성하려는 시도이지만, 이는 중국 중심의 양자주의적 확장에 가까우며 규범적 정당성과 투명성에서 제한적인 평가를 받고 있다. EU는 환경·인권·디지털 규범 등에서 새로운 규범적 리더십을 추구하고 있으나, 전략적 통일성 부족과 군사·안보 역량의 한계로 인해 글로벌 주도 질서를 창출할 수 있는 수준에는 이르지 못하고 있다. 글로벌 사우스는 비동맹적 다자주의와 남남협력(south-south cooperation)을 강화하고 있으나, 내부 불균형과 경제적 상호의존 부족으로 인해 결속력 있는 블록을 형성하는 데 한계를 보인다.

그 결과, 현재의 국제 질서는 과거의 미국 주도 패권 질서가 퇴조하고 있음에도 불구하고, 이를 대체할 일관된 글로벌 규범과 제도 기반의 새로운 질서가 부재한 전환기적 무질서 상태에 놓여 있다. 이러한 상황은 국제사회를 질서의 공백 상태로 몰아넣고 있으며, 불확실성과 자율성의 증대, 권역화된 연대체들의 경쟁적 병존, 강대국 간 전략적 불신의 심화라는 특징으로 나타나고 있다.

앞으로의 세계 질서는 단일 패권체제에서 다극적 경합체제로의 이행이라는 구조적 변화 속에서, 어느 국가나 연합체도 명확한 규범적 리더십을 확보하지 못한 채 제한된 지역적 헤게모니와 전략적 자율성을 추구하는 상태가 지속될 가능성이 크다. 이러한 상황은 세계화의 붕괴가 아니라, 그 형태와 중심축, 규범 구조가 재구성되고 있는 '질서 재조정기'로 이해될 수 있으며, 각국은 이에 대응하는 복합적 외교·경제 전략의 수립과 제도 혁신 능력을 요구받고 있다.

제 2 장

트럼프의 경제·기술 패권 전쟁

제2장. 트럼프의 경제·기술 패권 전쟁

1. 관세전쟁의 충격과 구조

2025년 4월 2일, 트럼프 미국 대통령이 발표한 '상호관세(Mutual Tariffs)' 조치는 그 적용 방식과 정책 목표에 따라 두 가지 유형으로 구분된다. 첫째는 국가 간 무역불균형 조정을 목표로 하는 '상호 관세(Reciprocal Tariff)'이며, 둘째는 미국의 전략산업 보호를 위한 '품목별 관세(Sectoral Tariff)'이다. 상호관세는 일률적으로 10%의 기본 세율을 적용하되, 전년도 대미 무역흑자 규모에 따라 국가별로 차등화된 추가 세율이 부과되는 구조를 갖는다. 예컨대, 한국의 경우에는 대미 무역흑자를 반영하여 최대 15%까지 관세가 적용될 수 있으며, 대부분 국가가 10% 기본세에 5~15%의 가산세를 부담하게 되는 방식이다.

이러한 관세정책은 단순한 무역 조정 수단을 넘어, 국제통상 질서 전반에 대한 미국의 구조적 불만과 전략적 재정의 의지를 반영하는 정치경제적 조치로 해석될 수 있다. 트럼프 행정부는 관세를 단순한 세율 조정의 문제가 아니라, 글로벌 경제 질서 내 미국의 상대적 위치 회복을 위한 수단으로 활용하고 있다. 특히 이 조치는 "미국은 그동안 세계로부터 불공정하게 착취당했다"라는 대중 인식을 정책 언어로 전환한 것으로, 정치적 정당성과 즉각적 정책 효과를 동시에 추구하는 상징적 행위로 기능하였다.

관세는 전통적으로 협상의 지렛대 혹은 산업 보호 도구로 사용되어 왔으나, 트럼프 행정부에서는 지정학적 복원 전략과 경제민족주의적 목적으로 전환되었다.[21] 즉, 이 관세정책은 실용적 무역 이익보다는 미국 중심의 경제 질서 복원을 목표로 한 전략적 장치로 간주되어야 하며, 이는 세계화 시스템의 핵심 기제였던 자유무역과 다자주의에 대한 근본적 도전을 의미한다.

그 결과, 상호관세 조치는 단기적으로는 글로벌 공급망과 금융시장에 불안정성을 초래하였으며, 중장기적으로는 기존의 블록화된 교역 질서의 확산이라는 구조적 전환 가능성을 제기하고 있다. 이러한 변화는 단지 경제 영역에 국한되지 않고, 동맹·안보·기술 등 포괄적 대외전략 전반에 영향을 미치는 미국의 전략 패러다임의 변화로 해석될 수 있다.

트럼프식 관세정책은 2008년 글로벌 금융위기 이후 누적되어온 미국 내 구조적 불만과 사회경제적 해체의 결과로 해석될 수 있다. 당시 위기는 단순한 금융시장 붕괴를 넘어, 미국 중하층의 생존 구조가 이미 한계에 도달해 있었다는 점을 보여주었다. 특히 저금리와 양적완화(QE)는 금융시장과 자산가격을 회복시켰으나, 실물경제의 일자리 회복, 분배구조 개선, 지역 사회의 복원에는 실패하였다.

이러한 조건 속에서 미국 백인 중하층 노동계층은 교육, 직업, 공동체를 상실한 채 약물 과다복용, 자살률 증가, 사회적 고립 등 구조적 취약성에 직면했다. 트럼프는 이와 같은 절망에 관세라는 정치적 이름을 부여하고, 외부 적(敵)을 설정함으로써 지지도를 끌어올렸다. 관세는 세계화로부터 배제된 계층의 집단적 저항이 제도 정치로 흡수된 사례로 볼 수 있다.

트럼프 행정부의 관세정책은 단기적인 무역 협상 수단을 넘어, 미국 중심의 세계경제 구조를 재편성하려는 장기 전략적 시도로 이해되어야 한다. 이는 전통적인 산업 보호나 협상용 압박이 아니라, 글로벌 경제 안보 체계의 재편축이라는 지정학적 목적을 내포하고 있다. 중국과의 무역전쟁, 반도체·디지털 기술에 대한 수출 통제, 팬데믹 이후 추진된 공급망 다변화 정책은 단순한 무역 분쟁의 차원을 넘어서, 경제적 수단을 통한 전략적 패권 조정을 반영하는 경향으로 해석된다.

특히 우크라이나 전쟁 이후 심화된 에너지 안보 위기, 팬데믹으로 인한 국경 통제 강화와 의료·생산 자원의 내재화, 그리고 글로벌 공급망의 지역화와 탈동조화는 이러한 흐름을 가속화하고 있다. 각국은 점차 자유무역과 무제한적 시장 개방이라는 이상을 후퇴시키고, 전략적 자립과 자국 우선주의에 기반한 산업정책을 강화하는 방향으로 움직이고 있다.

현재 세계경제는 고금리, 고물가, 고위험이라는 삼중 위기 체제에 있으며, 이러한 상황에서 미국이 주도하는 관세을 중심에 둔 경제정책은 탈세계화를 심화시키는 핵심 변수로 작용하고 있다. 동시에 각국의 경제정책과 외교정책이 안보·기술·에너지와 결합하는 구조적 재편, 즉 지정학의 변동이 전면화되고 있다.

전쟁과 위기가 격화될수록, 국가들은 다자적 협력보다는 각자도생을 중심으로 한 현실주의적 전략 기조를 강화하게 되며, 이는 결과적으로 전통적 자유주의 국제 질서의 해체를 가속화하는 요소로 작용할 것이다. 글로벌 공공재로서 기능하던 규범적 질서, 무역 체계, 다자협력 구조는 점차 약화되고, 블록화된 경제권과 전략적 진영 재편이 주요 국가 전략의 중심으로 부상하고 있다.

그러나 과도한 미국 부채를 외부로 전가하기 위한 도구로 사용되는 트럼프의 관세정책은 각국의 보복 관세를 촉발하여 글로벌 리스크를 확대하고 있다. 나아가 미국이 스스로 교란시킨 질서로 인해 역풍을 맞게 될 경우, 그 경제적·정치적 반동은 미국 내부를 향해 되돌아올 수 있다. 이러한 변화는 한국을 포함한 동맹국에도 구조적 선택을 강요하고 있다. 과거처럼 미국 중심의 질서를 전제로 무역·안보 정책을 설계하기에는 그 기반이 점점 약화되고 있다. 세계화는 더 이상 일방향의 흐름이 아니며, 특히 미국이 그 중심에서 이탈한다면 세계화는 유지될 수 없는 체제가 된다.

세계화는 붕괴하고 있으며, 다자협력 시스템은 교착 상태에 빠지고 있다. IMF는 2020년 이후 세계화의 속도가 둔화되고 공급망이 재편되는 현상을 '슬로벌라이제이션(Slowbalization)'이라 정의하며, 세계 경제가 더 이상 과거처럼 통합되지 않는 추세를 지적했다.[22] UNDP는 기후위기나 팬데믹 같은 글로벌 문제에 대해 국제사회가 효과적으로 대응하지 못하는 상태를 '그리드락(Gridlock)'이라 표현하며, 국제 거버넌스 시스템이 정치적 갈등과 제도적 한계로 인해 기능을 상실하고 있다고 평가했다.[23]

트럼프의 관세정책은 단순한 보호무역주의의 회귀가 아니다. 그것은 감정정치와 지정학적 리더십 재편의 수단으로서 작동하며, 정책적 설득보다는 정치적 정서 동원에 초점이 맞추어져 있다. 2025년 상반기 발표된 상호관세 정책은 무역 흑자국을 직접적으로 표적화했는데, 한국, 독일, 일본, 중국 등 전통적 제조·수출 중심국가들이 그 리스트에 올랐다. 이에 따라 세계화가 전제해온 상호의존성과 다자협력은 실질적으로 부정되며, 다층적 생산과 교역 시스템으로 이뤄진 글로벌 공급망에 직접적인 충격이 일어날 수밖에 없다.

글로벌 공급망은 고도로 정밀화된 경제적 생태계로, 제품 한 단위가 여러 국가의 분업과정을 거쳐 완성된다. 특히 자동차, 전자기기, 반도체, 통신장비, 바이오의약품 등의 산업군은 특정 부품 혹은 공정이 단일 국가에 집중되는 초국가적 병목 구조를 갖추고 있다. 트럼프 2기의 관세전쟁은 이러한 병목지점에 관세 장벽을 가함으로써 생산과 물류, 소비에 이르는 전체 체계를 붕괴시킨다. 예컨대, 미국이 특정 반도체 소재에 20%의 관세를 부과할 경우, 해당 소재를 활용하는 동남아 조립라인이 멈추고, 최종 완제품 생산국인 한국이나 독일의 공장 또한 가동을 중단되는 생산 중단의 도미노 효과가 발생한다.

이러한 충격은 단기적 생산 차질로 그치지 않는다. 기업들은 예측 불가능성과 정치적 리스크를 회피하기 위해 자국 내 생산 또는 정치적으로 '신뢰 가능한 국가(friend-shoring)'로 생산거점을 이동시키는 방향으로 전략을 전환하게 된다. 이로 인해 가격경쟁력이 약한 국가들은 공급망에서 축출되는 현상이 나타나고 있으며, 중간재를 기반으로 성장하던 개도국들의 경제 기반은 붕괴 위기를 맞고 있다. 실제로, 2025년 2분기 기준, 베트남, 인도네시아, 말레이시아 등 동남아 국가들은 미국의 상호관세 시행 이후 수출 감소율이 두 자릿수를 기록하였으며, 제조업 고용이 급감하고 있다.

나아가, 트럼프 2기의 관세정책은 공급망의 단절만이 아니라 '기술 냉전(tech cold war)'[24]과 결합하며 공급망의 정치화를 가속화하고 있다. 반도체, 인공지능, 전기차 배터리 등 핵심 전략 기술에 대해서는 단순 관세를 넘어서 수출 통제와 외국인투자 제한 조치가 병행되고 있으며, 이는 특정 기술 클러스터를 중심으로 하는 블록화된 공급망의 형성을 유도하고 있다. 미국과 동맹국 중심의 공급망과 중국·러시아 등 권위주의 국가 중심의 대안 공급망이 상호 배타적으로 작동하게 되며, 이는 장기적으로 무역의 비효율성과 비용 상승을 유발할 뿐 아니라 글로벌 생산성의 하락으로 귀결될 가능성이 크다.

그러나 강경하게 추진되던 트럼프의 관세정책은 결과적으로 후퇴하였다. 2025년 4월, 트럼프 미 대통령은 대부분 국가에 대한 관세를 90일간 유예한다고 발표했는데, 이 조치는 세계 시장의 불안정성과 경제적 압박에 대응하기 위한 것으로, 중국을 제외한 국가 대부분에는 10%의 기본 관세만 유지되었만 여기서 끝나지 않았다. 이것이 끝이 아니었다. 2025년 5월 12일, 미국과 중국은 제네바에서 진행된 고위급 무역 협상을 통해 90일간의 관세 완화 협정을 체결하였는데, 미국은 중국산 제품에 대한 관세를 기존의 145%에서 30%로, 중국은 미국산 제품에 대한 관세를 125%에서 10%로 각각 인하했다.

2025년 6월, 미 연방 국제무역 법원은 최근 발효된 상호관세 조치 및 펜타닐 관련 수입품에 대한 추가 관세 부과 명령에 대해 중단 결정을 내렸다. 법원은 이번 판결을 통해 대통령이 모든 무역 상대국에 일괄적으로 상호관세를 부과할 권한을 보유하고 있지 않다는 점을 분명히 하였다.

연방 국제무역 법원은 미국 전역에 걸쳐 관세, 수입 규제, 무역 분쟁 등과 관련된 판결 권한을 가진 전문 법원으로, 이번 판결은 미국의 통상정책 전개 방식에 법적 제약이 존재함을 재확인한 사례로 평가된다. 이에 대해 백악관은 즉각 성명을 내고, "국가 비상사태와 관련된 판단을 선출되지 않은 연방 판사들이 대신할 수 없다"는 입장을 표명하며 판결의 정당성을 문제 삼았다. 향후 행정부가 상급 법원에 항소할 가능성도 제기되고 있다.

그럼에도 이번 판결은 최근까지 행정부에 의해 폭넓게 해석되어 온 대통령의 통상정책 재량권에 대해 사법부가 일정한 한계를 설정한 첫 사례 중 하나로, 통상 정책의 법적 정당성과 정책 결정의 투명성을 제고하는 계기로 작용할 가능성이 있다. 나아가 법원이 불확실성 해소의 기능을 수행하며 삼권분립에 따른 통상정책의 견제와 균형 구조가 실제로 작동하고 있음을 보여준다는 점에서 중요한 의미를 갖는다.

그러나 어떤 식으로든 트럼프의 관세전쟁은 계속될 것으로 보이지만, 동시에 미국의 공격적인 접근 방식이 가진 한계 역시 드러났다. 미국이 중국 제품에 최소 145%의 관세를 부과해 양국 무역이 사실상 끊기도록 만들자, 중국 공장들이 폐쇄되기도 했지만, 한편 미국 수입업체들도 파산 위기에 몰렸다. 미국 기업들도 큰 고통을 받으면서 트럼프가 대중국 고율 관세 부과를 지속할 수 없게 됐다. 결국 트럼프 정부 당국자들이 관세가 지속될 수 없음을 인정하고 인하 방안을 모색하기 시작했다. 중국 역시 마찬가지 상황이었다.

이러한 조치의 배경에는 양국의 상이한 거시경제 상황이 작용하기 때문이다. 미국은 2025년 1분기 국내총생산(GDP) 성장률이 마이너스를 기록하면서 기술 산업 보호보다는 내수 안정과 경기 회복에 우선순위를 둘 수밖에 없는 구조적 압박을 받고 있다. 향후 2분기까지 성장률이 부진할 경우 경기침체 우려가 심화할 가능성이 커, 보호무역 기조의 지속이 정치경제적으로 부담이 되는 상황에 직면하게 될 것이다.

중국 또한 고용 안정이 최대 우선순위인 상황으로, 대미 수출 감소가 지속되면 약 1,900만 명에 달하는 노동자 실업 문제가 현실화될 수 있다. 이러한 실업 리스크는 체제 안정성과 직결되며, 중국 정부 입장에서는 대외 무역환경의 완화가 내부 안정을 위해 미국과 협상하지 않을 수 없었다. 결국 양국 모두 자국의 구조적 한계를 인식한 가운데, 전략적 유연성을 확보하기 위해 일시적 완화를 선택하였다.

그러나 이 협상은 단순한 관세율 조정 이상의 정치경제적 함의를 지닌다. 미국은 중국을 전면적으로 봉쇄하는 전략보다는, 기술 패권 경쟁이라는 장기 구도 속에서 추가 압박 수단으로 관세를 활용하고 있음을 시사한다. 중국 역시 이러한 의도를 인식하면서, 특히 반도체 및 AI 관련 핵심 기술 제재 해소를 협상의 주요 목적 중 하나로 삼고 있다. 이로 인해 관세 완화가 단기적인 경기 대응 수단임과 동시에 기술 분야의 문제점 해결을 위한 정치적 목적으로 추진되고 있다고 분석할 수 있다.

그러나 미·중 무역 합의는 중국보다는 트럼프 미 대통령의 중국 관세 공격의 한계가 입증된 사례라고 할 수 있다.[25] 미·중 간 관세 인하 합의는 표면적으로는 상호주의에 기반한 관세 완화 조치처럼 보이나, 실질적으로는 양측의 정치적 입장과 전략적 선택에 있어 비대칭적 결과를 드러냈다. 중국은 이번 협상에서 대화를 지속하겠다는 입장 외에 실질적인 양보나 구조적 조정 조처를 하지 않았지만, 미국은 고율 관세의 대부분을 일방적으로 철회하거나 유예하는 방식으로 합의에 임하였다. 다시 말해 이 합의는 협상력의 측면에서 미국의 후퇴를 의미한다. 중국은 강경한 무역보복을 지속하며 협상에서 주도권을 유지하였고, 이는 자국 산업 및 대외 전략에 대한 자신감을 보인 반면, 미국은 자국 내 인플레이션 상승, 공급망 차질, 우회수입 증가 등 구조적 경제 압력에 직면하면서 협상에 있어 더욱 유연한 자세를 취할 수밖에 없는 상황에 직면했다.

트럼프 2기 행정부는 정책적 정당성과 정치적 지속가능성 측면에서 뚜렷한 구조적 제약을 안고 있다. 비록 대통령의 임기는 4년이지만, 현실적으로는 임기 2년 차에 치러지는 중간선거가 핵심 정치적 분기점으로 작용하며, 그 결과에 따라 행정부의 입법 능력과 정책 추진력이 결정된다. 특히 하원 장악 여부는 예산 편성과 관련된 입법 주도권의 핵심이자, 트럼프의 정책 아젠다 실현 여부와 직결되는 문제이다.

나아가 트럼프는 헌법상 대통령의 3선 제한 규정에 직면한 상태에서 사실상 정치적 권한 소진이 예상되는 임기 후반기에 레임덕에 진입할 수 있다. 연방헌법 개정을 통한 3선 도전이나 부통령으로의 재등장은 헌법상 조항들로 인해 실현 가능성이 극히 낮으며, 따라서 트럼프는 본인의 임기 내 정책 실현에 집중할 수밖에 없는 구조적 현실에 처해 있다.

이와 같은 정치 일정 속에서 트럼프 행정부는 휘발유 가격을 비롯한 생활물가와 같은 민감한 변수에 취약한 구조를 보였다. 유가를 안정시키기 위한 석유 증산 정책이 있었으나, 한편으로는 공산품 수출국을 대상으로 한 광범위한 관세 부과 조치가 오히려 수입물가 상승을 야기하여 소비자 물가 상승을 초래하였다. 이에 따라 가계의 체감 경제는 악화되었고, 이는 중간선거를 앞둔 시점에서 정치적 부담으로 작용하였다.

더욱이 트럼프 행정부의 관세정책은 미국 제조업 기반의 핵심축 중 하나인 자동차 산업에도 부정적 파급효과를 초래하였다. 북미자유무역협정(NAFTA)으로 긴밀히 연결된 캐나다와 멕시코 간 공급망이 타격을 받으면서 고용 불안정성이 감지되면서 트럼프의 보호무역주의가 오히려 자국 산업을 위축시킬 수 있다는 점이 드러났다.

반면, 중국의 경우, 공산당 일당체제와 선거 없는 정치구조 속에서 사회통제를 유지할 수 있는 체제적 강점을 활용하여 장기적 버티기 전략을 채택하였다. 이는 선거 주기에 민감한 미국의 구조적 취약성과 대조적인데, 민주주의 체제 특성상 유권자의 인내심은 상대적으로 제한적이기 때문이다. 이로 인해 중국은 미국과의 협상에서 장기전에 유리한 고지를 점할 수 있었고, 다른 무역상대국들 역시 이를 모델로 삼아 시간 지연 전략을 선택하고 있다.

트럼프 행정부 1기 당시 관세정책은 단기적으로 중국에 대한 압박 수단으로 작용했으며, 일정 부분 수입 대체 효과와 기술이전 억제에 기여한 바 있다. 그러나 장기적으로는 고율관세가 미국 내 소비자물가 상승과 제조업 부문 공급 부족이라는 부작용을 초래하며, 정책의 지속가능성은 의문을 가지지 않을 수 없다. 특히 중국산 제품의 가격 대비 품질 경쟁력이 여전히 유효한 상황에서 미국의 일방적 차단 정책은 물자 부족과 유통가격 상승이라는 이중적 부담으로 작용하고 있다.

이러한 조건에서 제3국을 통한 미국으로의 우회 수입이 활성화되면서 글로벌 공급망의 왜곡 현상이 심화되었으며, 미국의 보호무역 조치가 오히려 국제

무역 질서의 비효율성을 증대시키는 결과를 낳았다. 이 과정에서 중국은 적극적으로 협상에 나서기보다는 전략적 인내를 유지하며 상대의 조정을 유도하고 있지만, 미국은 먼저 협상 재개를 요청하는 수세적 위치에 놓이게 되었다. 결국 미·중 양국의 합의는 보호무역주의에 기반한 갈등이 일정한 임계점에 도달했음을 의한다. 미국은 마트가 빌까 봐, 중국은 공장이 놀까 봐 타협했으며, 이대로 가면 공멸이라는 위기감이 벼랑 앞에서 치킨 게임을 멈추게 했다.

이러한 미·중 간 긴장과 갈등은 국제사회의 정치 정서에 영향을 미치고 있다. 북미 지역을 포함한 일부 우방국 내에서는 미국 주도의 강경 통상 정책에 대한 피로감과 반발심리가 형성되고 있으며, 이는 동맹국 내 정치 지형 변화와 맞물려 미 행정부의 외교적 지지 기반 약화로 이어지고 있다. 최근 일부 국가에서 반보호무역 및 비(非)트럼프 노선을 지향하는 정치세력이 부상한 것 역시, 이러한 정세 변화의 징후로 해석될 수 있다.

결국 미·중 간의 관세 인하 합의는 두 나라가 당면한 거시경제 불안정성과 구조적 리스크 완화를 위한 실용적 타협이었다. 또한, 향후 기술패권과 안보경제 구도가 복합적으로 얽힌 미·중 경쟁의 또 다른 국면을 예고하고 있는데, 이는 세계 무역체제 전반에 걸쳐 보호주의와 전략적 거래주의가 병존하는 새로운 통상질서의 지속가능성을 의미한다.

실제 트럼프의 관세정책은 미국 경제에 부담으로 작용하였다. 2025년 미국의 국내총생산(GDP) 성장률은 지난해 4분기 2.4%에서 1분기에는 -0.3%로 추락했다. 관세를 통해 해소하려고 했던 무역 적자는 오히려 큰 폭으로 확대됐다. 1분기 수출은 1.8% 증가했지만 수입은 41.3%나 폭증했다. 파격적인 관세정책으로 인해 미국 경제성장률의 하방 압력이 심화되고 있으며 관세정책에 따른 불확실성의 여파로 그간 성장에 상당한 기여를 한 소비와 투자가 크게 둔화되었기 때문이다. 관세정책에도 불구하고 2025년 미국 무역수지 적자는 2024년에 비해 크게 줄어들지 않을 가능성이 크다.

2025년 5월 17일, 무디스(Moody's Investor Service)는 이런 이유로 미국의 국가 신용등급을 Aaa에서 Aa1로 하향 조정했다. 2024년 기준, 미국 연방정부의 재정적자는 약 1조 8천억 달러에 달하며, 총 국가채무는 국내총생산(GDP)의 120%를 초과하는 수준으로 평가된다. 이와 같은 과도한 채무 비율은 중장기적으로 미국 정부의 재정 건전성을 저하할 뿐만 아니라, 세입·세출 간의 구조적 괴리를 고착화시키는 요인으로 작용하고 있다. 여기에 최근 수년간 반복되어 온 연방정부의 부채한도 협상 지연, 예산안 통과 실패, 일시적 정부 셧다운 등은 미국의 정책결정 시스템에 대한 신뢰를 훼손시킨다고 보았기 때문이다.

그러나 우리가 더 주목해야 할 것은 상호관세가 아니라 품목별 관세에 있다. 품목별 관세는 무역수지 조정보다는 미국의 산업정책적 이해와 직결되며, '미국 제조업의 재건'을 국정 최우선 과제로 내세운 트럼프 대통령의 핵심 구상 중 하나이다. 철강, 알루미늄, 자동차, 의약품, 반도체 등 전략산업군에 대한 고율 관세는 미국 내 생산기지 유치를 유도하고, 글로벌 공급망에서의 디커플링(decoupling)을 촉진하려는 목적을 지닌다. 이는 명시적으로 외국 기업들에게 '미국에서 생산하라'라는 압박 수단으로 작동한다.

한국의 입장에서 핵심적인 위협은 이 품목들이 모두 국내 제조업의 핵심 기반이라는 점이다. 철강은 오랜 기간 주력 산업으로 자리 잡고 있으며, 자동차 산업은 수출 의존도가 매우 높다. 반도체는 단순한 수출 품목을 넘어 국가 기술 주권과 경제 생태계 전반의 중심축으로 기능한다. 특히 반도체에 대한 미국의 고율 관세나 생산기지 이전 요구는 단순한 수익성 문제를 넘어 산업공동화의 가능성까지 제기한다. 미국이 반도체 생산 역량을 자국 내로 유치할수록, 한국의 산업 기반은 상대적으로 약화될 수밖에 없는 구조이다. 이로 인해 국내 대기업의 이해와 국가적 산업 전략 간에 충돌이 발생하는 복합적 난제가 형성되고 있다.

더욱이 트럼프 대통령이 품목별 관세에서 타협하지 않을 가능성은 여러 정황에서 드러난다. 중국은 전략산업 분야에서 예외 없이 고율 관세를 부과받았고, 영국은 자동차 수출 비중이 작아 한시적 감면을 인정받았을 뿐이다. 반면 한국은 연간 100만 대 이상의 자동차를 미국에 수출하고 있어, 실질적인 협상 여지가 제한적이다. 일본은 반도체 산업 비중이 작아 철강과 자동차에 집중된 단순한 협상이 가능하지만, 한국은 반도체와 자동차를 모두 안고 있는 복잡한 협상을 벌여야 한다. 즉, 대만은 반도체, 일본은 자동차, 한국은 양쪽 모두를 안고 싸워야 하는 상황이어서 그만큼 협상 조건은 복잡하며, 이해관계 또한 다양하게 얽혀 있다.

이러한 맥락에서 상호관세 패키지는 실질적인 의미가 크지 않을 수 있다. 정치적 제스처로는 유효하겠지만, 진정한 변수는 품목별 관세이며, 이는 미국의 산업정책 및 전략적 공급망 재편과 직접적으로 연결되어 있어서 트럼프가 정책적으로 양보할 여지는 제한적이다.

트럼프가 벌인 관세전쟁은 지금 세계화가 과도기에 있다는 것을 시사한다. 시장은 미국 중심 질서의 지속가능성에 근본적 회의를 품기 시작하였다. 이러한 상황은 미국 스스로가 구축한 질서를 자해적으로 훼손하는 아이러니를 낳고 있으며, 이는 '탈미국화(de-Americanization)'라는 개념을 현실적인 가능성으로 전환시키고 있다. 새로운 국제 질서는 아직 태어나지 않았고, 낡은 세계는 서서히 기능을 멈춰가고 있다. 그 사이에서 각국은 균형보다 생존을, 협력보다 자구책 마련을 고민 중이다. 미국, 중국, 유럽, 신흥국 모두 절박한 처지이며, 서로에게 책임을 전가하는 정치만 남아 있다. 탈세계화는 이미 현실이며, 세계는 '미국 없는 세계'를 준비하고 있다. 이것은 세계화가 끝나는 것이 아니라 미국 중심의 세계화가 끝나가고 있다는 것을 의미한다.

2. 첨단 기술 전쟁과 공급망 재편

트럼프 2.0은 미국 대외정책의 전환과 글로벌 기술 질서의 구조적 재편을 동반하고 있다. 전임 바이든 행정부는 동맹국과의 연합을 통해 중국의 기술 부상 억제를 전략적 목표로 설정하고, 반도체·인공지능(AI)·양자기술 등 전략 기술 분야를 중심으로 핀포인트 규제(pinch-point sanctions) 체제를 수립하였다. 이를 위해 미국은 일본, 한국, 네덜란드 등 반도체 장비·소재·IP 보유국을 설득하여 중국에 대한 핵심 기술 수출 통제를 다자적 형태로 추진해왔다. 예컨대, ASML의 EUV 노광장비 수출 제한을 위한 네덜란드 정부의 참여, HARC 에칭 장비[26]에 대한 일본 정부의 통제, DRAM 생산시설 업그레이드 제한을 위한 한국 정부와의 조율 등이 그것이다. 이는 당근과 채찍을 병행하는 전략적 유인구조를 통해 실효성을 확보해온 사례로 평가된다.

바이든 행정부의 접근은 CHIPS 법 및 IRA 등 산업법안을 통해 동맹국과의 가치 연대를 전제로 공급망 안정화를 도모한 '프렌드 쇼어링(friend-shoring)' 전략의 일환이었다.[27] 미국 상무부는 수출 통제 대상국을 다층적 구조로 구분하고, 이를 통해 중국과 러시아를 최하위 그룹으로 배치하며, 기술과 안보의 접합성을 제도화하였다. 이 같은 전략은 COCOM 체제의 현대적 재해석으로, 대만·한국·네덜란드 기업들의 미국 내 생산기지 유치를 이끌어내는 데 일정 성과를 거두었다.

그러나 트럼프 행정부의 복귀는 이와 같은 다자협력 기반의 전략을 구조적으로 무력화할 가능성이 있다. 미국 우선주의를 중심으로 한 트럼프 2기 대외정책은 동맹국과의 조율보다는 자국 중심의 가치사슬 재편을 우선시하며, 기존의 협력구조를 선별적 압박 전략으로 대체하고 있다. 이로 인해 유럽 주요국인 프랑스, 독일, 네덜란드 등은 미국 주도의 기술·경제 질서로부터의 이탈 가능성을 공개적으로 검토하고 있으며, 일부 국가는 중국과의 기술 협력 재개를 시사하고 있다.

중국은 이러한 지정학적 균열을 전략적 기회로 활용하고 있다. 네덜란드의 ASML, 영국의 ARM, 독일의 전력용 반도체 기업 등 유럽의 핵심 기술 보유 기관에 대한 관계 복원을 시도함으로써, 미국의 대중 기술 규제를 우회하려는 전략적 노력을 강화하고 있다. 특히 ASML이 연구개발(R&D) 거점이나 합작 프로젝트를 통해 중국 기업과의 기술 협력을 확대할 경우, SMIC 등 중국 반도체 기업의 기술적 도약 가능성을 전면적으로 배제하기는 어렵다. 물론 EUV 관련 핵심 부품에 대한 미국의 수출 규제는 여전히 기술이전의 실효성을 제약할 수 있지만, 중국이 독자적 대체기술(LPP 광원, 전자기 가속기 기반 광원 등)을 확보할 경우, ASML 내부 전략에도 조정 압력이 가해질 가능성이 있다.

유럽은 기술 혁신의 핵심 파트너로서 미국과 중국 사이에서 전략적 선택을 요구받고 있으며, 각국의 경제구조, 내정 상황, 산업 경쟁력에 따라 이행 경로는 상이할 수 있다. 미국이 유럽과의 기술 협력을 회피할 경우, 일부 국가는 중국과의 기술 동맹 가능성을 고려할 유인을 가지며, 이는 동아시아 국가에도 구조적 파장을 일으킬 수 있다. 한국과 대만은 미국과의 안보 연계로 인해 단기적으로는 디커플링 가능성이 작지만, 기술 주권 강화 및 공급망 자립을 위한 독자 전략의 수립 필요성이 점차 주목받고 있다.

　트럼프 2기 행정부는 전략 기술을 국가안보의 핵심 자산으로 규정하고, 이를 기반으로 글로벌 공급망을 지정학적 이해에 따라 재편하려는 움직임을 본격화하고 있다. 미 상무부는 중국·러시아를 최하위 수출 통제 그룹으로 지정하는 동시에, 한국·일본·네덜란드·독일 등 동맹국에도 일방적 상호관세를 적용하며, 자국의 가치사슬 재구축에 저항하는 움직임에 대해서는 예외 없이 압박을 가하고 있다. 그 결과, 반도체 공급망은 단순한 경제 네트워크를 넘어 지정학적 진영의 경계로 전환되고 있으며, TSMC, 삼성전자, ASML 등 핵심 기업들은 양 진영 간의 선택 압력 속에서 전략적 모호성을 유지하기 어려운 상황에 직면하고 있다.

　중국은 '국산화 2.0 전략'[28]을 통해 기술 자립을 국가 전략으로 명시하며, AI 칩, HPC, EUV 등 미국의 전략적 통제 기술에 대한 내재화를 시도하고 있다. 동시에 유럽 기술 보유국과의 R&D 협력 확대, 합작법인 설립, 역기술 이전 등 다층적 대응 전략을 통해 기술 블록화에 대응하고 있다. 이러한 전략은 미국의 일방주의적 조치에 대한 유럽 내 불만과 맞물리며, 중국에 새로운 협력 파트너십의 창을 열어주고 있다.

　이와 같은 미·중 간 기술패권 경쟁은 단순한 기술개발 경쟁을 넘어서, 기술 표준, 산업규범, 공급망 구조에 대한 규범전(regulatory warfare)으로 확장되고 있다. 트럼프 행정부는 국제표준화기구(ISO, ITU 등) 내 영향력을 확대하며 미국 중심의 기술 질서를 유지하고자 하며, 중국은 디지털 실크로드 전략을 통해 대안적 기술체계를 제3세계로 확장하고 있다. 이로 인해 세계는 기술 이념과 표준이 진영별로 상이한 방향으로 분화되는 다극적 기술 생태계로 이행하고 있으며, 글로벌 기술 질서의 통합 가능성은 점차 구조적 한계에 직면하고 있다.

미·중 간의 기술 전쟁은 동아시아 국가에도 큰 영향을 미치고 있다. 지정학적 블록화가 심화되는 상황에서, 한국과 대만, 일본 등은 기술 주권 확보를 자국의 전략적 자율성 유지의 핵심 조건으로 간주하고 있으며, 미·중 양강의 전략적 틈새에서 생존 가능성을 극대화하려는 복합적 대응을 모색하고 있다.

대만은 중국의 무력 통일 위협이라는 구조적 안보 리스크에 직면한 상태에서, 미국과의 전략적 연계를 강화할 수밖에 없는 외교적 제약 구조를 가진다. 특히 세계 파운드리 산업의 절대 강자인 TSMC를 중심으로 형성된 첨단 반도체 공급망은 대만을 기술적 요충지로 부각시키는 동시에, 미·중 경쟁의 압력으로 작동하고 있다. 이에 따라 대만은 TSMC의 미국 내 생산기지 확대를 통해 전략적 협조 의지를 표명하는 한편, 기업의 기술 자율성과 국가안보 사이에서 균형전략을 채택하고 있다. 또한, 유럽 및 일본과의 기술협력을 확대함으로써 미국 의존을 보완하려는 움직임도 병행하고 있다.

반면 한국은 북한의 핵과 미사일 위협과 중국과의 경제적 상호의존 사이에서 전략적 모호성을 유지하려는 기조를 지속해왔다. 바이든 행정부 시기에는 '프렌드 쇼어링' 구도 속에서 미국과의 기술 협력에 동참하였으나, 트럼프 2기 행정부의 상호관세 조치 등 일방주의적 압박이 재개될 경우, 한국은 완충 전략 확보가 불가피해진다. 특히 삼성전자·SK하이닉스 등 메모리 반도체 중심 기업들의 경우, 소재·장비 분야에서의 해외 의존도가 여전히 높아, 미국의 기술통제가 생산 전반에 직접적인 영향을 미칠 수 있다.

이에 따라 한국은 소재·장비 국산화, R&D 인프라 강화, 기술 자립 역량 확충을 중심으로 한 자립형 산업전략을 병행하고 있다. 아울러, 미·중 디커플링이 가속화되는 환경하에서, ASEAN, 인도, EU 등 대체적 기술·공급망 파트너와의 협력을 다변화함으로써 외교적 자율성을 보완하려는 노력이 강화되고 있다.

트럼프 2기에서의 첨단기술전쟁은 기술 경쟁의 탈경제화(de-economization)와 정치·안보화(securitization)라는 구조적 변화를 동반한다. 기술은 이제 상호이익의 기반이 아니라 배제와 정렬의 원리에 따라 재편되는 전략 자산으로 전환되고 있으며, 이는 중견국가들에 전략적 자율성과 기술주권을 둘러싼 새로운 정책 과제를 제기한다. 기술 블록화에 따른 이분법적 압력 속에서, 각국은 독자적 기술노선을 설정하거나, 상호보완적 블록 내 재정렬을 모색하는 등 다양한 적응 전략을 강구해야 하며, 이 과정에서 한국, 일본, 유럽 국가들의 대응은 향후 글로벌 공급망 재편의 핵심 변수로 작용할 것이다.

3. 글로벌 빅테크의 전략적 대응

트럼프의 두 번째 임기 이후, 미국 연방정부와 글로벌 빅테크 기업 간의 관계는 이전과는 상이한 양상으로 재편되고 있다. 트럼프 행정부는 전통적인 반독점 기조에서 벗어나 자국 내 기술 산업을 전략적 자산으로 간주하며, 대형 기술 기업에 대한 규제를 완화하는 방향으로 선회하였다. 연방거래위원회(FTC)는 독립적인 감시 기능보다는 대통령 직속 정책 이행 도구로 재편되었으며, 이에 따라 메타와 아마존, 애플에 대한 기존의 독점 규제 소송이 후순위로 밀려나고 있다. 특히 AI 분야에서 정부는 규제를 완화하고 민간 기업의 개발 투자를 장려함으로써, AI 기술 주도권을 글로벌 차원에서 확보하려는 움직임을 보인다.

주요 빅테크 기업들도 트럼프의 행보에 힘을 실어주고 있다. 메타는 미국

내 AI 인프라 확장을 위해 2025년부터 미시건, 텍사스, 오하이오 등에 새로운 데이터센터 건립을 진행 중이며, 연방정부의 인허가 절차 간소화 조치에 따라 공정 속도는 과거 대비 30% 이상 단축되었다. 또한 구글은 연방정부와의 협력 아래 공공교육에 'Gemini AI' 기반 교육 플랫폼을 시범 도입하며, 정부 프로젝트 수주와 교육시장 선점을 추구하고 있다. 아마존은 클라우드 부문(AWS)을 통해 국방부 및 에너지부와의 계약을 확대하고 있으며, 연방기관의 민간 클라우드 전환 흐름을 견인하는 핵심 기업으로 부상하고 있다. 이처럼 빅테크 기업들은 트럼프 행정부의 기술 산업 중흥 정책에 호응하여 사업 포트폴리오를 조정하고, 정부와의 전략적 공조를 확대하고 있다.

반면, 국제무대에서 트럼프 행정부는 보호무역주의와 기술주권 논리를 전면화하면서, 미국 기업에 대한 외국 정부의 규제에 적극적으로 대응하고 있다. 특히 EU의 디지털시장법(DMA)과 디지털서비스법(DSA)을 디지털 관세에 준하는 비관세 장벽(nontariff barrier)으로 간주하며, 보복관세 및 무역 보복 가능성을 언급하는 등 외교적 긴장을 고조시키고 있다. 애플은 유럽의 타겟 규제 대상 중 하나로, iOS 운영체제의 개방 의무화와 앱스토어 수익 구조 변경 조정 압력을 받고 있으며, 이에 따라 유럽 시장에서의 서비스 정책을 미국 시장과 분리하여 운영하는 '이중 체계 전략'을 채택하였다. 메타는 개인정보 보호법(GDPR)에 따른 유럽 내 벌금 리스크에 대비해 서버 위치를 아일랜드 및 핀란드로 분산시키고 있으며, 미국 내에서 미국 사용자 데이터와 유럽 사용자 데이터를 분리 처리한다는 디지털 지역화 정책을 공식화하였다.

또한 빅테크 기업들은 글로벌 공급망 다변화에 적극적으로 나서고 있다. 애플은 기존의 중국 중심 생산 구조에서 벗어나 인도 남부 타밀나두 지역과 베트남 북부에 대규모 제조단지를 신설하고 있으며, 이는 중국과의 긴장 고조 시

리스크를 분산하기 위한 전략적 조치이다. 마이크로소프트는 칠레, 폴란드, 인도네시아 등 신흥국을 대상으로 한 클라우드 데이터센터 확장을 통해, 미국과 유럽에 집중된 기술 인프라의 지정학적 리스크를 완화하고자 한다. 아마존은 자사 물류망을 활용해 미국 외 지역에 대한 관세 정책 변화에 유연하게 대응할 수 있는 '탄력형 유통 시스템'을 도입하고 있으며, 이는 트럼프식 무역정책 변화에 따른 전략적 대응의 일환이다.

트럼프 정부와 글로벌 빅테크 기업의 유착은 테슬라에서 가장 극명하게 나타난다. 트럼프의 2기 정부에서 테슬라의 일론 머스크는 단순한 기업가의 범주를 넘어 연방정부 개혁과 국가 전략산업 조정에 실질적 영향력을 행사하는 핵심적인 정책 행위자로 부상하였다. 그는 연방정부 내 신설된 '정부 효율성 부서(Department of Government Efficiency, DOGE)'의 초대 수장으로 임명되어, 예산 절감과 행정 개편을 주도하였다. 머스크는 최대 2조 달러에 이르는 절감 효과를 주장하며, 테슬라 및 스타트업 경영 방식을 정부 운영에 이식하려 시도하였다. 그러나 이는 곧 공공서비스의 질 저하와 사회적 저항을 초래하였다. 특히 다양성·공정성·포용성(DEI) 프로그램과 금융소비자보호국(CFPB) 등 민주당 주도의 공공 부문이 주요 축소 대상이 되면서, 행정의 정치화 논란이 본격화되었다.

DOGE의 개편 대상에는 해양기후청(NOAA)도 포함되었는데, 기후 연구 예산 대폭 삭감 및 1,000여 명에 달하는 인력 해고가 단행되었다. 이는 머스크가 추진 중인 스페이스X의 기상관측 사업 확대와 밀접한 연관이 있는 것으로 분석된다.[29] NOAA가 제공하는 공공 기상정보의 질이 저하되거나 유료화될 경우, 민간 기업인 스페이스X가 그 대체재로서 시장을 점유할 가능성이 커지기 때문이다. 정부의 기후 예보 기능을 축소함으로써 사실상 기후정보의 민영화를 유도하는 이 조치는, 공공성과 시장주의 간의 경계선을 흐리는 전형적인 사례로 평가된다.

한편, 트럼프 행정부의 보호무역주의 기조는 머스크의 핵심 기업인 테슬라에 심각한 시장 손실을 초래하였다. 중국과 유럽을 대상으로 한 고율 관세, 생산거점 이전 압박 등으로 인해 테슬라의 공급망은 마비되었고, 2025년 1분기 테슬라 주가는 약 25% 하락하며 주요 기술 기업 중 가장 큰 낙폭을 기록했다. 머스크는 미국 내 유연한 산업정책을 요구하며 정책 수정을 촉구했으나, 연방정부는 이를 수용하지 않았다. 이로 인해 머스크는 테슬라 이사회로부터 사임 압력을 받았으며 내부 압력이 고조되었다. 머스크는 정치적 행보를 통해 자신이 추구하는 기술 비전에 대한 정책적 혜택을 얻는 듯 보였으나, 결국 트럼프와의 갈등을 피하지 못했다. 이 충돌은 머스크가 트럼프 행정부의 감세 및 재정 지출 확대 법안을 공개적으로 비판하면서 촉발되었다. 이에 트럼프는 보복 조치로 전기차 세액공제 폐지, 스타링크의 정부 도입 불허, 스페이스X에 대한 연방 계약 중단 가능성을 언급하며, 양측의 관계는 사실상 파국으로 치달았다.

머스크의 사례는 기술 기업가의 정치 참여가 단기적으로는 민간 주도의 혁신을 제도권에 투입하는 긍정적 효과를 낼 수 있으나, 정치적 이해관계와 충돌할 경우 민주적 제도와 공공정책의 안정성을 위협할 수 있음을 보여준다. 동시에, 트럼프의 정책 결정 과정에 사적 감정과 정치 보복이 개입된 듯한 대응은 행정부 권한의 사유화 가능성과 맞물려 미국 민주주의의 제도적 취약성을 드러낸다.

트럼프 행정부의 정책 일관성 부족과 예측 불가능한 규제 방향은 빅테크 기업들에게 지속적인 불확실성을 야기하고 있다. 중국계 전자상거래 기업인 쉬인(Shein)은 미국 시장 진출을 추진해왔으나, 트럼프 2기 행정부의 통상 압박 강화로 IPO 계획을 보류하며, 미국 내 투자 환경에 대한 구조적 회의론을 드러내고 있다. 이는 미국 기업뿐 아니라 글로벌 기술 생태계 전체에 부정적인 신호로 작용하고 있으며, 중장기적으로 미국이 디지털 기술 중심 국가로서의 리더십을 유지하는 데 제약이 될 수 있다.

트럼프 2기 행정부는 자국 내 기술 산업을 적극적으로 육성하는 동시에, 외국 정부의 기술 규제 및 산업 보조금 정책에 대해 공격적으로 대응하는 이중 전략을 전개하고 있다. 이러한 접근은 단기적으로 미국 기술기업에 우호적인 산업환경을 조성하지만, 동시에 글로벌 통상질서의 불안정화와 기술 동맹의 전략적 신뢰 약화를 유발할 위험성을 내포한다.

이에 대응해 미국의 빅테크 기업들은 생산 및 유통망의 다극화, 정책 로비의 다변화, 기술 표준의 자율화를 통해 정책 리스크를 분산시키고 있으며, 그 결과 민간 기술기업의 글로벌 전략은 점차 국가의 외교 및 안보 전략과 긴밀히 통합되는 방향으로 진화하고 있다. 반도체, 인공지능, 클라우드 인프라 등 핵심 기술 분야에서 민간 기업의 선택은 정치적 판도까지 재구성할 수 있는 결정요인으로 기능하고 있다.

그러나 세계화의 단절 혹은 기술 블록화가 심화할수록 미국 빅테크 기업의 장기적인 성장은 구조적 한계에 봉착하게 된다. 이들 기업은 글로벌 시장 접근, 국제적 데이터 흐름, 기술 인력의 자유로운 이동, 표준의 상호운용성에 기반한 확장 전략을 통해 성장해왔으며, 국가 중심주의적 공급망 재편은 이러한 기반을 약화시킨다.

트럼프 관세전쟁의 최대 피해 기업은 애플이다. 애플은 그동안 자사의 글로벌 우위와 시장 지배력을 가능케 했던 핵심 전략 기반들이 동시에 도전에 직면하면서, 창사 이래 가장 중대한 전환기에 들어섰다. 미·중 전략 경쟁의 심화와 트럼프의 보호무역주의 회귀 조짐은 애플의 글로벌 공급망 구조를 근본적으로 재편할 것을 요구하고 있다. 팀 쿡 CEO의 리더십은 그동안 정치적 협상력과 공급망 관리 전략을 통해 글로벌 위기를 효과적으로 조율해온 사례로 평가되어 왔다. 그러나 최근 들어 트럼프 대통령의 관세 압박에 대한 대응력 저하와, 현 행정부와의 정책 조율 실패 등이 지적되면서, 그의 리더십은 새로운 시험대에 오른 상황이다.

'Designed in California, Assembled in China'로 대표되는 애플의 분업형 생산 모델은 정치적 리스크에 크게 노출되어 있으며, 이에 따라 애플은 인도 등 제3국으로 생산 거점을 다변화하는 전략을 추진 중이다. 그러나 이러한 전환은 공급망 전환 비용, 기술 품질 통제, 생산 지연 등 복합적 부담을 수반하며, 미국 정부와의 정치적 협상에서 제품군 다변화 및 양보 카드를 동시에 고려해야 하는 상황이다.

더욱이, 중국을 비롯한 비미국계 기업들이 글로벌 기술표준 및 플랫폼 시장에서 주도권을 확보할 가능성이 점차 현실화되고 있다. 화웨이, SMIC, 텐센트 등 중국 기업뿐만 아니라, 한국의 삼성전자·네이버·카카오, 대만의 TSMC·ASUS·MediaTek 등도 각자의 기술 경쟁력과 정부 차원의 전략적 지원을 바탕으로 특정 영역에서 미국 빅테크의 시장지배력을 일정 부분 대체하거나 경쟁 우위를 확보할 가능성을 내포한다.

특히 TSMC와 삼성전자는 첨단 반도체 제조 분야에서 이미 글로벌 공급망의 중추적 위치를 점하고 있으며, 자체 인공지능 칩, 서버용 고성능 메모리, 엣지 컴퓨팅 플랫폼 등에서 미국 기업들과 직접 경쟁하고 있다. 한국의 네이버나 카카오와 같은 플랫폼 기업들도 비서구권 인터넷 생태계의 독자성을 확장하며, 클라우드, AI, 검색 기술, 메타버스 등에서 지역 기반 생태계를 구축하고 있다. 이러한 기업들은 자국 정부와의 전략적 연계를 통해 정책 민감도를 낮추면서도 글로벌 확장을 추구하고 있어, 미국 중심 플랫폼 질서에 구조적 도전이 될 수 있다.

미국의 기술 중심주의 전략은 공급망, 안보, 산업 보호라는 목적에서는 제한적 성과를 얻을 수 있지만, 기술혁신의 개방성, 규범의 일관성, 국제적 협력 기반이라는 측면에서는 정치외교적 조정 메커니즘이 결여될 경우 역효과를 초래할 수 있는 양날의 검이라고 할 수 있다. 나아가 글로벌 사우스, 비동맹권, 중견기술국들과의 제도적 연대 없이 기술 질서의 장기적 안정성과 정치적 정당성을 확보하기는 어렵다. 만약 미국이 기술 패권을 추구하는 동시에, 세계와 연결된 기술의 공공성, 협력성, 지속가능성이라는 요소를 병행하지 않는다면 미국의 빅테크 기업의 미래는 결코 밝지 않다.

4. 미국 제조업의 부활은 가능한가?

21세기 세계경제는 서비스산업 중심의 전환이라는 흐름 속에서도 제조업 기반의 전략적 중요성이 재조명되고 있다. 팬데믹 이후 공급망의 불안정성과 지정학적 위기와 맞물리며, 주요국들은 자국 내 제조 역량 회복을 국가 안보 및 경제 안정성의 핵심 과제로 간주하고 있다. 이러한 환경 속에서 제조업은 단순한 산업정책을 넘어 기술주권, 사회통합, 그리고 국가 정체성의 핵심 기반으로 전환되고 있다.

제조 기반의 약화는 단지 산업 부문의 축소를 의미하는 것이 아니라, 전략 물자 자급 능력의 상실을 통해 국가 전체의 회복 탄력성을 위협할 수 있으며,

핵심 물자에 대한 과도한 대외 의존은 무역 충돌이나 지정학적 충격 시 심대한 리스크를 야기할 수 있다.

특히 반도체를 비롯한 첨단 부품의 공급망이 특정 지역, 예컨대 대만과 동아시아에 편중되어 있는 현실은 기술주권의 침식과 동맹 의존이라는 이중 구조를 낳고 있다. 이러한 구조 속에서 국가의 전략적 자율성을 유지하기 위해서는 핵심 품목의 일정 수준의 내재화가 필요하며, 이는 단순한 경제적 선택이 아닌 주권적 결정이라 할 수 있다.

제조업은 단순한 생산 활동을 넘어서 기술 혁신의 실험장으로 기능하며, 연구개발과 생산 현장의 물리적 근접성은 혁신 속도와 실현 가능성을 높이는 결정적 요소이다. 국내 제조 기반을 회복함으로써 인공지능, 자동화, 스마트팩토리 등 신기술의 적용과 확산도 보다 신속하고 유기적으로 이루어질 수 있다.

또한 제조업은 다양한 인지 능력을 지닌 노동자에게 실질적인 일자리 기회를 제공하는 기반이 된다. 특히 언어나 수리 중심의 고소득 사무직 위주로 재편된 노동시장에서 배제된, 공간지능 중심의 중간 숙련 노동자들에게는 제조업이 사회적 포용을 실현할 수 있는 주요 경로로 작동한다. 제조업의 쇠퇴는 이들의 고용 기반을 무너뜨리며, 사회적 이탈, 중독, 비공식 경제로의 유입 등을 동반하게 된다. 따라서 제조업의 회복은 기술주권 확보와 동시에 사회통합의 수단으로도 기능할 수 있으며, 이는 국가 전반의 지속 가능성과 직결된다.

이런 이유로 트럼프는 미국 제조업의 부활을 강력히 요구하고 있다. 그는 1기 집권부터 미국 제조업의 쇠퇴를 글로벌 자유무역체제와 중국의 산업 확장을 주요 원인으로 지목하였고, 관세 부과, 리쇼어링(re-shoring) 촉진, 법인세 인하 등을 통해 자국 내 생산기지를 회복하려고 시도하였다. 2기 정부에서도 그는 이 같은 기조를 강경하게 재추진하며, 공급망 자립 및 산업 주권의 회복을 최우선 과제로 제시하고 있다. 그러나 미국 제조업의 부활 가능성에는 구조적 회의가 존재하며, 성공 여부는 불투명하다.

트럼프 2기 정부가 추진하는 보호무역주의와 관세 정책은 무역수지 적자국에 고율의 관세를 부과함으로써 수입 억제와 국산품 소비를 촉진하려는 조치로 평가된다. 이는 제조업 재건의 직접적인 자극 요인으로 작용할 수 있다. 특히 반도체, 철강, 전기차, 배터리 등의 전략산업에 대한 우대 조치와 외국인직접투자(FDI)에 대한 규제 강화는 미국 내 생산 유인을 증가시킨다.

그러나 미국 제조업 부활에 핵심 제약 요인은 미국 노동력 구조와 기술 인프라이다. 미국은 고임금 구조와 숙련 노동력 부족이라는 이중의 문제에 직면하고 있다. 제조업이 회귀하더라도, 단순 조립이나 저임금 노동 중심의 산업은 경제적 지속가능성이 작으며, 고도화된 자동화 및 AI 기술이 적용될 때 새로운 형태의 하이브리드 산업이 요구된다. 트럼프 행정부가 강조하는 제조업 일자리 회복이 실제로 어떤 성격의 고용을 창출할지는 여전히 불확실하다. 더욱이 STEM(과학, 기술, 공학, 수학) 인재 부족, 지역 인프라 격차, 고등교육과 산업 현장 간의 괴리는 제조업 르네상스를 가로막는 구조적 장벽으로 작용하고 있다.

미국은 소비재 유통 부문에 있어 세계 최고 수준의 공급망 효율성을 보유하고 있지만, 산업재 생산을 위한 기반 공급망은 갖춰져 있지 않다. 예를 들어 목재를 주요 원재료로 활용하는 가구 제조업의 경우, 단순 소비자 판매용 목재 수준의 공급으로는 산업적 규모의 수요 충족에는 한계가 있다. 산업 차원의 원자재 수급은 안정적인 공급망과 지역 기반 자원의 연계성이 필수적이다. 미국 북부지역은 풍부한 삼림 자원을 바탕으로 효율적인 목재 공급 체계를 갖추고 있어, 실제로 일부 지역에서는 중국에 젓가락을 수출하는 사례도 존재한다.

이는 공급망 구성에서 자연 자원의 입지적 제약이 산업의 지속가능성을 좌우함을 보여 준다. 반면, 동일한 제조 공장을 중동의 사막 국가 등 비산림 지역에 이전할 경우, 공급망의 단절로 인해 구조적 실패가 불가피해진다.

전자제품의 대표적 사례인 아이폰 또한 이러한 공급망 구조의 제약을 잘 보여 준다. 아이폰 생산에 필요한 핵심 부품 제조업체 대부분은 아시아, 특히 동아시아 지역에 집적되어 있으며, 이는 수십 년에 걸친 글로벌 가치사슬(Global Value Chain, GVC)의 재편과 연동된 결과이다. 미국 내에서 아이폰을 조립한다고 하더라도, 주요 부품은 여전히 아시아 지역에서 수입해야 하며, 이는 물류비용 증가, 조달 시간 지연 등 다양한 비효율을 일으킨다. 이 경우 고율 관세나 자국 내 생산 장려 정책만으로는 근본적 대안이 되지 못하며, '기술-중간재-완제품'에 이르는 통합형 생산 생태계 부재가 치명적 제약으로 작용한다.

이와 같은 기술 공백은 중간재 및 금형 산업 전반에서도 동일하게 관찰된다. 제조 생산 자체는 기계와 금형의 수입을 통해 가능하지만, 고장이나 정비 단계에서 미국 내 기술자와 정비업체의 부재로 인해 생산 중단 사태가 빈번히 발생한다. 이는 과거 존재했던 숙련기술자들이 은퇴하거나 산업 생태계에서 이탈했기 때문이며, 공급 기반의 취약성으로 연결된다.

또한, 미국의 노동시장 구조 역시 제조업 회귀 전략에 있어 심대한 제약 요인으로 작용하고 있다. 종종 중국의 제조업 경쟁력이 저임금에 기반한 것으로 오해되나, 실제로는 높은 조직화수준의 숙련노동력, 근면 문화, 예측 가능한 노동환경과 낮은 이직률, 체계적인 직업 교육이 결합된 결과다. 반면 미국 내 제조업 노동 현장은 근태 불량, 불안정한 근로 태도, 교육 기반의 약화 등으로 인해 단순 인건비를 넘어 질적 경쟁력의 열세가 제도적으로 고착화되어 있다.

제조업 회귀를 위한 인프라 구축의 한계도 명확히 드러난다. 제조업은 고정

자산 위에 성립되는 산업이다. 전력, 도로, 항만, 물류망 등은 단순히 건설 여부의 문제가 아니라, 안정성과 속도, 그리고 확장 가능성 등의 질적 요소가 병행되어야 한다. 미국은 2000년 이후 1인당 전력 생산량이 정체 상태에 머물렀으나, 중국은 제조업 수요를 감당하기 위해 400% 이상 증가시켰고 현재 1인당 전력 생산량도 미국의 두 배 수준이다. 제조업 확대에 필수적인 전력망과 물류 시스템은 미국의 경우 새로운 투자가 필요한 상황이며, 이를 실현하는 데 드는 비용은 세계 최고 수준이다. 도로와 항만의 용량 한계는 공장 간 부품 운송의 병목 현상을 일으키며, 기존 소비재 물류망으로는 산업재 수송 수요를 감당하기 어렵다.

미국 제조업의 부활을 위한 자본 및 정책 투입의 지속가능성도 불확실성이 높다. 트럼프 1기 당시에는 법인세 인하와 규제 완화를 통해 일시적인 투자 유인을 제공하였지만, 2기에는 재정적 여력이 축소된 가운데, 장기적 산업 육성 정책이 단기 정치적 성과 중심으로 설계될 위험이 크다. 미국의 재정적자 확대, 연준의 고금리 기조, 글로벌 투자자본의 탈미국화 경향 등은 제조업 투자에 부정적 영향을 미칠 수 있다. CHIPS Act와 같은 첨단산업 육성 법안도 실제 집행 과정에서의 행정 병목, 지원 대상의 편중, 지방정부와의 조율 문제 등으로 인해 실효성에 의문이 제기되었다.

국제적 맥락에서도 미국 제조업의 부활은 복합적 제약 구조에 노출되어 있다. 특히 미국과 중국 간의 기술 전쟁, EU 및 동아시아 국가들과의 산업 표준 경쟁, 글로벌 기후변화 대응과 ESG 기준 강화 등은 미국 제조업의 공급망 구축과 시장 확장에 중대한 변수로 작용한다. 예컨대, 유럽이나 일본, 한국 등 미국의 전통적 파트너 국가들이 미국의 보호무역주의와 자국중심주의에 반발하여, 대안적 전략으로 중국과의 협력 강화에 나설 경우, 미국 제조업의 글로벌 확장 가능성은 더욱 축소될 수 있다.

    제조업 기반의 자립성을 확보하기 위해서는 조립 중심의 리쇼어링(reshoring)이 아닌, 원재료부터 중간재, 핵심 부품, 숙련노동력, 기술 집약 생산시설에 이르기까지 전주기 공급망의 재구성이 필수적이다. 그렇지 않을 경우, 정책적 보호조치에도 불구하고 미국 산업은 다시금 아시아 중심의 생산 네트워크에 의존할 수밖에 없는 구조로 회귀하게 된다. 이는 국가별 자원의 입지, 산업 클러스터의 형성 여부, 국제 분업체계의 현실적 제약을 종합적으로 고려하지 않은 공급망 자립 논의가 실효성을 갖기 어려운 이유이기도 하다.

    트럼프 2기 정부하에서 미국 제조업의 부활은 정책 의지와 정치적 수사에서 강하게 추진되고 있지만, 실제 실현 가능성은 다소 제한적이다. 공급망 재편, 고도 기술 인프라 구축, 교육 및 노동시장 개혁, 국제통상 환경의 조정 등이 유기적으로 결합하지 않는다면, 제조업의 부분적 회귀는 가능할지언정, 20세기 중반과 같은 제조업 중심 경제로의 재구축은 사실상 불가능하다. 제조업의 부활은 단순한 산업 복원이 아닌, 새로운 기술 패러다임과 결합된 진화로 재정의되어야 하며, 이를 위해선 단기적 정치 수사보다는 구조적이고 전략적인 접근이 요구된다.

    미국 제조업 부활의 상징으로 여겨지는 현대자동차의 투자가 그것을 잘 보여 준다. 현대자동차는 미국 조지아 전기차 전용 공장에서 전체 조립 공정의 약 70% 이상을 로봇 자동화로 처리하고 있으며, 이는 글로벌 완성차 업계 평균 자동화율(약 55%)을 상회하는 수치다. 용접, 도장, 배터리 조립 등 고위험·고정밀 공정에는 최대 1,000대 이상의 산업용 로봇이 투입되며, 작업당 불량률은 수작업 대비 최대 40% 감소, 생산 속도는 약 1.3배 향상되었다는 실증 데이터가 보고된다.

또한 로봇 기반 자동화는 평균 인건비가 한국 대비 2배 이상 높은 미국 시장에서, 단위 차량 생산비용을 15~20% 절감하는 구조적 효과를 창출하고 있다. 이러한 자동화 시스템은 24시간 무정지 생산을 가능케 하며, 예측 유지보수 시스템과 연계되어 설비 고장으로 인한 비가동 시간(downtime)을 30% 이상 단축하게 한다. 즉 미국에서 제조업이 부활하더라도 이것은 미국의 고용시장 확대로 연결되지 않는다는 것이다.

트럼프 2기 행정부에서 미국 제조업의 부활 가능성은 정치적 수사와 정책적 시도에도 불구하고, 구조적 제약 요인으로 인해 제한적일 수밖에 없다. 이러한 정책 방향은 산업구조의 복잡성과 세계화라는 글로벌 가치사슬에 깊이 편입된 현실, 그리고 자동화와 무인화가 확산된 제조업 노동시장 구조를 감안할 때, 실질적인 고용 증가나 제조업 전반의 재활성화로 이어지기 어렵다. 설령 일부 산업군에서 미국 본토 투자 유치와 생산기지 복귀가 발생하더라도, 이는 노동집약적 산업의 대규모 복귀가 아닌 기술집약적인 자동화 기반 공정의 확장에 그칠 가능성이 크다. 즉 제조업의 귀환은 상징적 정치 메시지로는 유효할지언정, 실질적 고용 기반 확대나 지역경제 재건으로의 확장성은 제한적일 수 있다.

바이든 정부 시기 도입된 인플레이션감축법(IRA)과 CHIPS법 등은 일정 부분 제조업 회귀의 인프라를 조성한 바 있으며, 트럼프 2기 정부 또한 해당 법안을 폐기하기보다는 보다 자국 우선주의적인 방식으로 계승하고 강화할 가능성이 크다. 다만, 이러한 보조금 중심의 산업정책은 동맹국과의 통상 마찰을 일으킬 가능성이 있고, 미국 내에서도 예산 지속성과 제도 정합성에 대한 논쟁이 여전히 상존한다.

트럼프 2기 정부하에서의 제조업 부활은 특정 전략산업(반도체, 방산, 에너지 등)을 중심으로 한 일부 귀환은 가능하겠지만, 과거와 같은 대규모 제조업 고용의 회복이나 산업 전반의 르네상스로 이어질 가능성은 작다. 오히려 자국 중심의 산업정책 강화는 글로벌 공급망의 분절화 및 기술 블록화를 심화시키며, 세계경제의 상호의존성과 복원력을 약화시키는 요인으로 작용할 수 있다.

미국 제조업의 부흥은 단순히 공장을 다시 세우는 차원을 넘어, 기술·인력·인프라·제도 환경 전반에 걸친 복합적 재구축이 필요하다.[30] 현재 미국이 직면한 과제는 산업화를 위한 조건이 축적되지 않은 상태에서 제조업 부활이라는 정치적 담론에 편중되고 있다. 이는 단기적 산업정책으로 해결될 수 없으며, 중장기 전략·교육개혁·기술투자·사회적 합의가 전제되지 않는 한 'Made in America'는 구조적으로 지속 가능하지 않다.

5. 달러 패권의 지속 가능성

2025년 세계경제는 여전히 미국 달러(USD)를 중심으로 구축된 국제통화체제 위에 놓여 있다. 글로벌 무역결제, 외환보유고, 원자재 거래, 금융계약 등 거의 모든 국제 경제 활동은 여전히 달러를 매개로 이루어진다. 국제통화질서에서 미국 달러는 제2차 세계대전 이후 브레튼우즈 체제를 기반으로 한 지배적 기축통화의 지위를 지속해왔다. 그러나 최근 이러한 달러의 절대적 지위가 구조적으로 약화되고 있으며, 특히 트럼프 행정부의 무역 및 통화정책이 그 속도를 가속화하고 있다. 이는 단기적 금융 불안정을 넘어서, 달러 패권의 제도적 기반에 균열을 초래할 수 있는 전략적 전환점으로 간주된다.

최근 몇 년간의 흐름은 달러 체제가 '붕괴'보다는 '재조정'이라는 이름의 점진적인 다극화 과정에 진입하고 있다. 이러한 변화는 특정한 정책 실패나 외부 충격 때문만은 아니다. 기술, 정치, 글로벌 권력 분산이라는 구조적 흐름이 복합적으로 작동한 결과다.

한편으로, 달러는 이전에도 여러 차례 위기와 도전을 겪었으며 그때마다 중심 통화의 지위를 회복해왔다. 1971년 금 태환 정지 선언 이후 달러는 법정불태환 통화로서의 정당성을 확립했고, 1985년 플라자합의 이후에도 통제 가능한 조정 과정을 거쳐 기축통화 체제를 유지해왔다. 2008년 금융위기 당시 미국발 금융 불신이 전 세계로 전염되었음에도, 글로벌 자본은 여전히 미국 국채와 달러로 회귀했다. 이러한 역사적 복원력은 오늘날 달러의 위기 담론을 일정 부분 상대화하는 근거로 작용한다.

그러나 현재의 달러 환경은 과거와는 구조적 차원에서 상이한 양상을 보인다. 미국 국채 금리는 지속적으로 상승하고 있음에도 달러 인덱스는 오히려 약세를 보이며, 외국인들의 미국 자산 회피 흐름이 감지되고 있다. 미국의 재정적자는 GDP 대비 6~7% 수준을 지속하며, 향후 국채 발행 확대와 정치적 분열로 인해 재정 지속가능성에 대한 우려가 커지고 있다. 이에 따라 여러 중앙은행이 외환보유고의 구조를 다변화하려는 움직임을 보이고 있으며, 금 보유 비중 확대 및 유로·스위스프랑·엔화, 심지어 한국 원화에 대한 분산 투자가 점차 확대되고 있다.

이러한 경향은 통화 질서의 다극화 가능성을 열어놓는다. 일부 신흥국은 자국 통화 간 직접 거래를 확대하고 있으며, BRICS 국가들은 금이나 석유 등 실물자산 기반 디지털 결제 단위에 대한 논의를 진행 중이다. 기술적으로도 블록체인 기반 스테이블코인, 디지털 화폐, 토큰화 자산 등의 발달은 중앙화된 중앙집중형 달러 결제 체제의 비효율성을 보완하고, 국경 간 결제를 더 유연하게 만들고 있다.

그러나 이러한 대안 통화의 부상은 아직 초기 실험 단계이며, 제도적 안정성과 국제 신뢰, 유동성 규모 측면에서 달러와 비교하기에는 미흡하다. 중국 위안화는 자본 통제와 정책 투명성 문제로 인해 국제 신뢰를 획득하지 못하고 있으며, 유로화는 정치적 통합의 한계로 인해 글로벌 위기 시마다 내부 균열을 노출한다. 금과 비트코인은 가치 저장 수단으로는 의미가 있지만 극심한 변동성으로 인해 실물경제에서의 거래 통화로서의 실효성은 제한적이다. 스테이블코인 역시 대부분 달러 또는 미국 국채를 담보로 발행되기 때문에, 독립적인 통화체제라기보다는 달러 체제의 디지털 확장판에 가깝다.

  실제로 2020년대 들어 세계 주요 국가들의 외환보유고 구성은 여전히 달러에 절대적으로 의존하고 있다. 국제통화기금(IMF)의 보고서에 따르면, 2024년 기준 전 세계 중앙은행 외환보유고의 약 58%가 달러로 구성되어 있으며, 그다음으로 유로(20%), 엔화(5~6%) 등이 뒤를 잇는다.[31] 달러는 단지 유동성이 풍부하다는 점 외에도, 법적 안정성, 계약 집행력, 자산의 다양성 등 구조적 강점을 보유하고 있어 이를 단기간 내에 대체할 수 있는 통화는 존재하지 않는다. 이러한 점에서 달러 패권의 종말을 예견하기보다는, 상대적 선호의 조정으로 보는 것이 현실적이다.

  그런데도 트럼프 행정부의 제반 정책은 달러 체제의 신뢰 기반을 흔드는 변수로 작용하고 있다. 달러 패권은 점진적으로 약화되기보다는, 지정학적·정치적 충격에 의해 갑작스럽게 붕괴할 수 있으며, 트럼프의 예측 불가능한 정치가 통화 시스템의 가장 큰 리스크가 될 수 있다.[32] 이는 기술적 요인이나 경제지표보다도 정치적 신뢰, 즉 미국 내 제도적 안정성의 유지 여부가 달러 체제 유지의 핵심임을 드러낸다.

  또한, 달러 가치 하락에 대한 일부 견해는 통화가치의 일시적 약세를 구적 위기로 과잉 해석하고 있다. 예컨대 인플레이션 조절을 위한 금리 인상, 재정적자 확대 등은 단기적인 달러 약세를 초래할 수 있으나, 이는 순환적 현상이지 패권의 근본적 붕괴를 의미하지는 않는다. 더구나 세계경제 전체가 미국 자산과 금융시장에 구조적으로 연동되어 있는 한, 달러의 상대적 위상은 여전히 지속된다.

트럼프가 추진하는 일련의 보호무역주의 및 일방주의적 정책이 세계경제에 광범위한 혼란을 초래하고 있으며, 그중에서도 달러의 지위 약화가 가장 치명적인 결과가 될 수 있다. 이에 따라 달러가 단기적으로 기축통화의 지위를 상실하지는 않겠지만, 그 국제적 영향력은 점진적으로 쇠퇴할 가능성이 크다. 이러한 쇠퇴는 다층적 차원에서 진행되고 있다. 합법적 경제 영역에서는 유로화 및 위안화의 국제결제 점유율이 증가하고 있으며, 이는 유럽중앙은행(ECB) 및 중국 인민은행(PBoC)이 자국 통화의 국제화를 정책 목표로 추진한 결과로 해석된다. 또한 기존 통화시스템의 사각지대에서 디지털 자산이 대체 결제 수단으로 활용되고 있다. 이는 디지털 자산이 법정통화 신뢰 약화의 대안으로 기능할 수 있다는 것을 의미한다.

이와 같은 변화는 미국의 거시경제적 기초 약화, 특히 국가부채의 지속 불가능성과 연방준비제도(Fed)의 독립성 훼손과도 연결된다. 세계가 초저금리 시대가 종료됨에 따라 미국의 재정건전성은 더 큰 부담을 안게 되었으며, 이는 미국 국채 이자율 상승으로 직결될 수 있다. 이러한 조건에서 달러의 과도한 특권은 더 이상 유지되기 어려운 환경에 직면하고 있다.[33]

더욱이 트럼프 행정부는 연준의 통화정책 독립성에 대한 지속적 개입을 시도하였으며, 정치권 전반에서도 연준의 기능을 정치·사회 정책에 연계하려는 압력이 증대되고 있다. 보수 진영은 금리정책을 경기침체 책임 회피의 도구로 삼고 있으며, 진보 진영은 연준이 환경 및 사회정의 과제를 위한 신용 재분배 도구가 되어야 한다는 요구를 확대하고 있다. 이는 연준의 제도적 중립성 훼손으로 이어지며, 궁극적으로는 달러에 대한 국제적 신뢰 저하를 초래할 수 있다.

미국은 어떤 면에서 달러 패권 유지의 역사적 배경에 있어서 '전략적 운'이 작용했다. 구소련의 개혁 실패, 일본의 장기 불황, 유럽의 비효율적 유로화 통합 등 경쟁자의 자충수가 달러의 지위를 공고히 하는 데 기여해 왔다. 그러나 이번에는 경쟁자의 실수가 아닌, 미국 내부의 정치적 불확실성과 법치 훼손, 그리고 통상 질서의 교란이 자초한 결과로, 달러 패권의 구조적 침식이 가시화되고 있다.[34]

이러한 맥락에서 일부 학자들은 달러는 약화될 수 있으나 국제통화체제의 중심에서 이탈하지는 않는다는 이른바 '중심 통화 지속성 가설(center currency persistence hypothesis)'을 제시한다. 이 이론은 국제통화체제가 지닌 경로의존성과 전환비용의 비대칭성에 주목하며, 기존 기축통화가 일정 수준 이상으로 약화되기 전까지는 체제 자체의 교체보다는 내부적 조정과 보완이 반복되는 경향이 강하다는 점을 강조한다.[35] 이러한 관점에 따르면, 오늘날의 달러 체제 역시 변동성과 압력을 견디며 조정기의 한복판을 지나고 있는 것으로 해석될 수 있다.

실제로 달러는 여전히 국제금융 질서의 중심에 있으며, 국제 외환보유고, 결제 시스템, 원자재 거래 등 다수의 분야에서 압도적 비중을 차지하고 있다. 그러나 단기적인 정치 불확실성, 재정 건전성 악화, 글로벌 분열 심화 등의 요인은 달러의 제도적 신뢰성과 전략적 중립성에 구조적 의문을 제기하게 만들고 있다. 과거와 달리 오늘날의 국제통화 질서는 지정학적 신뢰와 제도적 일관성에 보다 민감해졌으며, 미국 내부에서 나타나는 법치 훼손, 채무 불이행 리스크, 통상 규범의 전략화는 달러 체제의 제도적 권위 자체를 침식시키는 결과를 낳고 있다.

이에 따라 IMF는 달러의 쇠퇴는 피할 수 없는 경로이며, 이는 단지 미국의 상대적 약화 때문만이 아니라 기술적 진보, 글로벌 금융 환경의 다변화, 지정학적 블록화 심화 등 복합적 구조 전환의 필연적 귀결이라는 주장을 내놓고 있다.[36] 즉 국제통화체제의 미래는 패권 통화 중심 모델에서 다중 통화 복합체제(multicurrency system)로의 이행 과정으로 보며, 달러의 상대적 위상이 구조적으로 축소될 수밖에 없다는 것이다. 특히 중앙은행 디지털화폐(CBDC), 실물 자산 기반 결제 단위, 블록체인 기반의 글로벌 스테이블코인, 그리고 지역 기반 통화 연합 등이 기존 달러 중심 체제에 대한 '대안적 신뢰 인프라'로 기능할 수 있다는 점에서, 국제통화 질서는 단일 패권 중심의 구조에서 점차 기능별·영역별 분산 체계로 이행할 가능성이 크다. 이러한 체제에서는 특정 통화가 전방위적 지배력을 행사하기보다는, 지역·거래 유형·기술 기반에 따라 역할이 분산되는 혼합적 통화 질서가 나타날 수 있으며, 이는 곧 달러의 절대성 약화와 상대적 지위 조정을 동반한 구조적 전환의 일환으로 해석할 수 있다.

국제통화 질서의 미래는 어느 하나의 통화가 완전히 지배하거나 완전히 몰락하는 이분법적 구도로 귀결되는 것이 아니라 달러의 상대적 축소와 다극화된 대안의 병존이라는 복합적 이행 경로를 보여줄 가능성이 크다. 이는 국제금융시장이 단일한 규칙이나 질서로 운영되기보다는, 복수의 규범과 기술, 지정학적 이해가 중첩되는 과도기적 질서로 진입하고 있다는 점을 시사한다.

이러한 구조는 단일 기축통화 중심의 체제와는 달리, 거래 목적, 지역권, 기술 기반에 따라 통화 사용이 세분화되는 다층적 구조를 형성할 가능성이 크다. 예컨대, 에너지 거래에서는 달러와 위안화의 병행, 디지털 플랫폼 기반 거래에서는 스테이블코인이나 CBDC, 지역 경제권 내에서는 유로화나 지역통화 블록이 사용될 수 있다. 이러한 맥락에서 국제통화 질서는 단순한 '달러 vs. 대체 통화'의 구도가 아니라, 기존 통화의 수축적 재조정과 대안적 수단의 보완적 확대가 동시 진행되는 중첩적 전환기로 이해되어야 한다.

이러한 질서 전환은 각국이 외환과 통화 전략에서전략적 다원화를 추구하게 만들며, 국제통화체제는 과거보다 더 불균형적이지면서도 동시에 유연한 상호보완적 구조로 재편될 가능성이 크다. 결국 달러의 미래는 몰락이 아닌 상대적 위상 조정과 역할 재배분이라는 형태로 나타날 것이며, 이는 다극적 국제질서와 조응하는 새로운 통화체제의 핵심적인 특징이 될 것이다.

제 3 장

중국의 대응과 전망

제3장. 중국의 대응과 전망

1. 미·중 관세전쟁의 충격과 전망

　21세기 국제 질서는 일반적으로 자유주의 국제 질서로 규정된다. 보다 정교하게 표현하면, 이는 법과 규범에 기초한 다자주의적 국제 질서로 이해될 수 있다. 이 질서의 핵심은 단순한 국가 간 협정 수준을 넘어, 국제시장과 국제사회 전반의 안정성과 예측 가능성을 유지하기 위한 제도화된 규범 체계에 있다. 이러한 규범은 선언적 원칙에 그치지 않고, 위반 시 집단적 제재와 보복의 구조를 내포하고 있다는 점에서, 실질적 구속력을 갖춘 규범 질서의 성격을 지닌다.

　중국은 20세기 말 덩샤오핑의 개혁·개방 정책 이후 비로소 이 자유주의 국제 질서에 편입되기 시작하였고, 이후 30여 년간 자본주의 세계시장 속에서 기적적인 경제성장과 산업화를 달성했다. 이 과정에서 중국은 세계의 공장으로 부상하며, 단기간에 최빈국에서 미국과 전략적 경쟁을 펼칠 수 있는 가장 강력한 도전자로 자리 잡았다.

　그러나 이러한 비약적 성장은 단지 중국 내부의 산업·기술 역량 강화에 의한 결과만은 아니었다. 그 이면에는 서방 자유주의 국가들의 전략적 관용이 자리 잡고 있었다. 서방은 중국이 시장경제로 편입되면 자연스럽게 정치적 자유화와 규범 내재화를 수반할 것이라는 '적응 가설(engagement hypothesis)'을 신념처럼 받아들였고, 그 기대 속에서 규범적 일탈에 대한 실질적 제재를 유예하거나 무시하는 정책적 유연성을 보여왔다.[37]

　특히 중국의 값싼 노동력, 저가 제품의 대량 공급, 거대한 소비시장 등은 서방의 기업과 정부에게 단기적 실리를 우선시하도록 유인하였고, 이는 결과적으로 중국의 제도적 이탈에 대한 구조적 방관을 초래했다. 그 결과, 중국은 WTO 체제 내에서도 국가 주도의 산업보조금, 기술이전 강요, 지적재산권 침해, 표현의 자유 억압 등 여러 영역에서 자유주의 규범을 반복적으로 위반해 왔다.

대표적으로, 중국은 국영기업에 대한 대규모 보조금 지급, 토지 및 에너지 자원에 대한 비시장적 공급, 수출 주도형 산업에 대한 정책금융 지원 등을 통해 글로벌 시장 가격 질서를 왜곡하고 있다. 미국은 이러한 보조금 정책이 WTO 보조금 및 상계조치 협정에 위배된다며 2010년 WTO에 제소했고, 일부 조치는 규범 위반으로 판정된 바 있다.

기술이전에 있어서도 중국은 합작투자 의무제도 및 행정 심사 절차를 통해 외국 기업의 핵심 기술을 사실상 이전하도록 유도해 왔다. 미국 무역대표부(USTR)가 2018년 발표한 301조 보고서에 따르면, 중국은 외국 기업이 중국 시장에 접근하는 대가로 기술이전을 요구하거나 이를 사실상 조건화하는 구조를 유지하고 있다. 특히 반도체, 자동차, 통신 등의 전략산업 분야에서 이러한 간접적 압박은 더욱 뚜렷하게 나타났다.

지적재산권 보호에도 중국은 장기간 구조적인 취약성을 드러냈다. 특허 및 상표의 악의적 선등록, 외국 기술의 무단복제, 온라인상 불법 콘텐츠의 대규모 유통은 미국과 유럽연합의 지속적인 항의를 받아왔으며, 미국은 매년 중국을 지적재산권 감시대상국(Priority Watch List)에 올리고 있다. 특히 디지털 콘텐츠 분야에서는 중국 내 대형 플랫폼을 통해 무단 복제된 소프트웨어와 영상물의 유통이 장기간 방치되어 왔고, 이는 자유주의 질서의 핵심인 창작자 권리 보호 원칙을 심각하게 훼손하고 있다는 비판을 받고 있다.

표현의 자유와 정보 접근이라는 측면에서도 중국의 행태는 자유주의적 서비스 규범과 대립한다. WTO 서비스무역일반협정(GATS)상에서 중국은 통신 및 정보 서비스 시장의 일정 부분 개방을 약속했으나, 실제로는 Google, Facebook, Twitter 등 주요 서구 정보 플랫폼을 차단하고, 자국 플랫폼에 대한 검열과 정부 통제를 강화해 왔다. 중국은 이를 공공질서 및 국가안보 보호라는 예외 조항을 통해 정당화해왔지만, 과도한 규제와 차단 조치가 명백히 규범 이탈이라는 지적이 제기된다. 이러한 통제는 단순한 국내정치 차원의 문제가 아니라, 국제시장 내 정보의 자유로운 흐름과 관련된 핵심 규범의 훼손으로 이해될 수 있다.

문제는 이러한 반규범적 행태에 대한 실질적 교정 메커니즘의 부재가 오늘날 자유주의 국제 질서 자체의 신뢰 기반을 약화시키고 있다는 점이다. 규범의 보편성과 제재의 일관성이 무너진 체제는, 더 이상 예측할 수 있거나 공정한 시장 질서를 보장할 수 없다. 이에 따라 자유주의 국가들은 이제 국제 질서의 작동 원리를 회복하기 위해 구조적 교정을 해야 하는 상황에 직면했다.

이 교정이 실패할 경우, 국제시장은 제도적 신뢰를 상실한 채 권위주의적 경제모델과 보호주의 블록 질서의 확산 속에 재편될 위험이 있다. 이는 결국 국제거래의 공정성과 규칙 기반 질서의 퇴행을 일으키며, 국제사회는 법치와 협력보다는 힘과 정치적 동맹에 기반한 경쟁 질서로 회귀할 가능성이 커진다. 따라서 중국 사례는 자유주의 국제 질서의 유지냐, 제도적 붕괴냐를 가르는 분기점이다.

그러나 이러한 교정의 책임은 단지 미국에만 있지 않다. 법 규범은 합의된 규칙이자 집단적 집행 메커니즘에 의해 유지되는 질서인 만큼, EU, 일본, 한국 등 다른 자유주의 국가들의 협력이 전제되어야 한다. 문제는 현재 다수의 자유주의 국가들이 자국의 무역 이익과 경제 안정을 이유로 교정 의지에서 이탈하고 있다는 점이다. 미국은 트럼프 행정부 들어 자국 중심의 양자주의적 압박 정책으로 선회하였고, 이는 오히려 다자주의적 규범 질서 자체를 약화시키는 결과를 초래하고 있다.

트럼프 2기의 대중 통상정책은 단순한 수입 억제 차원을 넘어, 인바운드·아웃바운드 투자에 대한 구조적 규제를 포함하고 있다. '미국 우선 투자정책(America First Investment Policy)' 각서를 통해 중국과의 협력을 지속하는 외국계 기업에 대한 제한 요건을 명문화하는 등 글로벌 기업 활동 전반에 대한 정치적 개입을 확대하고 있다. 이와 함께 소액 무세 통관제도 폐지 및 관세징수 시스템 구축 등 비관세적 수단의 정비도 병행되면서, 실물 무역뿐 아니라 디지털 및 소비재 흐름까지 광범위한 차단이 이루어지고 있다.

중국은 이에 대한 대응으로 보복관세, 핵심광물 수출통제, 특정 미국 기업에 대한 제재 조치를 취하고 있다. 이에 위축된 트럼프 행정부의 대중국 관세 정책은 전면전보다는 선별적, 구조적 압박의 수단으로 기능하고 있으며, 중장기적으로 미국 내 자국 산업 회복을 위한 보호주의의 제도화로 이어질 가능성이 크다. 반면, 중국은 과거보다 높은 자립도를 기반으로 대응 강도를 조절하고 있으며, 일대일로 국가 및 글로벌 사우스 지역과의 무역 연계를 확대하면서 미국의 통상압박을 분산시키는 전략을 취하고 있다. 특히 텅스텐, 인듐 등의 핵심광물의 경우, 한국과 같은 제3국의 생산자국으로 수요가 이전될 가능성이 존재하며, 이는 글로벌 공급망의 재편과 수출입 경로의 지정학적 전환을 가속화할 수 있다.

트럼프 2기 행정부는 2025년 1월 이후 단기간 내에 대중국 통상조치를 잇달아 단행하며 강경한 실행 국면에 돌입하였다. 2월 1일에는 중국 수입품에 대한 포괄적 관세 부과 행정명령에 서명함으로써 본격적인 관세전쟁의 재개를 알렸다. 이는 캐나다 및 멕시코에 대해 30일 유예를 부여한 것과는 달리, 중국에 대해서는 유예 없이 즉시 발효되었으며, 사실상 특정 국가를 지정한 추가 조치를 취하였다. 이후 트럼프 대통령은 3월 4일 기존 관세율을 10%에서 20%로 인상하는 추가 조치를 단행하였는데, 이는 미국의 대중국 평균 실효관세율을 31% 수준으로 끌어올리는 결과를 초래하였다.

중국은 2월과 3월에 걸쳐 에너지 및 농산물 등 미국의 주요 수출품목에 대해 10~15%의 추가관세를 부과하였으며, 특히 대두, 옥수수, 면화 등 미 농산물에 대한 보복은 공화당 지지 기반인 중서부 농업 벨트를 겨냥한 압박 수단으로 해석된다. 아울러 중국은 텅스텐, 인듐, 텔루륨 등 전략광물에 대한 수출 통제를 단행하고, 일루미나, 구글, PVH 등 미국계 기업을 신뢰할 수 없는 기업 명단에 등재하는 방식으로 기술 및 유전자, 소비재 영역에서도 제한을 강화하였다. 중국은 4월 10일부터 모든 미국 수입품에 34% 관세를 부과하고, 특히 희토류는 전면적 수출 통제를 단행했다.

4월 8일, 트럼프는 중국이 보복 조치를 철회하지 않자 중국산 제품에 추가로 50% 관세를 부과하여 누적 관세율은 104%가 되었다. 중국 또한 4월 10일부터 미국 상품에 대한 관세를 34%에서 84%로 인상하는 보복 조치를 발표했다. 이에 대해 트럼프는 중국 관세를 125%로 상향해 즉시 발효하고 대신 다른 국가들의 상호관세는 90일 유예하고 그 기간 일률적으로 10%로 낮춰 적용하기로 했다.

파국으로 치닫던 두 나라의 관세전쟁은 5월 12일 스위스 제네바 고위급 무역협상에서 극적인 타결을 이루었다. 미국과 중국은 각각 상호관세를 90일간 115% 인하하기로 한 것이다. 이 에 따라 미국이 중국 상품에 매기는 관세는

145%에서 30%로 낮아지게 되었으며, 중국이 미국산 제품에 매겼던 보복관세 125%는 10%로 낮아졌다.

그러나 트럼프의 대중국 관세정책은 단기적으로 전략적 실패라고 할 수 있다. 미국이 중국에 대한 수입의존도가 매우 높은 상황에서, 고율 관세 부과 및 공급망 단절 시도는 자국 경제에 치명적인 충격을 일으킬 수 있으며, 이는 지정학적 대립에서 오히려 미국이 '확전 우위(escalation dominance)'[38]을 상실했음을 방증하는 지표로 해석된다. 확전 우위란 분쟁의 단계적 고조 과정에서 상대방보다 더 높은 비용을 감수하지 않고도 분쟁을 확장할 수 있는 능력을 의미하는데, 트럼프 행정부는 미국이 무역 적자국이라는 사실을 근거로 중국보다 덜 취약하다고 믿었다.

그러나 이는 명백한 사실오인이다. 무역적자는 해당 국가가 수입을 통해 더 많은 소비재 및 생산재를 확보하고 있다는 경제적 현실을 반영하는 것으로, 무역이 차단될 경우 실질소득, 구매력, 산업가동률 모두에 직접적인 타격을 초래한다. 특히 미국은 의약품의 활성 성분, 저가형 반도체, 희토류 및 전략광물, 중간재 산업 부품 등 다수의 핵심 투입물에 있어 중국 수입에 구조적으로 의존하고 있으며, 이는 단기간 내에 대체할 수 없거나 국내 생산 전환 시 막대한 비용과 시간, 인프라가 요구되는 특성이 있다. 공급망 충격이 실현될 경우, 미국 경제는 공급 쇼크와 수요 위축이 동시에 발생하는 스태그플레이션 상황에 직면하게 된다. 이는 1970년대 오일쇼크, 또는 COVID-19 팬데믹 당시와 유사한 거시경제적 불안정성을 동반할 것이며, 연방준비제도는 금리 인하와 인플레이션 통제 간의 정책 충돌 속에 유효한 대응책을 상실할 위험에 처한다.

트럼프 행정부의 관세정책이 강조하는 양자무역 균형 또한 현실적 제약이 크다. 2024년 기준 미국의 대중국 수출은 1,992억 달러, 수입은 4,625억 달러로, 2,633억 달러의 무역적자가 지속되고 있다. 양자무역에서 흑자국이 협상력 및 무역전쟁 지속능력 측면에서 유리하다는 게임이론적 분석에 따르면, 미국은 초기부터 구조적으로 불리한 위치에 있는 셈이다. 특히 관세 부과 이후에도 필수 소비재와 중간재의 수입이 지속되는 상황에서 미국 소비자와 기업은 비용 전가의 최종 수용자가 되며, 무역 제재는 '국내 실질 구매력 하락'이라는 부작용을 수반한다.

더욱이, 글로벌 공급망의 대체 가능성 측면에서 볼 때, 러시아의 가스 차단이나 일본의 특정 원자재 수출 통제는 다자적 공급망 재배치로 일정 부분 대응이 가능하나, 중국과 같이 세계 제조업 가치사슬의 중심을 차지하는 국가의 수출 차단은 미국 소비경제의 일상적 기반을 위협하는 구조적 충격으로 작용한다. 중국발 수입 중단은 월마트 같은 유통업체의 재고 공백으로 직결되며, 미국 내 중소 수입업자와 제조업체는 조달망 단절에 따른 연쇄적 공급 불능 상태에 직면하게 된다.

트럼프의 대중국 관세정책은 정치적 레토릭과 경제안보 담론에 기반한 전략적 강경책으로 보일 수 있으나, 실제로는 미국 경제의 복원력을 과대평가하고 중국과의 상호의존성을 과소평가했다. 지정학적 패권을 강화하고자 한 관세전쟁이 오히려 미국의 거시경제 안정성, 소비자 복지, 산업생산성을 잠식하는 자충수로 작용할 수 있으며, 이러한 상태가 계속될 경우 중장기적으로 미국의 글로벌 경제 리더십과 제도적 정당성에도 손상을 줄 가능성이 크다.

트럼프 행정부의 대중국 관세정책은 전략적 협상에서의 강압 외교(coercive diplomacy)[39]를 경제안보 분야에 적용하고자 한 시도로 해석되며, 그 핵심 문제는 자해적 위협을 신뢰성 있는 수단으로 활용하려는 데 있다. 협상의 신뢰성을 확보하기 위해서는 상대방이 그 위협이 실제로 실행될 수 있다고 믿어야 하며, 이는 곧 자국 경제에 타격을 줄 수 있는 조치도 실제로 시행해야 함을 의미한다. 그러나 이러한 접근은 시장에 지속적인 정책 불확실성을 야기하고, 미국 경제의 예측 가능성과 제도적 안정성에 대한 신뢰를 저해한다.

미국이 자국의 협상력을 강화하기 위해 위협의 실행을 통해 신뢰성을 확보하고자 할 경우, 이는 전략적 단기 효과를 가져올 수 있을지 모르나, 중장기적으로는 제도적 신뢰의 붕괴와 글로벌 경제 내 영향력 약화라는 역효과를 초래할 수 있다. 경제정책의 신뢰성은 일관성과 제도적 예측 가능성에서 비롯되며, 반복 가능한 자해적 압박과 이후 일방적 철회는 오히려 미국의 협상력을 약화시키는 딜레마로 작용하게 된다.

중국은 트럼프의 공세를 성공적으로 방어했지만, 중국 경제에도 심각한 문제가 있다. 중국 경제는 세계의 공장으로 기능해 왔음에도 불구하고, 내생적 성장 기반이 미비한 구조적 한계를 내포하고 있다. 이는 다른 주요 국가들과 비교할 때 특히 두드러지며, 내수 부족, 투자 과잉, 수출 의존성 과다라는 세 가지 측면에서 구조적 결함이 명확히 드러난다. 이러한 결함은 국제무역 질서 내에서 타국과의 충돌 가능성을 상시적으로 내포하게 만드는 요인으로 작용하고 있다.

중국 경제는 막대한 생산 역량을 바탕으로 글로벌 공급망에서 중요한 위치를 점하고 있으나, 그 생산물을 소화할 내수 소비력이 뒷받침되지 않는다. 이는 중국이 여전히 자립적 소비경제로 전환하지 못하고 있으며, 최종 소비시장에서 미국과 같은 선진국에 구조적으로 의존할 수밖에 없다는 것을 의미한다. 다시 말해, 중국의 제품이 일부 고부가가치 품목을 제외하고는 대체 불가능성이 낮고, 자국 내 수요만으로는 생산물의 소비를 감당할 수 없는 상황이다.

이러한 구조는 중국 정부의 성장 전략이 투자 주도형 경제모델에 기반하고 있기 때문이다. 대규모 투자는 단기적으로 생산원가 절감 및 인프라 확대에 기여하지만, 동시에 민간소비의 비중을 지속적으로 잠식한다. 실제로 중국의 GDP 구성에서 민간소비 비율은 여타 국가 대비 상대적으로 낮은 수준에 머물러 있으며, 이는 경제성장의 내생적 견인력 부족으로 귀결된다. 결과적으로, 내수의 한계를 보완하기 위해 제품을 수출해야만 하는 구조가 굳어진다. 이러한 상황에서 중국의 순수출 비중은 지속적으로 상승하고 있다. 2023년 기준으로 약 3% 수준이었던 순수출 기여율은 2024년 5%로 상승했으며, 그 의존도는 더욱 심화되고 있다. 과도한 순수출 확대는 상대국과의 무역불균형을 심화시키며, 필연적으로 보호무역주의나 보복 관세와 같은 대외적 마찰로 연결된다.

한편, 투자 과잉 문제는 단순한 경제적 비효율성 차원을 넘어 중국 경제의 왜곡된 자원 배분 구조를 드러낸다. 대표적인 사례는 중복된 철도와 도로 인프라 건설, 부동산 시장의 과잉공급 등이다. 특히 국유기업을 중심으로 한 이러한 투자는 수익성이나 시장 수요에 기반하지 않고, 정치적 필요 혹은 지방정부의 성장지표 달성을 위한 목적에 의해 추진된다.

중국의 국유기업과 지방정부는 대규모 투자에 대한 제약이 상대적으로 느슨한 구조 속에서, 금융기관으로부터의 저리 대출을 손쉽게 유치할 수 있는 여건을 활용하고 있다. 이는 중앙정부의 성장률 지상주의, 지방정부의 정치적 유인, 국유기업의 비효율성이라는 삼중의 구조적 요인이 결합된 결과로, 결국 비생산적 투자의 누적과 자산시장 거품, 금융 시스템의 불균형이라는 심각한 문제를 유발하고 있다.

중국 경제는 성장률 자체는 높게 유지하였으나, 그 기반은 내수 경제 활성화가 아닌 과잉투자와 밀어내기 수출에 근거한 확장형 모델에 머물러 있다.[40]

이로 인해 중국은 경제적 자립성과 안정성을 확보하지 못한 채, 대외환경 변화에 취약한 구조를 지속하고 있으며, 이에 따라 향후 글로벌 공급망에서의 충격과 무역 분쟁에 더욱 노출될 가능성이 크다. 특히 미국과의 무역전쟁 가능성은 여전히 상존한다.

2. 기술 굴기와 내수 중심 전략

트럼프 행정부의 관세전쟁에 대해 중국의 장기적 대응 전략은 두 가지이다. 첫째는 기술 자립을 통한 대외 의존도 축소이며, 둘째는 내수 중심의 성장 구조 전환이다. 중국 당국은 이를 단기 방어 조치로서가 아닌, 장기적 체제 전환 전략의 일환으로 인식하고 정책적 역량을 집중하고 있다.

기술 자립 전략의 핵심은 2015년부터 추진돼 온 '중국제조 2025(中國制造 2025)' 계획으로 집약된다.[41] 이는 반도체, 인공지능, 전기차, 태양광 등 첨단 산업에서의 국산화율을 비약적으로 끌어올리기 위한 종합 산업정책으로, 미국의 대중 기술 수출 규제에 대응하는 대표적 프레임이 되었다. 특히 중국은 기존에 구축된 대량생산 체계를 활용하여 가성비를 넘어 기술이 고도화된 제품을 세계 시장에 공급하고자 하였다. 실제로 전기차, 고속철도, 무인기, 리튬 배터리, 태양광 패널 분야에서 중국 기업들의 국제적 위상은 급속히 제고되었으며, 일부 분야에서는 일본과 독일 등 전통적 제조 강국을 능가하는 경쟁력을 확보했다. 예컨대 BYD, CATL, XPENG 등의 기업은 유럽과 동남아 시장에서 경쟁사 대비 높은 효율성과 가격 경쟁력으로 시장 점유율을 확대해 나가고 있다. 이와 같은 과학기술 기반 경제 전략은 중국이 단순한 세계의 공장에서 기술 혁신 국가로 이행하는 구조적 변화를 반영하며, 미·중 경쟁의 핵심 전장이 무역에서 기술·금융 주권으로 전이되고 있음을 의미한다.

미국은 가성비에 기반한 중국의 대량 생산 능력을 직접적으로 봉쇄하기 위한 고율 관세, 수출 통제, 제3국 통과 수출 차단 등 다층적인 무역 장벽을 구축하였다. 이에 대응하여 중국은 베트남, 태국, 멕시코 등 제3국 생산기지의 활용을 통해 우회 수출 전략을 가동하였다. 그러나 트럼프 2기 행정부는 멕시코·캐나다 FTA 재협상을 통해 이를 차단하고 있으며, 동남아 국가들에 대한 간접 관세 적용 가능성 또한 제기되고 있다.

중국은 한국 또한 전략적 우회 수출 거점으로 활용하고 있다. 특히 한·미 자유무역협정(FTA)을 활용하여, 한국 내에서 조립 또는 가공된 제품을 미국 시장으로 수출하는 경로는 제재 회피 수단이 될 수 있다. 실제로 중국 기업들은 최근 몇 년간 한국의 중소 제조업체에 대한 투자를 확대하고 있으며, 배터리 및 완성차 분야에서의 기술 협력, 지분 투자, 브랜드 착탈의 가능성도 시사되고 있다. BYD의 한국 공장 설립설, 중국 캐릭터 상품 유통업체의 한글 브랜딩 사례 등은 '원산지 세탁'을 통한 이미지 재포장 전략의 일환으로 해석된다.

그러나 기술 자립 전략에는 근본적인 제약이 존재한다. 반도체와 항공산업 등 일부 핵심 분야에서는 미국과 유럽의 기술에 대한 의존도가 여전히 절대적이다. 중국 최초의 중형 여객기 C919는 자체 개발 항공기임에도 불구하고 주요 부품, 특히 엔진과 항공 전자장비 등은 여전히 미국산에 의존하고 있다. 이는 미국의 수출 규제가 생산, 보급, 정비 전반에 걸쳐 치명적 영향을 미칠 수 있음을 보여 준다.

중국의 내수 중심의 전략은 '쌍순환(双循环)' 전략의 일환으로 이해된다.[42] 이는 중국 내부 소비와 생산을 강화하면서도, 외부 시장과의 연계는 전략적으로 조절하겠다는 구상이다. 특히 민간 부문 활성화와 가계 소비 확대는 핵심

축으로 제시되었다. 2025년 4월 30일 전국인민대표대회는 '민간경제진흥법'을 통과시켜 민간 기업의 법적 지위를 강화하고 정책 지원을 확대하였다. 그러나 실질적 내수 회복은 여전히 미진하다. 2025년 노동절 연휴 동안 국내 관광객 수는 증가하였지만, 1인당 지출 증가율은 1.5%에 불과하며, 이는 전반적 소비 심리가 아직 위축되어 있음을 방증한다.

중국 경제는 외부의 압박과 디커플링 전략에 대응하여 내수 중심 경제로의 전환을 가속화하고 있지만, 그 과정에서 구조적 불균형과 내수 부문의 취약성이 심화되고 있다. 특히 소비 부진, 청년 실업, 부동산 시장의 장기 침체, 민간 부문의 투자 위축 등은 중국 내수 경제의 심각한 불안 요인으로 작용하고 있다. 이러한 요인들은 상호 연동적이며, 단기 경기 둔화 이상의 중장기 구조 문제로 평가된다.

우선, 소비 부문의 회복 지연은 내수 경제 전환의 가장 큰 제약 요인 중 하나다. 2023년 이후 중국은 코로나19 방역 정책의 전환과 함께 소비 활성화를 기대했으나, 민간소비는 기대에 크게 미치지 못하고 있다. 이는 가계의 불확실성 인식과 실질소득 정체, 고용 불안, 자산 가치 하락 등의 복합적 원인에 기인하며, 소비자 신뢰지수의 장기적 내림세로 나타나고 있다. 특히 청년층의 체감경기 악화는 소비 여력 및 미래 소비 전망 모두를 제약하는 요소로 작용하고 있다.

청년 실업률 문제 역시 소비 부진이라는 구조적 위기를 더욱 심화시키고 있다. 2024년 하반기 기준, 16~24세 청년층 실업률은 공식 집계에서조차 20%를 상회하거나 통계 발표 자체가 중단되는 등으로 심각한 수준에 이르렀다. 이는 노동시장의 수요와 공급 불일치, 고등교육 확대로 인한 고학력 청년층의 직무 불일치, 민간 기업 고용 축소, 그리고 디지털 플랫폼 기반 노동시장의 불안정성 확대 등이 주요 원인으로 분석된다. 청년 실업의 확대는 중산층 진입의 지연과 소비 심리 위축으로 이어져, 내수 경제에 장기적인 부담을 초래하고 있다.

또한, 부동산 시장의 구조적 위기는 내수 경제의 회복을 더욱 어렵게 만들고 있다. 중국 GDP의 25~30%를 차지하던 부동산 관련 산업은 헝다(恒大), 비구이위안(碧桂園) 등 대형 부동산개발업체의 유동성 위기 이후 장기 침체기에 접어들었다. 지방정부의 토지매각 수입 감소, 미분양 주택 누적, 금융기관의 리스크 노출 등은 부동산 불안정성이 금융시스템과 재정건전성에도 파급되고 있으며, 주택가격 하락은 가계의 자산 효과를 약화시켜 소비 위축으로 이어지는 이중고를 낳고 있다.

민간 부문의 투자 위축 역시 내수 경제 활성화의 걸림돌로 작용하고 있다. 민간 기업들은 정책의 불확실성과 규제 리스크, 부채 부담, 수익성 저하 등의 요인으로 인해 신규 투자에 소극적인 태도를 보인다. 이는 국유기업 중심의 비효율적 투자 확대와 대비되어 민간의 역동성이 저하되는 현상을 초래하고 있으며, 장기적으로 기술혁신 및 고용 창출 능력에 악영향을 미치고 있다.

이와 같은 내수 불안 요인은 단순한 경기순환적 문제를 넘어서, 중국 경제의 발전 모델 전환 과정에서 나타나는 구조적 제약을 반영한다. 수출주도형 성장전략에서 내수 기반의 소비와 서비스 중심 구조로의 전환은 이론적으로 타당하나, 이를 뒷받침할 제도적 개혁, 예를 들어 사회안전망 강화, 교육 및 노동시장 개혁, 금융시스템 개방 등이 병행되지 않는다면 자생적 회복은 제한적일 수밖에 없다.

중국의 내수 경제는 심각한 불안정성을 안고 있으며, 이는 중장기 성장 잠재력과 체제 안정성 모두에 영향을 미치는 핵심 변수로 작용하고 있다. 향후 중국이 내수 경제 회복에 성공하기 위해서는 단기적 부양책보다는 구조적 개혁, 정책 일관성, 민간 신뢰 회복, 고용 창출 중심의 성장 패러다임 전환이 절실하다. 중국의 가계 소비율은 GDP 대비 약 39%로, 주요 선진국(60~70%) 대비 낮은 수준에 머물고 있다. 이는 도시와 농촌 간 소득 격차, 사회보장체계 미비, 고령화, 그리고 부동산 시장 침체 등 복합 요인에 기인한다. 특히 청년 실업률이 20%를 상회하고 있는 현실은 소비 기반의 미래를 심각하게 위협하는 구조적 리스크로 작용하고 있다.

중국 당국은 이러한 문제를 인식하고, 국무원 산하 싱크탱크인 발전연구센터(DRC)를 통해 내수 확대의 필요성을 강조하고 있다. 2025년 3월 공개된 DRC 보고서는 중국 경제의 질적 전환을 위해선 구조적 소비 여력을 강화하는 포괄적 사회보장 개혁과 고용기반 확충이 필수적이라고 지적한다.[43] 그러나 이러한 제도 개혁은 단기간에 실현되기 어려운 과제이며, 정치적 결단과 예산 재편이 수반되어야 한다.

시진핑 체제하의 중국은 미국의 파상적인 고율 관세 및 기술 제재에 대응하여 단순한 맞대응을 넘어서 복합적이고 체계적인 전략을 전개하고 있다. 이는 경제, 외교, 기술, 정보 등 복수의 전략 영역에 걸쳐 구조적 전환을 시도함으로써, 단기적 손실을 감내하더라도 장기적인 체제 경쟁에서의 주도권 확보를 목표로 한다. 이러한 대응 전략은 미국의 압박을 단순히 방어하는 것이 아니라 오히려 이를 기회 창출의 모멘텀으로 전환하려는 시도의 일환이다.

대표적 사례는 중국의 에너지 안보의 전환이다. 시진핑 국가주석은 2014년 이후 에너지 안보를 핵심 국가 전략 중 하나로 천명하며, 기존의 석탄 기반 에너지 구조에서 청정에너지 중심의 지속 가능한 에너지 체제로의 전환을 본격화하였다. 이는 외부 에너지 의존도를 줄이고, 동시에 기후변화 대응과 산업 경쟁력 확보라는 복합 목표를 동시에 추구하려는 전략적 선택으로 평가된다.

중국은 여전히 세계 최대의 온실가스 배출국이나, 최근 몇 년 사이 탄소배출 감축 속도에 있어 국제사회를 선도하는 국가 중 하나로 부상하고 있다. 세계적으로 건설 중인 태양광 발전소의 약 70%가 중국에 위치하며, 국제에너지기구(IEA)는 10년 내 태양광 및 풍력 발전이 석탄화력발전을 대체할 것이라는 전망을 내놓고 있다.[44] 2024년 기준으로 청정에너지가 중국 국내총생산(GDP)의 약 10%를 차지하고 있으며, 전체 성장률의 4분의 1에 기여할 정도로 전략 산업으로 부상하였다. 특히 에너지 저장 능력은 73GW 수준으로, 이는 불과 4년 전 대비 약 20배의 성장을 기록한 수치이며, 배터리 기반의 에너지 전환을 뒷받침하는 핵심 지표로 간주된다.

중국 기업 CATL 및 BYD는 매출의 5% 이상을 연구개발(R&D)에 재투자하며 기술 선도국으로의 입지를 강화하고 있으며, 이와 같은 공세적 투자 기조는 전 세계 태양광 패널 80%에 달하는 시장 점유율로 이어지고 있다. 특히 두께가 기존의 20분의 1에 불과한 차세대 태양광 패널의 상용화되면서 에너지 산업의 게임 체인저가 될 것이다.

전기자동차(EV) 분야에서도 중국은 글로벌 시장을 주도하고 있다. 2025년 중국 내 EV 예상 판매량은 1,250만 대로, 3년 전 대비 두 배에 달하며, 세계 최초로 내연기관차 판매량을 전기차가 초과하는 국가가 될 것으로 예측된다. 이는 단지 산업 전환의 결과가 아니라 국가 차원의 인센티브 정책, 인프라 구축, 배터리 기술 혁신 등이 복합적으로 작용한 결과이다.

중국의 청정에너지 전환과 에너지 안보 전략은 단순한 환경 정책을 넘어, 국가 산업경쟁력 강화, 전략기술 주도권 확보, 지정학적 에너지 의존성 탈피를 겨냥한 다층적 국가 전략의 일환으로 이해할 수 있다. 이는 재생에너지, 전기차, 배터리, 스마트 그리드 등 핵심 에너지 기술 분야에서 국가 주도의 대규모 투자를 통해 글로벌 기술 표준을 선점하고, 장기적으로는 기존 화석연료 중심의 에너지 질서를 재편하려는 전략적 의도가 반영된 것이다. 향후 10년은 중국이 에너지 기술 대국으로 부상할지를 결정짓는 분기점이 될 것이며, 만일 이 전환이 성공적으로 안착할 경우, 중국은 글로벌 에너지 시장의 구조적 변화를 견인하는 핵심 주도국으로 자리매김할 가능성이 크다. 이러한 변화는 에너지 공급 안정성과 탈탄소화의 진전을 동시에 촉진함으로써, 결과적으로 전 지구적 에너지 전환 과정에서 긍정적 역할을 수행하는 구조적 동인으로 작용할 수 있다.

외교적으로 중국은 미국의 동맹 피로도를 활용하여 글로벌 사우스 중심의 다자협력망을 확장하고 있다. BRICS 확대, 위안화 기반 결제 시스템(CIPS) 확산, 인프라 및 에너지 분야의 남남 협력 확대 등은 중국이 대안적 국제 질서를 구축하는 수단으로 작용하고 있다. 이러한 전략은 미국 중심의 규범 질서에 대한 구조적 도전이며, 미·중 간 외교적 리더십 경쟁에서 실질적 지렛대로 활용되고 있다. 시진핑의 입장은 주변국과의 운명공동체 건설을 통해 안보·경제 복합 네트워크를 강화하려는 일관된 전략을 보여 준다. 이는 단순한 지역 협력을 넘어, 중국 중심의 질서 재편을 지향하는 지정학적 구상이다.

중국은 또한 정보 및 심리전 차원에서 미국 내 정치적 양극화와 경제 불안을 활용하여 여론 분열 및 시장 불안을 유도하는 간접 전략을 병행하고 있다. 중국은 미국 자본시장에 대한 단기 집중 매도, 특정 지역 및 산업에 대한 선택적 대응 등을 통해 정치경제적 내부 갈등을 증폭시키는 전략을 사용하고 있으며, 이는 전통적인 군사적 대결이 아닌 심리전 기반의 전략 경쟁이라는 새로운 양상을 형성하고 있다.

금융질서 측면에서는 위안화 기반 국제결제 시스템(CIPS)을 중심으로 한 탈달러화 전략이 점진적으로 추진되고 있다. 이는 단순한 통화 영역을 넘어서 글로벌 금융질서의 대체 축을 구축하고자 하는 움직임이며, 러시아 등 제재국과의 금융연계 확대를 통해 실질적 제도화를 시도하고 있다. 이는 향후 글로벌 금융 리스크 분산 및 대미 제재 대응 역량 확대와도 직결된다.

중국의 전략은 미국의 압박을 수세적으로 방어하는 것이 아니라 이를 장기적 시스템 전환과 영향력 확대의 계기로 삼으려는 '구조적 전략 전환'으로 이해할 수 있다.[45] 중국은 미국이 단기적인 관세 압박을 통해 전략적 우위를 확보할 수 있다고 판단했을지 모르지만, 자국은 이미 불가역적인 성장 경로에 진입했다고 인식하고 있다. 내수 중심의 성장전환, 에너지 구조 재편, 디지털 인프라 구축, 다변화 외교 전략 등 다양한 수단을 통해 오히려 미국의 전략적 공백을 선점하려고 한다. 이러한 대응은 단기적 양보보다 장기적 지정학적 주도권 확보를 지향하는 전략으로, 중국이 국제 질서의 재편 과정에서 미국을 대체하는 리더십을 확보하려는 전방위적 접근으로 해석될 수 있다.

한편, 이러한 전략적 접근의 기반에는 문화적 시간관과 전략 사고의 차이가 내재해 있다. 미국이 선거주기 및 단기 정책성과 중심의 전술적 충동에 의해 움직이는 경향이 강하지만, 중국은 문명사적 주기 인식과 역사 유물론에 기반한 '전략적 점진주의(strategic gradualism)'를 견지하고 있다.[46] 이는 중국이 위기를 단기 사건이 아닌 구조적 전환의 징후로 인식하고, 즉각적 대응보다는 중장기적 우회와 내구적 전환을 선호하는 이유를 설명해준다.

중국의 지도층은 통상적으로 역사적 순환과 권력 흥망의 패턴에 깊은 주의를 기울이며, 현재의 위기를 단기 사건이 아닌 장기 구조 속의 징후로 해석하는 경향이 강하다. 이는 왕조 순환론, 천명론(天命論), 마르크스-레닌주의의 역사 유물론 등 다양한 철학적·사상적 기반에 기초한 것이다. 따라서 중국은 위기에 직면했을 때 즉각적 대응보다는 구조적 해결책을 모색하며, 점진적인 전략적 조정과 내구성을 갖춘 장기 대응책을 수립하는 경향이 있다.

시진핑의 전략은 미·중 간의 단기적 대응을 넘어, 장기적인 체제 경쟁에서 주도권을 확보하려는 구조적 접근으로 해석될 수 있다. 그는 경제적 자립, 기술 독립, 외교적 영향력 확대, 정보·심리전 등 다양한 수단을 복합적으로 활용함으로써, 중국은 전면적 충돌을 회피하면서도 비대칭적 경쟁 구도로 전환하려는 전략적 기획을 지속하고 있다. 이는 단순한 국력 경쟁이 아니라, 문명, 제도, 담론의 층위에서 주도권을 선점하려는 장기적 전략이라는 것이다.

중국은 미·중 전략 경쟁을 기술이나 통상 차원의 문제가 아니라, 서로 다른 문명적 시간관, 전략적 세계관, 체제 논리가 충돌하는 지정학적 대결로 인식하고 있으며, 이러한 경쟁의 결과로 향후 국제 질서의 구조적 재편을 자국이 주도할 수 있다는 낙관적 전망을 갖고 있다. 이러한 인식은 '중국식 현대화'와 '글로벌 문명 이니셔티브(Global Civilization Initiative)'와 같은 담론 전략을 통해 제도와 가치를 전파하고, 서구 중심의 국제 규범 질서에 대한 대안적 모델을 제시하려는 시도로 구체화되고 있다.[47]

3. 중국에게 기회인가, 위기인가

트럼프의 재집권은 중국의 입장에서 단순한 외부 압박이 아니라, 오히려 전략적 기회로 작용할 가능성이 있다.[48] 트럼프는 1기 집권 시기부터 자유주의 국제 질서의 핵심인 다자주의, 동맹, 글로벌 거버넌스에 대해 일관된 회의와 해체 시도를 견지해 왔다. 그는 동맹을 안보 공동체가 아닌 재정적 거래 관계로 환원하였고, 국제기구와 각종 협약에서 탈퇴하거나 이를 무력화함으로써 미국이 구축해온 질서의 정당성과 리더십 기반에 심대한 균열을 일으켰다.

이러한 구조적 변화는 중국에게 기존 질서의 수동적 수용자가 아니라, 대안 질서의 공급자로의 전환 가능성을 열어주었다. 트럼프 정부의 고립주의와 다자협력 해체가 심화되는 동안, 중국은 일대일로, 디지털 인프라 투자, 보건·기후 협력 등을 통해 아시아, 아프리카, 중동 등지에서 양자 기반의 영향력 확장 전략을 추진해왔다. 미국이 국제사회의 리더십 공백을 자초한 사이, 중국은 그 공간을 메우며 자신의 체제 모델을 정당화하는 국제 서사 구축에 유리한 조건을 확보한 셈이다.

트럼프 행정부의 외교적 행동은 가치 외교의 후퇴를 상징한다. 인권, 민주주의, 환경 등 규범 기반 외교는 배제되었고, 외교정책은 국가 이익이라는 협의의 경제적 계산에 종속되었다. 이로 인해 미국은 글로벌 공공재 공급자로서의 위상을 약화시켰고, 특히 글로벌 사우스 국가들이 달러 패권과 서구 가치체계에 대한 회의를 제기하게 했다. 일부 국가는 중국의 권위주의적 모델을 실용적으로 받아들이는 경향도 나타내고 있다.

미국이 수십 년에 걸쳐 공들여 다져온 제도와 시스템, 이른바 관료제적 안정 기반마저 비효율이라는 이유로 무너뜨리려는 트럼프의 접근은 단지 구조적 개편이 아니라 체계의 해체에 가까웠다. 그에게 불편하거나 반대되는 요소, 특히 전통적인 자유주의 질서나 중산층 기반의 합의제 민주주의, 사회적 다양성 같은 가치는 모두 배척 혹은 부정의 대상으로 간주되었고, 이는 전형적인 중년 백인 남성 사업가의 이념적 관점이 국가 운영에 투영된 결과로도 해석될 수 있다. 더욱이 이러한 정책 추진은 충동적이라기보다는 오히려 치밀하고 집요하게 반복되었으며, 그만큼 파괴적이었다.

트럼프 행정부의 가장 우려스러운 지점은 바로 어떠한 일관된 가치관도 존재하지 않는다는 점이다. 민주주의, 인권, 기후 변화 대응, 지속 가능한 국제협력 등 인류의 미래와 직결된 주요 의제들조차도 오직 '돈이 되는가 아닌가'라는 질문 아래에서만 평가되었으며, 국가의 역할마저 기업처럼 수익과 손실의 관점에서만 다뤄졌다. 이러한 세계관은 특히 미국처럼 세계 질서를 이끌어 온 초강대국에서 나타났다는 점에서 더욱 충격적이다. 자유주의 국제주의의 대표국가가 이윤만을 유일한 정책 기준으로 삼는 순간, 세계는 지도 없는 바다에 떠밀린 채 흔들릴 수밖에 없기 때문이다.

또한, 트럼프 정부의 무분별한 제재와 금융 도구의 정치화는 달러에 대한 신뢰의 구조적 손상을 초래하고 있다. SWIFT 차단, 일방적 금융제재는 단기적으로는 압박 수단이 되었지만, 중장기적으로는 탈달러화 움직임(de-dollarization)을 자극하였다. 중국, 러시아, 브라질, 일부 유럽 국가들은 자국 통화 기반 무역결제, 디지털 화폐 시스템 구축 등 대체 금융 인프라 개발을 가속화하고 있으며, 이는 중국의 위안화 국제화 전략에 우호적 환경을 제공하는 결과로 이어지고 있다.

나아가 트럼프는 중국보다 오히려 미국의 전통적 동맹국들을 공격 대상으로 삼았다. 한국과 일본에는 주둔비 증액을 공개적으로 요구하며 관계를 악화시켰고, 독일 주둔 미군 철수를 검토했으며, NATO에 대해서는 '쓸모없는 조직'이라는 언사도 서슴지 않았다. 이러한 언행은 미국의 동맹 네트워크를 이완시키는 동시에, 중국이 전략적 틈새를 외교적 자산으로 전환할 기회를 제공했다. 실제로 중국은 5G 통신망, 위성 시스템, 디지털 금융 플랫폼을 중심으로 아시아·아프리카·중남미 국가들과의 전략적 연결망을 강화하며 질서의 공급자로서의 위상을 구축하고 있다.

그동안 다자주의, 규범 기반 협력, 동맹 네트워크를 중심축으로 작동해온 미국 중심 질서는 트럼프식 정치 리더십에 의해 정치적 신뢰성과 제도적 연속성이 위협받아 왔다. 이러한 현상은 미국의 직접적인 경쟁자뿐 아니라, 미국의 안보 보장과 경제 네트워크에 전략적으로 의존해온 동맹국들, 나아가 미국을 글로벌 공공재의 핵심 공급자이자 질서 유지자로 인식해온 국제사회 전체에까지 영향을 미칠 수 있다.

만일 미국이 자국 내 정치 변화에 따라 국제 질서의 방향을 반복적으로 전환하거나 불안정화시킨다면, 이는 단지 리더십의 부재를 넘어 국제 질서에 대한 구조적 신뢰의 붕괴를 초래할 수 있다. 그 결과, 미국의 동맹국들조차 정책적 예측 가능성과 외교적 일관성을 상실한 미국에 대한 의존을 재고할 수밖에 없으며, 글로벌 안정의 핵심축으로 기능하던 미국의 위상은 심각한 도전에 직면할 것이다.

실제로 트럼프 1기 행정부는 파리기후협정에서 탈퇴하고 WHO 지원을 중단했으며, INF 조약을 파기해 국제 협력체계의 신뢰를 흔들었다. 반면 바이든 행정부는 재가입을 통해 복원력을 시도했으나, 국제사회는 더 이상 미국 외교의 연속성을 전제하지 않는 분위기다.

트럼프 2기는 중국이 공세적 대외 전략을 구사할 수 있는 일종의 기회로 해석될 수 있다. 미국의 자해적 후퇴와 규범적 리더십 붕괴는, 중국이 자국 중심의 대안 질서를 제안하고 제도화하는 데 있어 결정적인 조건을 제공하고 있다. 이와 같은 관점에서, 트럼프의 재집권은 중국에게는 지정학적 공간의 확대와 미국의 리더십 부재에 따른 상대적 기회를 제공할 수 있다. 그러나 이 기회는 구조적으로 '이중적 현실'을 내포한다. 즉 전략적 기회의 창으로 작용하는 동시에, 예측 불가능성과 국제 질서의 불안정화가 동반되는 위험한 기회 또는 기회의 함정으로 기능할 수 있다. 미국의 자해적 후퇴와 규범 질서 이탈은 단기적으로 중국의 외교적·경제적 영향력 확장에 유리하게 작용할 수 있지만, 동시에 글로벌 수요 둔화, 공급망 교란, 외국인투자 불확실성 확대와 같은 외부 불안 요인으로 인해 중국 역시 구조적 압박에 직면할 수 있다.

그런데도, 자유주의 국제 질서를 설계했던 미국이 스스로 그 질서를 거부하거나 선택적으로 짓밟는 상황에서, 중국은 대안적 리더십의 정당성을 국제무대에서 재구성할 수 있는 전략적 공간을 확보할 수 있다. 이는 단순한 상대적 공백의 활용이 아니라 새로운 국제 규범과 경제 질서의 전환점으로 작동할 가능성을 내포한다.

그러나 중국은 이러한 기회를 살리기는 쉽지 않다. 현대 국제 질서에서 진정한 강대국의 위상은 단지 경제 규모나 군사력의 크기에 있는 것이 아니라, 미래를 창조하는 능력에 의해 결정된다. 특히 21세기에 들어서면서 디지털 기술, 인공지능(AI), 양자컴퓨팅, 우주과학, 전기자동차, 바이오·헬스케어, 친환경 에너지 등 새로운 테크놀로지의 표준과 패러다임은 대부분 미국에서 출현하고 있으며, 이는 전 세계 국가들이 모방하고자 하는 하나의 문명적 선도 모델로 작용하고 있다. 미국은 이러한 기술 기반의 문명 창조 역량을 바탕으로 단순한 패권국이 아니라, 21세기의 미래 그 자체를 설계하는 국가, 곧 미래 문명의 생산자로 자리 잡고 있다.

반면, 중국은 시진핑 체제 이후 미래 창조가 아닌 과거 재현에 기반한 리더십 전략을 강화해왔다. '중국몽(中國夢)'과 '일대일로(一帶一路)', '중화문명담론' 등은 고대 중화제국의 유산을 현재의 영향력 구축 도구로 활용하려는 시도로 해석된다. 이러한 전략은 자급자족 중심의 순환경제, 문화적 자기완결성, 지정학적 연계 확대 등 제국적 세계관의 재구성에 가깝다.[49] 특히 코로나19 대응에서 서방이 mRNA 백신과 과학기술을 중심으로 위기에 대응했지만, 중국은 한의학의 전통적 처방을 강조하거나, 제로 코로나라는 극단적 통제모델을 채택함으로써 과거로의 회귀적 지배 성향을 드러냈다.

이와 같은 차이는 소프트 파워의 작동방식에서도 뚜렷이 나타난다. 미국은 기술과 문화, 개방과 혁신을 통해 보편적 미래에 대한 설득력을 제공하는 반면, 중국은 문명적 우월성과 역사적 정통성을 앞세우는 배타적 정체성 모델을 내세운다. 결과적으로, 미국은 글로벌 자본과 인재를 끌어들이는 '미래 중심 국가', 중국은 자본과 기술, 인적 자원의 탈중국화 현상을 맞이하는 '과거 중심 제국국가'의 모습을 보인다.

미국의 소프트 파워는 보편성과 개방성, 그리고 누구나 참여 가능한 미래를 기반으로 작동한다. 실리콘밸리, 할리우드, 대학 시스템, 이민정책은 글로벌 인재와 자본을 흡수하며, 미국을 문명적 미래의 플랫폼으로 자리매김하게 한다. 반면 중국의 소프트 파워는 역사적 정통성과 문화적 우월성이라는 폐쇄적 정체성에 의존하며, 타자에 대한 설득력보다는 내부 결속을 목표로 한다. 이로 인해 세계는 중국을 열망의 대상으로 인식하기보다는, 억압적 체제의 모델로 간주하는 경향이 강하다.

이와 같은 기술적, 제도적, 문명적 차이는 단순한 경제지표 이상의 구조적 격차로 작용한다. 미국이 기술·문화·제도 전반에 걸쳐 21세기 문명의 설계자로 기능하고 있지만, 중국은 여전히 역사 재현이라는 내적 서사에 머무르며 글로벌 질서의 창조보다는 거부자 혹은 경쟁자로 기능하고 있다. 중국은 세계를 설득하고 미래를 공유하는 보편 문명국가로의 전환 없이 미국을 대체하는 진정한 초강대국으로 도약하기 어려우며, 이는 단지 외교 전략이나 군사력의 문제가 아니라, 문명 패러다임을 주도할 수 있는 철학과 제도, 그리고 상상력의 문제이다.

그러나 다른 한편으로 중국의 미래는 우리가 지금 상상하는 위협적 강대국의 모습과는 다른 방향으로 전개될 가능성도 존재한다. 절제된 권위주의와 글로벌 공공재 제공국의 역할을 결합한 '또 다른 중국'[50]은 오늘날 서방이 우려하는 패권적 중국의 이미지와는 상이한 형태일 수 있다. 지난 100여 년간 국제사회는 10년, 20년 후의 중국을 예측해왔지만, 그 대부분은 현실과 괴리를 보였다. 이러한 사실은 오늘날의 중국에 대한 예측 또한 일정한 겸손함과 유연성을 동반해야 함을 의미한다.

지금 중국이 국제사회로부터 위협적 존재로 인식되는 데에는 단지 국력의 팽창만이 아니라, 시진핑 체제에서의 정치적 권력 집중과 통제 강화, 그리고 이에 따른 정책의 일방성과 폐쇄성이 결정적 요인으로 작용했다. 이는 후진타오 시기까지의 집단지도체제와 실용주의 관료주의와는 뚜렷이 대비되며, 중국 내부의 정책 유연성과 체제 내 완충 기능을 약화시켜 왔다.

그러나 최근 시진핑 주석이 2024년 이후 일부 유능한 기술관료들을 재등용하고, 민간경제의 상징이던 알리바바 창업자 마윈을 사실상 복권하기 시작한 조짐은 체제 내 변화 가능성의 단서로 해석될 수 있다. 이러한 인사 및 정책 변화는 기술 관료적 합리성과 시장 메커니즘의 복귀를 시사하며, 지나치게 중앙 집중된 권력 구조에 일정한 조정 신호를 보내고 있다는 점에서 주목할 만하다.

이는 곧 정치 권위주의와 기술 실용주의 사이의 균형 회복, 나아가 일정 수준의 완충과 복원이 가능하다는 조심스러운 전망을 가능하게 한다. 향후 중국의 변화 가능성은 정책 결정 엘리트의 세대교체, 그리고 리더십 성격의 탈권위주의적 재조정 여부에 크게 좌우될 것이며, 이러한 흐름은 국제사회가 중국을 일률적으로 폐쇄적이고 경직된 체제로만 간주해서는 안 되는 이유이기도 하다.

중국은 현재 전 세계 공급망 장악과 기술 자립을 위한 전략적 행보를 가속화하고 있으며, '중체서용(中體西用)'에 대한 내적 자신감을 이미 확보한 상태다. 그러나 관건은 이 자신감이 지속 가능한 경제성장과 평화적 부국강병으로 귀결될 수 있는가에 있다. 성장의 지속 여부, 사회 내부의 안정성, 국제사회에서의 수용성은 여전히 불확실한 변수로 남아 있다.

미국이 여전히 화석연료 중심의 산업구조와 에너지 패러다임에 머무르고 있지만, 중국은 기후 거버넌스와 녹색 기술 패권을 새로운 전략 지평으로 인식하고 있다. 특히 유럽과의 전략적 연대를 통해 탄소중립, 재생에너지, 전기차·배터리 산업 등의 분야에서 탈미국화 된 기술 표준과 공급망 체계를 구축하려는 시도는 단순한 에너지 전환을 넘어 국제기술 질서와 규범 체계의 주도권 경쟁으로 확장되고 있다.

이러한 흐름 속에서, 현재의 중국을 고정된 일극적 이미지로 환원하는 것은 매우 위험한 인식이다. 중국 내부의 사회적 다양성, 지역 간 격차, 정책 유연성, 기술·환경 분야의 실험성과 같은 요소들은 변화 가능성을 내포한 또 다른 중국의 등장 가능성을 배제하지 않는다. 군사적 긴장, 공급망 갈등, 인권 문제 등의 단기적 현안의 부각에도 불구하고, 우리가 마주할 중국의 장기적 전망은 훨씬 더 복합적이고 다층적이다.

따라서 한국을 포함한 주요 국가들은 안보·기술·기후 등 구조적 이슈에 기반한 전략적 네트워크 형성에 집중해야 하며, 이에 필요한 것은 긴 호흡의 외교적 상상력과 구조적 장기주의다. 중국을 변화 불가능한 폐쇄체제로 상정하는 태도는 외교적 자율성과 전략적 유연성의 공간을 오히려 좁히는 결과를 낳을 수 있다. 변화 가능성을 배제하지 않는 사고, 예외적 상황을 상정하는 상상력, 그리고 다자적 연계의 설계 능력은 포스트 패권 질서 속에서 중국과의 관계를 설계해나가는 데 있어 결정적인 전략 자산이 될 것이다.

4. 양안전쟁은 발생할 것인가?

미·중 대결이 격렬해지면 양안전쟁의 가능성은 고조될 수밖에 없다. 트럼프 1기 대중 정책은 기존 미국 정부가 유지해 온 '하나의 중국' 원칙과 전략적 모호성의 틀을 약화시켰다는 점에서, 동아시아 질서 전반에 구조적 불안정을 초래하였다. 특히 대만해협을 둘러싼 중국과 대만의 갈등은 군사적 긴장의 상승을 유발할 가능성이 크다.

트럼프 대통령의 재집권 이후 대만해협에서의 군사적 긴장이 급격히 고조되고 있다. 중국은 대규모 군사훈련을 통해 대만에 대한 압박을 강화하고 있으며, 미국은 대만 방어를 위한 군사적 지원을 확대하고 있다. 2025년 4월, 중국은 '해협 천둥-2025A(Strait Thunder-2025A)'라는 명칭의 군사훈련을 실시하며 대만 주변 해역에서 봉쇄 및 상륙 작전을 시뮬레이션했는데, 이 훈련에는 항공모함 산둥함과 19척의 전함이 참여하여 대만의 항만과 기반 시설을 타격하는 연습을 진행했다. 또한, 중국 해안경비대는 진먼(金門) 해역에 반복적으로 진입하여 대만의 대응 능력을 시험하고 있다.

이에 대응하여 미국은 대만에 대한 군사적 지원을 강화하고 있다. 2025년 1월, 대만은 미국으로부터 16기의 MGM-140 ATACMS 장거리 정밀 미사일을 조기 인도받았으며, 미 해군은 2월에 대만해협을 통과하는 항행의 자유 작전을 재개하여 중국의 반발을 불러일으켰다. 또한, 미 국방부는 대만 방어를 최우선 전략으로 지정하는 메모를 발표하며 대만에 대한 방위 공약을 명확히 했다.

트럼프는 1기 집권 기간 내내 중국과의 대결 구도를 미국의 국가이익 수호라는 프레임에 넣어 과감한 대외정책을 펼쳤고, 그 결과 대만 문제는 미·중 전략 경쟁의 최전선으로 급부상하게 되었다. 트럼프는 대만을 미국의 민주주의 동맹으로 명시하고, 중국을 전체주의 위협으로 명확히 규정하였다. 실제로 트럼프 정부에서 대만과 미국 간의 공식·비공식 교류는 급격히 증가하였다. 2020년 당시 보건장관 앨릭스 에이자(Alex Azar)의 대만 방문은 1979년 단교 이후 처음 있는 미국 고위급 인사의 공식 방문이었으며, 이는 중국 측의 거센 반발을 불러왔다. 이어 국무부는 대만에 대한 무기 판매를 확대하고, 미국 국방부는 대만해협 인근에 항공모함과 정찰기를 빈번히 투입함으로써 사실상의 군사 동맹에 준하는 협력 체계를 강화하려 하였다. 이러한 일련의 행보는 미국의 전략적 모호성이 점차 전략적 명확성으로 기울고 있음을 의미하며, 이는 중국의 위기의식을 극단적으로 자극할 수밖에 없다.

실제로 국제안보 전문가들은 이와 같은 흐름이 중국의 군사적 대응을 유도하거나, 오판 가능성을 높이는 위험한 상황으로 이어질 수 있다고 경고하고 있다. 미국이 전략적 명확성을 강화할수록, 베이징은 무력 통일의 시기를 앞당기려는 유인을 더 강하게 느낄 수 있다.[51] 미국의 강경한 태도는 억제보다는 도발의 신호로 해석될 수 있으며, 이는 중국이 현재보다 더 공격적인 입장으로 전환하게 만드는 역설적 결과를 초래할 수 있다는 것이다.

특히 트럼프의 대외정책은 전통적인 외교 관례나 조율 절차를 무시하고, 직접적이고 감정적인 방식으로 문제에 접근하는 경향이 강하다. 이는 군사적 긴장이 고조된 상황에서는 극단적인 결정을 내릴 가능성이 존재한다. 대만 문제처럼 민족주의와 군사력이 격렬히 교차하는 영역에서, 예측 불가능한 지도자의 개입은 위험을 배가시킨다. 이미 1기 집권 당시 트럼프는 '하나의 중국' 원칙을 공개적으로 의문시한 적이 있으며, 퇴임 이후에도 "중국이 대만을 공격한다면 미국은 반드시 개입해야 한다"고 주장해 왔다.[52] 이러한 발언은 현존하는 외교적 균형을 무너뜨릴 수 있으며, 대만해협을 둘러싼 군사 충돌 가능성을 현실화시킬 수 있다.

게다가 트럼프는 중국과의 경제적 디커플링을 강하게 주장하고 있으며, 이는 군사·외교·기술·통상 전 분야에서 적대적 대립 구조를 고착화시키는 결과를 초래할 수 있다. 특히 반도체와 AI 기술을 둘러싼 전략물자 공급망 경쟁에서 대만은 미국과 중국 모두에게 지정학적 요충지가 되었다. 대만 TSMC를 중심으로 한 첨단 칩 산업은 미국의 전략적 자산이자, 중국에게는 반드시 확보해야 할 기술적 탈출구로 간주되고 있다. 이처럼 기술 패권의 교차점에 있는 대만은 점점 더 미·중 양국의 지정학적 투쟁의 중심으로 빨려 들어가고 있으며, 트럼프가 다시 이러한 전략적 지형을 무리하게 활용할 경우, 군사적 오판과 확전 가능성이 커질 수밖에 없다.

또한 트럼프는 동맹국들과의 조율을 우선시하지 않는 외교 방식을 취해왔다. 이는 일본, 한국, 호주 등 아시아 동맹국들에 대한 사전 협의 없이 독단적으로 대만 문제에 개입할 가능성을 의미한다. 미국이 동맹국들과 조율 없이 대만을 방어하거나 무기 공급을 확대할 경우, 동북아 전체의 안보 균형이 흔들릴 수 있으며, 중국은 이를 미·대만·일본의 삼각 연합으로 해석하고 사전무력화의 시나리오를 검토할 가능성이 있다. 트럼프식 대외정책은 억제가 아닌 충돌을 전제로 움직이며, 대만해협이 바로 그 격전지로 부상할 수 있다.

트럼프의 대중 정책은 표면적으로는 중국의 팽창을 억제하고 대만을 방어하려는 의도처럼 보일 수 있지만, 실질적으로는 양안 간의 정치적, 군사적 위기를 구조화하고 고착화하는 방향으로 작용하고 있다. 바이든의 전략적 모호성이 미국의 이익을 위한 지혜로운 모순이었던 이유는, 바로 그 불확실성이 모든 당사자의 자제를 유도하고 실질적 충돌을 방지해왔기 때문이다. 하지만 트럼프의 단선적 사고와 강압적 수사, 그리고 감정적인 외교 스타일은 이 절묘한 균형을 무너뜨리고, 대만해협을 21세기 신냉전의 전장으로 만들어버릴 가능성을 내포하고 있다. 트럼프의 대중 정책은 단순한 강경 노선이 아닌, 실제 군사적 충돌을 불러올 수 있는 매우 실질적인 리스크 요인으로 작용하고 있다.

대만 문제는 시진핑 주석과 중국 공산당 지도부에게 단순한 외교 현안을 넘어, 미·중 전략 경쟁 구도 속에서 중국의 핵심적 전략 이익이 걸린 중대한 사안으로 인식된다. 이 문제는 대외적 차원에서 미국의 인도·태평양 전략과 긴밀히 얽혀 있는 동시에, 대내적으로는 '영토 보전', '주권 수호', '국가 통일'이라는 중국 정치체제의 정당성과 정통성의 근간을 구성하는 핵심 이슈로 작동하고 있다. 따라서 대만 문제는 중국 국내 정치와 대외 전략이 만나는 교차점에서 매우 민감한 정치적 의제를 형성하고 있다.

중국은 일관되게 대만을 자국의 일개 성(省)으로 간주하며, 국제사회에서 대만의 독립적 지위를 인정할 수 없다는 입장을 견지해 왔다. 특히 유엔 총회 결의 제2758호(1971년)를 근거로 '하나의 중국 원칙(One-China Principle)'을 국제법적·정치적 정당성의 핵심 근거로 삼고 있으며, 이에 기초해 미국과의 3개 공동성명(1972년, 1979년, 1982년)의 이행을 지속적으로 촉구하고 있다.

시진핑 주석의 입장에서 경제적 침체와 국제적 고립이 심화되는 상황은 양안전쟁, 즉 대만 무력통일이라는 선택지를 전략적으로 고려하게 만드는 중요한 요인이다. 이는 단순한 국내 위기 전환의 수단만이 아니라, 중화인민공화국이 건국 이래 제시해온 역사적 목표의 실현이라는 점에서 보다 구조적이며 이념적인 동기를 수반한다.

2025년 현재, 중국은 부동산 위기, 청년 실업, 인구 고령화, 외자 이탈, 기술 제재 등 다면적 위기에 직면해 있으며, G2로 부상했던 2010년대 후반의 낙관적 전망은 이미 퇴조했다. 미국을 중심으로 한 반도체·AI·원자재 공급망의 블록화는 중국의 기술 굴기를 실질적으로 제약하고 있으며, 일대일로 구상의 전략적 확장은 채무위기와 수익성 저하로 주춤한 상태다. 국내적으로는 시진핑 체제의 장기 집권이 정치적 유연성을 희생시키는 결과를 낳았으며, 권력 집중과 검열 강화를 통해 혁신보다 통제의 논리가 지배하게 되었다. 이러한 맥락에서 시진핑은 체제 유지와 정통성 확보를 위한 대규모 동원형 내러티브를 필요로 하며, 그 가장 극적인 형태가 바로 대만 통일이다.

대만은 단순한 영토 문제가 아니라 중국 현대사에서 '미완의 혁명'으로 인식되는 정치적 기표다. 1949년 국공내전의 미완성 상태는 중화인민공화국이라는 국가의 정당성에 일정한 결핍을 남겼으며, 국가의 완전한 통일은 마오쩌둥 이래 모든 중국 지도자의 전략적 과업으로 반복됐다. 시진핑은 이 서사를 계승하면서 '중화민족의 위대한 부흥'이라는 이념적 과제를 구체화하고자 하며, 이를 통해 자신의 권력을 역사적 사명과 결합하려 한다.

이러한 동기는 단순한 민족주의적 충동이 아니라, 체제의 정당성과 권위, 그리고 정치경제적 위기를 상쇄할 수 있는 통합 내러티브의 유일한 고리로 기능한다. 특히 시진핑은 중국몽 담론을 통해 중국을 명실상부한 '부흥제국'으로 전환하려는 의지를 공고히 해왔고, 그 완결 지점이 바로 대만이라는 점에서, 양안전쟁은 선택이 아니라 역사적 필연이자 전략적 당위로 제시된다.

더불어 내부의 위기가 가중될수록 외부의 적과의 대결을 통해 결속을 도모하려는 경향은 중국 정치의 구조적 속성이기도 하다. 경제성장이 둔화되고 분배 불균형이 확대되는 가운데, 국민적 불만을 통제하기 위한 수단으로 국가주의적 정서의 동원이 강화된다. 대만 문제는 이 과정에서 이념적 정통성과 민족적 우월성을 동시에 자극할 수 있는 극적인 소재이며, 해상 패권과 미국 견제라는 지정학적 목표도 함께 충족시킨다.

따라서 시진핑 체제는 양안전쟁의 유혹을 단순한 위기 전환의 기회로 보는 것이 아니라 체제 안정, 권력 유지, 역사적 정당성, 민족적 사명, 지정학적 재편 등 다층적 전략 목표가 응축된 장기 구상 속의 전략 선택지로 간주한다.[53] 이 점에서 대만 통일은 중국이 스스로 설정한 역사적 종착점이며, 시진핑 개인의 정치적 유산을 완성할 수 있는 결정적 계기이기도 하다. 이러한 인식은 위기가 심화될수록 오히려 강화될 가능성이 크며, 결국 양안전쟁은 상황 논리가 아니라 구조 논리, 곧 역사와 체제의 복합적 소명에 의해 구동되는 필연적 선택이 될 수도 있다.

제 4 장

자유주의 진영의 전략 재편

제4장. 자유주의 진영의 전략 재편

1. 유럽 : 전략적 자율성과 독립 추구

트럼프의 재집권은 1949년 북대서양조약기구(NATO)를 중심으로 구축되어 온 대서양 안보 체계의 신뢰 기반을 무너뜨리고 있으며, 유럽의 전략적 좌표를 근본적으로 재조정하도록 강제하고 있다. 취임 이후 불과 몇 주 만에, 트럼프는 미국과 유럽을 연결해온 집단안보의 토대를 해체하며, 우크라이나 방어에 대한 미국의 의지를 사실상 철회하였다. 이는 단순한 정책적 조정이 아니라 미국이 더 이상 유럽의 안보를 전략적 우선순위로 간주하지 않는다는 신호로 받아들여지고 있다.

우크라이나 전쟁에서도 트럼프는 러시아와의 관계 정상화를 암묵적으로 추구하면서, 동맹국들과의 입장 차를 노골적으로 드러내고 있다. 젤렌스키 대통령에 대한 공개적인 외교적 모욕과 더불어, 군사 지원의 중단은 워싱턴이 모스크바와의 재접근을 위해 피해자인 우크라이나를 희생시키려는 의도를 분명히 보여 준다. 미국은 러시아로부터 어떤 실질적인 양보도 끌어내지 않은 채 일방적으로 후퇴하고 있으며, 이러한 전환은 유럽 안보의 가장 중요한 전제였던 미국의 개입 의지를 근본적으로 흔들고 있다.

트럼프 행정부는 NATO 탈퇴를 공식적으로 선언하지는 않았지만, 실제로는 정치적 신뢰를 제거함으로써 그 기능을 사실상 마비시켰다.[54] 유럽 국가들은 이제 '미국 없는 NATO'라는 현실을 직시해야 하는 상황에 직면해 있다. 특히 발트 3국과 중·동부 유럽, 북유럽 국가들은 러시아의 팽창주의적 야욕에 대해 민감하게 반응하고 있으며, 우크라이나에서의 미국의 후퇴는 자신들에게도 적용될 수 있다는 위기의식을 강하게 느끼고 있다. 푸틴 대통령이 조지아, 몰도바, 혹은 NATO 비회원국에 대해 지속적으로 위협을 가하는 현 상황에서, 미국의 무관심은 유럽 전역에 안보 불안을 가중시키고 있다.

트럼프와 그 측근들의 발언 역시 유럽에 대한 불신을 가중시키고 있다. "유럽연합은 미국을 속이기 위해 만들어졌다"라고 트럼프는 주장했다. '유럽 국가들은 전쟁 경험이 없는 어중이떠중이들'이라는 미 벤츠 부대통령의 조롱은 단지 외교적 결례를 넘어서, 유럽이 미국에 의해 경시되고 있음을 명확히 보여주는 사례.[55] 이는 미국의 후퇴와 함께 유럽 내 대미 감정의 악화를 불러오고 있으며, 나아가 유럽의 전략적 방향을 변화시키는 촉매로 작용하고 있다.

이에 따라 유럽 국가들은 전략적 자율성의 필요성을 절감하고 있다. 프랑스는 오래전부터 유럽 방위 역량의 독자적 강화와 핵 억제력의 유럽화에 대한 논의를 주도해왔다. 마크롱 대통령은 프랑스의 핵무기를 유럽 공동 방위의 자산으로 확대 운용하자고 제안했으며, 독일 등 주요 국가들과 협력 구도를 구축하려 하고 있다.

그러나 프랑스의 핵 정책은 기본적으로 자국 중심적이며, 약 290개의 핵탄두 규모로는 러시아의 약 5,000개 핵탄두에 대응하기에 명백히 부족하다. 영국의 약 225개 핵탄두를 포함하더라도 미국의 핵우산을 완전히 대체하는 것은 사실상 불가능하다. 이러한 현실 속에서 독일은 보다 결정적인 역할을 요구받고 있다. 독일은 자국 핵무기를 보유하지 않고 NATO의 '핵 공유' 체제에 의존해왔으나, 미국의 신뢰성이 약화된 지금, 이 체제가 지속 가능한지에 대한 의문이 제기되고 있다. 독일은 아직 신중한 태도를 유지하고 있지만, 정치 공백이 장기화된다면 독일의 리더십 부재는 유럽 전체의 방위 전략에 공백을 초래할 수 있다. 독일 연방군에 대한 예산 증액이 본격화되면 이는 유럽 전략의 환경이 근본적으로 바뀌는 것을 의미한다.

미국의 핵 억제력이 약화된 상황에서 유럽이 자체적 군사력을 강화하려는 움직임은 필연적인 결과다. 그러나 이는 단순한 방위비 증액이나 병력 확충만으로 해결될 수 없다. 전략적 신뢰와 공동 대응 능력, 정치적 결단력이 모두 요구된다. 특히 프랑스와 독일의 협력이 중심이 되어야 하며, 여기에 폴란드, 핀란드, 스웨덴 등과 같은 신규 안보 국가의 적극적인 참여도 필요하다.

트럼프의 행보는 미국이 구축해온 '동맹과 신뢰'라는 기둥을 허물고 있으며, 이는 결과적으로 유럽의 전략적 방향을 변화시키는 촉매제가 될 가능성이 크다. 단기적으로 이는 우크라이나 전선에서의 불확실성을 심화시키고, 최악의 경우 우크라이나의 패배와 유럽 내 안보 불안을 초래할 수도 있다.

그러나 보다 근본적인 역설은 장기적 차원에서 미국의 국제적 영향력이 지속적으로 약화될 수 있다는 점이다. 트럼프의 태도는 동맹국들에게 워싱턴이 더 이상 신뢰할 만한 안보 보장자 역할을 수행하지 않을 것이라는 강력한 신호를 보내고 있다. NATO 내부에서는 불안과 동요가 가중되며, 유럽 국가들은 독자적인 방위 체계 구축에 대한 논의를 심화시키고 있다. 트럼프는 유럽이 더 이상 미국에 안보를 의존할 수 없으며 완전히 자립해야 함을 분명히 보여주었으며, 유럽을 안정적으로 보호할 미국의 핵우산은 더 이상 없다.

여기에 트럼프의 관세정책도 유럽에 큰 충격을 주고 있다. 트럼프 행정부는 2018년 무역확장법 제232조를 활용해 EU산 철강과 알루미늄 제품에 각각 25%, 10%의 고율 관세를 부과하였다. 이는 전통적으로 국가안보와 직접 관련이 없던 품목에 안보 논리를 적용한 이례적 조치로, 통상정책이 외교·안보 정책과 결합되는 새로운 흐름을 보여주었다. 또한, 항공기 보조금 분쟁과 디지털세 도입 논의를 이유로, EU 회원국들의 다양한 품목에 추가 보복 관세를 예고하며 압박을 지속하였다. 이 같은 관세정책은 미국 내 제조업 보호와 무역적자 해소, 기술패권 유지 등의 다중 목적을 내포하고 있었으며, 양자 협상 프레임을 통한 주도권 확보를 지향하였다.

EU는 트럼프 행정부의 일방적 조치에 대해 즉각적인 보복관세를 부과하고 WTO에 제소함으로써, 다자무역체제의 규범적 정당성을 방어하는 법적 대응에 착수하였다. 이는 EU가 통상 분쟁을 제도적으로 관리하려는 의지를 반영하며, WTO 분쟁해결기구의 회복력 유지에도 기여하였다. 또한, EU는 디지털세 도입, 탄소국경조정제도(CBAM) 등의 새로운 통상 규범을 주도하며, 미국을 압박하고 EU의 가치 기반 통상정책을 추진하겠다고 천명했다. 이를 위해 EU는 대미 의존을 줄이고 무역 파트너를 다변화하기 위해 CPTPP, ASEAN, 아프리카연합(AU) 등과의 협력을 강화하고, 양자 자유무역협정의 확대를 도모하였다. 이는 공급망의 안정성과 외부 충격에 대한 회복력을 제고하고자 하는 목적에서 시작되었다.

EU는 아시아·태평양 지역의 대표적 무역 협정인 포괄적·점진적 환태평양경제동반자협정(CPTPP)과의 협력 강화 및 장기적 가입 가능성을 본격적으로 검토하고 있다. EU는 CPTPP와의 협력을 통해 경제 안보와 공급망 회복력의 강화, 미국의 보호무역주의에 대응하는 다자적 연대 형성, 규칙 기반 국제무역 질서의 복원과 제도화를 추진한다.[56] 이는 EU의 2021년 무역 전략과 2023년 경제안보 전략에 포함된 전략적 자율성과 지정학적 리스크 분산이라는 기조와 일치한다.

트럼프의 재집권은 EU와 중국 간의 관계에 구조적 재균형의 압력을 가하는 외생 변수로 작용할 수 있다. 트럼프 1기 행정부에서 확인된 일방주의적 경향, 동맹 경시, 다자주의 회피, 기후협력 무력화 등의 기조가 2기에도 재현될 경우, 유럽은 미국 주도의 전략 구도에 일방적으로 편입되는 상황을 경계하며 외교적 자율성 확보를 위한 전략적 조정을 본격화할 가능성이 크다. 이러한 맥락에서 EU는 미·중 간 구조적 대결 구도에 대한 자동적 편승을 지양하고, 중국과의 실용적 협력의 복원 및 전략적 재균형을 모색할 수 있다.

특히 기후변화 대응, 탄소시장, 재생에너지, 첨단소재 공급망 등 글로벌 공공재 차원의 협력 이슈에서 미국의 후퇴가 예상되는 경우, 중국은 유럽에 대체적 협력 파트너로 재부상할 수 있다. EU는 이미 탄소국경조정제도(CBAM)나 유럽 녹색전환 정책을 통해 기후외교의 독자성을 강화하고 있으며, 미국이 이를 가치 기반이 아닌 산업 보호주의적 수단으로 활용할 경우, 유럽은 규범적 동반자로서 중국과의 기술·기후 분야 연계를 부분적으로 복원할 동인을 갖게 된다. 이는 안보 차원에서의 경계와 경제·기술 분야에서의 실용적 협력이 병존하는 다층적 관계 설정을 의미하며, '협력자-경쟁자-체제적 라이벌'이라는 유럽의 대중 프레임이 보다 유연하게 작동할 수 있는 조건을 제공한다.

더불어 트럼프 2기의 외교 행태가 NATO에 대한 불신과 독일·프랑스 등 핵심 유럽국가에 대한 공개적 압박으로 이어질 경우, 유럽은 전략적 자율성을 현실 외교의 중심축으로 끌어올릴 수 있다. 이는 유럽 내부에서 미국에 대한 신뢰 균열이 심화되는 동시에, 대외 전략에서 미국 일변도 노선에 대한 반성적 조정이 촉진될 수 있음을 의미한다. 이러한 흐름은 중국에게도 일정 수준의 외교적 재조정의 여지를 제공하며, 갈등의 완화보다는 갈등 구조의 복잡화를 통해 일정한 협상력을 확보하려는 전략적 시도로 이어질 수 있다.

트럼프 2기의 등장은 EU의 대중국 관계를 일방적으로 악화시키는 결정적 계기라기보다는, 미·중·EU 삼각 구조 속에서 유럽이 자율성과 균형성을 추구하려는 전략적 공간을 확대시키는 조건으로 기능할 수 있다. 유럽의 대응은 미국의 후퇴에 대한 수동적 반응이 아니라, 중장기적 질서 재편 속에서의 독자적 입지 확보라는 목적 아래 구성될 것이며, 중국과의 관계 역시 이러한 전략적 계산에 따라 선택적·분야별 재조정 가능성을 내포하게 된다.

트럼프의 재집권은 유럽에 냉혹한 질문을 던지고 있다. 그것은 미국 없이 유럽은 과연 자신을 지킬 수 있는가 것이다. 이에 대한 유럽의 대답은 아직 완성되지 않았지만, 하나는 분명하다. 미국 중심의 질서에 무조건 의존했던 시대는 끝나가고 있으며, 유럽은 이제 자율적 안보 체제를 본격적으로 구상하고 실현해야 할 시점에 도달했다는 것이다. 미국은 더 이상 유럽의 안보를 책임져주지 않으며, 유럽은 전략적 자율성을 확보해야 한다는 것이다.

트럼프는 "유럽은 스스로를 방어해야 한다"고 여러 차례 주장했다. 이에 대해 독일 시사주간지 슈피겔은 트럼프의 미국은 이제 적이 됐다고 단정지었다.[57] 트럼프의 외교는 미국과 유럽 간의 구조적 신뢰를 시험하는 계기로 작용할 것이며, 유럽은 '포스트-미국' 시대의 안보 구상이라는 새로운 전략적 사고를 강요받게 될 것이다. 드골 장군의 말이 옳았다. 언젠가 미국은 떠날 것이고 언젠가 세계 질서가 변화할 것이다. 지금이 그 시점이다.

2. 일본 : 불확실한 동맹과 탈출 전략

트럼프의 재집권은 국제 질서의 전환점이자, 미국 동맹 체제의 근본적 재조정이 불가피하다는 사실을 다시 한번 상기시킨다. 특히 일본의 경우, 제2차 세계대전 이후 구축되어온 미국 주도의 안보 보장 체계에 구조적으로 의존해왔으며, 그에 따라 트럼프식 고립주의 외교는 일본의 국가 전략 전반에 실존적 도전으로 작용하고 있다. 트럼프가 집권했던 2017~2021년의 첫 임기는 일본에 이미 미국의 안보 보장은 무조건적이지 않다는 신호를 명확히 전달했다. 그리고 그의 복귀는 기존 전략적 틀에 대한 전면 재검토를 불가피하게 만들고 있다.

트럼프 외교안보 정책은 미국의 안보 보장에 대한 조건부 접근을 강화하고 있다. 그는 동맹국들에게 미군 주둔 비용의 대폭적인 분담을 요구하였고, 일본의 경우 연간 수천억 엔의 추가 부담이 논의되었다. 그는 '보호에 대한 대가'라는 발언을 서슴지 않으며, 집단안보 개념보다는 쌍무적 거래로 안보에 접근했다. 이와 같은 태도는 일본 국내 정치와 안보 전략에 상당한 충격을 주었으며, 자위력 강화와 헌법 개정 논의에 불을 붙이는 계기가 되었다. 2022년 일본 정부가 발표한 '국가안전보장전략'과 '방위력 정비계획'은 이러한 문제의식의 연장선에 있으며, 2023년부터 방위비를 GDP의 2% 수준으로 끌어올리는 계획은 그 실질적 대응 조치로 해석된다.

트럼프의 재집권은 또 다른 측면에서 일본의 안보 환경을 더욱 복잡하게 만든다. 트럼프는 동북아에서의 미군 주둔 목적을 중국 견제가 아닌 '미국의 경제적 손해 방지'로 축소해석하며, 한국과 일본에 대해 동맹의 전략적 의미보다는 재정적 관점을 우선시했다. 특히 대만해협의 위기와 한반도의 불안정성이 심화되는 가운데, 미군의 적극적 개입 여부가 불투명해지는 것은 일본에 치명적인 안보 불확실성 요인으로 작용할 수 있다. 트럼프가 미·중 관계 정상화를 목표로 중국과의 거래를 시도할 경우, 일본은 전략적 배제 상황에 놓일 가능성도 존재한다.

이러한 상황에서 일본은 두 가지 전략축을 동시에 추진하고 있다. 하나는 군사적 자율성의 확대이고, 다른 하나는 동맹 외 다자안보 네트워크의 강화이다. 먼저 군사력 측면에서 일본은 '반격 능력(counterstrike capability)' 보유를 명시하며, 적국의 미사일 기지를 선제 타격할 수 있는 수단을 개발하고 있다. 이는 헌법 9조의 해석상 오랫동안 금기시되어온 개념으로, 트럼프 시대를 거치며 미국의 신뢰가 흔들리자 독자 방위력 강화를 추구하는 정책 방향으로 나타났다.[58] 또한, F-35A/B의 추가 도입, 장거리 순항미사일 개발, 해상자위대의 항공모함 운용 등은 사실상 일본이 '준국방국가(semi-normal military power)'로 나아가고 있음을 보여 준다.

다자간 협력의 측면에서도 일본은 미국 이외의 국가들과의 안보 협력 체계를 강화하고 있다. 대표적으로는 호주, 인도, 일본, 미국으로 구성된 쿼드(Quad) 협의체의 고도화가 있으며, 이는 인도·태평양 지역의 해양안보와 자유로운 항행의 보장을 명분으로 한다. 또한, 영국 및 프랑스와의 방산 협력 강화, G7 및 ASEAN과의 전략 대화 확대 등은 일본이 미국 단독 의존 구조에서 벗어나려는 외교적 노력의 일환이다. 특히 최근 영국, 이탈리아와 함께 공동 개발 중인 차세대 전투기 프로젝트(GCX)는 일본이 안보 자율성 확보에 적극 나서고 있음을 보여주는 사례다. 이와 같은 일본의 움직임은 트럼프의 정책 변화에 대한 수동적 반응이 아니라 근본적인 안보 전략 재편의 시도라 볼 수 있다.

그러나 일본의 이러한 대응 전략에는 구조적 한계도 존재한다. 첫째, 일본은 여전히 헌법상 자위권 해석에 따라 군사력 운용의 법적·정치적 제약이 크다는 점이다. 둘째, 미국과의 동맹은 여전히 일본 안보의 핵심이라는 점에서, 완전한 자율 전략을 실현하기는 어렵다. 셋째, 주변국, 특히 중국, 한국 등의 역사 문제와 영토 갈등 등으로 인해, 일본의 군사적 부상은 지역 불신을 초래할 수 있으며, 이는 역내 군비 경쟁을 가속화할 수 있다. 마지막으로, 트럼프의 미국이 일본과 중국 사이에서 전략적 등거리나 실용주의 외교를 시도할 경우, 일본의 고립 가능성도 상존한다는 것이다.

최근 발표된 트럼프-이시바 미·일 정상회담 공동성명에 이러한 일본의 고민이 잘 드러나고 있다. 이 문안에는 안보, 경제, 지역 협력 등 양국 관계의 핵심 축이 포괄적으로 반영되었으며, 트럼프 특유의 경제관과 일본의 외교 전략이 절충된 흔적도 분명히 보인다. 먼저, 미국은 센카쿠 열도를 포함한 일본 영토 전반에 대한 방위 공약을 재확인하였다. 이는 미·일안보조약 제5조 적용 범위에 센카쿠 제도가 포함된다는 점을 명시한 것으로, 중국과의 해양 분쟁을 의식한 일본에 중요한 외교적 성과로 평가된다. 미·일동맹이 실효적 억지력을 유지하고 있다는 점을 분명히 한 이번 약속은, 트럼프 정부에서도 집단안보의 핵심 조항이 유지되고 있다는 안도감을 일본 측에 제공하였다.

안보 분야에서는 '미·일안보 협력의 심화'라는 표현이 반복적으로 등장하였는데, 이는 상투적인 수사이지만, 그 자체로도 동맹의 안정성과 연속성을 상징하는 문구로 받아들여진다. 경제 분야에서는 더 주목할 만한 변화가 감지된다. 기존의 '자유롭고 열린(free and open) 인도·태평양'이라는 표현 대신, '자유롭고 공정한(free and fair)'이라는 표현이 새롭게 채택되었다. 이는 트럼프 대통령의 통상정책 전반에 내재된 공정성 중시 기조, 즉 일방적 시장 개방이 아니라 상호주의적 무역 질서를 강조하는 입장이 반영된 결과로 풀이된다. 특히 일본은 이에 부응하여 미국산 액화천연가스(LNG)를 대규모로 수입하겠다는 약속을 포함시켰고, 이는 에너지 분야에서의 전략적 연계 강화를 상징하는 조치로 평가된다.

또한, 대만 문제에 대한 문구 역시 주목할 만하다. 공동성명에는 대만해협의 평화와 안정의 중요성이 명시되었을 뿐 아니라 대만의 현상 유지 변경을 시도하는 어떠한 무력 행위뿐만 아니라 압박을 통한 변화 시도에 대해서도 명확히 반대 입장을 밝혔다. 이는 그간 미국이 취해왔던 전략적 모호성보다는 한층 더 명확하고 강경한 표현으로, 중국을 향한 강력한 신호로 보인다. 일부 분석가들은 이번 표현이 종전보다 오히려 강화된 조항이라고 평가하며, 일본 정부가 대만 문제를 공동성명에 포함시키는 데 성공한 점을 외교적 성과로 보고 있다.

다자안보 협력과 관련해서는 일본이 중시하는 네 개의 협력 체제가 공동성명에 모두 언급되었다. 쿼드(미·일·호·인) 협력을 우선시한 뒤, 한·미·일 3국 협력체가 바로 다음 순서로 명시되었으며, 이어 미·일·호주, 미·일·필리핀의 협력도 언급되었다. 이는 일본이 한·미·일 삼각 협력을 쿼드와 함께 동북아 안보의 핵심축으로 간주하고 있다는 점을 공식적으로 확인시켜주는 문장이다. 최근 북핵 문제와 중·러의 전략적 밀착이 가속화되는 가운데, 이러한 다자간 협력 체제의 명문화는 지역 억지력의 제도화를 의미하는 동시에, 일본의 전략적 구상에 대한 미국의 이해와 지지를 반영한 것으로 보인다.

미국은 공동성명을 통해 일본이 대미 최대 투자국이라는 점을 공식적으로 인정하였다. 이는 경제 분야에서 일본의 전략적 기여도를 높게 평가한 것으로, 무역불균형이나 환율 문제 등을 둘러싼 양국 간 긴장을 일정 부분 완화시키는 수단이자, 일본이 대외적으로 신뢰할 수 있는 동맹국이라는 인식을 강화하는 수사로 기능한다.

트럼프-이시바 공동성명은 미·일동맹의 실질적 결속을 재확인하는 동시에, 트럼프 행정부의 현실주의적 대외정책과 일본의 규범 중심 외교 간의 접점을 찾으려는 절충의 산물이다. 대만, 센카쿠, 에너지, 기술, 다자협력 등 현안에 대한 양국의 이해관계를 조율하는 데 성공했으며, 향후 미·일동맹의 방향성을 좌우할 기준점으로 기능할 가능성이 크다.

그러나 장기적으로 트럼프 2기 시대는 일본에 안보적 불안을 가중시킬 것이다. 트럼프는 1기 행정부 당시 주일미군 유지 비용의 대폭 증액을 요구하며 일본의 자율적 방위 역량 강화하라고 압박한 바 있으며, 재집권 이후에도 유사한 요구가 반복될 경우 일본은 전후 평화헌법 체제의 근본적 전환을 강요받을 수 있다. 이는 일본 국내에서의 재무장 담론을 가속화시키고, 아시아 내 무장 경쟁의 불씨를 제공할 수 있다.

이와 같은 구조적 긴장은 미국의 동아시아 방위공약 신뢰도에 대한 회의를 초래하며, 중국의 지역 패권 추구와 북한의 미사일 능력 고도화라는 이중 안보 위협 속에서 일본의 전략적 불안을 증폭시킨다. 특히 트럼프 1기 시기 북한과의 정상외교는 일본을 배제한 채 미국과 북한의 직접적 협상 구도로 전개되었으며, 이는 일본 외교의 전략적 고립을 부각시킨 전례가 있다. 트럼프 2기에서도 유사한 패턴이 반복될 경우, 일본은 자국의 안보를 독자적으로 설계해야 한다는 자율주의적 대응 태도를 강화할 수밖에 없다.

이러한 상황에서 한국과의 안보 협력 가능성은 양국의 전략적 입장 차이를 조율할 수 있는지를 가늠하는 리트머스 시험대가 된다. 전통적으로 한·일 양국은 역사적 갈등, 영토 분쟁, 상호 불신 등의 요인으로 인해 안보 협력의 제도화가 제한되어 왔다. 그러나 트럼프 행정부가 주한미군과 주일미군 문제를 동시다발적으로 압박할 경우, 양국은 공통의 외부 변수에 대응하는 협력의 필요성을 인식하게 될 수 있다. 특히 북핵 위협의 고도화와 중국의 해양 진출 강화는 일본과 한국 모두에게 전략적 공동 관심사로 작용하고 있으며, 미국이 제공하던 안보 우산의 신뢰도가 흔들릴수록 양국 간 정보 공유, 미사일 방어, 사이버 안보, 인도·태평양 해양 협력 등의 분야에서 점진적인 기능적 연계가 촉진될 수 있다.

다만 이러한 협력의 제도화는 감정적 수준의 갈등을 어떻게 완화하느냐에 달려 있다. 한·일 외교 관계는 양국 모두 국내 정치에서의 민족주의적 정서가 강하게 작용하며, 미·일동맹과 한·미동맹의 구조적 비대칭성은 양국 협력의 대등한 틀을 구성하는 데 장애가 되어왔다. 따라서 트럼프 2기라는 외생적 충격을 양국 협력의 동력으로 전환하기 위해서는 다자안보 협력체제를 매개로 하는 간접적 협력 확대, 위기 대응 중심의 공동 대응 매뉴얼 구축, 국방부 차원의 실무 채널 복원 및 확대가 선결 조건으로 작용할 것이다.

3. 대만 : 위기의 최전선에서

트럼프 대통령의 재집권은 국제 질서 전반에 걸쳐 미국의 전통적인 동맹 구조와 대외 개입 전략의 전면적 재조정을 의미하는 신호로 해석될 수 있다. 특히 동아시아는 미·중 간 전략 경쟁이 가장 고도로 집중된 지역이며, 그중 대만은 전략적 불확실성의 중심에 있는 핵심 변수다. 트럼프의 재집권은 기존 미국의 '전략적 모호성(strategic ambiguity)' 기조를 약화시키고, '전략적 명확성(strategic clarity)'으로 기울어지는 방향을 강화할 가능성이 있다.[59] 트럼프는 이미 재임 기간 중 고위급 미국 인사의 대만 방문을 승인하고, 대만에 대한 무기 판매를 확대했으며, 퇴임 이후에도 "중국이 침공한다면 반드시 개입해야 한다"는 발언을 통해 군사적 개입 의지를 공개적으로 천명해왔다.

이러한 정책 변화는 단순히 안보적 지지를 의미하는 것이 아니라, 양안 관계를 자극하는 신호로 작용할 수 있으며, 중국의 군사적 대응 유인을 오히려 증폭시킬 위험도 내포하고 있다. 다시 말해, 미국이 전략적 명확성을 강화할수록, 베이징은 자국의 안보와 영토적 통일을 선제적으로 확보해야 한다는 조기 행동 유인을 강하게 느낄 수 있으며, 이는 대만의 안보 환경을 오히려 더 불안정하게 만드는 결과로 이어질 수 있다.

트럼프는 1기 집권 당시부터 중국에 대한 강경 대응을 통해 대만과의 관계를 강화하는 모습을 보였다. 그는 1979년 이후 처음으로 대만 총통과 직접 통화하였고, 고위급 미국 관리의 대만 방문을 승인하였으며, 대만에 대한 대규모 무기 판매를 추진함으로써 사실상 '중국의 레드라인'을 넘나드는 정책을 펼쳤다. 이러한 행보는 대만 내에서는 '사실상의 수교 회복'으로 해석되었으며, 중국 측으로부터는 '하나의 중국 원칙'에 대한 명백한 도전으로 간주되었다. 이로 인해 대만은 단기적으로는 미국의 안보 지원 강화라는 기회를 얻을 수 있지만, 동시에 군사적 충돌의 최전선으로 몰릴 위험도 함께 안게 된다.

특히, 트럼프의 대중 정책은 상호 억지보다 대결을 중시하는 '위협의 정치(weaponized diplomacy)' 성격이 강하다는 점에서, 중국의 반응 또한 보다 공격적으로 전개될 여지가 크다. 중국은 이미 대만을 겨냥해 고강도 무력 시위를 반복하고 있으며, 향후 트럼프의 도발적 발언이나 대만에 대한 외교적 지위 상승이 있을 경우, 무력통일의 명분으로 이를 활용할 가능성이 있다. 이에 따라 대만의 안보 환경은 보다 유동적이고 불안정한 국면으로 이행할 것으로 보인다.

예측 가능성이 낮고, 동맹국에 대한 무책임한 발언과 전략적 혼선을 초래할 수 있는 트럼프 2기는 대만에 상당한 불확실성을 안긴다. 예컨대, 트럼프가 중국과의 거래를 위해 대만을 협상의 카드로 사용하는 상황이 발생한다면, 대만은 심각한 외교적 고립을 초래할 수 있다. 또한, 트럼프가 국제사회에서의 리더십을 약화시키고 동맹국과의 조율을 무시하는 경향을 보인다는 점은, 대만이 기대는 국제 여론과 미국 주도의 억지력에 균열을 일으킬 수 있다.

결국 대만의 대응 전략은 미국 의존도와 자율 억지력 사이에서의 균형을 요구한다. 트럼프 재집권 하에서 대만은 더 많은 군사·외교적 기회를 얻는 동시에, 더 깊은 고립과 충돌의 가능성에 직면하게 된다. 따라서 대만은 단순히 미국의 안보 우산에 기대기보다는, 자율 방위 역량 강화, 전략적 다변화, 시민사회의 저항 기반 확보 등 장기적이고 다층적인 억지 전략을 조율해야 한다.

최악의 경우 대만해협에서 무력 충돌이 현실화될 경우, 미국의 개입 여부는 전쟁의 양상과 향후 국제 질서 재편에 결정적인 변수로 작용하게 된다. 이러한 상황에서 대만은 미국의 전략적 대응 가능성을 여러모로 분석하며, 그에 맞춘 복합적 안보 전략을 준비하고 있다. 만약 양안전쟁이 발발할 경우, 대만은 다음과 같은 세 가지 전략축을 중심으로 미국의 개입을 유도하고, 동시에 자체 생존 능력을 확보하려 할 것이다.

첫째는 비대칭 전력 강화(asymmetric defense) 전략이다. 대만은 정규군 중심의 전면전 대비보다는 중국의 침공을 지연시키고 국제사회의 개입을 유도할 수 있는 형태의 방어 전력에 집중하고 있다. 드론, 기뢰, 이동식 미사일, 특수부대 운용, 사이버전 능력 등은 중국의 압도적 병력과 장비에 대항할 수 있는 작고 빠른 전력으로 주목받고 있으며, 이는 트럼프 행정부에서도 미국의 무기 수출 정책과 밀접하게 연계될 수 있다.

구체적으로 대만은 고정방어시설이나 대규모 정규군 중심의 전면전 대비 체계보다는, 다층적 거부 전략(denial strategy)에 근거한 기동형·분산형 전력을 강화하고 있다. 드론, 자폭 무인기, 이동식 지대함 및 지대공 미사일, 해상기뢰, 산악기반 발사 시스템, 소형 특수부대 운용 등이 이에 포함된다. 이러한 전력은 중국의 상륙 및 공중강습 작전을 전술적·작전적 수준에서 분산·지연시킴으로써, 압도적 병력 우위에 대한 비용-효과 균형을 교란하는 효과를 노린다. 동시에 사이버전, 전자전, 정보 조작에 대한 대응체계 및 공격 능력 강

화는 중국의 회색지대 전술 및 초국가적 비군사 압박에 맞서는 핵심 수단으로 부상하고 있다

둘째는 국내 정치를 반중 행보와 연결하고 있다. 대만은 최근 몇 년간 전시 사회체제의 구축을 모색하며, 민간 방공 훈련, 예비군 동원체계 개편, 사이버 안보 의식 제고 등 전 국민 단위의 저항 체제를 공고히 하고 있다. 이는 우크라이나 전쟁에서 확인된 바와 같이, 전면 침공 상황에서 시민 저항과 국내 결속이 국제사회의 지원을 유도하는 결정적 요인이 될 수 있다는 판단에서 비롯된 것이다.

또한, 대만은 중국의 지속적인 정보 침투와 내부 공작에 대응하여 간첩 색출 작업을 체계적으로 강화하고 있다. 이는 대만 안보국가로서의 정체성과 위협 인식이 고조되는 가운데, 군·관료 조직 내부에 침투한 친중 네트워크를 제거하고, 제도적 방어체계를 재정립하려는 전략적 조치로 해석된다. 간첩 활동은 주로 퇴역 군인, 대통령 경호 병력, 민간 정보원 등을 대상으로 진행되었으며, 이는 중국이 비대칭적 방식으로 대만의 안보 인프라를 약화시키려는 시도임을 시사한다. 이러한 맥락에서 대만의 최근 조치는 단순한 형사적 대응이 아니라, 지정학적 압력 하에서의 체제 보존 전략의 일환으로 간주될 수 있다.

셋째는 국제 외교 네트워크의 확장이다. 대만은 과거 바이든 정부가 강조한 인도·태평양 전략에서 쿼드(미·일·호·인)와의 비공식 연계, 그리고 미·일, 한·미·일 협력체와의 정보 공유 및 군사적 이해 증진을 통해 중국의 고립 전략을 상쇄하려 하고 있다. 트럼프 재집권 이후, 대만은 경제협력의 핵심 가치로 강조하는 공정의 원칙에 맞춰, 미국산 LNG 수입, 반도체 공급망 협력, AI·기술 교류 확대 등을 통해 전략적 가치와 경제적 실익을 동시에 부각시키는 시도를 이어가고 있다. 취임 1주년을 맞이한 라이칭더 대만 총통은 반도체와 인

공지능(AI) 분야를 중심으로 중국에 의존하지 않는 공급망 구축 의지를 강하게 내비쳤다.

대만은 자국이 보유한 세계 반도체 공급망의 핵심적 위상을 전략적 자산으로 활용하여, 중국의 침공 억제뿐 아니라 국제사회의 개입과 지속적 연계를 유도하는 유인 전략을 전개하고 있다. 대만은 TSMC를 중심으로 한 첨단 반도체 생산 능력이 미국, 유럽, 일본 등 주요 기술국가들의 안보 및 산업 기반과 직접 연결되어 있다는 점을 적극적으로 활용하고 있다. 이는 만약 대만이 무력 점령당한다면, 전 세계의 정보통신, 군사, 인공지능, 의료기기, 자동차 산업까지 마비될 수 있다는 시나리오를 현실화함으로써, 중국의 군사행동이 전 지구적 경제안보 위기로 비화될 수 있음을 각인시키는 억지 메시지로 작동한다. 일종의 '실리콘 방패(Silicon Shield)' 전략이다. 라이칭더 총통은 미·중 간 관세를 둘러싼 갈등으로 요동치는 세계경제 속에서 민주주의 진영과의 공급망 구축 및 자유무역 확보가 대만의 생존전략이라고 주장한다.[60]

마지막으로 미국이 개입하지 않을 경우를 가정한 자립형 전쟁 지속 전략이다. 지난 미·일정상회담의 결과 주일미군 통합사령부가 설치될 계획이었으나, 트럼프 행정부가 비용 절감을 이유로 그 계획을 백지화하는 것을 검토하고 있다. 이것은 중국에게 매우 안 좋은 시그널을 주는 것인데, 애당초 통합사령부를 설치하려고 했던 의도는 대만 유사시 등 급변사태에 대응하기 위함이었기 때문이다. 트럼프가 통합사령부를 설치하지 않기로 한다면, 중국은 미국이 대만을 포기했다고 해석할 가능성이 크다. 이에 대만은 비대칭 전력, 민군 통합 방어체제, 예비군 체계 정비, 전국적 분산 생존전략 등을 발전시키고 있다. 사이버전 및 전자전 대비책도 여기에 포함된다. 또한, 미·일 연합훈련 확대 및 대만-일본 간의 비공식 안보 협력도 강화되고 있으며, 일본 오키나와 기지에 대한 중국의 타격 가능성을 염두에 둔 공동 대비책이 논의 중이다.

양안전쟁이 발생할 경우, 트럼프 행정부가 단기적으로는 개입을 주저할 수 있으나, 중장기적으로 국제사회와 국내 정치의 압박 속에서 제한적 군사개입 혹은 전략적 지원을 실행할 수 있다는 점에서, 대만은 초기 자립형 방어와 중기 미군 개입 사이의 연결을 설계하고 있다.

2024년 5월 취임 1주년을 맞이한 대만 라이칭더 총통은 니혼게이자이신문과의 인터뷰를 통해 대만은 반도체 및 인공지능 산업을 중심으로 한 공급망 전략의 대전환을 선언하며, 기술 주권 확보와 민주주의 진영과의 경제안보 협력 강화를 국가 생존전략으로 제시하였다. 이러한 접근은 대만이 글로벌 가치사슬 내 핵심적 기술 노드로 자리매김하고 있다는 인식에 기반하며, 지정학적 리스크를 기술경제적 연대로 극복하려는 시도로 해석된다.

특히 대만의 탈중국화된 공급망의 구축은 단순한 산업정책이 아니라 정치적 독립성 및 안보 자율성과 직결되는 과제로 간주된다. 중국의 기술침해, 불공정 보조금, 저가 공세 등은 기존 자유무역 질서를 교란하는 요소로 평가되며, 이에 대한 구조적 대응 차원에서 민주주의 체제 간의 수평적 연대를 강조하는 것이다. 대만은 이러한 전략을 통해 세계 반도체 중심국으로서의 위상을 공고히 하는 동시에, 글로벌 기술정책 재편 속에서 유리한 협상력을 확보하고자 한다.

대만은 또한 트럼프의 미국의 관세 정책에 대해서는 정면충돌보다는 전략적 협상을 통한 대응을 선호하고 있다. 대만은 자국 산업에 미치는 부정적 영향을 완화하기 위해 산업계에 대한 재정적 지원과 특별 예산을 편성하고 있으며, 동시에 무역 불균형 해소를 위한 실질적 노력도 병행하고 있다. 반도체 생산시설의 미국 내 확대, 에너지 수입 다변화 등은 이러한 협조의 일환이며, 이는 관세 갈등을 완충하는 외교적 자산으로 작용한다.

이러한 경제 전략은 정치 체제 간의 선택과도 맞물려 있다. 대만은 자유주의 대 전제주의라는 문명사적 구도의 선택임을 강조하며, 민주주의에 기반한 제도적 정당성을 대외 전략의 근간으로 삼고 있다. 동시에 무력 충돌의 가능성을 배제하지 않고, 억제력을 기반으로 한 자위적 국방 전략도 병행하고 있다. 국방 예산의 증액, 대외 안보 협력의 확대, 첩보·사이버 영역에서의 침투 대응 강화 등이 이에 해당된다.

한편, 역내 안보 환경 변화에 대응하기 위해, 대만은 주변국들과의 연대를 통해 중국의 전략적 확장을 견제하고자 한다. 역내 군사훈련의 빈도와 강도가 상승하는 가운데, 그 확대가 실제 무력 충돌로 전환되는 것을 방지하기 위한 예방적 조치들이 병행되고 있다. 이는 지정학적 균형 유지뿐 아니라, 국제사회에서 책임 강국의 이미지를 강화하는 효과도 함께 노리고 있다.

트럼프의 재집권은 대만에 안보상 중대한 불확실성을 안기고 있다. 미국의 전략적 모호성은 약화되고 있으나, 그 대가는 대만의 '전쟁 최전선화'라는 실존적 부담이다. 따라서 대만의 전략은 단순한 미국 의존에서 벗어나, 미국의 개입을 유도하는 전략, 즉 개입의 정치적 조건과 시점을 관리하고, 자립적 저항 능력을 바탕으로 국제사회와의 연계를 강화하는 입체적 안보 전략으로 전환되고 있다. 대만의 생존은 이제 미·중 간의 단순한 힘의 균형을 넘어, 전쟁 발발 시 미국의 대응을 설계하고 유도할 수 있는 정치적·전략적 기획력에 달려 있다고 할 수 있다.

트럼프 2기 시대, 한국의 대대만 전략은 복합적이며 다층적인 접근이 요구된다. 한국의 대대만 전략은 기존의 '중국 눈치 보기'와 '미국 편승 외교' 사이에서의 모호한 외교 기조를 넘어서야 한다. 트럼프 정부가 대만을 반중 전략의 중심축으로 삼을 경우, 한국에 대한 선택 강요의 압박이 심화될 가능성이 크다. 이러한 상황에서 한국은 대만 문제에 대한 원칙적 입장 고수(현상유지 지지), 동맹의 신뢰 관리, 중국과의 전략적 마찰 최소화를 동시에 달성하는 다층적 메시지 전략이 필요하다. 특히 경제·기술 측면에서 대만과의 협력은 강화하되, 군사·외교적 부분에서는 직접 개입은 신중히 고려하여야 할 것이다.

만약 양안전쟁이 실제로 발발할 경우 한국은 지리적·전략적 특수성 때문에 무관심한 제3자가 될 수 없다. 대만해협은 일본과 남중국해로 이어지는 해상교통망의 핵심 경로이며, 미·중 간 전면전 가능성은 한반도 주변 해역에서의 군사 충돌, 북한의 기회주의적 도발, 주한미군의 전략 재배치 등을 일으킬 수 있다. 이러한 복합 안보 위협에 대응하기 위해 한국은 군사적 확산 억제와 방어태세 강화가 필요하다. 미국이 한반도 내 전략 자산을 대만 방향으로 재배치할 경우, 북한은 이를 틈 타 도발하거나 군사적 긴장을 고조시킬 가능성이 크다. 따라서 한국은 독자적인 감시·정찰 능력 확보, 미사일 방어망 강화, 전방위 사이버 방어 체계 정비가 필요하며, 주한미군과의 작전 조율을 위한 실시간 통합지휘체계 강화를 추진해야 한다.

또한, 비군사적 대응으로서 경제·물류 차원의 위기관리를 병행해야 한다. 양안전쟁은 반도체, 전기전자, 해운 등 한국의 핵심 산업에 직접적 충격을 가할 수 있으므로, 위기 시 대만발 공급망 차질에 대비한 국가 차원의 전략비축, 물류망 다변화, 우회경로 확보 등의 사전 조치가 필수적이다. 이와 더불어, 대만 유관 기업들과의 전시 리스크 완화 협약을 통해 상호 비상 대응체계를 구축하는 방안도 고려할 수 있다.

한국은 대만해협을 둘러싼 미·중 갈등 국면에서 직접적인 군사개입보다는 갈등 조정자 또는 위기 완충자로서의 역할을 자임할 수 있는 지정학적·외교적 여지를 갖고 있다. 한반도는 이미 미·중 전략 경쟁의 접점에 있는 지역으로, 과도한 편승이나 중립의 오류 모두 위험한 결과를 초래할 수 있는 환경 속에 있다. 이 점에서 군사적 개입 없이 양측과의 전략적 소통 채널을 유지하며, 위기관리 및 긴장 완화의 제3자 플랫폼을 제공하는 중개 외교는 한국이 감당 가능한 현실적 역할로 간주될 수 있다.

이러한 조정자적 역할은 한국 단독의 역량만으로는 제한될 수 있으나, ASEAN, EU, 글로벌 사우스 등과의 다자 연계 및 공동 입장 조율을 통해 국제적 정당성과 구조적 뒷받침을 확보할 수 있다. 이는 단순한 균형외교를 넘어, 규범 기반 질서와 위기관리 플랫폼의 공급자로서 한국 외교의 전략적 정체성을 재정립할 수 있는 계기로 작용할 수 있다. 특히 유럽 국가들이 미·중 갈등에 있어 독자적 조정 외교를 모색하고 있는 상황에서, 한국이 이들과 보완적으로 연계하여 '미·중 사이의 중간권 외교 허브'로 기능하는 다자 공간 구축은 실현 가능성이 있는 전략이다.

다만 이러한 역할 수행은 외교적 정교함과 더불어 국내 정치의 안정성과 외교정책의 일관성을 전제로 한다. 정파적 갈등, 외교·안보 라인의 급격한 변화, 여론 주도의 단기 전략은 외부로부터의 신뢰를 약화시키고, 중재자로서의 위상을 흔들 수 있다. 또한 미·중 어느 한쪽의 강한 압박이나 배타적 요구에 대해 일관된 원칙과 전략적 자율성을 견지할 수 있는 내적 결속력과 외교 역량이 요구된다.

결국 한국이 대만 문제를 둘러싼 미·중 갈등에서 일정한 조정자적 위치를 확보하기 위해서는, 선도적 개입보다는 신중하고 구조화된 외교 플랫폼 설계, 다자협력의 제도화, 그리고 위험관리 능력을 전제로 한 전략적 명료성이 핵심이 된다. 이는 한국이 단순히 제3자가 아니라, 전략적 완충지대이자 조율 역량을 가진 강대국으로서 자신의 외교적 정체성을 확장할 기회이기도 하다.

4. 동남아시아 : 균형외교의 틈

트럼프의 재집권은 동남아시아 국가들에 전략적 재조정과 새로운 선택을 강요하고 있다. 1기 트럼프 행정부는 TPP(환태평양경제동반자협정) 탈퇴 및 ASEAN과의 협의체 형식 축소 등 동남아 외교의 상대적 후순위화를 드러낸 바 있다. 그러나 동시에 트럼프는 중국에 대한 전략적 견제를 강화하며, 남중국해에서의 미 해군 활동 확대와 일부 국가와의 양자 경제협력을 유지하였다. 이러한 모순적 정책 패턴은 동남아 국가들에 미·중 사이에서의 자율성 확보라는 과제를 더욱 명확하게 제기하였고, 트럼프 2기 역시 동남아 외교에 복합성과 균형외교를 요구하고 있다.

동남아시아는 미국의 대외전략에서 독자적인 전략적 주체라기보다는, 중국 견제를 위한 지정학적 수단으로 활용되어 온 경향이 강하다.[61] 냉전 시기 미국은 이 지역을 공산주의 확산, 즉 '도미노 이론'에 따른 붕괴를 방지하기 위한 전진기지로 인식하며 군사적·경제적 개입을 강화해 왔다. 이러한 구조적 인식은 2017년 출범한 트럼프 1기 행정부에서도 크게 달라지지 않았다. 트럼프 행정부는 중국을 미국 안보 및 미국 주도의 국제 질서에 대한 최대 위협으로 규정하고, 이를 억제하기 위한 인도·태평양 전략(Indo-Pacific Strategy)을 본격적으로 추진하였다. 이 전략은 역내 동남아 국가들이 미·중 간 전략적 선택의 압박을 받게 했으며, 그 결과 동남아 국가들의 전략적 자율성은 일정 부분 제약을 받았다.

트럼프 1기 이후 들어선 바이든 행정부 역시 대중 강경 기조를 유지하면서,

전통적 동맹국 중심의 협력 체계를 강화하는 방향으로 정책을 설계함에 따라, 아세안과 다수의 동남아 국가들은 다시 한번 전략적 주변화와 소외를 경험하게 되었다. 바이든 정부는 아세안 주도의 다자 협의체보다는 AUKUS, 미·일·호, 미·일·인, 한·미·인 등 소다자(minilateral) 중심의 격자형(lattice-like) 안보 네트워크 구축에 집중하였다. 이러한 접근은 아세안의 전통적 단결력과 중심성을 구조적으로 약화시키는 결과를 초래하였으며, 역내 국가들로 하여금 전략적 배제에 대한 불만과 동시에 자율적 대응 공간의 축소라는 이중적 부담을 안기게 되었다.

그러나 역설적으로, 미·중 간 구조적 긴장은 동남아 국가들에 일정한 경제적 반사이익을 제공하기도 하였다. 특히 공급망 재편, 기술이전, 대체 투자처로서의 가치 상승 등은 동남아 국가들의 경제적 위상을 높이는 계기로 작용하였다. 트럼프 2기 행정부는 더욱 강화된 미국 우선주의와 중국 억제 중심의 대외전략이 동남아시아 정책의 기본 기조로 작용할 것이다. 이에 따라 미국은 동남아 국가들과의 관계를 보다 실용적이고 조건 중심의 방식으로 재편하며, 전략적 동반자 관계보다는 지정학적 유용성에 기반한 관리형 접근을 강화할 가능성이 크다.

트럼프 1기 이후 미국과 아세안 간의 전략적 관계가 점차 이완되는 가운데, 중국은 공세적 외교와 경제적 관여를 통해 아세안 지역에서의 전략적 입지를 강화해 왔다. 특히 미국의 불확실한 동남아 정책과 선택적 관여가 지속되는 틈을 활용하여, 중국은 일대일로와 21세기 해양 실크로드(Maritime Silk Road) 등의 대외 전략을 통해 아세안 국가들을 자국의 경제·지정학적 영향권 내로 편입시키려는 노력을 가속화하였다. 이러한 전략은 대규모 인프라 투자, 금융지원, 항만·철도·에너지 연계 프로젝트 등을 통해 동남아 국가들에 실질적 경제 인센티브를 제공함으로써, 지역 내 중국의 구조적 영향력을 제도화하는 데 일정 부분 기여하였다.

트럼프 2기 행정부는 1기 집권 이후 변화된 인도·태평양 지역의 전략 환경을 고려하여, 중국의 공세적 영향력 확대에 대응한 보다 강력한 견제 전략을 추진할 것으로 예상된다. 특히 동남아시아 지역에서 중국의 경제적·지정학적 영향력 확대에 우려를 표명해온 국가들과의 양자 차원의 포괄적 협력 확대가 중심이 될 가능성이 높다. 이는 아세안 주도의 다자주의보다는 실익 중심의 양자협상에 집중하는 트럼프식 외교 전략과 일치한다.

동시에 트럼프 행정부의 미국 우선주의 정책은 역내 경제구조에도 중대한 압력을 가할 것으로 전망된다. 트럼프 1기 행정부에서도 관찰된 바와 같이, 대미 무역수지 흑자국에 대해 징벌적 관세 부과 및 무역 재협상 요구가 반복될 가능성이 크며, 이는 동남아 다수 국가를 직접적으로 겨냥할 수 있다. 실제로 2022년 기준으로 베트남(1,160억 달러), 태국(419억 달러), 말레이시아(352억 달러), 인도네시아(233억 달러), 캄보디아(118억 달러), 필리핀(104억 달러) 등은 대미 무역흑자 상위 국가에 포함되어 있으며, 트럼프 2기 체제에서는 무역수지 개선 압력에 직면할 가능성이 크다.

이와 더불어, 트럼프 2기 행정부는 태국, 인도네시아, 필리핀, 캄보디아, 미얀마 등 일부 아세안 국가에 부여된 일반특혜관세제도(Generalized System of Preference, GSP)를 중단하거나 축소할 수 있으며, 이는 아세안 지역의 대미 수출에 직접적인 부정적 영향을 미칠 수 있다. 2023년 아세안은 GSP 제도를 통해 총 4,867개 품목, 약 119억 달러 규모의 대미 수출을 기록한 바 있으며, 이 제도의 변화는 역내 무역 구조와 산업 발전 전략에도 중요한 파급효과를 초래할 것이다.

이에 대응하여 아세안 회원국들은 아세안 중심성(centrality)[62]을 바탕으로 공동 대응에 나설 것으로 예상된다. 이미 아세안은 트럼프 1기 당시 미·중 간 전략적 이분법이 심화되는 상황 속에서, 2019년 제34차 아세안 정상회의에서 '인도·태평양에 대한 아세안의 관점(ASEAN Outlook on the Indo-Pacific, AOIP)'을 발표함으로써 선제적 대응을 시도한 바 있다. AOIP는 아세안 공동체 건설을 촉진하고, 역내외 전략 환경의 변화에 능동적으로 대응하며, 아세안 주도 협력 메커니즘의 내실화 및 외연 확대를 통해 새로운 협력 모멘텀을 확보하고자 하는 정치·전략적 메시지를 담고 있다.

이러한 외교적 기조는 역내 경제 통합 및 공급망 연계 강화 노력과도 연결된다. 아세안은 2003년부터 아세안 경제공동체(ASEAN Economic Community, AEC) 개념을 도입하여 제도적 기반을 정비해 왔으나, 2023년 기준으로 여전히 역내 교역 비중은 22%에 불과하며, 역외 교역(78%)과 역외 투자(85% 이상)에 과도하게 의존하고 있다. 특히 아세안 내 공급망 연계는 글로벌 공급망, 특히 중국 주도의 가치사슬에 비해 구조적으로 미약한 편이며, 트럼프 2기 행정부 출범으로 인한 미국 및 동맹국의 대중 수입 축소가 아세안 수출입에 부정적인 영향을 미칠 가능성도 존재한다.

이러한 구조적 취약성을 극복하기 위해 아세안은 2025년 채택 예정인 '아세안 공동체 비전 2045' 및 그 하위 비전문서 개정을 통해 역내 경제 통합, 무역장벽 제거, 투자 확대, 표준 통일 등 제도적 연계성을 높이는 방안을 구체화할 것으로 예상된다. 특히, 미래산업 중심의 역내 공급망 재편과 함께, 아세안 10개국 모두가 참여하는 역내포괄적경제동반자협정(RCEP)의 전략적 활용도를 극대화하려는 노력이 본격화될 전망이다.

한편, 미·중 간 경쟁이 심화되는 환경 속에서 아세안은 한국, 일본, 호주 등 중견국들과의 다층적 협력을 강화함으로써 전략적 균형을 유지하려는 외교전략을 더욱 공고히 할 것으로 보인다. 아세안은 전통적으로 강대국 간 일방적 영향력 행사에 대한 견제를 위해, 양자택일적 외교보다는 제3국과의 협력을 선호하는 다면적 균형전략을 구사해왔다.

트럼프 2기에서 동남아시아 국가들은 기존의 미국과 중국 중심 수출 구조에 대한 리스크를 인식하고 수출시장 다변화 전략에 박차를 가하고 있다. 인도네시아는 EU와의 포괄적경제동반자협정(IEU-CEPA) 타결을 가속화하고 있다. 10년 이상 이어져 온 이 협상은, 트럼프의 2기 재집권 가능성이 부상하면서 급속히 진전을 보이고 있다. 태국도 EU와의 자유무역협정(FTA) 체결을 적극적으로 추진 중이며, 말레이시아는 EU와의 기존 FTA 협상을 재개하는 한편, 유럽자유무역연합(EFTA: 아이슬란드, 노르웨이, 스위스, 리히텐슈타인)과의 협상을 타결지었다. 싱가포르 또한 EU와의 경제협력 심화에 앞장서고 있는데, EU에 대해 포괄적·점진적 환태평양경제동반자협정(CPTPP) 가입국들과의 다자적 협력 강화 방안을 제안하였으며, 디지털 통상 분야에서도 선제적으로 대응하여 EU-싱가포르 디지털 무역협정(EUSDTA)을 체결하였다. 이와 같은 일련의 움직임은 동남아시아 주요국들은 미·중 간의 전략적 경쟁과 트럼프의 압박 속에 각기 다른 대응 양상을 띠며, 균형외교라는 전략의 틈을 보이고 있다.

동남아 국가 가운데 반도라는 지정학적 위치 때문에 미·중 압력을 가장 강하게 받는 베트남은 미국과의 전략적 동반자 관계를 강화하면서도, 중국과의 역사적 긴장 관계와 국경 분쟁, 남중국해 영유권 갈등 등을 배경으로 친미와 정치적으로는 중국과의 거리두기를 지속적으로 추구하고 있다. 트럼프 1기 집권기에도 미-베트남 관계는 방산 협력, 항공기 수출, 경제 교류 면에서 확대되었고, 트럼프의 반중 정책은 베트남의 외교 전략과 일치하는 부분이 많았다.

트럼프 2기 행정부의 고율 관세 정책은 미국 수출 비중이 높은 베트남에 치명적이다. 2025년 4월, 트럼프 대통령은 베트남을 특정하여 최대 46%의 고율 관세 부과 조치를 발표하였다. 이는 베트남의 대미 무역흑자가 1,230억 달러를 상회한 데 따른 조치로, 미국의 통상 정책이 다자협력보다는 양자 무역 불균형에 대한 직접적 대응을 강화하는 방향으로 전환되었기 때문이다. 이에 베트남 정부는 팜민찐 총리를 중심으로 대미 무기와 보안장비 수입 확대를 제안하는 등 외교적 유화 제스처를 보이며 미국과의 협상을 준비 중이다.

트럼프 행정부의 고관세 정책은 본래 중국에 대한 경제적 압박과 공급망 차단을 목표로 했으나, 결과적으로 중국산 제품의 미국 내 점유율 감소만큼이나 동남아 특히 베트남산 제품의 급증이라는 예기치 않은 구조 재편 효과를 동반했다. 트럼프는 2018년 이후 3,600억 달러 규모의 중국산 수입품에 고율의 관세를 부과했지만, 미국 소비자들은 동일한 제품을 다른 국가들로부터 수입하기 시작했고, 그 최대 수혜국이 베트남이었다.

베트남은 지리적으로 중국과 인접해 있어 물류 효율성과 공급망 전환의 자연스러운 대안지로 떠올랐고, 상대적으로 낮은 임금, 투자 유치 인프라, 안정적인 정치 환경은 제조업 재배치의 유인 요인으로 작용했다. 2018~2020년 사이 미국의 대베트남 수입은 40% 이상 증가했으며, 특히 신발, 섬유, 가전, 장난감 등 전통적으로 중국이 주도하던 경공업 품목에서 베트남산 수입 대체 현상이 두드러졌다.

이는 결과적으로 베트남이 '차이나 플러스 원(China +1)' 전략의 주요 대상지로 부상하는 계기가 되었으며, 글로벌 기업들은 위험 분산 및 리스크 회피

차원에서 공급망 다변화 전략을 베트남을 중심으로 가속화하게 되었다. 당시 베트남은 미국과 자유무역협정을 체결하지는 않았지만, 중국산에 부과된 고율 관세가 베트남에는 적용되지 않았기 때문에 상대적 무관세 상태가 투자 유입의 결정적 동력으로 작용했다.

중국 또한 베트남을 일종의 외교적 완충지대로 간주한다. 2025년 4월, 시진핑의 하노이 방문은 이러한 전략적 균형 조정의 일환으로 이해될 수 있다. 양국은 일대일로 연계 인프라 협력, 산업기술 이전, 전력·교통 부문 투자 확대 등을 협의하였으며, 이는 중국이 베트남에 대한 전략적 유인을 강화하고 있음을 의미한다.

그러나 베트남 정부는 패권주의와 일방주의, 보호주의에 맞서자는 중국의 주장을 외면하고 있다. 2023년 12월, 시진핑은 베트남 국빈 방문에서 '운명공동체(命運共同體)' 건설을 심화했다고 평가했지만, 베트남은 '미래공유체(未來共享體)'라는 표현을 사용하였다. '운명공동체'는 본질적으로 중국 주도의 정치·경제적 구상에 대한 동조 여부를 가늠하는 외교적 기준으로 기능하고 있으며, 아세안 10개국 중 캄보디아, 라오스, 미얀마 등 3개국이 이를 사용한다.

국가안보 및 전략적 독립성 확보를 최우선 가치로 삼고 있는 베트남은 중국과의 협력은 철저히 경제적 실익에 기반하며, 정치·외교적 종속이나 영향력 확대로의 전이를 경계하고 있다. 이것은 베트남이 미·중 간 전략 경쟁의 구조 속에서 자국 경제의 관세 리스크를 회피하고, 군사적 주권을 재정비하려는 '대나무 외교노선(Bamboo Diplomacy)'을 채택하고 있기 때문이다. 베트남은 대중국 경제의존도를 유지하면서도 안보와 기술, 통상에서는 미국 및 그 동맹국들과의 연계를 강화하고자 하며, 이를 통해 이른바 '전략적 등거리 외교'를 점진적으로 '균형적 탈중국화' 방향으로 전환하고 있다.[63]

2025년 현재 기준으로 중국은 베트남의 1위 수입국이다. 베트남 수입 중 약 30% 이상이 중국산 제품(기계, 원자재, 전자 부품 등)에 의존한다. 특히 삼성 등 외국계 제조기업은 중국산 부품을 수입해 베트남 내에서 조립·가공하는 방식이 일반적이다. 또한, 중국은 미국, EU 다음으로 베트남 농산물, 광물 등을 수출한다. 제조 허브로 부상한 베트남은 차이나+1 전략의 수혜국이지만, 중국 공급망의 단절 위험도 주요 리스크로 인식한다. 베트남은 경제적으로는 중국 의존, 정치·안보적으로는 중국 견제라는 이중 전략을 택하고 있다.

베트남은 냉전 종식 이후 군사동맹 불참, 타국 군사기지 불허, 타국에 대한 무력 사용과 위협 불참, 국제문제 개입 회피 등을 골자로 하는 '4무(四不) 정책'을 외교 원칙으로 삼아왔으며, 이를 기반으로 '다자 중심, 다변화 전략'을 추구해 왔다. 그러나 미·중 전략 경쟁의 격화, 공급망 재편, 남중국해 갈등 심화 등 외부환경 변화는 베트남의 전통적 균형외교 전략에 심각한 제약 요인으로 작용하고 있다.

베트남은 국제사회에서 '자주 외교', '중립성', '다자주의'를 강조하지만, 실제 정책에서는 미국과 중국 사이에서 모호한 태도를 보일 수밖에 없으며, 이는 주변국의 신뢰 형성과 장기적 외교 자산 축적에 한계를 남긴다. 베트남의 균형 외교는 중견국 외교전략으로서 일정 수준의 전략적 유연성을 부여해왔지만, 미·중 경쟁 격화와 글로벌 공급망 구조 재편이라는 새로운 시대 조건은 '소극적 중립' 전략의 유효성을 약화시키고 있다.

트럼프 2기 시대 베트남은 기존의 이념 중심 비동맹 기조에서 점차 벗어나, 실용주의적 실리외교 및 안보와 경제 분리 전략을 보다 적극적으로 추진할 가능성이 있다. 다만 이러한 전환이 성공하려면 내부 제도 개혁, 기술·무기 자립 기반 확보, 외교적 신뢰 자산 축적이라는 구조적 과제를 병행적으로 해결해야 하며, 이는 단기적 과제가 아닌 중장기 전략의 과제로 남는다.

　비동맹외교의 전통을 계승한 대표적 중견국으로서, '자율적이고 능동적인 외교정책(free and active foreign policy)' 원칙을 헌법 차원에서 천명하고 있는 인도네시아는 냉전 시기부터 어느 진영에도 편입되지 않고, 독자적인 외교 노선을 추구해 왔다. 그러나 미·중 전략 경쟁이 심화되고, 동남아시아가 그 경쟁의 최전선으로 부상하면서, 인도네시아의 균형외교는 새로운 도전에 직면하고 있다.

　미·중 갈등 속에서도 비교적 중립적인 균형외교를 유지해 온 대표적 국가인 인도네시아는 트럼프 1기 당시에도 대중 수출 확대와 미국과의 군사훈련 참여를 동시에 병행하였다. 트럼프 재집권 이후 인도네시아는 여전히 비동맹·자주 외교를 핵심 원칙으로 유지할 것이며, 미·중 양측의 투자, 기술, 군사 협력에 대한 기회주의적 접근을 취할 것으로 보인다. 특히 남중국해에서의 중국의 확장을 견제하면서도, 노골적인 친미 정책을 지양하고, ASEAN 내 리더십을 기반으로 '지역 내 질서 조정자' 역할을 자임할 가능성이 크다. 또한 미국과의 디지털 경제·AI·광물 자원 분야 협력은 확대될 여지가 있으며, 광물 가공 산업과 배터리 생산 체계는 미국의 공급망 재편 전략과 연결될 수 있다.

　2024년 10월 취임한 프라보워 수비안토(Prabowo Subianto) 인도네시아 대통령은, 민족주의에 기반한 '독립적·적극적 외교(bebas-aktif)'라는 인도네시아 외교 전통을 계승하면서도, 미·중 간 전략 경쟁이 심화되는 지정학적 환경 속에서 전략적 균형외교를 기반으로 한 실용적 외교 기조를 강화할 것으로 전망된다. 특히 그는 핵심광물 공급망 협력을 중심축으로 주요국들과의 관계를 조율해 나갈 것으로 보인다.

인도네시아는 자원의 전략적 가치가 부각되는 상황에서, 중국에 대한 경제적 종속 우려를 지속적으로 표출해 왔으며, 이에 따라 2023년 11월 미국과의 양자 관계를 '포괄적 전략적 동반자 관계(Comprehensive Strategic Partnership)'로 격상시켰다. 양국은 반도체·디지털 연계성 등 첨단 경제 분야는 물론, 합동 군사훈련, 해양 안보, 사이버 안보 등 국방 및 전략 분야까지 협력 범위를 확대하며, 전방위적 공조를 구축해 나가고 있다.

한편, 니켈과 리튬 등 핵심광물 자원 보유국인 인도네시아는 자국산 핵심광물의 국제적 신뢰도와 전략적 자율성을 확보하기 위해, 한국 등 제3국과의 공급망 협력 다변화를 적극적으로 모색할 것으로 보인다. 이러한 접근은 단지 경제적 이익 차원을 넘어, 자원 기반의 외교 지렛대 확보와 동시에 미·중 전략 경쟁 속 '균형적 실용외교'의 지속가능성을 확보하기 위한 포석으로 해석될 수 있다.

인도네시아는 미국과 중국 양측과 모두 우호적 관계를 유지하려 하며,[64] 특히 남중국해 문제나 인도·태평양 전략 관련 사안에서는 의도적으로 애매한 입장을 취해 왔다. 그러나 이와 같은 모호성은 신뢰 결여, 동맹 형성의 어려움, 위기 시 전략적 대응의 비효율성이라는 약점으로 이어진다.

인도네시아는 다자주의, 중립성, 실용주의에 기반한 균형외교를 추진하고 있지만 갈수록 심화되는 미·중 경쟁 구도, 남중국해 안보 불안정, 아세안 내부의 분열 등은 인도네시아의 외교적 중립성이 흔들릴 가능성이 크다. 향후 인도네시아가 지역 리더십을 발휘하고 외교적 자율성을 확보하려면, 전력 현대화, 경제구조 다변화, 가치 기반 외교 확립이라는 구조적 과제를 병행해야 하며, 기계적 균형외교는 더 이상 방관적 중립이 아닌 선택적 능동외교로 전환되어야 할 시점에 도달하고 있다.

전통적으로 미국과의 안보동맹과 중국과의 경제협력이라는 이중 구조 위에 균형외교를 지향해 온 필리핀은, 트럼프 2기의 시작과 함께 점차 균형외교에서 멀어지고 있다. 미국은 필리핀에 대해 더욱 뚜렷한 진영 선택을 요구할 가능성이 크고, 중국 역시 필리핀의 친미 접근을 민감하게 받아들이고 있어 경제적 보복이나 외교적 압박을 증가하고 있다.

친미·반중 성향을 명확히 하는 마르코스(Ferdinand Marcos Jr.) 정부는 트럼프 2기 행정부가 동맹국을 대상으로 강화할 것으로 예상되는 책임 분담 요구에 대응하여, 국방비 확대와 미국산 무기 구매를 본격화할 가능성이 크다. 실제로 마르코스 정권은 중국과의 남중국해 분쟁을 보다 직설적으로 제기하고 있으며, 이는 베이징과의 전략적 거리를 암시하는 동시에, 국내외 정치적 지지 기반을 공고히 하기 위한 실리적 외교 전술로 볼 수 있다.

마르코스 정부는 중국에 대한 전략적 의구심을 표명하면서 미국과의 방위협정을 재정비하고, 주둔 미군의 활동 범위 확대를 허용하였다. 트럼프 1기 당시, 두테르테 전 대통령은 미국에 대한 회의론을 표명했으나, 전략적 의존 관계는 유지되었다. 그러나 트럼프 2기 필리핀은 중국과의 관계에서는 거리를 두고, 친미 노선을 강화하고 있다. 필리핀은 남중국해 군사적 긴장 고조에 대비하여 미군의 기지 접근과 항공 전진 배치를 재확대할 수 있으며, 이를 통해 안보 보장과 미국의 투자 유치를 동시에 노릴 수 있다. 또한 미국, 일본, 필리핀 협력체 강화를 통해 역내 안보 구도를 재편하고자 할 가능성이 있다.

필리핀 외교는 전통적으로 미·중 간 균형을 추구하는 전략적 비동맹 외교를 기조로 삼아왔다. 이는 어느 한 강대국에 대한 명시적 동맹을 유보하면서, 경제와 안보 분야 모두에서 최대한의 실리를 확보하려는 헤징 전략의 일환이라

할 수 있다. 그러나 트럼프 2기 행정부의 등장 가능성은 이러한 중립적 외교 기조에 구조적 전환을 촉발할 수 있는 변수로 작용하고 있다.

트럼프는 1기 집권 당시 필리핀에 대한 동맹 책임을 제한적으로 언급하며, 방위공약의 조건화를 시도한 바 있다. 이로 인해 필리핀 내부에서는 미국에 대한 신뢰 약화와 대중 접근에서의 실리 추구 사이에서 전략적 혼선을 겪어왔다. 그러나 최근 남중국해에서의 군사적 충돌 위험, 미국과 필리핀 연합훈련의 재개, 방위협정(EDCA) 확대 등 일련의 흐름은 필리핀이 친미를 바탕으로 중국과는 경제적 협력을 선택하는 외교로 옮겨가고 있다. 즉, 필리핀은 트럼프 2기를 계기로 유보된 중립에서 벗어나, 이슈별로 상이한 외교적 정렬을 취하는 복합외교 전략의 분기점에 도달하고 있다. 이 전략은 불확실성이 높은 국제환경에서 외교적 유연성을 유지하면서도, 실질적 국익 확보를 극대화하려는 현실주의적 선택으로 해석할 수 있다.[65] 이러한 전환이 성공하기 위해서는 단순한 진영 선택을 넘어, 자국 중심의 전략적 자율성, 안보와 경제의 분리 대응, 대내적 사회합의와 외교적 연속성 확보 등 복합적 요인이 병행되어야 한다.

이에 따라 필리핀 정부는 현재 추진 중인 군 현대화 계획의 일환으로 미국산 무기 및 감시·정찰 장비 구매를 확대하며, 방위 분야에서 실질적 양자 협력을 강화할 것으로 전망된다. 이는 안보 협력을 유지·심화하기 위한 전략적 대응인 동시에, 미국의 조건부 개입주의 속에서 동맹 신뢰도 유지의 실용적 수단으로 해석될 수 있다.

전통적으로 비동맹 중립 노선을 유지하면서, 중국과의 경제협력과 미국과의 안보 협력을 병행하는 전략을 취해온 말레이시아는 실용적 중립외교 추진에 애로를 보이고 있다. 경제적으로 미국과 중국 양국 모두에 높은 수준의 상호의존성을 갖고 있는 말레이시아는, 미국은 주요 수출 대상국이며, 특히 반도체·전자 부문에서 전략적 파트너이지만, 중국은 최대 교역국이자 일대일로 프로젝트를 통한 인프라 투자국이다. 그러나 트럼프 정부는 중국과의 기술 및 공급망 디커플링을 가속화하고 있으며, 이는 말레이시아의 대외경제 전략에도 중대한 영향을 미치고 있다. 미국 중심의 반도체 공급망 재편, 무역 장벽 강화, 외국인투자 심사제도의 강화 등은 말레이시아가 특정 선택을 압박받는 구조를 만들어내고 있다.

안보 및 전략 분야에서도 트럼프 정부의 입장은 말레이시아 외교의 불확실성을 증대시킨다. 말레이시아는 남중국해 분쟁에서 비교적 온건한 입장을 유지해왔으나, 중국의 점증하는 해양 팽창은 말레이시아의 해양 안보에 현실적 위협으로 작용하고 있다. 미국이 남중국해에서 '항행의 자유 작전'을 강화하면서 동남아 국가들과의 방위협력 확대를 모색하는 가운데, 말레이시아는 미·중 사이의 전략적 선택 압박을 회피하면서도 자국의 영유권을 방어해야 하는 이중 과제를 떠안게 된다. 트럼프의 대중 압박 전략이 강화될수록, 말레이시아의 외교적 기동성은 축소될 가능성이 크다.

말레이시아는 미·중 전략 경쟁의 틈새에서 경제적 반사이익을 받아온 대표 국가로, 2022년 5월 미국과 반도체 공급망 탄력성 강화를 위한 양해각서(MOU)를 체결하였다. 이후 바이든 행정부의 대중 반도체 수출 규제 정책에 힘입어 글로벌 반도체 기업들의 투자가 급증하였고, 말레이시아는 세계 6위의 반도체 수출국으로 부상하는 성과를 달성하였다. 그러나 트럼프 2기 행정부에서는 공세적 통상 압박 및 투자 유치 조건 강화 가능성이 제기되고 있으며, 이에 대한 선제적 대응 차원에서 대미 투자 확대와 양자 무역 관계 안정화가 주요 과제로 부상하고 있다.

정치적으로는 2022년 11월 집권한 안와르 이브라힘(Anwar Ibrahim) 총리가 글로벌 사우스와의 연대를 중시하며 브릭스 플러스(BRICS+)에 공식 가입하고, 이스라엘-하마스 분쟁에 대해서도 동남아 이슬람 국가 중 가장 강경한 반미 입장을 취해온 바 있다. 그러나 2025년 아세안 의장국으로서 아세안 중심성(centrality)의 회복과 역외 강대국 간 균형 유지라는 외교적 책무를 수행해야 하는 상황에서, 안와르 총리는 미국의 아세안 관여 확대를 위한 외교적 가교 역할을 강화할 것으로 예상된다. 이는 아세안의 전략적 자율성과 다자주의적 협상력을 제고하는 한편, 미·중 갈등의 구조적 긴장을 완화하려는 중견국 외교의 전형적 접근으로 해석될 수 있다.

말레이시아 외교의 구조적 약점은 정권 교체에 따른 외교정책의 일관성 부족에서도 기인한다. 마하티르-무히딘-이사마일-안와르로 이어진 정치권의 연쇄적 권력 교체는 대외정책의 장기적 전략 수립을 어렵게 만들었으며, 이는 외국인 투자자와 파트너 국가들에 정책적 신뢰 부족으로 비칠 수 있다. 특히 트럼프의 비예측성과 결합할 경우, 말레이시아는 안정적 외교 파트너로서의 입지를 유지하기 위해 추가적인 전략 조율이 요구된다.

1954년 체결된 미·태 상호방위조약(Mutual Defense Treaty, MDT)을 기반으로 오랜 기간 미국의 핵심 안보 파트너이었던 태국은 2014년 군부 쿠데타 이후 미국의 대외지원법(Foreign Assistance Act)에 따라 군사 원조가 중단하였고, 이로 인해 양국 관계는 일정 기간 경색되었다. 반면, 중국은 이 시기를 활용해 대규모 인프라 투자와 고위급 군사 교류를 통해 태국에 대한 전략적 영향력을 확장해 왔다. 양국은 2025년 수교 50주년을 계기로 '미래 공동체 관계'라는 외교적 상징성을 내세우며 협력 수준을 더욱 고도화할 것으로 예상된다.

트럼프 2기 행정부의 재집권은 태국의 이러한 균형외교 전략에 대한 전략적 재조정 압력을 강화할 것으로 보인다. 특히 트럼프 행정부의 고율 관세 부과, 무역 불균형 시정 요구, 자국 제조업 우선주의 등의 정책 기조가 반복될 경우, 태국은 대미 수출 확대 및 기술 접근을 위한 규제 기준 상향이라는 구조적 과제에 직면하게 될 것이다. 이는 단순한 수출의존형 산업구조를 넘어, 제조업 고도화 및 투자환경 정비와 같은 전략적 산업구조 전환을 요구한다.

경제적 측면에서 태국은 중국 주도의 공급망에 깊숙이 편입되어 있으며, 일대일로와 연계된 고속철도 및 항만 인프라 프로젝트에도 적극적으로 참여하고 있다. 반면, 미국은 여전히 태국의 주요 수출시장 중 하나로서, 반도체, 농산물, 전자기기 등 다양한 분야에서 교역이 활발히 이루어지고 있다. 이에 따라 태국은 미·중 양국과의 경제적 연계성을 균형 있게 유지하면서도, 자국 산업 발전 전략과 글로벌 공급망 변화에 능동적으로 대응하려는 입장을 취할 것으로 예상된다. 이를 위해 태국은 미국과의 FTA 체결 추진, OECD이나 CPTPP 가입 논의, RCEP 활성화 등 다자 무역체제 내 입지 확대를 적극적으로 모색하고 있다.

안보 측면에서도 태국은 오랫동안 전략적 모호성을 유지해 왔으나, 남중국해를 둘러싼 미·중 간 군사적 긴장 고조 속에서 이러한 전략의 실효성이 점차 약화되고 있다.[66] 미국은 합동 군사훈련(Cobra Gold) 확대, 태국 내 군사기지 접근권 강화, 정보 공유 및 해양 안보 협력 등을 통해 동남아 안보망을 재구축하고 있으며, 반면 중국은 탱크, 잠수함 공급 등 방산 협력 확대를 통해 제도화된 전략 협력 관계를 구축하려 하고 있다. 태국은 이 두 강대국의 안보 장악력 확대 속에서 독자적인 전략적 자율성을 확보하기 점점 어려운 환경에 놓이고 있다.

내정 요인 또한 태국 외교정책의 구조적 제약으로 작용한다. 군부의 정치 개입, 왕실의 헌법상 역할, 민주주의 제도의 불안정성은 서방, 특히 미국과의 관계에서 반복적인 외교적 마찰을 유발해 왔다. 트럼프 1기 정부는 민주주의와 인권 문제에 대해 비교적 소극적인 입장을 보였으며, 유사한 기조가 2기에도 유지된다면 단기적으로는 태국의 실용적 외교전략에 유리하게 작용할 수 있다. 그러나 이는 장기적으로 미국 및 서방과의 제도적 신뢰 구축에 부정적 영향을 미칠 수 있으며, 정권 교체 시 미국의 대외 정책 변화에 취약하게 만드는 요인이 될 수 있다.

이러한 상황 속에서 태국은 아세안 내 중위권 국가로서의 전략적 위치를 활용, 다자 외교 및 경제 블록 확대 전략을 통해 외교적 완충지대(buffer zone)를 마련하려 할 것이다. 특히 EEC(동부경제회랑) 프로젝트와 같은 지역 산업 개발, CPTPP와 RCEP 참여 논의, 디지털 경제 및 보건 분야에서 한국·일본·인도 등 중견국과의 기술 협력 확대를 통해, 특정 진영에 종속되지 않으면서도 실익을 극대화하고 외교 리스크를 분산하려는 전략을 지속할 것으로 보인다.

싱가포르는 미국의 인도·태평양 전략 내에서 가장 긴밀한 안보 협력 파트너 중 하나로, 트럼프 2기 행정부의 출범 시에도 양국 간 협력 기조는 지속적으로 강화될 것으로 전망된다. 해양 안보, 국경 통제, 핵확산 방지, 사이버 안보, 테러 대응 등 다양한 영역에 걸친 협력구조는 이미 고도화 단계에 있으며, 특히 미국의 해·공군이 인도양 및 말라카해협을 중심으로 활동하는 데 있어 싱가포르는 중간 기착지이자 핵심 전진기지로 기능해 왔다. 이러한 지정학적 특성과 전략적 신뢰를 기반으로, 싱가포르는 '자국 국방 중기계획(MTP: Mid-Term Plan)'에 따라 미국산 첨단 군사자산 도입을 확대하면서, 전통적 안보 협력 외에도 AI, 반도체, 디지털 안보 등 미래전장 대응 분야까지 양국 간 협력을 확장하려는 기조를 보인다.

전통적으로 싱가포르는 미국을 온건한 패권국으로 인식하며, 중국과의 경제협력을 병행하되 안보 측면에서는 미국과의 제도적 연계를 심화시켜 왔다. 이는 미국이 역내 주둔군 철수나 통상 재협상 등 동맹 재조정 정책을 추진하더라도, 싱가포르가 비(非)조약동맹국임에도 불구하고 지속적인 전략 신뢰를 구축해 온 주요 사례로 평가된다. 따라서 트럼프 2기 행정부가 재집권하더라도, 싱가포르는 기민한 외교 전략과 경제적 기여를 통해 미국의 선택적 개입주의(selective engagement) 속에서도 우선적 협력 대상국으로서의 위상을 유지할 가능성이 크다.

경제적으로도 싱가포르는 미국 내 3대 아시아 투자국 중 하나이며, 2022년 기준 383억 달러 규모의 대미 무역흑자를 기록하였다. 그런데도, 트럼프 행정부의 대외정책이 실익 중심의 거래주의적 접근을 지속할 가능성이 큰 만큼, 싱가포르는 양질의 대미 투자 확대와 고용 창출이라는 실증적 기여를 전략 자산으로 적극적으로 활용할 것으로 예상된다. 실제로 로렌스 윙(Lawrence Wong) 총리는 트럼프 당선 축하 메시지에서 싱가포르가 미국 내 27만 개의 양질의 일자리를 지원하고 있으며, 동남아시아 진출 미국 기업 6,000여 개의 주요 관문(gateway) 역할을 수행하고 있음을 강조한 바 있다. 이러한 발언은 싱가포르가 트럼프 2기 체제에서 안보와 경제 양축에서의 기여도를 외교 지렛대로 적극적으로 활용할 의지를 내비친 것으로 해석된다.

그러나 싱가포르는 트럼프 2기 체제하에서 자유주의적 무역 질서의 해체 가능성에 깊은 불안을 느끼고 있지만, 소국이라는 구조적 제약을 넘어 변화하는 국제환경 속에서 수동적 관찰자로 머무르기를 거부하고, 오히려 능동적으로 자신의 전략적 운명을 형성해나가고 있다. 싱가포르는 개방적이고 안정적이며 규범 기반의 글로벌 시스템을 더욱 심화·확대시키는 한편, 다자간 협력의 틀을 유지하고, 향후 몇 년 내 출현할 수 있는 보다 안정적인 국제 질서의 기반을 마련하는 데 기여하겠다는 것이다.

이를 위해 싱가포르의 로렌스 웡 총리는 세 가지 전략적 방향을 제시하였다. 첫째, 글로벌 공공재(global commons)의 발전과 보존에 적극적으로 참여하고, 둘째, 지역적 결속과 제도적 통합을 촉진하며, 셋째, 다양한 글로벌 파트너십 네트워크를 강화함으로써 복합적 외교 지형 속에서 전략적 자율성을 확대하고자 한다.[67] 이러한 전략은 싱가포르 같은 소국조차도 단순히 국제 질서의 수용자가 아니라, 규범과 제도의 형성과정에 주체적으로 개입할 수 있다는 가능성을 보여 준다.

싱가포르는 AI, 반도체, 디지털 인프라, 에너지 전환 등 전략산업 분야에 대한 대미 투자를 지속적으로 확대하고, 이러한 투자 연계를 양자 협력 메커니즘으로 제도화함으로써 통상압박을 완충하는 경제외교 전략을 구사할 것으로 보인다. 또한, 다자간 무역 체제의 약화와 미국의 동맹 선별화 기조 속에서도 정치적 중립성과 경제적 개방성, 안보 신뢰성이라는 3요소를 기반으로, 미·중 전략 경쟁에서 자율적 전략 공간을 유지하며 실익을 극대화하는 중견국형 외교 모델을 지속해 나갈 것으로 전망된다.

2021년 2월 쿠데타 이후 집권을 유지하고 있는 미얀마 군부 정권은 중국과 러시아의 외교적 지지와 경제·군사적 후원을 바탕으로 2025년 총선 실시를 공식화하고 있다. 이는 미국을 포함한 국제사회가 제기해온 민주주의 회복, 포용성 제고, 진정한 화해 선행이라는 요구를 충족시키지 못한 채, 형식적 절차를 통한 정권 정당성 확보 시도로 비판받고 있다. 바이든 행정부는 군부 주도 총선이 대표성과 포용성을 결여하고 있으며, 갈등을 더욱 심화시킬 우려가 있다는 명확한 입장을 취해왔으나, 미얀마 군부는 트럼프 2기 행정부의 등장 가능성을 염두에 두고 총선 시기를 전략적으로 조정할 수 있는 여지를 남겨두고 있다.

이와 같은 군부 주도의 정치 일정 추진 속에서, 미얀마 민주주의 진영은 새로운 외교적 공간 확보를 위해 미국 내 공화당의 전략 자원 안보 프레임을 활용하려는 움직임을 보인다. 특히 트럼프 2기 행정부는 바이든 행정부에 비해 경제안보 중심의 실용주의 외교 기조, 중국 견제 강화, 핵심광물 공급망 안정화 등을 더욱 선호할 것으로 예상됨에 따라, 미얀마 민주 세력은 '희토류 자원 외교'를 통한 압박 전략을 적극적으로 구사할 것으로 보인다.

실제로 미얀마는 전 세계 희토류 공급망의 일환으로서 지정학적 가치를 지닌 국가이며, 중국 기업이 미얀마산 희토류의 채굴·가공·수출 과정을 사실상 독점하고 있는 구조는 미국 입장에서 핵심 전략 자산에 대한 중국 의존 심화라는 심각한 공급망 리스크로 인식될 수 있다. 이에 따라 미얀마 민주 진영은 트럼프 2기 행정부가 희토류 자원의 탈중국화를 위해 미얀마 사태에 보다 적극적으로 개입할 수 있도록 외교적 촉구를 강화할 것으로 전망된다.

이러한 전략은 2019년 마르코 루비오(Marco Rubio) 상원의원이 발의한 희토류 탈중국 법안, 그리고 2022년 바이든 행정부에 요구된 미얀마 제재 이행 및 민주주의 세력 지원 요구 등 과거 전례와도 연결된다. 트럼프 2기 행정부에서 국무장관이 된 루비오는 과거 희토류 공급망에서의 중국 견제, 캄보디아와 미얀마 내 인권 침해 관료에 대한 제재 촉구, 외화 유입 차단 및 인도적 지원 확대 등을 적극적으로 주창해 온 바 있다. 이에 대해 미얀마 민주주의 세력은 트럼프 행정부 특유의 선택적 개입주의(selective engagement), 공급망 안보 기반 대외 전략, 중국 견제 중심의 지정학적 접근을 활용하여, 군부 정권의 희토류 경제 기반을 미국의 전략적 이해와 연결시키고, 이를 통해 미얀마 내 민주 회복을 위한 미국의 실질적 개입을 유도하는 전략적 전환점을 시도할 가능성이 크다.

트럼프 재집권은 동남아 국가들에게 단순히 '미국과 중국 중 하나를 선택하라'라는 이분법적 전략이 아니라 국익 중심의 유연하고 다층적인 외교전략을 요구하고 있다. 베트남은 친중에서 친미로 스탠스를 살짝 옮기고 있으며, 필리핀은 안보 측면의 미국 협력을 심화하는 반면, 인도네시아·말레이시아·태국 등은 여전히 다자적 외교 균형 속에서 실리적 전략을 고수하고 있다. 각기 다른 지정학적 조건과 국내 정치 상황을 바탕으로 이들은 트럼프 시대의 불확실성 속에서 자율성과 생존 공간을 확보하려는 복합적 전략을 구사하고 있으며, ASEAN 전체로서의 통합 대응보다는 국가별 전략 대응이 강화될 것으로 예상된다.

5. 인도 : 지정학적 위기의 심화

인도는 인구 세계1위, 경제 규모 5위, 군사력 규모 4위인 전통적 지역 강대국이며, 향후 독일과 일본을 제치고 세계 3대 경제대국 도약할 가능성이 높다. 이를 위해 인도는 미국, 유럽연합(EU), 일본, 호주 등 서방국가들과의 국방·기술 협력 관계를 심화하는 한편, 러시아와의 전통적인 군사 협력 관계를 유지하고, 중국과는 실용적 경제 교류를 지속하는 다층적 접근 방식을 채택하고 있다. 이러한 다변화는 특정 국가나 공급망에 대한 과도한 의존을 줄이는 동시에, 인도의 군사 조달, 기술 혁신, 외교적 자율성 확보를 위한 다원적 경로를 형성하며, 결과적으로 주요 경쟁국에 대한 보다 유연하고 탄력적인 억제 태세를 구축하는 데 기여한다. 이와 같은 전략은 인도를 점점 더 다극화되어가는 국제 질서 속에서 중요한 '스윙 스테이트(swing state)'로 자리매김하게 하며, 경직된 동맹 체계가 아닌 전략적 유연성에 기반한 외교 주체로서의 위상을 강화하고 있다.[68]

그러나 트럼프의 재집권은 인도에게 전략적 환경의 변화를 초래하고 있다. 트럼프는 1기 재임 기간 중 미국의 전통적인 다자주의 기반 외교를 약화시키는 동시에 동맹국 및 파트너 국가들과의 관계를 비용·이익 중심의 양자 거래 틀로 재편하려는 외교 노선을 강하게 밀어붙였다. 이와 같은 일방주의적 성향은 인도의 전통적인 외교 구조에 긴장을 초래했지만, 동시에 중국 견제에 있어 인도와의 전략적 협력을 강화하는 계기를 제공하였다. 특히 인도를 인도·태평양 전략의 핵심축으로 포섭하려는 전임 바이든 정부는 인도의 지정학적 가치를 높게 평가했고, 인도는 이 기회를 잘 살릴 수 있었다.

인도는 전통적으로 비동맹외교와 전략적 자율성에 기반한 실리 중심의 외교전략을 유지해왔으며, 트럼프 재집권 이후에도 이러한 원칙은 유지될 것으로 보인다. 트럼프는 대통령 재임 시절 인도와의 '2+2 외교·국방장관 회담'을 정례화하였고, 정보 공유와 정찰 협력을 가능케 하는 통신협정(BECA)을 체결하며 양국 간 군사적 상호운용성을 실질적으로 확대하였다. 특히 말라바르 해상훈련을 통해 인도 해군의 역량을 미국 및 일본, 호주와 함께 통합 운영하는 방식으로 고도화한 점은, 쿼드 협력의 실질적 기반을 강화한 대표 사례로 평가된다.

그러나 인도는 미국과의 협력을 확대하면서도, 러시아제 S-400 지대공 미사일 도입을 강행하고, 상하이협력기구(SCO)나 브릭스(BRICS)와 같은 중국·러시아 중심의 다자협의체에도 적극적으로 참여하는 이중 전략을 지속해왔다. 이는 인도가 특정 진영에 일방적으로 편입되는 것을 경계하고, 자국의 국익에 따라 외교 축을 다변화하려는 의지를 반영한다. 특히 트럼프의 고립주의적 경향과 예측 불가능한 통상 압박이 다시 현실화될 경우, 인도는 미국과의 관계에서도 신중한 균형 조정이 불가피하다. 트럼프는 과거 인도에 대해 철강·의약품·농산물 등의 수출에 관세를 부과하고, 일반특혜관세제도(GSP)를 철회하는 등 압박적 조치를 취한 바 있으며, 이러한 방식의 보호무역주의가 재현될 경우, 인도는 경제적 대응 수단을 함께 모색해야 한다.

한편 인도에게 있어 트럼프 재집권은 중국 견제를 위한 전략적 공조를 확대할 기회로 작용할 수 있다. 인도는 2020년 갈완 계곡 국경 충돌 이후 중국과의 신뢰가 사실상 붕괴되었고, 중국의 일대일로와 남아시아 내 영향력 확대를 구조적 위협으로 간주하고 있다. 따라서 미국이 트럼프 체제하에서 다시금 반중 연대를 강화할 경우, 인도는 쿼드 협력의 강화를 수용하면서도 최소한 군사동맹화는 경계하는 전략적 모호성을 유지하려 할 것이다. 인도는 스스로를 미국의 동맹국이라기보다, 자율적 전략 파트너로 정의하고 있으며, 이는 외교 노선뿐 아니라 군사 조달, 공급망 재편, 반도체 및 희토류 협력 등 기술안보 분야에서도 미국 중심 질서에 대한 조건부 참여 형태로 나타날 가능성이 크다.

이와 동시에 인도는 다자주의의 가치와 개발도상국 중심의 외교 공간도 지속적으로 확장하려 할 것이다. 미국의 다자주의 후퇴가 본격화될 경우, 인도는 글로벌 사우스의 대표국가로서 국제 개발 의제, 기후변화 대응, 백신 외교 등에서 대안적 외교 리더십을 추구할 것이다. 특히 트럼프가 기후변화 협정을 부정하거나 다자개발은행에 대한 불신을 재확인할 경우, 인도는 이를 글로벌 사우스 국가와의 연대 강화 기회로 활용할 수 있다. 모디 정부는 이러한 국제적 입지를 기반으로 냉전기의 비동맹운동과 달리 실질적 경제·기술·안보 협력을 병행하는 다층적 자율외교 전략으로 진화하고 있다.[69]

여기에 인도에 자신감을 불러주는 것은 경제성장이다. 인도의 2025년 국내총생산(GDP) 성장률은 6.3%로 예상되며, 이는 2024년의 7.1%에서 소폭 하락한 수치이지만 여전히 세계에서 가장 빠르게 성장하는 주요 경제국 중 하나이다. 이러한 성장은 견고한 민간소비와 정부의 공공 투자에 의해 뒷받침되고 있는데, 특히 제약, 전자, 반도체, 에너지, 구리 등 일부 산업은 미국의 관세 부과 대상에서 제외되어 수출에 긍정적인 영향을 미치고 있다.

미·중 무역전쟁의 장기화는 글로벌 공급망 재편을 촉진시키고 있으며, 이 과정에서 가장 주목할 만한 전략적 수혜국은 인도이다. 인도는 평균 인건비가 중국 대비 약 30% 낮은 구조적 이점을 바탕으로, '차이나 플러스 원(China+1)' 전략의 핵심 대체지로 평가받고 있다. 미 상무부 통계에 따르면, 2018년 이후 미국의 대중국 제조업 투자 비중은 감소세를 보이고 있지만, 인도에 대한 FDI는 연평균 약 15%의 증가율을 기록하고 있다. 특히 2022년에는 미국계 반도체·전자·의료기기 기업들의 신규 공장 투자와 생산거점 이전이 집중되면서, 인도는 제조업 분야에서 글로벌 투자 유치 5위권에 진입하였다. 이러한 흐름은 단순한 자본 이동이 아니라, 공급망 전략·지정학·노동비용의 3요소가 결합된 구조적 재편의 신호로 해석할 수 있다.[70]

인도와 중국 간 관계는 경제적 상호의존성과 지정학적 경쟁이라는 이중 구도에 놓여 있다. 양국은 지속적인 국경 분쟁과 전략적 긴장이 존재함에도 불구하고, 중국은 여전히 인도의 두 번째로 큰 교역 상대국이다. 특히 인도의 제조업 기반 강화 및 경제성장 전략은 중국산 원자재 및 중간재 수입에 일정 수준 이상 의존하고 있으며, 이는 양국 간의 공급망 연결성을 공고히 한다. 그러나 이와 같은 경제적 연계는 상당한 수준의 무역 불균형이라는 구조적 비대칭성을 동반하며, 인도는 이를 완화하기 위한 공급망 다변화 및 산업 재편 노력을 병행하고 있다.

2024년 양국의 총 교역 규모는 1,277억 달러에 달한다. 특히 전자제품, 전기 배터리, 태양광 패널 등 핵심 산업 분야에서 중국산 부품과 기술에 대한 의존도가 높아, 인도의 제조업 성장에 구조적 제약 요인으로 작용하고 있다. 이러한 상황에서 인도 정부는 '자립 인도(Atmanirbhar Bharat)' 정책을 통해 중국 의존도를 줄이려는 노력을 기울이고 있다. 그러나 실질적인 제조 역량 강화와 공급망 다변화에는 상당한 시간이 필요하며, 중국과의 경제적 연계를 완전히 대체하기는 어려운 실정이다.

이 구상은 인도가 외부 의존을 줄이고 전략적 자율성을 강화하려는 국가 발전 전략으로, 전통적인 보호무역주의나 폐쇄경제 모델과는 구별된다. 이 전략은 제조업, 방산, 반도체, 에너지, 백신, 디지털 기술 등 핵심 산업의 국산화를 중심으로 추진되며, 외국인직접투자(FDI) 유치와 글로벌 공급망 통합을 병행한다는 점에서 '내재화된 글로벌화'라는 복합적 성격을 지닌다. 이는 인도의 글로벌 가치사슬 편입을 전제로 하면서도, 팬데믹과 미·중 갈등, 우크라이나 전쟁 이후 드러난 공급망 리스크를 반영한 전략적 자립을 추구하는 대외정책으로 나타났다.

예컨대, 2020년 이후 인도 정부는 국산 무기 생산 확대 정책, PLI(생산연계인센티브) 제도를 통해 전자·제약·배터리·태양광 분야의 제조기반을 육성하고 있으며, 반도체·5G·AI 분야에서도 국산 기술 생태계 구축을 시도하고 있다. 동시에 인도는 이러한 자립전략을 글로벌 파트너십과 연계해, 쿼드(QUAD) 기술협력, EU-인도 디지털 파트너십, 중동 연계 공급망 구상(I2U2) 등을 통해 외교적 지렛대로도 활용하고 있다.

인도는 미국과의 관계에서는 2030년까지 양국 간 무역을 5,000억 달러로 확대하는 'Mission 500' 목표를 설정하고, 에너지, 방위, 전략 기술 분야에서 협력을 강화하고 있다. 동시에 러시아와는 전통적인 전략적 파트너십을 유지하며, 국방 협력과 경제협력을 지속하고 있으며, 중국과의 관계에서는 국경 분쟁과 무역 적자에도 불구하고, 항공편 재개와 순례 프로그램 재개 등을 통해 관계 정상화를 모색하고 있다. 또한, 인도는 아세안 국가들과의 관계를 강화하기 위해 'Act East' 정책을 추진하며, 인프라 개발과 전략적 파트너십을 확대하고 있다.

인도의 가장 큰 지정학적 리스크는 파키스탄과의 지속적인 분쟁 가능성에 있으며, 이는 인도 외교정책의 구조적 제약 요인으로 작용하고 있다. 특히 2025년 5월 발생한 인도-파키스탄 간 무력 충돌은 단기적 위기 대응을 넘어 외교 전략 전반에 장기적인 변화를 초래하는 중대한 분기점이 되고 있다. 반복되는 국지적 충돌과 전면전 가능성은 인도의 대외 전략을 지역 안보 중심주의로 회귀시키며, 자국 안보 대응 역량을 우선시하는 방향으로 외교 자원을 재배치하게 만든다. 이는 전략적 자율성, 다자주의 외교 확장, 글로벌 중견국 또는 강대국으로의 위상 제고라는 인도의 장기 전략에 복합적인 제약을 가하는 결과를 낳는다.

인도는 냉전기 이래 비동맹주의와 전략적 자율성을 외교적 정체성으로 유지해왔으나, 파키스탄과의 분쟁이 격화될 때마다 이러한 원칙은 후퇴하고, 실질적 안보 이익 중심의 전술적 외교가 우세해지는 경향을 보인다. 이에 따라 유엔, 기후변화 대응, 기술 거버넌스, 남남협력 등 글로벌 아젠다에 대한 인도의 외교적 집중도는 상대적으로 약화되며, 인도를 국제사회의 책임 있는 리더로 포지셔닝하려는 외교 기조는 후순위로 밀린다. 이와 같은 경향은 인도의 글로벌 영향력 확대 전략이 지정학적 안보 우선주의로 인해 반복적으로 차단되는 구조적 한계를 드러낸다.

또한 인도는 파키스탄과의 충돌 국면에서 미국, 프랑스, 러시아 등 주요 강대국과의 전략적 협력을 적극적으로 활용해왔다. 이는 테러 대응의 정당성을 국제사회에 부각시키고, 군사 기술 확보 및 외교적 고립 회피를 위한 실용적 선택으로 기능한다. 그러나 이러한 협력은 장기적인 안보동맹에 기반한 전략적 제휴라기보다는, 일시적 위기 대응을 위한 전술적 연계에 가깝다. 결과적으로 이는 인도의 외교정책이 일관성과 자율성을 유지하기보다, 외부 요인에 따라 유동적으로 조정되는 모습을 강화시키며, 대외정책의 독립성과 전략적 장기성이 훼손될 우려를 낳는다.

파키스탄과의 분쟁이 심화될수록 인도의 외교정책은 구조적 장기 전략보다는 단기적 안보 위기 대응에 몰입하게 되며, 이는 글로벌 중견국으로서의 위상 정립을 방해하고 있다. 아세안 및 남아시아 국가들은 인도를 지역 안정과 균형의 제공자로 간주하길 기대하지만, 인도가 자국 중심 안보 위협에 반복적으로 매몰될 경우, 이러한 기대는 전략적 신뢰의 약화로 귀결된다. 인도와 파키스탄 모두 핵보유국이라는 점에서, 무력 충돌은 항상 전면전으로의 확전 가능성을 수반하며 주변 국가들도 긴장할 수밖에 없다. 실제로 인도의 역내 다자외교 구상인 RCEP에 불참하고, BIMSTEC 활성화 지연 등은 인도 외교의 신뢰성과 지속가능성에 부정적인 영향을 미치고 있으며, 이는 인도가 지역 및 글로벌 외교 무대에서 리더십을 공고히 하는 데 있어 장기적인 제약 요인으로 작용하고 있다.

　파키스탄과의 충돌은 종종 이슬람권과의 관계 악화로 이어지며, 특히 터키·말레이시아·이란 등이 파키스탄을 두둔할 경우 인도의 외교 공간이 축소된다. 이에 따라 인도는 걸프 국가들과의 전략적 에너지·투자 외교를 강화함으로써 균형을 도모하고 있으며, OIC(이슬람협력기구) 내 인도의 관찰자 지위를 확대하려는 시도를 병행해왔다.

　파키스탄과의 충돌은 중국의 역할에도 변화를 유도한다. 파키스탄의 전략적 후원국인 중국은 CPEC(중국-파키스탄 경제회랑) 문제나 카슈미르 분쟁에 대한 입장 표명으로 인도와의 갈등 가능성을 높인다. 이에 따라 인도는 미·일·호주와의 쿼드 협력을 강화하고, 중국 견제의 명분을 확보하는 외교전략으로 나아가지 않을 수 없다.

　트럼프 재집권 이후 인도는 지정학적 중립을 고수하면서 자율적 전략 공간을 최대한 확장하려는 복합적이고 능동적인 외교 행보를 구사할 것으로 보인다. 미국과의 협력은 강화하되, 중국·러시아와의 통상 및 안보 대화를 유지하고, 글로벌 사우스 내 대표성을 확대함으로써 인도는 자국의 지정학적 이익과 외교적 위상을 동시에 추구하려는 균형된 자율성 전략을 지속할 것이다.[71]

　한국은 21세기 들어 인도와의 관계를 전략적 수준으로 격상시키기 위해 다양한 외교적 시도를 전개해왔다. 특히 2015년 박근혜 정부 시기의 '한·인도 특별 전략적 동반자 관계' 선언과 2017년 이후 문재인 정부의 신남방정책은 인도를 아세안과 함께 핵심 협력 파트너로 지정하며, 양국 간 외교의 제도화 및 범정부적 협력 추진을 공식화한 계기로 평가된다. 신남방정책은 인도를 '남방 3각축(경제·인적교류·평화협력)'의 핵심 대상으로 포함시키며 경제협력 중심의 접근을 시도했으며, 이후 윤석열 정부는 이를 '자유·평화·번영의 인도·태평양 전략'으로 확장하면서, 인도를 글로벌 중추국가 전략의 주요 파트너로 규정했다.

이러한 전략 기조 속에서 한국은 인도와의 교역 확대, 첨단산업 진출, 인프라 개발 참여, 방산 수출 등을 목표로 했으며, 한·인도 CEPA(포괄적경제동반자협정) 및 한·인도 전략대화 등의 제도적 틀도 정비되었다. 2023년 기준, 인도는 한국의 제7위 교역 파트너이며, 삼성전자, 현대차 등 주요 대기업들이 현지 제조기지를 운영 중이다. 또한, 사이버 보안, 스타트업, 바이오, 재생에너지 등 신흥 산업 분야에서도 협력이 확대되는 양상을 보인다.

그러나 이러한 외교 전략은 여전히 경제 중심적 접근에 편중되어 있다는 구조적 한계를 안고 있다. 한국의 대인도 전략은 주로 민간 주도의 투자와 진출, 특히 대기업 중심의 경제협력에 집중되어 있으며, 이를 전략 외교로 확장하려는 시도는 미흡한 실정이다. 안보, 첨단기술, 해양안보, 기후변화 등 복합적 이슈에 대한 협력은 실질적인 제도화보다는 선언적 합의에 그치는 경우가 많아, 인도를 전략적 동반자로 대우한다는 외교적 수사와 실제 정책 실행 간에는 뚜렷한 괴리가 존재한다.

인도를 단순히 경제적 기회의 장으로만 인식하는 이러한 접근은 과거 신남방정책에서도 분명하게 드러났다. 인도는 지정학적 위상, 문명적 정체성, 전략적 자율성 면에서 동남아시아 국가들과 구별되는 독자적 지역임에도 불구하고, 단지 높은 성장 가능성이라는 경제 지표에 근거해 신남방정책의 대상으로 분류되었다. 그 결과, 한국의 대인도 외교는 동남아 정책의 하위 범주로 기능하며, 인도를 위한 독립적 전략 구상은 부재한 채 경제주의적 시각에 갇혀왔다.

한국은 인도·태평양 전략이라는 광역 지정학적 구도 속에서 인도와의 전략적 공동 이해관계(예: 중국 견제, 해양안보, 공급망 연계)를 효과적으로 활용하지 못하고 있다. 한·미·일 안보 협력, 쿼드(QUAD), 인도·태평양 경제프레임워크(IPEF) 등 다자안보 및 경제 구조 내에서도 한·인도 간 협력 메커니즘은 제도화되지 않았거나 실질적 작동력을 결여하고 있으며, 이는 한국이 인도를 독립적 전략행위자라기보다는 주변적 협력 파트너로 간주해온 외교 관성의 결과로 해석된다.

글로벌 공급망이 '차이나+1 전략'을 중심으로 재편되는 상황에서 인도는 한국 기업에게 제조·조립·수출의 대체 거점으로서 높은 전략적 가치를 지닌다. 인건비 경쟁력, 현지 정부의 친투자 정책, 배터리·전기차·반도체 후공정 등 미래 산업 기반은 한국의 공급망 리스크를 완화하고, 중국 의존 구조에서 벗어날 수 있는 실질적 대안을 제공한다. 특히 인도의 자립 인도 정책과 생산연계 인센티브(PLI) 제도는 공급망 다변화 전략에 부합하며, 중장기 산업협력 모델로서 잠재력을 지닌다.

무엇보다 인도는 민주주의, 법치주의, 시장경제라는 제도적 기반을 한국과 공유하고 있다. 이러한 제도 유사성은 제도주의적 외교이론 관점에서 신뢰 기반의 지속 가능한 협력 가능성을 높이며, 중장기 전략적 연계의 제도화를 가능케 한다. 반면, 중국은 가치 공유가 불가능한 경쟁국으로서, 제도적 비대칭성과 협력의 불확실성이 상존하는 파트너이다. 따라서 한·인도 간 전략 연계는 단순한 경제협력 차원을 넘어, 민주적 가치를 공유하는 지정학적 공조의 틀로 재구성될 필요가 있다.

특히 주목할 점은 인도와 중국 간의 지속적인 지정학적 긴장 관계와 이를 한국이 전략적으로 보완할 가능성이다. 인도는 중국과 국경을 접하고 있으며, 반복적인 국지적 충돌과 상호 경계의 심화를 겪어온 아시아 내 실질적 균형자이다. 이와 같은 구조적 긴장은 인도를 중국 견제의 전략적 허브로 부상시키는 한편, 한국이 자율적 전략 외교를 확대할 수 있는 공간을 제공한다.

가장 유망한 한·인도 협력 분야는 국방·안보 협력의 제도화이다. 트럼프 행정부의 동맹 비용 압박이 커질 경우, 한국은 안보 레버리지를 다변화하기 위해 지역 간 연대를 적극적으로 모색해야 한다. 인도는 인도·태평양 전략의 핵심 행위자로서, 해양안보, 사이버 방어, 무기 체계의 공동 개발 등 실질 협력에 있어 높은 잠재력을 보유하고 있다. 양국 간 안보 협력은 단순한 방산 협력을 넘어, 남중국해와 인도양에서의 중국 해양 진출을 견제하는 전략적 연합으로 확대될 수 있으며, 이는 아세안과의 3각 안보 연계로 발전할 여지도 있다.

2025년 5월, 인도·파키스탄 간의 무력 충돌은 드론, 사이버전, 장거리 정밀 타격 등 비대칭 전력의 확산과 고강도 재래식 무력 충돌이 병행되는 양상으로 전개되었다. 이와 같은 복합 전장의 등장 속에서, 인도는 자국 방위산업의 내재적 역량을 강화하고, 외부 파트너와의 기술협력 체계를 제도화하는 것을 전략적 우선순위로 설정할 가능성이 크다. 이러한 맥락에서 한국과의 방산 협력은 실용성과 전략성을 모두 갖춘 협력모델로 부상할 수 있다.

한국은 K9 자주포, 현궁 유도무기, 무인기, 통신체계, 탄약 등에서 가격경쟁력과 기술융합설, 그리고 신속한 납품 역량을 고루 갖춘 방산 파트너로 인식되고 있다. 특히 인도에 이미 수출된 K9 Vajra 자주포는 현지 조립·생산이라는 실질적 협력 경험을 통해, 양국 간 방산 협력의 신뢰 기반을 마련한 바 있다. 이는 후속 무기 체계 수출 및 유지보수, 공동 개발 등의 분야로 협력 지평을 확대할 수 있는 유의미한 레버리지로 작용한다.

파키스탄과의 국지전이 반복되는 안보 환경 속에서, 인도는 다양한 지형과 전장 조건에 대응할 수 있는 무기 체계를 필요로 한다. 한국은 산악, 도심, 해양·도서 지역 등 복합 작전환경에 특화된 중경량 전력과 기동성을 갖춘 체계를 보유하고 있으며, 이는 인도의 작전 환경과 높은 상호보완성을 지닌다. 나아가 한국이 보유한 중소형 무인기, 전자전 대응 장비, 사이버 방호 기술 등은 인도의 비전통적 위협 대응과 미래 전력 현대화 수요에도 부합하는 경쟁력을 제공한다.

양국 간 방산 협력은 단순한 수출을 넘어, 공동연구개발, 현지생산, 제3국 수출 공동기획 등 다자적 방산 산업 생태계 조성으로의 확장이 가능하다. 인도는 자립 인도 정책하에 외국 기업과의 기술 내재화를 추구하고 있으며, 한국은 과도한 기술 이전 없이도 상호 생산 및 기술협력이 가능한 파트너국으로 인식되고 있다. 이는 한국이 인도의 전략적 자율성과 방산 현대화 요구를 동시에 충족시킬 수 있는 신뢰 가능한 협력국으로 자리매김할 수 있는 전략적 기회를 의미한다.

그동안 한국의 대인도 외교는 지속성과 정치적 일관성 부족했다. 한국은 정권 교체 시마다 대인도 정책의 이름과 전략적 우선순위가 변화하면서, 인도 측에서 한국의 외교 전략을 단기적 파트너십으로 인식하는 경향이 있다. 이는 일본, 미국, 러시아 등과 인도가 장기적으로 구축한 다층적 협력구조와 대비되며, 한국이 중장기적 신뢰 관계를 구축하는 데 어려움을 겪는 요인으로 작용하고 있다.

그러나 트럼프 2기 행정부의 출범과 함께 국제 질서의 불확실성이 심화되고, 글로벌 공급망의 지정학적 재편이 가속화되면서, 한국의 대인도 전략은 복합안보 대응체계의 핵심축으로 부상하고 있다. 한국은 인도와의 전략적 연대를 통해 경제안보의 다변화를 추구하고, 기술 패권 경쟁 구도 속에서 자율성과 전략적 유연성을 확보할 수 있다. 동시에 인도는, 중국의 팽창을 억제하고 아시아 내 전략적 균형을 유지하는 데 있어, 한국과의 외교적 공조를 심화시킬 수 있는 핵심 파트너로 부상하고 있다.

따라서 한국의 대인도 외교는 단순한 경제적 접근을 넘어, 장기적 외교·안보 아키텍처의 핵심 구성요소로 제도화될 필요가 있다. 이는 한국이 중견국을 넘어 규범과 질서를 설계하는 신강대국으로 도약하기 위한 제도적 기반이자, 아시아 내 자율적 전략 공간을 확장하는 출발점이 될 수 있다.

6. 글로벌 사우스 : 미국 없는 세계와 새로운 협력의 모색

트럼프 대통령의 재집권은 남아시아, 아프리카, 라틴아메리카 등 글로벌 사우스 국가들에게 외교 전략의 근본적 재조정을 요구하는 지정학적 신호로 받아들여지고 있다.[72] 트럼프는 1기 재임 기간 글로벌 사우스에 대해 명시적 관심을 거의 보이지 않았으며, 과거 미국 외교의 주요 기조였던 '개발협력', '민주주의 증진', '다자주의적 원조'를 대체로 무시하거나 경시하는 접근을 취했다. 특히 다자개발은행에 대한 불신, WHO·WTO에 대한 공격적 탈퇴 움직임, 그리고 미주기구(OAS) 및 아프리카연합(AU)과의 교류 축소는 글로벌 사우스 지역의 지도층으로 하여금 미국 외교에 대한 구조적 회의를 심화시켰다. 트럼프 재집권은 이러한 경향을 가속화시킬 것이며, 이는 오히려 글로벌 사우스 국가들에게 외교적 자율성과 외부 파트너 다변화라는 전략적 공간을 제공하는 양면적 효과를 낳을 가능성이 있다.

아프리카 국가들은 전통적으로 미국의 안보 원조와 보건·교육 분야 개발협력을 중요한 외교적 지렛대로 활용해 왔다. 그러나 트럼프 행정부에서는 그 지원의 일관성과 예측 가능성이 급격히 떨어졌고, 아프리카는 스스로를 전략적 주변(periphery)으로 규정하려는 미국의 시선에 노출되어 왔다. 이로 인해 다수의 아프리카 국가는 미국 중심 질서의 경직성에서 벗어나 중국, 러시아, 튀르키예, 걸프국가들과의 대체 외교 및 경제 파트너십을 적극적으로 확대해왔다. 특히 중국의 일대일로는 인프라 건설과 채무 기반 지원을 통해 아프리카 대륙 내 지리적·정치적 영향력을 심화시키고 있으며, 러시아는 최근 말리, 부르키나파소, 중앙아프리카공화국 등에서 안보 공백을 메우는 무장 민간 기업인 바그너 그룹 등을 통해 탈서방 노선 국가들과의 관계를 빠르게 공고히 하고 있다.

트럼프의 재집권은 아프리카의 이러한 전략적 다극화 흐름을 더욱 가속화할 수 있다. 특히 미국의 인권과 민주주의 조건부 원조 기조가 약화되거나 철폐될 경우, 권위주의적 성향이 강한 아프리카 지도자들에게는 외교적 운신의 폭이 커질 수 있으며, 반면 시민사회 및 민주주의 진영은 미국에 대한 기대감의 급격한 하락이 발생할 수 있다. 이들은 유럽연합, 일본, 한국 등 민주주의 진영 내 비미국 행위자들과의 양자 및 다자협력을 통해 민주주의 보전과 지속가능한 개발 재원 확보라는 이중 목표를 추구할 것이다.

트럼프 2기 행정부의 재등장은 남아시아 지역의 정치·경제·안보 환경에 복합적인 충격을 주었으며, 특히 파키스탄, 방글라데시, 스리랑카, 네팔, 몰디브, 부탄 등은 각기 다른 방식으로 전략적 재조정과 외교적 재포지셔닝을 시도하고 있다. 미국의 전통적 대외정책이 트럼프 행정부에서 미국 우선주의와 거래 외교로 전환되면서, 이들 국가는 더 이상 미국의 안보 후견이나 개발 원조에 의존할 수 없는 현실을 직면하게 되었고, 이에 따라 자국 중심의 외교전략, 다변화된 외교노선, 그리고 내적 자립성을 강화하려는 경향이 뚜렷하게 나타나고 있다.

 파키스탄의 경우, 트럼프 1기 시절의 대테러 지원 삭감과 안보 신뢰 저하 경험을 반복하지 않기 위해, 전략적 다변화를 더욱 가속화하고 있다. 중국과의 일대일로 이니셔티브의 핵심인 CPEC(중국-파키스탄 경제회랑)을 중심으로 경제적 후견을 확대하고 있으며, 러시아와의 군사협력 확대, 이슬람권 국가들과의 외교적 연대 심화, 그리고 미국과의 전술적 소통 유지라는 삼각 외교전략을 구사하고 있다. 특히 미·중 갈등이 심화되는 가운데 파키스탄은 중국과의 연대를 기반으로 가장 유력한 적인 인도를 상대로 한 자국 안보를 구조화하려는 경향이 강해졌으며, 미국과는 테러 대응, 아프가니스탄 안정화 등 특정 이슈 중심의 제한적 협력 수준에 머무르고 있다.

 방글라데시는 트럼프 행정부의 통상정책 변화와 미국 시장 접근성의 불확실성에 대응하기 위해 경제외교의 다변화를 모색하고 있다. 의류 산업에 대한 대미 수출 의존도가 높은 방글라데시는 보호무역주의 확산에 대응하여 EU, 중국, 일본과의 무역 협정 강화를 추진하고 있으며, 외교적으로도 '인도·중국·미국' 삼각 구도에서의 전략적 중립성을 유지하려 하고 있다. 또한 기후변화, 노동권, 이주 노동 등 글로벌 사우스 국가들과의 연대 의제를 적극 활용하여 국제무대에서의 도덕적 입지를 강화하는 외교 전략을 병행하고 있다.

 스리랑카는 전략적 지정학적 위치를 배경으로 미·중 간 해양 세력 경쟁의 핵심 접점으로 부상하고 있다. 트럼프 행정부는 인도·태평양 전략의 일환으로 스리랑카와의 해양 안보 협력을 강화하는 한편, 중국은 함반토타 항만 프로젝트 등 인프라 투자로 영향력을 확장하고 있다. 이에 스리랑카는 어느 일방에 편입되기보다는 균형외교를 유지하며 전략적 자율성을 확보하려 하고 있다. 그러나 국내 정치 불안정과 채무위기, 외채 의존 구조 등으로 인해 외교정책의 일관성과 지속가능성이 약화될 위험도 존재한다.

네팔과 부탄은 상대적으로 소국이지만, 미·중 갈등의 영향에서 벗어나 있지 않다. 네팔은 전통적으로 인도와의 관계를 중심축으로 해왔으나, 최근에는 중국과의 인프라 협력, 미국의 MCC(밀레니엄 챌린지 컴팩트) 참여 등을 통해 전략적 공간 확대를 시도하고 있다. 트럼프 2기 하에서 미국의 개발협력 원칙이 실익 중심으로 재편되면서, 네팔은 자국 내 정치적 반발과 외교적 딜레마 사이에서 균형을 조정해야 하는 과제에 직면해 있다. 부탄은 외교적 고립주의와 환경·관광 중심의 지속가능한 성장 전략을 고수하면서도, 외부 질서 변화에 대해 제한적이지만 점진적인 대응을 모색 중이다.

몰디브는 안보와 기후위기라는 이중의 위협 속에서 전략적 외교 지렛대를 강화하고 있다. 트럼프 행정부의 기후변화 대응 축소는 몰디브와 같은 저지대 도서국에 실존적 위협으로 작용하였고, 이에 따라 몰디브는 미국과의 관계보다 중국과 인도와의 균형외교, 그리고 UN 및 G77 내 기후외교 강화를 중심으로 대응 전략을 정비하고 있다.

트럼프 2기 행정부의 재등장은 남아시아 국가들에게 전략적 자율성 확보 필요성과 외교정책 다변화 압력을 동시에 가중시키고 있다. 이들 국가는 미국의 글로벌 리더십 후퇴와 실용주의적 전환에 대응하여 자국 중심의 실리외교, 역내 협력 강화, 제3세력과의 연대 확대라는 세 가지 방향에서 각각의 외교 전략을 재조정하고 있으며, 이는 향후 남아시아의 국제정치 역학을 보다 유동적이고 비선형적인 방향으로 재편할 가능성을 시사한다.

트럼프 2기는 라틴아메리카 및 카리브해 지역 국가들에게도 큰 충격을 주고 있다. 트럼프는 1기 시절 베네수엘라 문제를 중심으로 부분적 개입을 시도하였으나, 실질적인 지역 전략이나 경제 개발 로드맵은 제시하지 못하였다. 특히 쿠바, 니카라과, 베네수엘라 등 이른바 '좌파 삼각지대'에 대해서는 체제 전복을 암묵적으로 지지하며 고강도 제재를 유지했으며, 반대로 브라질의 자이르 보우소나루 정권과는 유사한 민족주의 노선을 공유하며 우파 국제연대로의 일체감을 추구하였다. 트럼프 재집권은 라틴아메리카 지역에서도 이념에 따른 이중외교를 다시 강화할 가능성이 크며, 이는 지역 내 정권 교체 시 미국 외교정책의 신뢰도를 떨어뜨리는 결정적 요인이 될 수 있다.

경제적 측면에서도 트럼프의 고립주의적 통상 전략은 라틴아메리카 국가들에게 불리하게 작용할 수 있다. NAFTA 개편, 멕시코산 제품에 대한 보복관세, TPP 탈퇴 등은 이 지역을 미국 시장에서 소외시키는 결과를 낳았고, 이는 곧 중국과의 교역 강화로 이어졌다. 아르헨티나, 브라질, 칠레, 페루 등 주요 농산물 수출국은 미국의 무역장벽 강화에 대응하여 대중국 수출을 급격히 확대했으며, 기술·인프라·채굴 분야에서도 중국 국영기업의 영향력이 빠르게 심화되었다. 트럼프 재집권이 다시금 공정이라는 이름으로 일방적 무역 구조 조정을 시도할 경우, 라틴아메리카는 미국에 대한 전략적 거리 두기를 강화하고, 중국·EU·인도와의 다자통상 네트워크를 재구축할 가능성이 크다.

군사 및 안보 측면에서도, 미국은 트럼프 시대에 라틴아메리카 내 군사훈련과 마약 단속 중심의 협력에 집중했으나, 민주주의 제도 정비나 인권 교육은 상대적으로 경시되었다. 트럼프 재집권은 이러한 흐름을 더욱 제도화할 수 있으며, 이는 라틴아메리카의 일부 보수 정권에게는 통치 정당성을 외부에서 확보하는 계기가 되지만, 반미 정권 혹은 친중 성향을 지닌 정권에게는 미국과의 갈등 구조를 국내 정치용 정치 자산으로 전환할 기회를 제공한다. 이 과정에서 미주기구(OAS)와 미국 간의 관계는 더욱 소원해질 가능성이 크며, 라틴아메리카 각국은 내셔널리즘과 지역주의를 동시에 강화하면서 외교의 방향을 더욱 다극적으로 분산시킬 것이다.

트럼프 재집권은 서아시아, 아프리카와 라틴아메리카 등 글로벌 사우스 국가들에게 있어 미국 중심 질서의 이탈이라는 방향성을 더욱 명확히 할 수 있는 계기가 된다. 미국이 개입을 줄이고, 기준을 완화하며, 원조의 불확실성을 높일수록, 두 대륙은 새로운 협력 파트너를 찾고, G77, 브릭스+, 남남협력(South-South Cooperation)과 같은 플랫폼을 통해 외교 노선을 다변화하며, 전략적 자율성을 확보하려는 방향으로 움직일 것이다. 이는 단순한 반미 정서의 확산이 아니라 미국이 제공하던 질서, 원조, 규범, 시장에 대한 구조적 대체가 이어지는 신흥국 중심의 외교 전환으로 이어질 것이며, 트럼프의 재집권은 그 전환의 가속 장치로 작동할 것이다.

경제적으로는 트럼프의 관세정책과 미국 중심의 공급망 재편 전략이 다수 개발도상국의 수출 기반을 위축시키는 결과를 낳고 있다. 특히 라틴아메리카, 아프리카, 서아시아의 제조업 기반 국가들은 미국 시장 접근성의 불확실성 증가, 원자재 가격 변동성 심화, 대체 무역 경로의 불안정성에 직면하면서 대외 경제 전략의 구조적 전환을 요구받게 되었다. 이에 따라 다수의 글로벌 사우스 국가들은 역내 무역 협정을 강화하거나 중국, 인도, 러시아와 같은 비서구권 경제 강국들과의 양자 및 다자 협력을 확대하는 방식으로 탈서구화된 경제 질서로의 이행을 모색하고 있다. 아세안의 RCEP 가입, 아프리카대륙자유무역지대(AfCFTA) 출범, 라틴아메리카의 셀락(CELAC) 강화는 이 같은 흐름의 일부로 이해될 수 있다.

정치·외교적 차원에서도 글로벌 사우스는 트럼프 행정부의 일관되지 않은 외교정책과 동맹국 경시 태도에 대응해, 전략적 다변화와 대외 독립성 확보를 최우선 외교 목표로 재설정하고 있다. 과거처럼 미국을 외교·안보의 유일한 후원국으로 간주하기보다는, 복수의 파트너와 유동적 연대를 형성하는 전략적 비동맹 기조가 강화되고 있다. 브라질, 인도네시아, 사우디아라비아, 남아프리카공화국 등은 미·중 경쟁의 틈새에서 자국의 전략적 공간을 확대하기 위해 자율적 이니셔티브를 강화하고 있으며, 이는 글로벌 사우스 내부에서 주권 중심 외교와 실용주의적 연대가 외교정책의 주류로 부상하고 있음을 시사한다.

이러한 흐름 속에서 글로벌 사우스는 단순히 수동적 피해자가 아니라, 새로운 국제 질서 구성의 능동적 행위자로 등장하고 있다. 특히 트럼프 행정부의 퇴조적 세계관은 글로벌 사우스에게 정치적 공간을 열어주는 효과를 동반하였으며, 이는 기존 중심-주변 질서의 경계를 재조정하는 역사적 전환기의 신호로 해석될 수 있다. 다만 이와 같은 외교적 자율성과 전략적 확장은 미국 외의 강대국 의존 심화, 지역 내부 불균형, 제도적 미성숙이라는 내재적 리스크를 동반하고 있으며, 글로벌 사우스의 지속 가능한 위상 강화를 위해서는 내부 거버넌스 개선, 역내 협력 제도화, 그리고 규범 창출 역량의 강화가 병행되어야 할 것이다.

한국은 21세기 들어 글로벌 사우스 국가들과의 관계를 외교 다변화 전략의 일환으로 적극적으로 확대해 왔다. 아세안, 남아시아, 아프리카, 중남미 등 비전통 외교 지역에 대한 접근은 기존의 북방 중심 외교 구조를 보완하고, 한국 외교의 전략적 자율성을 확보하려는 실용적 중견국 외교의 연장선으로 이해된다. 특히 신남방정책을 통해 아세안과 인도를 전략적 파트너로 격상시킨 데 이어, 자유·평화·번영의 인도·태평양 전략은 글로벌 사우스 국가들과의 협력을 포괄 안보, 경제안보, 규범 기반 질서 수호라는 다층적 외교 목표로 확장하고 있다.[73]

이러한 노력은 교역 확대, ODA 강화, 개발협력, 문화외교, K-방역 등 다양한 형태로 구체화되었으며, 한국이 글로벌 사우스와의 협력을 통해 국제사회에서의 존재감을 확대하려는 시도임을 보여 준다. 특히 최근에는 기후변화 대응, 보건 안보, 디지털 격차 해소, 글로벌 공급망 안정화 등 범세계적 의제에서 한국이 중재자 또는 조율자로서의 역할을 모색하는 경향이 강화되고 있다. 이는 한국이 G20, P4G, APEC, IPEF 등의 다자협력체를 플랫폼으로 삼아 글로벌 사우스와의 연계 외교를 추진하고자 하는 외교적 흐름과도 맞물린다.

그러나 한국의 대글로벌 사우스 외교는 여전히 경제협력 중심의 수단적 접근에서 벗어나지 못한 한계를 보인다. 정치·안보·기후·기술 등 구조적 현안에 대한 전략적 협력은 상대적으로 미진하며, 개별 정권의 외교 구호에 따라 협력 대상국과 정책 명분이 반복적으로 변경되면서 외교 일관성과 신뢰 구축에도 제약이 발생하고 있다. 한국은 스스로를 중견국 또는 글로벌 중추국으로 규정하였지만, 글로벌 사우스 국가들과의 관계 설정에 있어 주체적 비전보다는 수출 확대나 전략적 보완재 확보라는 실용주의적 동기가 우선시되는 경향이 강하다.

또한, 한국은 개발도상국과의 연대에 필요한 정치·역사적 감수성을 충분히 반영하지 못하고 있다. OECD 가입국으로서 선진국적 정체성과 산업화 성공 경험을 강조하면서도, 글로벌 불균형, 무역 구조의 종속성, 기후 정의, 기술이전과 같은 글로벌 사우스 국가들의 핵심 의제에는 다소 소극적이거나 중립적인 태도를 보인다. 이로 인해 한국은 글로벌 사우스의 외교 다변화 전략 속에서 실질적 전략 파트너라기보다는 보완적 협력국으로 인식될 위험을 안고 있다.

이러한 구조적 한계를 극복하기 위해서는 한국이 글로벌 사우스와의 협력을 단기적 외교 수단이 아닌 중장기 외교 전략의 핵심축으로 재정의할 필요가 있다. 이를 위해 개발협력, 디지털 전환, 기후 기술, 보건 안보, 방산 협력 등 다양한 협력 영역에서 지역 맞춤형 전략을 수립하고, 외교부, 산업부, KOICA 등 관계 부처 간 협력 메커니즘을 제도화해야 한다. 또한 외교 자원의 지역 편중을 완화하고, 아프리카·중남미·남아시아 지역에 대한 인력, 예산, 정책역량을 확충하는 구조적 전환이 요구된다. 한국이 중견국 외교를 넘어 보다 능동적이고 규범 지향적인 국제 파트너로 자리매김하기 위해서는 글로벌 사우스와의 외교를 보다 구조화하고 정치적·가치적 차원에서 심화시키는 전략적 재구성이 필수적이다.

제 5 장
권위주의 진영의 지정학 전략

제5장. 권위주의 진영의 지정학 전략

1. 러시아 : 제국의 유산과 한계

트럼프의 재집권은 푸틴 러시아에게 구조적 기회와 전략적 도전이라는 이중적 함의를 제공한다. 트럼프가 미국의 전통적 동맹을 경시하고 나토 체제를 약화시키고 미국 우선주의에 기반한 고립주의 노선을 재개할 경우, 러시아는 이를 지정학적 기회로 인식할 가능성이 높다. 푸틴은 우크라이나 전선에서의 협상 주도권 확보와 미국 중심의 일극 질서에 대한 도전과 글로벌 다극화 구도 촉진이라는 외교·안보 전략을 추진할 것이다. 트럼프와 푸틴 간의 개인적 친밀감이나 상호 이해 구조에 대한 기대가 존재하는 것도 사실이지만, 보다 근본적으로는 미국의 전략적 후퇴가 가져올 유라시아의 권력 공백을 러시아가 얼마나 효과적으로 활용할 수 있는지가 관건이다.[74]

트럼프 1기 재임 중 나토 동맹국들에 대한 방위비 분담 압박과 동맹 해체 가능성에 대한 언급은 유럽 안보 구조에 심각한 불신을 낳았고, 이는 러시아가 유럽 내 에너지·정보·군사적 영향력을 다시 확대할 기회로 작용하였다. 트럼프 재집권은 발트 3국, 동유럽, 스칸디나비아 국가들의 군사적 취약성을 증폭시켜 러시아는 이러한 상황을 이용해 나토 내부의 균열을 조장하고, 우크라이나 사태의 책임을 서방의 분열로 전가하는 프레임을 강화할 가능성이 있다. 이미 우크라이나 전쟁이 장기화되고 있는 상황에서, 트럼프 행정부가 군사·재정적 지원을 중단하거나 축소할 경우, 러시아는 협상 테이블에서 전략적 우위를 점할 수 있다.

이러한 구상은 실질적으로도 움직이고 있다. 트럼프가 우크라이나에 대한 군사 지원을 중단하거나 젤렌스키 정권의 정통성에 문제를 제기하면서 러시아는 분열된 유럽을 대상으로 유럽 국가들을 각개 격파하려는 전략을 본격화하고 있다. 특히 프랑스와 독일이 독자적 휴전안을 시도하거나, 헝가리·슬로바키아 등의 친러 정권이 이를 지지하는 경우, 러시아는 전쟁 수행에 대한 외교적 정당성과 심리적 우위를 동시에 확보할 수 있다. 실제로 트럼프 2기 백악관이 우크라이나 전쟁을 미국의 국익과 무관한 유럽의 내전 수준으로 축소 규정할 경우, 러시아는 더 이상 고립된 전범국이 아니라 자위적 전쟁 수행국으로 인식 프레임을 전환할 기회를 얻는다.

그러나 트럼프의 재집권은 러시아에 단순한 호재만은 아니다. 무엇보다 미국 내부의 정치적 분열과 국제무대에서의 신뢰도 저하는 예측 불가능성을 높이고, 러시아의 중장기 전략 수립에 변수를 제공한다. 트럼프는 때때로 반러시아적 언행을 보이며, 에너지 수출, 군비 경쟁, 안보 위협을 대러 압박 지렛대로 활용한 바 있다. 따라서 푸틴은 트럼프가 러시아에 완전히 우호적인 대통령이라기보다, 이념보다 거래를 중시하는 불확실한 변수로 인식할 가능성이 크다.

트럼프 행정부는 중국 견제를 외교정책의 핵심 목표로 삼는 과정에서, 1970년대 리처드 닉슨 행정부가 구사한 전략적 삼각 외교 모델을 변용하여 적용하고 있다. 냉전기 닉슨 대통령은 당시 미국의 주적이었던 소련을 견제하기 위해 중화인민공화국과 수교하며 전략적 균형을 조성한 바 있다. 이에 반해 트럼프는 21세기 미·중 경쟁 구도 속에서, 중국을 주요 전략적 위협으로 간주하고 러시아와의 부분적 협력 및 긴장 완화를 통해 대중 견제의 보완 축을 구축하려는 이른바 '리버스 키신저' 전략을 시도하고 있다. 이러한 접근은 민주주의와 권위주의라는 이념적 구분보다는 세력균형 유지와 지정학적 우위를 중시하는 현실주의 외교 전통에 기초하고 있으며, 강대국 간 세력 분산을 통해 주요

위협국의 확장을 억제하려는 전략적 계산에 기반하고 있다.[75)]

그러나 1970년대 닉슨 행정부가 활용했던 미·중 접근 전략과 달리, 오늘날 중·러 관계는 상호 견제적 구도가 아닌, 반서방적 질서 재편이라는 공통된 전략 목표를 공유하는 협조적 관계로 진화하고 있다. 양국은 유엔 안보리, 브릭스(BRICS), 상하이협력기구(SCO) 등 주요 다자 협의체를 통해 제도적 공조를 강화하고 있으며, 에너지, 군사기술, 디지털 안보 등 전략 핵심 분야에서도 상호 의존도를 확대해 왔다. 특히 우크라이나 전쟁 이후 러시아는 서방 중심 질서로부터의 이탈을 명확히 하였고, 그 대안으로 중국과의 전략적 동반자 관계를 실질적 외교 축으로 선택하고 있다.

이러한 구조적 조건 속에서 트럼프 행정부가 시도하고 있는 한 '리버스 키신저(Reverse Kissinger)' 전략은 표면적 유사성에도 불구하고 전략적 효과 확보에 한계를 지닌다. 미국과 러시아 간의 일시적 접근은 중·러 간 공동이익에 기초한 체계적 연합 구조를 흔들기에는 근본적으로 취약하며, 러시아가 중국과의 전략적 연계를 단절하고 미국 중심 질서로 회귀할 유인은 제한적이다. 냉전기처럼 미국이 제3의 균형자를 전략적으로 창출하거나, 기존 동맹 체계를 재편하는 것이 가능한 시기는 이미 지났으며, 다극화된 국제 질서 하에서 세력균형의 주도권을 행사하기 위한 전략적 공간은 과거보다 훨씬 더 협소해졌다. 결국 트럼프식 전략은 지정학적 구조 변화에 대한 오판 가능성을 내포하고 있으며, 중·러 간 실질적 이완을 유도하기보다는 오히려 양국 간 반서방 연대를 강화시키는 반작용을 초래할 수 있다.

동시에 러시아는 미·중 경쟁의 장기화와 미국의 대중국 고립 전략 재가동 가능성에 대응하여, 중국과의 전략적 협력 관계를 보다 구조화할 것으로 예상된다. 특히 트럼프 행정부가 재집권하여 중국 봉쇄 정책을 재강화할 경우,

러시아는 에너지, 군사기술, 반도체 기술 등의 분야에서 중국과의 협력을 확대함으로써 대미 견제 전선을 간접적으로 강화할 수 있다. 이러한 협력은 단순한 전략적 접근이 아닌, 지정학적 이해의 공유에 기초한 반서방 연대 구조로 제도화되고 있다.

러시아는 브릭스(BRICS), 상하이협력기구(SCO), 유라시아경제연합(EAEU) 등을 활용하여 비서방 국가들과의 다자 협력체계를 공고히 하고 있으며, 이를 통해 서방 중심의 국제 질서에 대응하는 대안적 외교·경제 네트워크를 구축하고 있다. 트럼프 행정부의 다자주의 약화 및 국제기구에 대한 불신은 이러한 구조적 전환을 가속화할 수 있는 외교적 공간을 러시아에 제공하며, 러시아는 이를 적극적으로 활용해 글로벌 사우스 및 신흥국들과의 연대 강화, 나아가 중국 주도의 유라시아 중심질서 구상과의 접점을 확대할 가능성이 크다. 궁극적으로 러시아는 미국의 전략적 수축과 동맹 네트워크 균열을 기회로 삼아, 중국의 전략적 배후 파트너이자 비서방 블록의 제도적 중핵으로 자신을 재배치하려는 외교적 구도를 추구하고 있다.

에너지 전략 역시 러시아가 활용 가능한 핵심 수단이다. 유럽의 탈러시아 정책이 구조화되고 있음에도 불구하고, 트럼프의 재집권은 대서양 동맹의 에너지 협력 구조를 이완시킬 가능성이 있으며, 러시아는 헝가리, 세르비아, 튀르키예 등을 경유하는 에너지 루트를 확대하여 유럽 내 영향력 회복을 노릴 수 있다. 특히 사우디아라비아 및 이란과의 에너지 가격 공조, 브릭스 내 결제 통화 다변화 시도 등은 탈달러 체제를 위한 전략적 대비로도 해석될 수 있다.

트럼프의 재집권은 러시아에게 있어 단기적으로는 외교적 고립 탈피와 우크라이나 전선에서의 돌파구 가능성을 제공하는 전략적 창을 열어줄 수 있다. 그러나 중장기적으로는 트럼프의 변덕스러운 리더십, 미국 내 분열, 국제적 불신, 비예측성 등으로 인해 러시아는 한층 복잡하고 다층적인 전략 환경에 직면하게 될 것이다. 이에 따라 러시아는 미·중 갈등 구도를 활용한 비서방 연대 강화, 유럽의 균열 조장, 글로벌 다극 체제 구축을 통해 미국의 리더십 공백을 적극적으로 채워나가려는 복합적이고 계산된 전략 대응을 강화할 것이다.

이러한 러시아의 팽창주의의 기저에는 '제국의 숙취(Post-Imperial Hangover)'가 작용한다. 제국의 숙취는 제국의 해체 이후에도 지배자의 위치에 있던 집단 또는 국가가 과거의 권력 위치를 현재에도 정당화하거나 재현하려는 심리적·정치적 관성을 의미한다. 제국의 중심이었던 국가는 주변국에 대한 영향력 유지를 정당화하며, 필요하면 무력 사용이나 내정 간섭도 정당한 질서 회복으로 해석하며, 다민족 국가 혹은 연방 국가에서, 피지배 민족이나 주변부 집단의 자결권 요구를 분열주의로 간주하며, 강제 통합 논리를 제국의 유산으로 계속 유지하는 것이다.

에드워드 사이드(Edward W. Said)는 문화는 제국을 가능케 한 담론의 도구였다고 보고, 제국 해체 이후에도 제국적 감수성은 문화적으로 지속된다고 주장한다. 제국주의가 종식된 후에도, 서구의 문화와 지식체계는 여전히 세계를 바라보는 권력적 시선을 유지하며, 이는 '제국의 숙취'를 형성한다는 것이다.[76]

러시아 제국주의의 정체성은 피해의식과 역사적 사명 의식, 그리고 문명적 우월성이라는 삼중의 인식 구조 위에 구축되어 있다. 러시아인들은 자신들을 일관되게 역사의 피해자(victims of history)로 인식하며, 이는 서구 열강의 제국주의에 저항해온 민족이라는 자기 서사의 중심에 놓여 있다. 이와 같은 피해 서사는 구소련 붕괴 이후에도 지속되었으며, 러시아가 과거 소련 영토였던 지역에서 우위를 점하는 것은 정당한 권리이자 존재론적 의무로 간주된다. 나아가 이러한 권리의 행사 과정에서 비러시아계 인구에 대한 언어적·문화적 동화 강요, 통치체계의 이식, 군사적 압박이 이루어지는 것을 러시아는 식민지 지배가 아닌 '문명화된 선물'로 해석한다. 이 같은 심리적·문화적 구조는 러시아인의 민족 정체성 형성에 있어 중심적 위치를 점하고 있다.

현대 러시아연방은 21개의 공화국을 포함하고 있으며, 이들은 형식적으로는 자치와 주권을 보장받고 있으나 실질적으로는 독립을 향한 정치적 시도나 자결권의 요구가 지속해서 억압당해왔다. 이는 19세기 폴란드 봉기에서부터 20세기 중반의 프라하의 봄과 헝가리 혁명, 그리고 1994년 체첸전쟁, 2017년 타타르스탄의 주권 선언 무력화 사태에 이르기까지 반복적으로 관찰되는 러시아 통치의 본질적 속성이다. 러시아의 국가 통치는 법치나 국민적 합의가 아니라 강제력과 폭력의 독점에 기초하고 있으며, 이는 제국주의적 지배 방식과 본질적으로 다르지 않다.[77]

러시아는 자신이 병합하거나 지배해온 비러시아 지역들의 천연자원, 영토, 노동력, 지정학적 위치를 전략적으로 동원하여 자국의 국력을 증대시켜 왔다. 우크라이나와 카자흐스탄은 러시아의 식량안보와 전략적 배후지로 기능했으며, 우즈베키스탄은 원면 생산지로 전락했다. 발트 3국은 천연자원이 부족하지만 해양 접근성과 유럽과의 통로로서 지정학적 가치 때문에 병합되었다. 이들 지역은 모두 러시아의 강대국화의 희생물이었으며, 이러한 식민지 없이는 제국 러시아는 불가능했다.

이러한 제국주의적 행태는 자국 중심의 역사적 정당화 담론으로 지지된다. 러시아는 오랜 시간 비러시아 지역의 병합과 통치를 일종의 문명화 사명으로 인식하며, 해당 지역에 평화와 질서를 가져왔다는 서사를 반복해왔다. 이는 서구 제국주의의 문명화 사명론(civilizing mission)과 유사하되, 러시아의 경우 자국민 내부에 더욱 강력하게 정서화되고 있다는 점에서 독자적이다. 이와 같은 인식은 '제국주의의 무고함(Imperial Innocence)'[78]이라는 개념으로 개념화될 수 있으며, 여기서 러시아는 자신들의 제국주의적 지배가 식민지의 발전에 결정적으로 기여했다고 주장한다.

이러한 사상은 단순한 역사 왜곡이 아니라, 러시아 정체성의 핵심 구성요소이자 국가 이데올로기이었으며, 수 세기 동안 국가 제도와 교육 시스템을 통해 사회 전체에 깊이 각인됐다. 따라서 러시아 내부에서 식민주의적 사고 틀을 해체하거나 비판하는 것은 단순한 정치적 저항이 아니라, 정체성의 해체를 요구하는 존재론적 위협으로 간주되기 쉽다. 이로 인해 러시아 사회 내에서 제국주의의 역사적 잘못에 대한 반성과 비판은 극히 제한적이며, 오히려 자국 중심적 서사의 반복과 재생산이 강화되는 경향을 보인다. 이러한 역사 인식 구조는 오늘날 우크라이나 전쟁, 중앙아시아에 대한 영향력 유지 전략, 그리고 러시아연방 내부 자치공화국에 대한 억압 정책 등에서 명백하게 반영되고 있으며, 21세기의 현대 러시아조차 여전히 제국이라는 역사적 궤적을 벗어나지 못하고 있음을 시사한다.

러시아는 오늘날 대표적인 '제국의 숙취'를 경험하는 국가이다. 구소련의 해체 이후에도 러시아는 자국의 정체성을 유럽 대국이자 유라시아의 중심 제국으로 간주하며, 우크라이나·카자흐스탄·조지아·발트 3국 등 과거 소련권 국가들을 자연스러운 영향권으로 설정하고 있다. 이 과정에서 과거 제국적 지배를 안보 논리, 역사적 사명, 문명적 책임으로 재포장하고, 침략과 통제 행위를 정당화하는 외교·군사 전략을 구사한다.

예컨대, 러시아는 우크라이나의 독립과 유럽 통합 움직임을 자국의 역사적 정체성과 안보에 대한 위협으로 간주하며, 이를 제국의 영토 회복이라는 프레임으로 전환한다.[79] 이러한 담론은 '우리는 이들을 발전시켰다', '러시아 없이는 이들은 혼란에 빠진다'라는 식민주의적 사고방식과 정확히 일치하며, 이는 제국의 기억을 현재의 전략과 감정의 중심에 위치시키는 전형적인 숙취 현상으로 해석할 수 있다.

제국의 숙취에 깊이 빠져 있는 러시아의 미래는, 우크라이나 전쟁의 결과와 무관하게 구조적 쇠퇴와 체제 내적 긴장 심화라는 경로로 수렴될 가능성이 크다. 이는 단순한 지정학적 패배나 전술적 후퇴의 문제가 아니라, 21세기 세계질서와 충돌하는 인식·제도·서사 구조 자체가 지속 가능한 발전을 막는 근본 원인으로 작용하기 때문이다.

무엇보다 러시아는 자신을 여전히 제국의 계승국으로 상정하고, 주변국들을 자국 영향권 내에 고정시키려는 후견주의적이고 강압적 외교 전략을 지속하고 있다. 이는 국제법적 질서, 주권 존중의 원칙, 그리고 자발적 연합과 다자주의를 중시하는 현대 국제사회와 구조적으로 충돌한다. 따라서 러시아의 이러한 자기 서사는 시간이 흐를수록 외부 세계로부터의 고립이 심화되며, 경제·기술·외교적 네트워크에서 배제되는 결과를 낳게 된다.

이러한 고립은 단지 외부로부터의 제재나 단절만이 아니라, 내부의 자기 재생산 능력 상실로 이어진다. 러시아의 경제는 석유·가스에 지나치게 의존하고 있으며, 제국적 확장을 정당화해온 역사 서사는 새로운 세대의 혁신, 다양성, 국제 협력과 상충하는 방향으로 기능한다. 즉, 국가의 전략적 상상력 자체가 19~20세기의 제국 서사에 갇혀 있는 것이며, 이는 경제 구조 재편, 기술혁신, 시민사회 발전과 같은 현대적 국가 역량을 제약하는 내적 족쇄로 작용한다.

이러한 경직된 세계관은 연방 내부의 이질성과 긴장도 증폭시킨다. 러시아는 21개의 공화국, 수십 개의 민족 집단, 다양한 언어·종교·역사를 가진 복합

국가이지만, 모스크바 중심의 단일 국가 서사는 이질성을 억누르며 통합 대신 억압에 기반한 연방 유지 모델을 고수하고 있다. 이는 체첸, 타타르스탄, 야쿠티야, 바시키르, 부랴트 등지에서 점진적 저항과 심리적 분리 의식이 심화되며, 장기적으로는 러시아의 탈제국적 구조 전환 가능성을 시사한다.

또한, 제국적 자기 서사에 기반한 정치 정당성 구조는 정권 교체나 권력 이양을 제도화하기 어렵게 만든다. 푸틴 체제는 '위대한 러시아' 서사의 유일한 해석자 역할을 자임하면서, 정치 권력의 합법성이 제도나 선거가 아니라 역사적 정체성 독점에 근거한다. 이 구조가 지속될 경우, 권위주의 체제는 대외 도전 때문에 무너지기보다는 내부의 권력 승계 실패, 민족 갈등, 경제 피로, 정보 격차 확산 등의 복합 요인으로 점진적 해체 혹은 연성 붕괴에 직면할 것이다.

우크라이나 전쟁이 어떠한 형태로 종결되더라도, 러시아가 제국적 역사에 대한 비판적 성찰 없이 현재의 국가 정체성을 유지하는 한, 자국의 정치·사회적 발전 경로를 근본적으로 재설계하는 것은 구조적으로 제약될 수밖에 없다. 현대 국제사회는 점점 더 탈제국적 질서를 요구하고 있으며, 이는 과거의 위계적 지배 구조가 아닌, 주변국의 자율성 인정과 역사적 책임의 내면화, 다원주의적 세계관의 수용을 통해 실현된다.

이른바 '문명적 예외주의(civilizational exceptionalism)'는 러시아 지식인 및 정책 엘리트 사이에서 반복적으로 나타나는 담론으로, 러시아가 단순한 민족국가(nation-state)가 아니라 유라시아의 다민족 제국이자 '제3의 로마'라는 자기 인식을 반영한다. 이는 서방이 주도하는 보편주의적 질서, 예컨대 자유주의·민주주의·시장경제 모델에 대한 대안이자, 다극 세계 질서의 한 축으로서의 러시아 역할을 정당화하는 이데올로기적 기반으로 작용한다. 그러나 러시아가 여전히 과거 제국의 유산에 기초한 문명적 우월성 담론과 보편적 질서 수립자라는 자의식에 갇혀 있을 경우,[80] 국제사회가 요구하는 다원주의적 가치 수용과 상호주의적 협력 질서와의 괴리는 불가피하게 심화될 수밖에 없다. 이는 단지 외교적 고립을 넘어, 연방 내부의 민족·지역 간 균열을 구조화하고, 국제사회로부터의 제도적 배제를 당하면서 궁극적으로는 러시아 국가 체제의 해체 가능성으로 귀결될 수 있다.

21세기 국제 질서 속에서 러시아가 지속 가능한 주권 국가로 남기 위해서는, 제국의 숙취에서 벗어나 국가 정체성을 근본적으로 재정립하는 과정이 필수적이다. 이는 단순한 외교 전략의 조정이 아니라, 문명적 자의식과 세계관에 내재한 제국 중심주의로부터의 단절, 그리고 국가 담론의 구조적 전환을 요구하는 과제다.

러시아가 과거 19세기 자유주의적 개혁 전통과 20세기 초 혁명적 이상이 지닌 보편주의 가치를 회복하지 못하고, 여전히 문명적 우월성 담론과 보편 질서 수립자라는 제국적 자기 환상에 갇혀 있을 경우, 그 대가는 국제적 고립과 정당성의 붕괴, 나아가 연방 내부 민족·지역 주체들의 이탈 가속화로 이어질 수 있다. 이는 단순한 주변화가 아닌, 러시아 연방 자체의 해체 가능성으로 이어질 수 있으며, 결국 러시아는 21세기 국제체제 내에서 지속가능한 주체로 기능하지 못하는 결정적 위기를 맞이하게 될 것이다.

2. 북한 : 부활하는 지정학적 기회와 위태로운 왕조

트럼프의 재집권은 북한에게 새로운 외교적 공간의 회복이자 전략적 기회이다. 김정은은 트럼프의 첫 임기 동안 전례 없는 정상외교를 통해 미국과의 직접 대화를 성사시켰으며, 그 과정에서 핵 개발의 정당성을 일정 부분 국제사회에서 제기할 수 있었다. 2019년 트럼프·김정은 간의 하노이 회담의 결렬 이후 북미 간 협상은 교착 상태에 빠졌지만, 북한은 트럼프를 미국 지도자 가운데 대화 가능한 인물로 간주해 왔으며, 이는 바이든 행정부와의 실무협상 요구를 일관되게 거부해 온 배경과도 직결된다. 따라서 트럼프가 다시 백악관에 복귀한 것은, 북한에게 다시 과거와 같은 탑다운(top-down) 방식의 외교 기회를 주고 있다.

트럼프 1기 행정부는 비핵화에 대한 정의나 절차에서 일관성을 결여했는데, 그 빈틈은 북한에게 시간을 벌고 전략적 모호성을 유지할 수 있는 환경을 제공하였다. 트럼프 2기가 유사한 외교 방식을 재도입할 경우, 북한은 다시 한번 협상 지연 전략을 구사하면서 사실상 핵무기 체제를 기정사실로 하려는 시도를 강화할 수 있다. 특히 하노이 회담 당시처럼 '제재 해제와 시설 동결' 방식의 제한적 협상을 부분 수용하는 전술을 통해 제재 완화를 유도하고 내부 경제 악화를 지연시키는 시간 전략을 선택할 가능성이 있다. 이는 군사력 증강, 위성 발사, ICBM 시험과 같은 고강도 압박 전술과 병행될 수 있으며, 트럼프 특유의 체면과 상징적 외교 이벤트 중시 성향을 역으로 활용하려 할 것이다.

한편 트럼프의 재집권은 한·미동맹의 구조적 변동 가능성을 초래하며, 마찬가지로 이는 북한에게 전통적 억제 체계에 대한 도전 기회로 작용할 수 있다. 트럼프는 1기 재임 당시 주한미군 방위비 분담금 문제를 집요하게 문제 삼았으며, 동맹국에 대한 조건부 방어 공약을 통해 '유사시 미국이 개입할 것인가'에 대한 불확실성을 고조시켰다. 이러한 기조가 반복될 경우, 북한은 한·미 간의 전략적 이견을 이용해 주한미군 철수 또는 전략적 자율성 논의에 기름을 붓고, 전통적 연합 억지 체계를 약화시키려는 정치·심리전도 병행할 수 있다. 이는 단순한 군사적 위협이 아니라 한국 내 여론 분열과 대북 포용론의 확산을 유도하기 위한 복합적 전략으로 발전할 수 있다.

또한, 트럼프의 국제 질서에 대한 고립주의적 시각은 북한의 중·러 외교 강화 전략과도 맞물려 있다. 바이든 행정부가 대북 제재를 다자주의 틀 속에서 유지해온 것과 달리, 트럼프 체제는 유엔 중심 제재 구조에 대해 상대적으로 비우호적이며, 중국과 러시아의 대북 경제 활동에 대한 제재 이행을 소극적으로 관리해왔다. 따라서 북한은 트럼프의 재집권을 계기로 북·중·러 연대를 제도화하거나 최소한 실질적 전략 공간으로 활용하려 할 것이며, 특히 무역·에너지·외화 확보를 위한 국경 거래 회복과 비공식 유류 공급 재개 등을 기대할 수 있다.

북한의 대남 전략도 트럼프의 외교 변동에 따라 조정될 수 있다. 트럼프가 남북 관계에 대한 관여를 축소하고, 한반도 문제를 일종의 지역 분쟁으로 축소 인식할 경우, 북한은 한국 정부를 협상 당사자로 인정하지 않는 기존 기조를 더욱 공고히 할 것이다. 특히 대선, 총선 등 한국의 정치 일정을 겨냥한 무력 시위나 전략무기 시험은 미국의 대응을 최소화하면서도 한국 내 안보 불안을 증폭시키는 효과를 가져올 수 있다. 반면, 트럼프가 다시금 북·미 정상회담을 추진할 경우, 북한은 이를 남북 협력보다 우선하는 직거래 외교 프레임으로 활용하며 한국을 배제하려는 전략을 지속할 수 있다.

트럼프 재집권은 북한에게 우호적 환경으로 비칠 수 있으며, 이는 협상의 재개보다는 핵보유국 지위를 기정사실로 하기 위한 전략적 전환점으로 활용할 가능성이 크다. 트럼프의 불확실하고 일관되지 않은 외교는 북한에게 기민한 외교전과 시간벌기 전략을 병행할 수 있는 환경을 제공하며, 동시에 중·러와의 준동맹 체제를 통한 대미 견제를 강화하는 계기가 될 것이다. 북한은 이러한 조건들을 종합하여 제재 완화, 체제 보장, 경제 회복을 동시에 추구하려는 복합적 대외 전략을 구사할 것으로 전망된다.

그러나 북한 1인 독재체제의 가장 큰 문제점은 김정은 이후가 불확실하다는 것이다. 김정은 체제 이후 북한의 권력 공백은 한반도 및 동북아 전체의 전략적 판도를 뒤흔들 수 있는 지정학적 불확실성의 기점으로 작용할 수 있다. 북한 정권의 붕괴 혹은 급격한 체제 전환 상황을 가정할 경우, 한반도 북부 지역은 지정학적 공백지대로 전환되며, 이는 인접 강대국의 전략적 개입을 유도하는 공간이 된다. 특히 중국과 러시아는 북한을 단순한 완충지대가 아닌 진후 질서 재편의 거점으로 간주할 가능성이 있으며, 이로 인해 북한 정치에 직접 개입할 가능성이 크다. 이는 냉전기 동유럽에서 소련과 서방이 벌였던 영향력 경쟁과 유사한 구조이며, 군사적 주둔, 정치 엘리트의 포섭, 인도적 재건 지원 명분을 앞세운 영향력 확대 등 다양한 형태로 나타날 수 있다. 김정은 정권은 이러한 잠재적 개입 시나리오를 사전에 차단하고자 북·중 군사협정과 북·러 군사협정이라는 이중 안전장치의 비대칭 구조를 역이용하고 있다.[81]

중국과 북한은 1961년 체결된 '조중우호협력상호원조조약'을 기반으로, 외부 침략 시 자동 개입 조항을 포함한 집단안보체제를 유지해왔다. 그러나 이 협정은 북한 내부의 체제 붕괴나 수뇌부 유고 상황, 즉 내부 요인에 의한 불안정에는 적용 여부가 모호하다는 해석 여지가 존재한다. 그런데도 중국은 동북 3성(흑룡강성, 길림성, 요녕성)의 개발 확대 및 에너지 수출 경로 확보를 위해, 북한을 해양 진출을 위한 전략적 완충지대로 인식해 왔다. 특히 동해 항구 접근권은 중국의 자원 및 산업 회랑을 동쪽으로 확장하려는 전략과 밀접히 연결되어 있으며, 이미 과부하 상태에 도달한 서해안 주요 항만(톈진, 칭다오)과 비교될 때, 그 전략적 중요성이 더욱 부각되고 있다. 이에 따라 북한 정권의 급변 상황은 중국에게 전략적 공백 상태를 기회로 전환할 수 있는 군사

개입 유인을 제공한다.

김정은은 이러한 가능성을 인식하고 있으며, 이를 견제하려는 조치로 최근 북·러 간 군사협력 강화를 선택했다. 양국은 비공개 군사협정의 형식으로, 유사시 상호 군사개입 조항을 포함한 실질적 집단안보 체제를 구축하고 있는 것으로 보이며, 그 목적으로 북한은 무기체계와 인력 일부를 우크라이나 전선에 파병하는 거래를 감수하였다. 이는 북·러 상호 개입권 확보를 통해 중국 단독 개입 가능성을 억제하는 지렛대 전략이라 볼 수 있다. 즉, 북한 내부 혼란 시 러시아가 중국의 일방적 개입을 견제하거나, 중·러가 일정 수준의 세력균형 상태에서 북한 문제를 통제하려는 구도가 형성될 수 있다.

중국 입장에서 북한은 전략적 완충국가로서의 가치를 넘어서, 동북 개발 전략의 해양 연결 통로이자 내부 민족주의 정당성을 위한 역사적 연결고리로 간주한다. 김정은 사망 직후 중국이 북한 내 친중 군부 또는 관료 세력과 접촉하며 우호적 권력 교체를 시도할 가능성은 상당하며, 실패 시 군사개입까지 불사할 수 있는 실질적 대비 태세를 유지할 것이다. 특히 중국은 김정은 유고 직후 등장할 수 있는 허수아비 정권(예: 딸 김주애 중심의 상징 정권)을 정치적으로 인정하되, 실질 권력 공백 속 쿠데타 혹은 과도군사정부에 대해 적극적으로 영향력을 투사하려 할 것이다.

이 시점에서 북한 내 군부의 쿠데타 가능성은 현실적인 시나리오로 떠오른다. 권력 공백기에는 집단지도체제 또는 군사평의회 형태의 과도 권력이 등장할 수 있으며, 중국은 이들 중 친중 세력을 비공식적 후견세력으로 조직하려 시도할 것이다. 그러나 러시아는 이 과정에서 중국의 단독 세력화를 견제하기 위해, 자국과 협력 가능성이 있는 군부 또는 기술관료 그룹을 지지하거나, 군사기지를 통한 상징적 개입을 추진할 수 있다. 이로 인해 북한 내부 권력 승계는 단지 북한 체제의 지속 여부 문제가 아니라, 중·러 간 한반도 북부의 전략적 분할과 통제권 확보 경쟁이라는 국제정치 변수로 전환될 가능성이 크다.

김정은 사후 북한의 미래는 내전이나 혼란 그 자체보다도, 중국의 전략적 해양 진출과 러시아의 완충지대 유지 전략이 교차하는 다중적 개입 위험에 의해 결정될 수 있다. 이 과정은 단순한 동맹 정치가 아니라, 사후 식민적 배분(post-regime neo-suzerainty) 형태의 신제국적 경쟁 구도로 이행될 가능성이 있으며, 북한은 그 지정학적 위치 때문에 체제보다 영토가 더 중요한 대상으로 전환될 수 있다. 따라서 김정은 정권이 추진하는 북·러 밀착은 군사적 연대 그 자체라기보다는, 중국 견제를 위한 불완전한 균형전략이며, 이는 김정은 개인의 사망 이후 북한이라는 공간을 둘러싼 국제적 세력 충돌의 예고편일 수 있다.

3. 튀르키예 : 동맹 밖의 동맹

냉전시대에 튀르키예는 소련의 목을 겨누는 나토의 칼끝이었다. 튀르키예의 미사일 기지는 모스크바를 사정권으로 둔다. 튀르키예의 공군기지에 대기하고 있는 미국 전폭기는 소련의 주요 시설을 효과적으로 타격할 수 있었다. 무엇보다 흑해 출입을 관장하는 튀르키예의 지정학적 위치는 러시아 해군을 억제하는데 중요한 전략적 가치를 지닌다. 그런데 소련이 해체된 이후 튀르키예는 서서히 서방세계로부터 버림받았다. EU 가입도 번번이 거절당했고, 에르도안 집권 후 튀르키예의 독자적 세력화를 추구하면서 미국과도 갈등을 빚었다.

트럼프가 재집권하자 유럽은 보다 적극적으로 튀르키예에 다가가는 중이다. 나토가 부실해질 가능성이 커지는 상황에서 러시아를 견제하려면 튀르키예의 군사력이 절실하다. 그 목적으로 그동안 유로파이터 타이푼의 튀르키예 수출을 반대하던 독일이 2024년 트럼프 당선 직후 이를 승인했다. 유로파이터는 영국, 독일, 이탈리아, 스페인이 컨소시엄을 만들어 개발한 전투기라서 4개국 모두 승인해야 수출할 수 있다. 그동안 독일의 반대로 무산됐던 튀르키예에 대한 유로파이터 수출이, 트럼프 당선 이후 독일의 입장 변화로 승인되었다. 이에 미국도 튀르키예 시장을 유럽에 넘기지 않기 위해 F-35 판매 재개를 검토하고 있다.

이처럼 트럼프의 재집권은 튀르키예에 전략적 유연성을 강화할 수 있는 구조적 기회를 제공할 가능성이 크다. 튀르키예는 트럼프 1기 재임 기간 미국과의 관계에서 동맹국임에도 불구하고 이례적인 자율성을 부여받은 특수한 사례로 평가된다. 나토 회원국이면서도 러시아제 S-400 지대공미사일 체계를 도입하고, 시리아 북부 쿠르드 민병대(YPG)를 상대로 일방적인 군사작전을 전개했음에도 불구하고, 트럼프는 이를 공식적으로 제재하지 않았고 때로는 묵인하거나 방조하는 태도를 보였다. 이러한 경험은 튀르키예 정부, 특히 에르도안 대통령에게 트럼프와는 거래 가능하다고 생각하게 만들었고, 그의 귀환은 튀르키예의 외교적 공간을 다시 한번 확장할 수 있는 전환점으로 인식되고 있다.

튀르키예는 2020년대에 접어들며 다극 외교 전략을 공식화하고 있으며, 이른바 전략적 자율성이라는 개념을 실천해가고 있다. 이는 미국과의 전통 동맹 구조에 의존하기보다, 러시아, 중국, 이란, 중앙아시아, 심지어 아프리카 국가들과의 관계를 병렬적으로 운용함으로써 외교의 균형을 도모하는 구조이다. 2000년대 이후 특히 에르도안 집권기에 이 전략을 일관되게 강화해왔다.

트럼프가 재집권하면서 바이든 행정부에서 위축되었던 이러한 자율성은 다시금 외교적 실천 가능성을 확보하게 된다. 특히 트럼프가 NATO에 대해 조건부 지원, 방위비 분담금 증액 요구, 동맹국 방어에 대한 불확실한 발언을 반복할 경우, 튀르키예는 미국 중심의 동맹 구조에 대한 의존을 더욱 축소하고, 나토 내부에서 독자적인 목소리를 강화할 수 있다. 이는 에르도안 정권이 주장하는 '튀르크 제국의 부흥' 담론과도 전략적으로 일치한다.

에르도안은 최근 지역 패권국 전략으로 '신(新)오스만주의(Neo-Ottomanism)[82]'을 주장하고 있는데, 이는 역사적 오스만 제국의 영향권을 오늘날의 정치적 영향력으로 전환하려는 시도이다. 이를 위해 시리아, 이라크, 리비아, 남캅카스, 동지중해, 발칸 반도 등지에서 군사 및 외교적 개입을 확대하고 아제르바이잔·아르메니아 전쟁에서 아제르바이잔을 적극적으로 지원하고 있다.

한편 트럼프의 고립주의적 성향은 튀르키예의 중동 및 지중해 전략을 자유롭게 전개할 수 있는 여지를 확대시킨다. 바이든 행정부는 인권 문제, 언론의 자유, 시리아 내 군사 개입 등에서 튀르키예에 다수의 외교적 제약을 가해왔으나, 트럼프는 이러한 규범적 기준보다는 상호 거래적 이익에 초점을 맞추는 실용주의 접근을 선호한다. 이에 따라 튀르키예는 리비아, 시리아, 이라크 북부, 동지중해 천연가스 탐사 등에서 군사·외교적 영향력 확대 전략을 재추진할 수 있으며, 특히 이스라엘, 이집트, 그리스 등과의 갈등에서 미국의 균형자 역할 약화는 튀르키예에게 외교적 재량권을 더욱 넓혀줄 수 있다.

러시아와의 관계도 트럼프의 귀환을 계기로 다시 가시적인 확장세를 보일 수 있다. 튀르키예는 우크라이나 전쟁에서 형식적으로는 우크라이나를 지지하면서도, 러시아와의 경제·에너지 협력을 지속해왔고, 푸틴과 에르도안 간의 실용주의는 양국의 전략적 유대의 핵심 기반으로 작용해왔다. 트럼프가 유럽의 안보에 대한 개입을 축소하고, 러시아에 대한 강경 제재정책을 유보하거나 약화할 경우, 튀르키예는 미국의 제약을 받지 않고 러시아와의 방산, 에너지, 원자력 협력을 확대할 수 있다. 이는 튀르키예가 미국의 F-35 프로그램에서 배제되었음에도 러시아제 S-400을 유지하고, 제2단계 계약을 검토하는 배경과도 맞물린다.

에너지 전략 또한 튀르키예가 중장기적으로 유라시아 에너지 허브로서의 위상을 강화하는 데 있어 트럼프의 귀환은 긍정적 변수가 될 수 있다. 유럽연합은 대러시아 에너지 의존도를 탈피하기 위한 대체 루트를 모색하고 있으며, 튀르키예는 이 과정에서 중앙아시아, 아제르바이잔, 카타르, 이스라엘, 이라크 등의 가스를 연결하는 에너지 중계국으로서의 입지를 강화하고 있다. 미국의 국제 개입이 약화되면, 튀르키예는 미국의 견제를 받지 않고 러시아 및 아시아와의 에너지 외교를 더 자유롭게 추진할 수 있으며, 이는 국내 경제 회복과 지정학적 영향력 증대를 동시에 실현하는 전략 수단이 된다.

트럼프의 재집권은 튀르키예에게 지정학적 기회의 창을 다시 열어줄 가능성이 크다. 바이든 행정부는 인권 문제와 동맹 내 갈등 문제에 더 강경한 태도를 보여주었지만, 트럼프 복귀는 다시금 튀르키예에게 정책적 공간을 넓혀줄 가능성이 있으며, 이는 에르도안 정부의 신오스만주의적 외교 전략에 일정 부분 호응하는 결과를 초래할 수 있다.

미국 중심 질서의 약화, 나토의 정치적 분열, 중동 개입의 후퇴, 규범적 외교의 축소는 튀르키예가 추구해온 다극화 전략과 전략적 자율성을 더욱 정당화해준다. 그러나 동시에 이는 튀르키예가 내부 정치적 불안정성, 경제 불균형, 인권 문제 등 구조적 한계를 외부 지정학으로 덮는 데 몰입하게 할 위험도 내포하고 있다.

튀르키예 외교는 21세기 들어 전략적 자율성을 중심축으로 독자적 영향력 확대를 추구해왔지만, 동시에 내적 구조적 한계와 외부 환경의 제약이라는 이중의 장벽에 직면하고 있다. 이 외교전략은 단기적으로는 실리와 주권 강화를 이루어냈으나, 중장기적으로는 외교적 신뢰 자산 부족, 지역 질서와의 마찰, 내부 자원의 한계로 인해 불안정성과 고립 가능성이라는 구조적 취약성을 내포하고 있다.

우선 튀르키예 외교의 가장 두드러진 한계는 비일관성과 예측 불가능성이다. 튀르키예는 NATO 회원국으로서 서방과의 안보협력을 유지하면서도, 러시아산 S-400 도입, 시리아 및 리비아 내 군사개입, 카타르 및 하마스 지원과 같은 비서방 행보를 병행해왔다. 이 같은 외교전략은 국제사회에서 균형자 이미지를 제공했지만, 동시에 모호성과 신뢰 결여를 초래하여 EU 가입 교섭의 동결, 미국과의 방산 갈등, 중동 국가들과의 반복적 단절-복원 외교로 나타났다.

또한 튀르키예의 외교적 전략과 내적 자원의 불균형도 핵심적 제약 요소이다. 군사력 및 외교적 수사와 비교해 경제·기술·재정적 자립 기반은 상대적으로 취약하며, 리라화 급락, 고금리·고물가, 청년 실업 등의 국내 경제 위기는 외교정책의 지속가능성을 제약하는 변수로 작용하고 있다. 특히 경제 위기는 외교적 레버리지 확보에 있어 외부 원조나 협력에 대한 의존도를 증가시켜, 표면적 자율성 속 내적 취약성이라는 이중 구조를 형성하고 있다.

지역적으로도 튀르키예의 외교전략은 지정학적 마찰과 갈등 위험을 상존시킨다. 동지중해에서 그리스·키프로스와의 해양 경계 분쟁, 시리아 내 쿠르드 세력에 대한 반복적 군사 개입, 남캅카스 지역에서의 아제르바이잔·아르메니아 간 무력 균형 개입 등은 지역 질서를 불안정하게 만들며, 튀르키예를 영향력 확대의 주체이자 불안정의 요인으로 동시에 각인시킨다. 이로 인해 튀르키예는 국제기구에서의 영향력 강화나 규범 창출의 중심국가로 기능하는 데 제약을 받는다.

그런데도 튀르키예 외교는 향후 일정 수준의 전략적 유연성과 지역 영향력을 유지할 가능성이 있다. 튀르키예는 유럽과 아시아, 중동과 러시아 사이의 전략적 관문으로서, 에너지, 난민, 안보, 물류 측면에서 국제사회가 무시할 수 없는 지리적 위치를 차지하고 있기 때문이다. 또한, 튀르키예는 이슬람 국가, 튀르크계 국가, 서방 진영 모두와 일정 수준의 외교 네트워크를 유지하고 있으며, 이는 지정학적 회색지대에서 전략적 조정자 혹은 중재자 역할을 수행할 수 있는 외교적 기동성을 갖고 있다. 여기에 국산 무기체계(드론 등)의 발전과 해외 기지 확보, 정보력 강화 등은 튀르키예를 지역 안보 질서의 실질적 플레이어로 만들어주는 요인이다.

향후 튀르키예 외교의 지속가능성과 위상은 내부 제도 안정성, 경제 회복력, 외교정책의 예측 가능성 확보 여부에 달려 있다. 자율성과 균형외교는 단기 전술로는 유효하지만, 중장기적으로는 신뢰 기반 구축과 제도화된 외교 없이는 국제사회에서의 고립되거나 중립국 함몰로 귀결될 수 있다. 튀르키예가 진정한 전략적 자율 국가로 기능하기 위해서는, 자국 중심 외교를 다자주의적 구조와 결합시키고, 비서구 블록과 서구 질서 간 가교 외교 모델로 전환하여야 한다. 그렇지 않을 경우, 외교적 자율성은 전략적 고립성으로 전이될 수 있으며, 튀르키예 외교의 미래는 불확실성과 단기 성과 중심의 회전문 외교에 갇힐 위험이 크다.

4. 중앙아시아 : 진화하는 다변화 외교

트럼프의 재집권은 중앙아시아 국가들에게 지정학적 구조의 재편이라는 의미에서 기회와 도전을 동시에 제공하는 요인이 되고 있다. 중앙아시아는 역사적으로 러시아의 영향력을 받는 근린 지역(near abroad)[83]이자 중국의 에너지 공급과 물류 요충지로 기능해 왔으며, 미국은 상대적으로 주변적 행위자였다. 그러나 최근 미국은 중앙아시아에 대한 전략적 관심을 점진적으로 회복하려는 움직임을 보여왔고, 이는 중앙아시아 5개국과 미국이 참여하는 다자외교 협력 플랫폼인 'C5+1 협의체'를 중심으로 안보·환경·에너지 협력을 확대하려는 시도로 구체화되었다. 그러나 트럼프의 재집권은 이러한 다자외교 기반을 다시 약화시킬 가능성이 높으며, 중앙아시아는 다시금 중·러 세력의 전략적 완충지대이자 교차점으로 회귀할 조짐을 보이고 있다.

고립주의와 인권과 민주주의보다는 실용적 이해와 거래 중심 외교를 선호하는 트럼프의 외교정책은 대부분 권위주의 정부인 중앙아시아 국가들과 친화성이 높다. 트럼프의 탈이념적 접근은 내정 간섭에 대한 우려 없이 경제·자원 기반의 실용 외교를 추진할 수 있는 창구로 활용될 수 있기 때문이다. 그러나 동시에 미국의 전략적 개입이 약화될 경우, 중앙아시아 국가들은 지정학적으로 보다 우세한 러시아와 중국의 영향력에 더욱 구조적으로 종속될 수밖에 없는 제약 조건도 감수해야 한다.

러시아는 중앙아시아에서 군사 주둔, 경제 통합, 러시아어 체계, 이주 노동자 수용 구조 등을 통해 여전히 지배적 영향력을 행사하는 주요 패권 세력으로 자리하고 있으며, 우크라이나 전쟁 이후 서방의 제재에 대응해 중앙아시아에 대한 통제를 강화하고 있다. 트럼프가 유럽 안보 및 우크라이나 문제에 소극적인 입장을 견지할 경우, 푸틴은 중앙아시아에 대한 경제적·군사적 재통합을 노골적으로 강화할 수 있으며, 이는 구소련 해체 이후 어렵게 확보한 중앙아시아 국가들의 외교적 자율성을 제약할 수 있다. 특히 카자흐스탄은 러시아 주도의 집단안보조약기구(CSTO)와 유라시아경제연합(EAEU)에 참여하고 있으나, 우크라이나 침공 이후 러시아에 대한 신뢰가 흔들리고 있으며, 미국이 전략적 견제를 포기할 경우 러시아의 군사적 압력에 더욱 취약해질 수 있다.

한편 중국은 중앙아시아를 일대일로의 핵심 육상 루트로 간주하고 있으며, 트럼프의 대중국 압박이 다시 강화될 경우 중국은 중앙아시아에 대한 경제적 지배력을 더욱 전방위적으로 확대할 가능성이 크다. 이미 카자흐스탄, 키르기스스탄, 타지키스탄 등은 중국과의 대규모 채무 관계에 얽매여 있으며, 인프라 건설, 에너지 개발, 디지털 네트워크 구축 등 다양한 방식으로 중국 주도형 무역 시스템에 통합되고 있다. 트럼프가 다자주의를 무력화하고 미국의 지역 개입을 사실상 철회할 경우, 중앙아시아 국가들은 미국이 제공하던 정치적 균형 메커니즘을 상실하게 되며, 이는 중국의 기술·금융·정치적 영향력에 대한 구조적 예속을 심화시킬 수 있다.

그러나 이러한 지정학적 압력 구조 속에서도 중앙아시아 국가들은 트럼프의 실용주의 외교를 활용하여 미국과의 선택적 협력을 추구할 가능성이 크다. 예를 들어, 카자흐스탄과 우즈베키스탄은 자국의 천연자원 개발, 녹색에너지 전환, 공급망 다변화라는 명분을 통해 미국 기업의 투자를 유도할 수 있으며, C5+1 체제의 재활성화를 요구하는 방식으로 미국 내 일부 전략가들의 지역 개입 재논의를 자극할 수 있다.

중국과 무역전쟁을 벌이고 있는 트럼프는 희토류 공급망을 확보하기 위한 대안 지역으로 중앙아시아를 주목하고 있다. 실제 미국과 중국의 관세 전쟁에서 미국은 중국이 최첨단 산업에 필수로 쓰이는 금속 광물과 희토류에 대한 지배력이 아주 크다는 점을 실감하고 있다. 중국은 관세 전쟁이 심화하는 와중에 7개의 희토류에 대한 수출 제한을 추가로 걸었고, 이는 관세 전쟁이 휴전에 접어든 이후에도 풀리지 않고 있다. 희토류를 이용한 고성능 영구 자석은 전기차의 모터 자석, 드론의 고출력 모터, 풍력 발전의 터빈, 스마트폰을 비롯한 각종 전자 제품과 군사 무기 등에 필수적으로 쓰이고 있는데, 중국은 이에 대한 전 세계 생산과 정제의 약 80% 이상을 차지하고 있다.

중국은 미국이 반도체 수출 제한을 걸었을 때도 필수 금속에 대한 수출 통제도 시행했다. 태양광 패널에 쓰이는 게르마늄과 반도체에도 쓰이는 갈륨 역시 전 세계 생산의 절대적인 부분을 중국이 차지한다. 미국이 수입하는 게르마늄의 60% 가까이가 중국에서 오며, 이는 중국이 사용할 수 있는 큰 협상 레버리지이다. 이러한 이유로 미국은 희토류 자원이 풍부하고 이것을 가공할 수 있는 중앙아시아의 잠재력을 높게 보고 있다. 카자흐스탄, 우즈베키스탄, 키르기스스탄, 타지키스탄, 투르크메니스탄 등 중앙아시아 국가는 전 세계 희토류 광물의 상당량을 보유하고 있으며, 이는 미국의 전략적 광물 포트폴리오 다변화에 있어 잠재적으로 중요한 자산으로 간주된다.

중앙아시아 지역에 대한 미국의 전략적 관심은 단지 자원 확보에 그치지 않는다. 미국은 지정학적 리스크 분산, 공급망 재편, 에너지 안보 강화의 목적으로 중앙아시아 국가들과의 협력 채널을 다각도로 확대하고 있다. 2023년 9월, 바이든 대통령과 중앙아시아 5개국 정상 간의 회담에서는 핵심 광물의 전략적 중요성이 공식적으로 언급되었고, 2024년 6월 개최된 미·중앙아시아 무역투자기본협의회(TIFC)에서는 무역 구조 개선과 통합 촉진의 필요성이 강조되었다. 이는 미국이 기존 양자 군사·안보 중심 외교에서 자원-투자-개발을 아우르는 지정학적 경제 전략으로 중앙아시아에 접근하고 있음을 의미한다.

그러나 중앙아시아는 미국의 전략적 확장에 있어 일방적 기회가 아니라 고도로 복잡한 지정학적 갈등이 얽힌 공간이다. 중국은 지리적 인접성과 일대일로 전략을 통해 이미 중앙아시아 전반에 걸쳐 인프라, 무역, 금융 부문에서 주도적 영향력을 확보하고 있다. 특히 자원 인프라 개발 및 장기 공급계약을 통해 희토류에 대한 구조적 접근권을 선점하고 있으며, 이는 미국의 진입 여지를 실질적으로 제한하는 요소로 작용하고 있다. 러시아 역시 소련 해체 이후 EAEU를 통해 중앙아시아와의 경제·군사·문화적 연계성을 유지하며 영향력을 행사하고 있으며, 자원 부문에 있어서는 지역 내 통화·금융 체계 및 노동력 순환 구조를 통해 비공식적 지배력을 행사하고 있다.

이러한 흐름 속에서 중앙아시아 국가들은 최근 몇 년간 대외 전략의 다변화를 시도하고 있다. 미국, 영국, EU 등 서방과의 고위급 회담이 빈번히 진행되며, 중국과 러시아로의 경제·에너지 의존도를 점진적으로 낮추고자 하는 기류가 강화되고 있다. 이는 전략적 자율성 확보를 위한 중견국 외교 전략의 목적으로 해석되며, 서방과의 기술·자원 연계는 단순한 대체 공급처 확보가 아니라, 국가안보 및 경제 지속가능성 강화를 위한 선택지로 받아들여지고 있다.

미국의 대응 전략은 이러한 정치적 전환기를 기회로 삼고 있다. 구체적으로는 희토류 관련 탐사·채굴·정제 전 과정에 걸친 기술 및 자본 협력 제공, 에너지 인프라 개선을 위한 개발금융 확대, 광물 수익의 현지 재투자를 위한 제도적 조건 설정, 환경 및 노동 기준의 투명화 협력 등을 추진하고 있다. 특히 미국의 민간 투자와 공공개발기구(DFC, MCC 등)를 연계한 하이브리드 파트너십 모델은 중앙아시아 국가들의 개발수요를 충족시키는 동시에, 자원 착취에 대한 지역 내 불신을 완화하는 역할을 수행할 수 있다.

한편, 중앙아시아 희토류에 대한 접근은 단기적 성과보다 장기적 구축으로 보아야 한다. 자원 탐사·개발·생산에 이르는 과정은 최소 수년의 시간이 소요되며, 인프라 구축, 제도 정비, 지역정세 안정화 등의 전제가 충족되어야 실질적 공급망으로 기능할 수 있다. 따라서 미국은 카자흐스탄, 우즈베키스탄 등 중앙아시아 주요국을 중심으로 정치적 신뢰 축적, 정책 일관성, 기술 표준 연계 등을 동반 추진해야 하며, 이는 단기적 자원 접근 전략을 넘어 중장기적 지정학적 기반을 구축해야 한다.

또한 미국이 중앙아시아를 중·러 견제의 완충지대로 재위치시키는 구상에 호응할 경우, 전략적 중요성이 다시 부각될 수 있다. 이는 미국 내 국방부, 에너지부, 상무부 등 일부 부처 단위의 실무 수준 협력을 통해 현실화될 수 있으며, 트럼프가 이러한 구상을 거래 가능 자산으로 인식할 경우, 제한적이나마 전략 협력이 유지될 여지도 존재한다.

트럼프 대통령의 귀환은 중앙아시아 국가들에게 구조적 불확실성과 제한적 전략 자율성의 확대라는 이중적 효과를 일으킨다. 이 지역은 지정학적으로 러시아, 중국, 미국, 유럽연합(EU), 터키, 이란 등 다양한 행위자들의 이해관계가 교차하는 전략적 회랑에 위치하며, 전통적으로는 균형, 중립, 다변화 외교 등을 통해 주변 강대국과의 관계를 조율해 왔다. 즉 중앙아시아 국가들은 특정 진영에 종속되지 않고, 복수의 외교 경로를 병행함으로써 국가안보와 경제적 이익을 극대화하려는 실용주의적 전략을 채택하였으며, 중국의 일대일로, 미국의 C5+1, 러시아의 EAEU 등과 동시에 협력하였다.

그러나 2022년 우크라이나 전쟁의 발발은 중앙아시아 국가들의 대외전략을 근본적으로 재조정하는 계기가 되었다. 그중에서도 가장 주목할 만한 변화는 러시아의 '보호국 담론'에 대한 불신 심화이다. 러시아가 우크라이나 내 자국민 보호를 명분으로 침공을 감행한 사건은, 자국 내 러시아어권 인구를 보유한 카자흐스탄과 우즈베키스탄 등에게 영토 보전과 내부 주권에 대한 잠재적 위협으로 인식되었다. 이에 따라 카자흐스탄은 공식적으로 러시아의 군사 행동을 비판하였으며, 크렘린의 압력에도 불구하고 동맹국으로서의 거리두기를 시도하고 있다. 이러한 흐름은 집단안보조약기구(CSTO) 정상회의에서 드러난 중앙아시아 국가들의 회의적 태도와 형식적 참여를 통해 확인된다.

중앙아시아 국가들은 경제적으로도 러시아에 대한 의존도를 점진적으로 탈피하려는 움직임을 강화하고 있다. 서방의 대러 제재가 강화되는 국면에서 일각에서는 중앙아시아가 제재 회피의 우회로로 활용될 수 있다는 우려가 제기되었지만, 실제로는 러시아와의 금융 및 물류 연결망을 축소하고 공급망을 다변화하려는 전략이 병행되고 있다. 예컨대 카자흐스탄은 카스피해를 경유하는 '중앙 회랑(Middle Corridor)'을 활성화하여 중국과 유럽을 연결하는 대체 물류 루트를 추진 중이며, 우즈베키스탄과 투르크메니스탄 역시 에너지 수출국을 러시아 중심에서 벗어나 유럽, 튀르키예, 중국 등으로 다각화하는 노선을 모색하고 있다.

문화·교육·정보 영역에서도 러시아 중심성의 약화가 가시화되고 있다. 일부 국가들은 러시아어의 법적 지위를 축소하거나 자국 언어 사용을 장려하는 교육 정책을 추진하고 있으며, 러시아 국영 언론의 영향력도 점차 감소하고 있다. 이는 단순한 외교적 균형 조정에 그치지 않고, 국가 정체성 재정립과 외교 다변화의 심화를 반영하는 조치로 해석된다.

이러한 구조적 재편 속에서 미국과의 전략적 협력 강화가 본격화되고 있다. 이는 단순한 양자관계의 확대라기보다는, 러시아의 영향력 공백을 메우려는 미국의 전략적 재개입 노력과, 이를 자국 외교의 협상 지렛대로 활용하려는 중앙아시아의 이해관계가 교차한 결과이다. 2015년 출범한 C5+1 협의체는 오랫동안 실무급 수준에 머물러 있었으나, 2023년 9월 유엔총회를 계기로 미국 대통령과 중앙아시아 5개국 정상이 최초로 한자리에 모이는 역사적 전환점을 맞았다. 이 회담에서 미국은 인프라 투자, 에너지 안보, 희귀광물 공급망, 디지털 연결성 등을 주요 의제로 제시하며 탈러시아·탈중국 경로의 제도화를 추진하였고, 중앙아시아 국가들은 이를 통해 전략적 협상력을 제고하였다.

군사·안보 분야에서도 변화가 감지된다. CSTO의 신뢰 약화 속에서 미국은 비군사적 안보협력(국경 관리, 테러 대응, 사이버 안보)을 중심으로 협력을 제안하고 있으며, 일부 국가들은 미 국방부 및 국무부 산하 기구와의 협력을 통해 안보 역량의 서구 표준화를 추구하고 있다. 경제 영역에서는 희토류·에너지 자원을 매개로 한 공급망 협력이 본격화되고 있으며, 카자흐스탄은 미국의 대중 희토류 의존 탈피 전략의 핵심 파트너로 부상하고 있다. 우즈베키스탄은 미국의 민간투자공사(OPIC, DFC 등)와 협력해 산업 현대화 프로젝트를 추진하고 있다.

트럼프 재집권 이후 중앙아시아 주요 국가들은 각기 다른 외교전략을 통해 불확실한 국제 환경에 대응하려 할 것으로 보인다. 먼저 카자흐스탄은 지역 내에서 가장 성숙한 외교 역량을 가진 국가로서, 미·중·러 사이의 다변화 외교(Multi-vector Diplomacy)[84]을 유지하려는 의지가 강하다. 트럼프의 실용주의 외교가 재개될 경우, 카자흐스탄은 미국과의 경제 협력을 확대하려는 유인을 갖되, 러시아와의 안보협력과 중국과의 에너지 파트너십을 여전히 병행할 것이다.

투르크메니스탄은 외교적 중립주의를 국가 정체성으로 삼고 있어 트럼프의 고립주의와 맞물리는 부분이 있다. 미국과의 관계는 제한적이나, 천연가스 수출 등 자원 외교에 한정된 실리 노선을 강화할 수 있다. 키르기스스탄과 타지키스탄은 러시아의 군사·안보 보호에 크게 의존하고 있으며, 동시에 중국 경제에 심하고 의존하고 있어 외교적 자율성이 제한되어 있다.

우크라이나 전쟁 이후 중앙아시아 국가들의 러시아와의 거리두기는 러시아에 대한 이탈이라기보다는, 러시아의 전략적 약화로 발생한 지정학적 틈새를 활용한 외교 공간 확대 전략으로 볼 수 있다. 미국 또한 중앙아시아를 인도·태평양 전략의 외곽지대로 편입시키려는 전략적 확장을 강화하고 있으며, 이는 유라시아 대륙 내 미·중·러 간의 영향력 균형 구도 재편과 맞물려 중장기적으로 중앙아시아의 다극 외교 질서 형성을 가속화할 가능성이 크다.

트럼프 재집권 이후 중앙아시아 국가들의 대외정책은 기존보다 더 강한 실용주의 기반의 다변화 전략 강화로 전환될 가능성이 크다. 중앙아시아의 희토류 자원을 염두에 둔 미국이 이 지역에 관심을 보이자 중앙아시아 국가들은 미국을 끌어들여 중·러를 견제하고자 한다. 여기에 우크라이나 전쟁도 변수가 된다.

트럼프가 우크라이나 전쟁에 대한 개입 의지가 약화되거나, 러시아와의 전략적 절충을 모색할 경우, 러시아는 이에 자신을 얻고 중앙아시아에서의 영향력 회복을 위해 더욱 적극적인 정치·군사적 개입을 시도할 수 있다. 이런 이유로 카자흐스탄·우즈베키스탄·투르크메니스탄 등은 러시아에 대한 전략적 경계심을 늦추지 않고 있다. 러시아 주도 CSTO나 EAEU 플랫폼에 대한 중앙아시아 국가들의 형식적 참여는 지속될 수 있으나, 실질적 자율성 확대와 지정학적 줄타기 외교는 더욱 치밀해질 가능성이 있다.

동시에 미국의 고립주의적 경향과 국제정세에 대한 간헐적 관심은 중앙아시아 국가들에게 미국을 유력한 안전보장자가 아니라 선택적 협력 대상으로 간주하게 만들고, 이는 C5+1 협의체의 제도적 내실화보다는 실익 중심의 전략적 협상 채널로 전환될 가능성을 내포한다. 에너지 안보, 희토류 공급망, 대테러·사이버 안보 등의 분야에서 미국과의 협력은 유지되겠지만, 전방위적 확장보다는 분야별 맞춤형 실리외교로 조정될 가능성이 크다.

중국과의 관계에 있어서는 트럼프 행정부가 다시금 강도 높은 기술 봉쇄 및 공급망 재편 정책을 추진할 경우, 중앙아시아는 중국과의 협력을 통해 경제적 안정성과 개발 재원을 확보하면서도, 중국 주도의 규범 확산과 과도한 의존을 방지하기 위한 주권 수호형 균형외교를 더욱 강화할 것으로 예상된다. 이 과정에서 '중앙 회랑'을 통한 유럽 연결 전략, 터키·한국·GCC 국가들과의 협력 확대 등이 가속화될 수 있다.[85]

또한, 트럼프의 외교적 일관성 부족과 국제 질서 재편에 대한 무관심은 EU, 일본, 인도 등 비서구 주요국들과의 보완적 외교 채널 확장으로 이어질 가능성이 있으며, 이는 중앙아시아 국가들이 특정 진영이 아닌 다극적 외교 질서 내 자율적 행위자로 자리 잡기 위한 기반이 될 수 있다. 이러한 조건 속에서 중앙아시아의 대외정책은 실용적 중립성, 선택적 정렬, 다층적 협력 구조를 핵심 축으로 재정렬되며, 각국의 국내 정권 안정성과 리더십 성향에 따라 정책 속도와 방향이 상이할 것으로 보인다.

트럼프의 재집권은 중앙아시아 국가들에게 불확실성과 기회의 공존이라는 복합적 환경을 제공하게 되며, 이들은 기존의 다변화 외교를 보다 전략화·제도화함으로써 자국 이익을 극대화하는 방향으로 외교를 전개할 것으로 전망된다. 이는 단기적 지정학 대응을 넘어, 중장기적으로 주권·안정·발전 간의 균형을 추구하는 외교전략으로 수렴될 가능성이 크다.

5. 중동 : 전쟁의 문턱에서

트럼프의 재집권은 중동 지역의 지정학적 역학을 근본적으로 재편하는 촉매제로 작용하고 있다. 1기 트럼프 행정부는 중동에 대해 예측 불가능하고 비일관적인 접근을 취했다는 평가를 받았지만, 그 외교 기조에는 일정한 전략적 방향성이 내재되어 있었다. 미국의 직접 개입을 줄이고 역외 균형자 역할로 전환하려는 경향이 뚜렷했으며, 이란에 대한 압박은 군사·경제·외교 전반에 걸쳐 지속적으로 강화되었다. 동시에, 이스라엘과의 관계는 사실상 동맹 수준으로 격상되었고, 방위산업 협력과 경제 거래를 통해 아랍 국가들과의 실리적 연계를 확대하는 움직임도 활발히 추진되었다. 이러한 접근 방식은 2기 트럼프 행정부의 대중동 정책에도 그대로 반영되고 있으며, 이는 중동 지역에서 동맹 구조의 재편, 위협 인식의 재정의, 경제 파트너십의 현실주의적 재구성을 동반하고 있다.

2024년 5월, 트럼프 대통령의 사우디아라비아, 카타르, 아랍에미리트 순방은 미국의 전략적 이해관계가 재조정되는 시점에서 중동 질서의 재편 가능성을 시사했다. 이번 순방에서는 기존 외교 구도에서의 이탈과 신규 연대의 강화라는 상반된 방향성이 동시에 나타났다. 무엇보다 사우디아라비아와의 협력 심화가 두드러졌으며, 양국은 무기 판매 외에도 인공지능, 데이터센터, 우주 및 원자력 협력 확대에 대한 논의를 진행하였다. 이는 에너지 및 안보 중심의 전통적 협력에서 첨단 산업 및 기술 협력으로의 외연 확대를 의미하며, 사우디의 비전 2030과 트럼프의 실용주의 외교 노선 간의 이해관계가 일치한 결과로 해석된다.

사우디와 아랍에미리트는 트럼프식 '조건부 후견주의(conditional patronage)' 체제를 사우디와 아랍에미리트가 전략적으로 활용하고 있는데, 이들 국가는 무기 구매, 석유 증산, 이란 견제 기여도를 바탕으로 미국과의 전략적 연계를 강화하고 있다.[86] 사우디의 실권자인 무함마드 빈 살만은 트럼프와의 긴밀한 관계를 통해 예멘 내전 개입, 카슈끄지 피살 사건 등 논란에 대한 미국의 묵인을 확보해 왔으며, 트럼프 2기 체제에서 다시 한번 미국의 외교적 방패 아래에서 역내 패권 확장과 국내 정당성 강화를 동시에 추구하고 있다.

반면, 이스라엘은 이번 순방에서 전략적 비중이 축소되는 양상을 보였다. 트럼프 대통령은 이스라엘을 공식 방문 대상에서 제외하고, 사우디 및 시리아 임시정부와의 회담을 우선시하였다. 이는 트럼프가 1기 행정부 당시 중재했던 아브라함 협약의 정상화 노선에서 이탈한 것으로, 외교적 성과 중심 접근이 기존의 동맹 우선주의를 대체하고 있음을 시사한다. 특히, 후티 반군과의 휴전, 팔레스타인 인질 문제 협상, 시리아 제재 일부 완화 등의 사안이 이스라엘의 배제 하에 진행되면서, 미국의 외교 재조정에 대한 이스라엘 내 우려가 고조되고 있다.

가장 민감한 쟁점은 이란 핵 협상이다. 트럼프 1기 시기에 이란 핵합의(JCPOA) 탈퇴와 고강도 제재로 직접적 외교적 피해를 입었던 이란은, 이후 러시아 및 중국과의 전략적 연대를 강화하는 방향으로 대응해왔다. 트럼프 2기의 등장과 함께 이란은 다시금 핵무장 능력을 전략적 압박 수단으로 활용할 가능성이 제기되고 있으며, 이로 인해 레바논의 헤즈볼라, 이라크 내 시아파 민병대, 예멘의 후티 반군 등과의 비국가 무장세력 연계가 강화될 수 있다.

이런 상황에서 트럼프 대통령은 이번 순방 기간 중 이란과의 핵 협상이 임박했음을 언급했는데, 미국 측 중동 특사와 이란 외무장관 간의 4차례 비공개 접촉이 있었다. 특히 트럼프가 이란 최고지도자에게 보낸 비공개 서한에서 '2

개월 내 타결'이라는 협상 시한을 설정한 사실이 알려지면서, 중동 문제가 새로운 국면에 진입했음을 보여 준다.

트럼프 행정부의 대외전략은 표면적으로는 단절적이고 비예측적인 방식으로 보이나, 기저에는 일관된 협상 전술이 존재한다. 대북정책에서 나타난 '최고의 압박과 관여(maximum pressure and engagement)'[87] 전략은 이란에도 적용되고 있다. 즉, 초기 단계에서 가장 높은 수준의 압박이나 요구 조건을 제시함으로써 협상 주도권을 확보하고, 이후 부분적 양보를 통해 협상 상대국의 반응을 조율하는 방식이다. 이는 외교적 선언과 실제 협상 내용 간의 간극을 전략적으로 설계함으로써, 상대방의 기대치를 조정하고 협상의 중심축을 미국 측에 유리하게 이동시키려는 접근이다.

트럼프의 대이란 전략 또한 이러한 논리 구조에 기반하고 있다. 이란 핵합의(JCPOA)에서의 일방적 탈퇴와 '최고의 압박과 관여' 전략은 군사적 충돌보다는 협상 레버리지 확보에 방점을 둔 조치로 평가된다. 특히 트럼프 행정부는 긍정적 신호와 부정적 입장을 반복적으로 교차 제시하는 대조 효과 전술을 활용하여, 상대국이 명확한 전략적 판단을 어렵게 만들고, 궁극적으로 협상 테이블에서 유리한 조건을 끌어내는 데 초점을 맞추었다.

최근 이란과의 핵 협상에서 초기에는 '2개월 내 타결'이라는 비공개 서한이 공개되면서 긴장이 고조되었으나, 이후 트럼프 측이 단계적 제재 완화와 군사 옵션 배제를 시사함으로써 협상 분위기를 조성하고 있다. 이는 겉으로는 비타협적 태도를 견지하면서도 실질적으로는 거래 가능성을 열어두는 협상 레버리지 확장 기법으로 해석된다. 이러한 접근은 단기적으로는 긴장과 혼란을 유발하지만, 장기적으로는 협상력 극대화라는 목표에 부합하는 구조적 전술로 기능한다. 결국 트럼프의 대이란 전략은 외교의 이념적 일관성보다는 전술적 유연성과 심리적 우위를 기반으로 한 계산된 거래 구조로 이해될 수 있으며, 이는 대북 전략과도 전략적 맥락을 공유하는 부분이다.

이에 대해 이스라엘은 자국의 안보 이해가 배제된 채 미국과 이란 간의 협상이 진행되고 있다는 점에서 강한 우려를 표명하고 있다. 특히 협상의 핵심 사안이 이스라엘과의 사전 조율 없이 전개되고 있다는 인식은 이스라엘 정부 내 전략적 위기의식을 고조시키고 있으며, 그 결과 이스라엘은 협상이 결렬될 경우, 이란의 방공망 복구 전의 일시적 공백기를 활용한 군사적 선제타격 가능성까지 검토하고 있는 것으로 알려졌다. 이러한 논의는 미국의 군사적 협력 의사 여부에 크게 좌우되는바, 이스라엘로서는 독자적 행동의 리스크를 감수하면서도 미국의 명시적 지원 또는 묵시적 용인을 전략적으로 확보하려 할 것이다.

이러한 정황은 트럼프 2기 행정부의 중동 전략에서 이스라엘의 상대적 비중이 축소되고 있음을 방증한다. 과거 트럼프 1기 행정부가 아브라함 협정 추진을 통해 이스라엘의 외교적 고립 해소를 적극적으로 지원했던 것과는 달리, 2기 외교에서는 성과 중심의 접근 방식과 아랍 국가와의 실리 협력 우선 기조가 주목받으면서, 이스라엘은 중동 전략의 중심축에서 전략적 비중이 점차 축소되는 양상을 보인다. 이는 미국이 중동에서의 직접 개입을 줄이고, 자국 이익에 기반한 선택적 개입과 파트너십을 우선시하는 트럼프식 거래 외교가 재작동하고 있음을 시사하며, 이스라엘의 전통적 전략 자산으로서의 위상이 구조적으로 재조정되고 있음을 보여 준다.

그러나 트럼프 2기에서의 이란과의 핵 합의가 부결되면 이란에 대한 고강도 제재와 외교적 고립의 지속이 예상된다. 이에 따라 이란은 반미 정서와 비대칭 전략을 더욱 강화할 가능성이 크며, 이는 중국 및 러시아와의 외교·안보 연계를 심화시키는 계기로 작용할 것이다. 이러한 가운데, 걸프 국가들은 이란의 역내 영향력 확장을 억제하기 위해 이스라엘과의 비공식 안보 연계, 혹은 미·중 사이의 교차 균형전략을 구사할 가능성이 크다.

또한 트럼프 대통령의 2025년 중동 순방은 미국의 경제적 이익 확대와 사우디아라비아를 중심으로 한 전략적 연대 심화라는 양면적 목표를 구현한 사례로 평가된다. 특히 사우디의 원유 증산 발표는 트럼프 행정부가 지속해서 강조해 온 인플레이션 완화 및 에너지 안정 기조에 대한 실질적 기여로 해석된다. OPEC+ 차원에서의 대규모 증산은 물가 안정에 대한 미국의 요구에 부응한 결과이며, 그 반대급부로 사우디가 요구해 온 원자력 기술 협력 조건의 완화 가능성도 제기된다. 바이든 행정부는 기존에 이스라엘과의 국교 정상화를 조건으로 기술이전을 제한해 왔으나, 트럼프 행정부는 해당 조건을 유보하고 사우디와의 원전 협력을 진전시켰다.

트럼프 외교의 본질은 달러 패권의 방어에 있으며, 이는 군사력보다 에너지·금융 구조를 통한 전략적 지배력 유지와 직결된다. 특히 달러화가 기축통화로 기능하는 핵심 메커니즘은 석유 무역의 결제 수단이라는 점에서 산유국들의 탈달러 움직임에 민감하게 반응할 수밖에 없다. 최근 사우디아라비아의 위안화 결제 논의, 러시아·이란의 비달러 결제 시스템 추진 등은 모두 달러 패권을 구조적으로 위협하는 요인으로 간주될 수 있다. 트럼프의 대중동 전략은 단순히 동맹 강화를 통한 질서 유지가 아니라, 산유국에 대한 영향력 확대와 달러 결제 체제의 방어를 중심으로 재구성될 것이다.

이러한 전략적 거래는 중동 내 전통적 세력 구도를 재구성하는 방향으로 작용하고 있다. 사우디는 미국의 가장 신뢰할 수 있는 전략 파트너로 부상하고 있으며, 이스라엘은 미국 내 외교적 우선순위에서 점차 후퇴하는 양상을 보인다. 만일 미국·이란 간 핵 협상이 성사될 경우, 이스라엘·이란 간의 긴장은 미국의 중재 없이 직접적 충돌 가능성을 내포하게 되며, 이는 중동 안보 구도의 불확실성을 더욱 고조시킬 수 있다. 트럼프 외교는 이와 같은 불균형적 구도를 촉진하며, 중동 역내 주요 행위자들 간 새로운 대립축을 형성하고 있다.

UAE와 바레인은 트럼프 1기 행정부의 중재 하에 아브라함 협정(Abraham Accords)[88]에 참여함으로써 외교적 위상을 강화하였으며, 특히 UAE는 미국산 무기 도입과 기술 협력 확대를 통해 실질적인 전략 파트너로 자리매김하였다. 트럼프의 실용주의적 외교 스타일은 UAE의 경제 개방 및 안보 확장 전략과 부합하는 측면이 강하며, 트럼프 재집권 이후에도 UAE는 대이란 견제 구도를 중심으로 미국과의 협력 고리를 유지하면서, 아프리카·지중해·인도양 등지로의 전략적 영향력 확장을 지속할 가능성이 크다.

한편, 트럼프 대통령은 요르단 및 이집트에 대해 가자지구 내 팔레스타인 인구의 수용을 요구한 것으로 알려졌으며, 이는 중대한 외교적 긴장을 초래하였다. 요르단 국왕은 인구 구조와 정치적 안정성에 중대한 영향을 줄 수 있는 이 요구에 대해 강경한 반대 입장을 표명하였다. 인구 중 약 20% 이상이 팔레스타인 난민 출신 또는 후손으로 구성되어 있는 요르단의 국민 여론 또한 팔레스타인 문제에 대해 높은 민감도를 보인다. 이러한 상황에서 트럼프 행정부의 일방적 요구는 요르단 정치 불안정성을 심화시킬 수 있는 요인으로 작용하고 있다. 이집트 또한 동일한 요구에 대해 반대 의사를 명확히 하였으며, 걸프 지역의 다른 왕정 국가들 또한 이러한 제안을 사실상 수용 불가하다는 입장을 견지하고 있다.

트럼프 행정부의 일방적 접근 방식이 지속될 경우, 중동 내 전통적 친미 국가들은 세력균형 외교 전략을 통해 미국의 압박을 견제하려는 움직임을 강화할 가능성이 크다. 특히 이러한 공간은 중국과 러시아와 같은 대체 세력에게 전략적 기회를 제공할 수 있으며, 이는 미국의 중동 내 영향력 축소로 이어질 수 있다. 실제로 미국의 단기적 전략 판단은 반복적으로 장기적 불안정성을 초래해 왔다. 걸프전 이후 9.11 테러, 테러와의 전쟁, ISIS의 부상 등은 단기성과 중심 전략의 장기적 부작용을 입증하는 사례로 자주 언급된다.

트럼프 외교의 주요 특징은 단기적 안정성과 경제적 실익을 강조하는 반면, 지역 내 구조적 긴장 요인을 과소평가하거나 회피하는 데 있다. 이에 따라 중동 각국은 미국의 의도와 무관하게 자국 중심의 생존전략을 강화하고 있으며, 미국의 역할 축소는 중동 내 다극 체제 진입을 가속화시키는 요인으로 작용하고 있다. 현재 중동은 미국, 중국, 러시아, EU, 이스라엘, 이란, 걸프 국가 간의 비공식 동맹과 상시적 경쟁이 병존하는 복합안보 질서로 이행 중이며, 트럼프의 대외정책은 이러한 다극화 질서를 촉진하는 결정적 촉매제로 기능하고 있다.

트럼프 2기 행정부의 등장으로 중동 지역의 외교 전망은 기존의 동맹 구도, 협상 패러다임, 안보 전략 전반에 구조적 변화를 유도할 가능성이 크다. 트럼프의 외교정책은 이미 1기 재임 기간 중동에서 성과 중심의 실용주의, 일방주의적 협상력 행사, 직접 개입 회피라는 원칙에 따라 전개됐으며, 이는 전통적 동맹 체계의 재구성과 역내 세력균형의 재편을 동반했다. 2기 행정부의 출범은 이러한 기조를 더욱 강화하며, 중동 국가들의 대외전략에도 다음과 같은 방향 전환을 불러올 수 있다.

우선, 미국의 전통적 동맹국인 이스라엘에 대한 전략적 중심성 약화가 예견된다. 트럼프는 1기 행정부에서 아브라함 협약을 통해 이스라엘과 아랍 국가 간 외교 정상화를 이끌었으나, 2기에는 이스라엘에 대한 조건 없는 지원에서 벗어나, 자국의 경제적·외교적 실익 중심으로 중동 외교를 재조정할 가능성이 크다. 이는 이란과의 간헐적 협상 재개, 시리아 제재 완화, 팔레스타인 사안에서의 유보적 태도 등을 통해 표면화될 수 있으며, 이스라엘은 미국의 중동 전략 구도에서의 위상 저하에 대한 불안을 반영하여 독자적 안보 행동 가능성을 확대할 것으로 보인다.

동시에, 사우디아라비아, 아랍에미리트(UAE)와의 실용 중심 연대는 더욱 공고화될 가능성이 크다. 트럼프 2기 정부는 방위산업 수출 확대, 원유 증산 압박, 원자력 협력 등 실질적 거래를 기반으로 걸프 국가들과의 전략적 파트너십을 재구성할 것이며, 이는 비공식적인 후견주의와 실익 거래가 동반되는 외교 형태로 지속될 전망이다. 특히 사우디는 미국의 안보 우산 아래에서 이란 견제와 국내 정치적 정당성 확보라는 이중 목표를 달성하고자 할 것이며, 이에 따라 무기 구매, 대이란 정보 공유, 경제협력 등을 적극적으로 활용할 것이다.

이란과의 관계는 가장 민감한 불확실성 변수다. 트럼프 1기 시기의 JCPOA 탈퇴와 최대 압박 전략은 이란의 반미 정서를 강화시켰고, 이란은 러시아 및 중국과의 전략적 연대를 통해 미국의 봉쇄를 우회하고자 했다. 트럼프 2기에서도 이란에 대한 고강도 압박은 계속될 수 있으나, 동시에 거래적 성과를 중시하는 트럼프의 외교 스타일상 선택적 협상 및 부분적 타협이 병행될 가능성도 있다. 이는 걸프국, 이스라엘, 시리아, 레바논 등 역내 행위자들에게 전략적 혼선을 유발할 수 있는 이중 신호로 작용할 수 있다.

이러한 불확실한 미국의 중동 전략은 역내 국가들의 외교 다변화를 촉진할 수 있다. 걸프 국가들은 미국 중심의 안보 질서에 일방적으로 의존하기보다, 중국, 러시아, 유럽연합 등과의 다자적 협력 채널 확보를 통해 전략적 자율성을 확대하려 할 것이다. UAE, 사우디 등은 특히 중국과의 디지털 인프라·에너지 협력을 가속화하고 있으며, 이는 미국과의 관계를 보완하는 전략적 균형외교로 기능할 것이다.

  트럼프 2기 행정부의 등장은 중동 외교 지평에서 동맹 구조의 재편, 지역 국가의 생존전략 강화, 다극주의적 외교 질서로의 이행을 가속화하는 계기가 될 것으로 보인다. 미국은 더 이상 예측 가능한 단일 후견국이 아니라, 거래 가능한 강대국 중 하나로 인식될 가능성이 크며, 이에 따라 중동 지역은 더욱 복합적이고 유동적인 외교 전략 공간으로 전환될 것이다. 이는 단기적으로는 불확실성과 긴장을, 장기적으로는 자율적 외교능력을 가진 중견국 중심의 신질서 형성 가능성을 시사한다.

제 6 장

한국의 신강대국 대외전략

제6장. 한국의 신강대국 전략

1. 신강대국의 정의와 조건

트럼프 2.0은 글로벌 안보 및 통상 질서에 구조적 변화를 야기하고 있다. 냉전 종식 이후 구축된 동맹 체계와 세계화에 기반한 공급망은 점차 해체되는 추세이며, 이는 무역 축소, 자원 민족주의, 신팽창주의의 부활, 국지적 군사 충돌의 빈발 등으로 다극화된 국제 질서로의 전환이 가속화되고 있다. 특히 미·중 간 전략 경쟁은 단순한 국익 경쟁을 넘어 체제 경쟁으로 비화하고 있으며, 이에 따라 자국 중심의 힘의 정치(power politics)가 노골화되고 있다. 이러한 흐름은 글로벌 무역 질서의 재편, 기술 패권 경쟁의 심화, 그리고 우크라이나 전쟁 및 대만해협을 둘러싼 군사적 긴장으로 구체화되고 있다. 북한 역시 이러한 국제 환경 속에서 러시아와의 전략적 공조를 강화함으로써 한반도의 지정학적 리스크를 고조시키고 있다.

이처럼 불확실성이 고조되는 국제 질서 하에서, 한국은 기존의 의존적 외교 구조에서 벗어나 전략적 자율성과 외교 다변화를 핵심으로 하는 독립적 외교·안보 전략을 정립해야 한다. 무엇보다도 한국은 미국 중심 외교, 나아가 전통적인 4강 외교(미국, 중국, 일본, 러시아)로부터의 구조적 탈피를 모색해야 한다. 물론 한·미동맹은 여전히 한국 외교의 핵심 자산이지만 이에 대한 절대적 종속은 한국의 외교적 선택지를 제약하며, 복합화된 국제 환경에 능동적으로 대응하는 데 한계를 초래할 수 있다. 4강 외교에 과도하게 의존하는 외교 전략은 구조적으로 수동적으로 될 수밖에 없으며, 4강이 자국의 전략적 이익을 최우선시하는 가운데 한국을 협상 카드 혹은 완충지대로 전락시킬 가능성이 있다. 이로 인해 한국은 외교 주도권을 상실할 위험에 놓이며, 이는 중장기적으로 전략적 유연성이 제약되고 외교적 확장성에 한계가 발생할 수 있다,

따라서 한국은 미국 중심, 4강 중심 외교의 한계를 인식하고, 중견국과 신흥국과의 연대 강화를 통해 외교 지평을 확대해야 한다. 아세안, 인도, 중동, 라틴아메리카 등과의 다자 및 양자 외교를 강화함으로써, 한국은 단순한 지정학적 균형자에 머무르지 않고 글로벌 중간축(Global Middle Power) 혹은 제3의 전략적 축이 되어야 한다. 트럼프 행정부의 고립주의 심화 및 국제 질서의 다극화가 가속화되는 현 상황은, 오히려 한국에게 독자적 외교 노선을 수립할 기회로 작용할 수 있다.

이러한 맥락에서, 한국이 강대국 또는 중견국 이상의 외교적 역할을 수행해야 한다는 주장은 국내외 학계에서 꾸준히 제기되고 있다. 문정인은 한반도 평화체제 구축을 위한 '주체적 강국 전략'을 제시하며, 중견국 외교를 넘어서 '글로벌 책임국가'로 전환해야 한다는 주장을 지속적으로 제기해 왔다.[89] 그는 한반도 문제의 운명을 주변 강대국이 아닌 한국 스스로 결정할 수 있어야 하며, 이를 위해서는 전략적 자율성과 국제적 신뢰를 동시에 확보해야 한다고 강조하였다. 이러한 관점은 한국이 단순한 중재자 또는 균형자 역할을 넘어서, 규범 창출, 위기 조정, 평화 유지 등의 글로벌 공공재 제공에 적극적으로 참여하는 국가로의 역할 전환을 요구하는 논리적 기반을 형성한다.

이남주는 남북관계에서의 주도권 확보를 위한 강국화의 필요성을 강조하며,[90] 정재흥은 군사력과 경제력을 토대로 한 전략적 강대국화의 중요성을 지적한다.[91] 이근은 인구나 영토 크기가 아니라 글로벌 공급망에서의 불가결한 위치를 점유하고, 기술 규범과 플랫폼 질서에 있어 영향력을 행사할 수 있는 '전략적 주도권을 갖춘 강소국형 강대국'을 제시한다.[92] 조지프 나이(Joseph

Nye)는 한국의 소프트 파워와 중견국 외교 역량을 긍정적으로 평가하며, 향후 글로벌 리더십 가능성을 시사한 바 있다.[93] 브루스 커밍스(Bruce Cumings) 역시 역사적으로 강대국의 압력 속에서 한국이 자율적 전략을 구축해온 점을 강조하며, 한국이 미래 강국으로 도약할 잠재력을 지녔음을 주장한다.[94]

반면 박인휘는 강대국화는 점진적 과정이어야 한다는 점을 강조하며, 한국은 '중견국 외교를 통한 글로벌 질서 형성 참여'를 우선시해야 한다고 본다.[95] 이러한 논의를 종합하면, 한국의 강대국화 전략은 단순한 군사력·경제력 확대를 넘어서, 외교적 자율성 확보, 규범 설정 참여, 중재 역할 수행 등을 포함한 다층적 개념임을 알 수 있다. 실제로 국내외 학계에서는 이를 '글로벌 중추국가(Global Pivotal State)', '규범 강국(Normative Power)', '전략적 중간강국(Strategic Middle Power)' 등으로 지칭하기도 한다.

최근 제기되고 있는 강대국론은 중견국의 한계를 극복하고, 보다 적극적인 외교 리더십을 추구하고자 하는 전략적 비전으로 제시되었으나, 그 개념적·현실적 한계 역시 분명하게 존재한다. 강대국 개념은 본질적으로 상대적이며 시대적 맥락에 따라 정의가 유동적이기 때문에, 특정 국가가 어느 수준의 영향력과 국제적 책임을 감당할 수 있는지를 객관적으로 판단하는 데 한계가 존재한다. 군사력, 경제력, 외교적 영향력 등 강대국의 구성 요소는 서로 상이한 속도로 변화한다. 이러한 점에서 강대국론은 개념적 추상성과 평가 기준의 다층성이라는 구조적 한계를 내포하고 있다.

무엇보다 정책 실행 측면에서 그동안 강대국를 지향하는 전략이 구체적인 실천 방안 없이 선언적 수준에 머물 가능성이 크다는 점도 비판 대상이다. 예컨대, 글로벌 규범 형성, 기후변화 대응, 분쟁 중재 등과 같은 분야에서 어떻게 국가 리더십을 확보할 것인지에 대한 제도적 로드맵이 부재할 경우, 강대국론은 현실성과 설득력을 동시에 상실하게 된다.

국제 질서 내 구조적 제약 요인 역시 강대국론의 실현 가능성을 제약한다. 이미 확립된 미·중 중심의 양극 질서 속에서, 특정 국가가 규범 설정자, 제재자, 안정 보장자의 역할을 동시에 수행하기 위해서는 상당한 외교적 자율성과 자원을 요구받는다. 그러나 다수의 중견국은 여전히 안보·경제에서 기존 강대국에 구조적으로 의존하고 있어, 자율적인 강대국 전략을 실현할 수 있는 현실적 기반이 미흡한 경우가 많다.

강대국 담론은 때때로 국내 정치의 이념적 목적이나 외교적 정당성 확보의 수단으로 기능한다. 그러나 이러한 접근은 외교 전략의 실질적 성과보다는 상징적 메시지에 치우치게 만들며, 결과적으로 외교정책의 일관성과 현실 대응력을 저해할 우려가 있다. 강대국론은 장기적 비전으로서 일정한 전략적 의미를 가질 수 있으나, 그것이 실질적인 정책으로 기능하기 위해서는 개념적 명확성, 실행 전략의 구체성, 구조적 제약에 대한 인식, 그리고 외교적 자원의 실질화가 선결되어야 한다.

강대국은 우리가 원한다고 이루어지는 것이 아니다. 어떤 한 나라가 강대국이 되는 것은 환경의 필요성 때문이다. 트럼프 2.0 시대에 한국이 신강대국이 될 수밖에 없는 필연적 이유는 국제 질서의 급격한 재편과 미·중 패권 경쟁 속에서 복합적인 글로벌 이슈에 주도적으로 대응하기 위함이다. 중견국 외교는 대체로 균형과 중재에 중점을 두지만, 미·중 경쟁이 심화되는 환경에서는 전략적 모호성보다는 명확한 가치 기반과 국익 중심의 선택적 개입 전략이 필요하다. 기술 규범, 공급망 재편, 경제안보, 에너지·기후 위기 등 글로벌 이슈에서 규범을 제시하고 정책 연합을 형성할 수 있는 역량은 중견국 전략의 범주를 넘어서는 것이다.

한국이 신강대국 외교로 전환해야 하는 이유는 단순한 위상 변화 때문이 아니라, 국제 질서의 복합위기 시대에 능동적 영향력 확보 없이는 국가의 생존조차 불투명해질 수 있는 현실 때문이다. 한국은 이제 주변국의 시선을 조정하는 중개국이 아닌, 국제사회의 질서와 의제를 형성할 수 있는 정책 행위자로서 전략적 사고의 전환이 필요한 시점에 도달했다.

사실 한국은 이미 강대국이다. 세계 10위권 경제력과 세계 5위 군사력을 갖고 있으며, 반도체·AI 등 첨단 기술 분야의 주도국으로서, 한국은 단순한 수동적 대응국이 아니라 글로벌 질서의 신흥 강국이다. 20세기 후반 이후 강대국의 기준은 과거와는 달리 군사력, 영토의 크기, 인구 규모에 국한되지 않는다. 오늘날 강대국으로 규정되는 국가는 시장 경쟁력을 바탕으로 한 경제적 역량을 핵심 조건으로 갖춘 국가이다.

한국은 여타 국가와 비교할 수 없는 강력한 제조업 기반을 보유하고 있으며, 이는 단순한 생산 활동을 넘어 경제안보 전략의 핵심 수단으로 작동하고 있다. 제조업은 기술 동맹, 공급망 협력, 국제표준 연합 등 다층적인 외교·산업 협력의 토대를 제공하며, 국가의 전략적 자율성을 뒷받침하는 구조적 자산이다. 나아가 제조업은 기술 주권의 근간이자 산업 생태계 혁신의 촉매이며, 사회 통합을 실현하고 강대국으로의 도약을 가능케 하는 핵심 기반으로 기능한다.

21세기에 접어들며 경제력의 의미 또한 변모하고 있다. 이제 국가 경쟁력은 단순한 GDP 총량이나 산업 생산력의 크기만으로 정의되지 않는다. 인공지능, 빅데이터, 사물인터넷, 바이오·나노기술 등 4차 산업혁명 기반 기술의 선도 여부가 미래 경제력의 결정적 변수로 부상하고 있으며, 제조업과 디지털 기술의 결합은 이러한 전환의 핵심축이다.

2025년 U.S. News & World Report가 발표한 세계 강대국 순위에서 한국

이 6위를 기록한 것은,[96] 중견국에서 실질적 강대국으로의 이행이 가시화되고 있음을 보여 준다. 이 평가는 군사력, 경제력, 정치적 영향력, 외교 네트워크, 지도력 등 복합 지표에 기반하며, 한국은 기술 패권 경쟁의 핵심축으로서 반도체·배터리·AI 등 전략산업에서의 우위를 바탕으로 공급망 질서를 주도하고 있다고 본다. 여기에 더해 자율무기·사이버전력 중심의 군사력 현대화, K-컬처를 통한 소프트 파워 확산, 미·중 경쟁 구도 속 전략적 유연성을 바탕으로 한 외교 다변화는 한국의 국제적 위상을 질적으로 변화시키고 있다. 이는 기존 강대국 개념과 근본적으로 다르다.

현행 국제 질서는 전통적인 군사력, 인구 규모, 영토의 크기와 같은 물리적 요소보다는, 경제력, 기술력, 인적 자원과 같은 비물리적 역량이 강대국의 위상을 결정짓는 자유주의 국제 질서에 기반하고 있다. 러시아는 엄청난 영토와 자원, 첨단무기를 갖고 있지만 이러한 개념에서 군사 강국이지 신강대국이 아니다. 러시아의 우크라이나 전쟁은 철저히 국제사회에서 외면을 받고 있으며 어떠한 소프트 파워도 작용되지 않는다. 반면 한국은 자원과 영토는 부족하지만 군사력과 첨단 기술력, 그리고 소프트 파워에서는 러시아를 능가하는 신강대국이다.

한국이 신강대국 외교를 추진해야 하는 이유는 단순히 국력의 과시나 지위 상승을 위한 것이 아니라, 한국을 번영하게 만든 1945년 이후 구축된 국제 질서, 즉, 자유무역, 다자주의, 법과 규범 기반의 질서 등을 수호하고 발전시키기 위한 전략적 선택이기 때문이다. 한국은 이러한 무역 구조에 포함됨으로써 선진국 반열에 오를 수 있었는데, 트럼프 2.0 시대에 이러한 자유주의 다자간 질서가 위협받고 있다.

신강대국 외교는 현행 국제 질서를 수호하고 발전시키며 이에 도전하는 반자유주의 국가의 도발을 억제하여야 한다. 신강대국의 위상은 더 이상 군사력이나 GDP 총합으로만 정의되지 않는다. 무엇보다 신강대국은 규범 설정자로서 국제 의제의 방향을 주도하고, 다자 협의체에서 제도적 기준을 마련할 수 있어야 한다. 예컨대, 기후변화, 디지털 통상, 인권, 첨단기술 등 새로운 국제 의제에서 기준을 제시하고 표준을 만드는 국가로 기능하는 것을 뜻한다.

또한 신강대국은 자유주의 질서를 위협하는 국가에 제재를 부과할 수 있는 경제적·군사적 능력을 구비해야 한다. 미국과 유럽이 강대국인 이유는 그 능력이 있기 때문이다. 신강대국은 군사적 제재 능력은 물론이고 경제 제재, 외교 고립, 기술 접근 제한 등 다양한 수단을 통해 규범 위반 국가에 실질적 부담을 줄 수 있는 역량을 갖고 있어야 한다. 이는 규범의 실효성을 보장하기 위한 핵심 조건이다.

전통적 강대국과 달리 신강대국은 지역 분쟁이나 글로벌 위기 상황에서 위기 조정과 갈등 억제에 실질적으로 기여할 수 있는 능력, 즉, 위기 시 개입할 수 있는 군사·외교적 수단과 이을 집행할 수 있는 정치적 의지를 포함하며, 안정 보장자(stabilizer)가 되어야 한다. 이는 글로벌 공급망, 에너지 시장, 해양 안보 등에서도 핵심적이다.

신강대국은 단순한 자원, 인구, 영토, 군사력으로 환원되지 않는다. 오늘날의 국제 질서 속에서 신강대국은 규범의 설계자이자 집행자로서 기능하며, 글로벌 공공재 제공, 국제 규범 형성, 제재 능력, 위기 관리 역량 등을 포괄하는 복합적 능력을 갖춘 국가를 의미한다. 이러한 관점에서 볼 때, 미국, 중국, 유럽연합(EU), 러시아, 일본은 각기 상이한 방식으로 신강대국의 요건을 충족하거나, 그에 도달하기 위한 경합 속에 있다.

미국은 여전히 신강대국의 전형으로 간주될 수 있다. 군사력, GDP, 외교 네트워크 등 전통적인 강대국 지표에서 압도적 우위를 유지할 뿐 아니라, 기후변화 대응, 디지털 규범, 인권 제재, 글로벌 금융 제도 등 거의 모든 영역에서 국제 규범 형성의 중심축으로 기능해왔다. 미국의 규범 설정자로서의 지위는 동맹국을 중심으로 한 제도적 동조 메커니즘, 법제화된 글로벌 제재 체계, 그리고 자국의 기술 표준을 글로벌 스탠다드로 확산시키는 능력에 기반한다. 동시에 미국은 제재 능력에서도 두드러진 역량을 보유하고 있다. 스위프트(SWIFT) 접근 차단, 금융 제재, 수출 통제 등은 군사력 외에도 미국이 규범 위반국에 실질적 비용을 부과할 수 있는 구조를 가능케 한다. 그러나 트럼프 행정부 이후 미국은 전통적인 민주주의, 인권, 국제 규범 존중 등을 약화시키고, 동맹 경시 및 다자주의 회피 등으로 강대국으로서의 규범 주도 역할을 스스로 방기하고 있다. 이는 신강대국의 핵심 조건인 국제 규범 설정자 및 안정 보장자로서의 기능 약화를 의미하며, 미국의 신강대국 위상이 구조적으로 흔들리고 있음을 보여준다

반면, 중국은 경제적 부상과 기술 자립을 기반으로 신강대국으로 도약하려는 의지를 명확히 하고 있지만, 규범 설정 능력에서는 구조적 제약을 드러낸다. 일대일로, 디지털 위안화, 글로벌 안보 이니셔티브(GSI) 등을 통해 대안적 국제 질서를 제시하려는 시도는 존재하나, 이는 기존 질서와 충돌하거나 제한적 지역 범위에 국한된 경우가 많다. 무엇보다 중국은 인권, 데이터 보호, 표현의 자유 등 서방이 중시하는 규범의 내면화에 실패하고 있으며, 이에 따라 규범의 정당성과 보편성 확보에 어려움을 겪고 있다. 제재 능력 측면에서도 기술 탈취, 수출 보복, 외교적 압력 등 일방적 대응 수단에 치우쳐 있으며, 다자주의적 제재 체계를 구성하지 못한다는 점에서 제재의 정당성과 집행력 측면에서 한계를 보인다. 이러한 점에서 중국은 전통적 국력에서는 강대국이나, 규

범적 강대국으로서의 조건은 미충족한 상태에 머물러 있다.

유럽연합은 신강대국 개념에서 가장 규범 중심적 강대국으로 평가될 수 있다. EU는 기후변화, 디지털 권리장전, GDPR, 지속가능 공급망 실사법 등에서 선도적 기준을 제시하며, 국제 사회의 규범 표준화와 제도화에 적극적으로 기여하고 있다. 또한, 러시아와 벨라루스, 미얀마, 이란 등에 대해 경제 제재와 외교 고립 조치를 시행해 온 EU의 사례는 비군사적 제재 능력의 제도화된 모델로 주목된다. 그러나 EU는 군사력과 정치적 일체성이 약하다는 점에서 위기 개입과 안정 보장(stabilization) 능력에서는 미국이나 중국에 비해 약세를 보인다. 즉, EU는 규범 제정과 경제 제재 분야에서는 신강대국으로서의 역량을 갖추고 있으나, 군사적 대응 능력과 기동성에서는 제도적·전략적 제약이 여전히 존재한다.

러시아는 전통적 군사력과 에너지 자원에 기반하여 유라시아 강대국으로서의 위치를 공고히 해왔으나, 신강대국 개념에서는 여러 측면에서 부합하지 않는다. 우크라이나 전쟁은 러시아가 국제 규범의 파괴자로 인식되도록 만들었으며, 자국 중심의 대안 질서 구축 시도는 오히려 서방의 고립과 제재를 심화시키는 결과로 이어졌다. 러시아의 제재 능력은 제한적이며, 오히려 국제 제재의 대상이 되면서 글로벌 거버넌스 체계 내 영향력이 급감하였다. 즉, 군사적 개입 능력은 보유하나, 그것이 안정 보장자로서가 아닌 위협 요인으로 기능하고 있다는 점에서 신강대국의 요건과는 상충된다.

일본은 기술, 경제력, 개발협력 분야에서 신강대국적 요소를 일정 부분 보유하고 있으며, 특히 인도·태평양 전략, 기후재정 기여, 다자간 개발은행 참여 등을 통해 규범 설정자로서의 지위를 점진적으로 확대하고 있다. 그러나 자위권의 제약, 군사력 운용의 한계, 유엔 안보리 비상임 회원국 중심의 외교 행보 등은 전면적 제재 능력과 위기 대응 역량에 한계가 있다. 일본은 신강대국으로의 도약을 위해 제도적 틀을 활용한 다자 규범 구축과 기술 외교에 집중하고 있으나, 안보 측면에서는 여전히 미국의 확장억제에 의존하고 있다.

신강대국 비교 분석표

분류	미국 (USA)	중국 (PRC)	유럽연합 (EU)	러시아 (Russia)	일본 (Japan)
GDP (명목)	세계 1위	세계 2위	세계 3위	세계 13위	세계 4위
군사력	압도적 세계 1위 (글로벌 투사 능력)	세계 2위권 (양적 우세, 지역투사 중심)	자체 군사력 약하지만 NATO 등 연합 구조	핵전력 보유, 전통적 강군	방어 중심, 평화헌법 제약
국제 규범 형성	WTO, IMF, WB 설계자 / 제재 권한 有	일대일로, 상하이협력기구	GDPR 등 디지털 규범 선도	기존 질서의 도전자 (전통주의)	규범 수용자, 보완자 역할
공공재 제공 능력	달러·SWIFT·기후·안보 등 전방위 제공	인프라·AI·디지털 연결망 확장	기후, 환경, 인권 중심의 공공재 제공	제한적 (군사·에너지 중심)	기술, 인도적 공공재 기여
제재 능력	금융·무역·군사 제재 핵심 주체	경제적 보복은 있지만 규범 기반 부족	대러 제재 주도 / WTO 내 중재자	에너지 무기화 전략	미약, 동맹 내 보조
기술 패권력	AI·반도체·우주·바이오 선도	배터리, AI, 반도체 제조기반은 강하나 설계 취약)	산업 규범 주도 (디지털 주권)	첨단 기술력은 제한적	로봇·소재·정밀기술 강점
소프트 파워	헐리우드·대학·SNS 등 전방위 영향력	제한적, 국영매체·공자학원 중심	문화, 가치 중심의 이미지 강함	문화 영향력 제한적	문화·애니·브랜드로 영향력 있음
도전/ 위협 요소	내분, 정치 양극화, 동맹 피로	경제 둔화, 사회 통제, 대외 견제	내부 이견, 군사 통합 미흡	고립, 경제 제재, 우크라이나 전쟁	인구 감소, 전략적 수동성
종합 평가	여전히 전방위 신강대국	지역 주도형 신강대국 도전자	규범 중심의 연합형 신강대국	전통 군사력 중심 강대국	총체적 한계 노정

한국은 전통적인 강대국이 갖추어온 자원, 영토, 인구 규모 측면에서는 제약이 있으나, 세계적 수준의 첨단 기술력과 제조 역량, 그리고 문화 기반의 강력한 소프트 파워를 바탕으로 신강대국으로의 전략적 전환을 모색하고 있다. 특히 오늘날의 신강대국 외교는 단순한 군사력이나 강제력 행사보다는, 국제 질서의 방향성과 구조적 지속성에 영향을 미치는 규범적 영향력과 중재력에 더 큰 의의를 둔다는 점에서, 한국의 외교 전략은 현실적 제약을 넘어서는 도

약 가능성을 내포한다.

　이러한 맥락에서 한국의 신강대국 외교는 강대국 간의 구조적 긴장을 완충하고, 동시에 다양한 중견국 및 지역 협의체와의 연계를 통해 외교적 유연성과 전략적 지렛대(레버리지)를 동시 확보하는 방식으로 전개된다. 이는 단순히 양측 사이에서 중립을 유지하는 수동적 외교가 아니라, 외교적 선택지를 다층적으로 확보하여 외교 공간을 능동적으로 확장하고, 외부 충격에 대한 리스크를 분산하며, 결과적으로 국가의 전략적 자율성을 극대화하는 적극적 대응 전략이다.

　이러한 전략은 다음의 세 가지 핵심 원칙에 기초하며, 이는 한국이 제약 속에서도 외교적 영향력을 극대화할 수 있는 구조적 기반을 제공한다.

　첫째, 규범 중심의 질서 설계 참여이다. 한국은 디지털 통상, 기후변화 대응, 첨단 기술 거버넌스 등 새로운 국제 규범이 형성되는 과정에서 수동적 수용자가 아닌, 능동적 설계자로 참여해야 한다. 이는 단순한 국제 의제에의 참여를 넘어, 제도적 기준을 제시하고 다자협력의 틀을 선도하는 규범 설정자로서의 지위를 확보하려는 시도로 볼 수 있다. 한국이 주도한 글로벌 디지털 규범 논의, 그린 ODA 확장, 인권 이니셔티브 참여 등이 그 실례에 해당한다.

　둘째, 다자 네트워크 외교의 강화이다. 한국은 전통적 동맹 관계에만 의존하는 외교에서 벗어나, ASEAN, 인도, 중동, 아프리카, 중남미 등 다양한 중견국 및 소지역 블록과의 외교적 연계를 다변화함으로써 외교의 전략적 자율성과 회복 탄력성을 동시에 확보할 수 있다. 이는 기존의 블록화된 세계 질서 내에서 단순히 중립을 지키는 소극적 외교가 아니라, 기존의 진영 논리를 넘어선 연계 외교 전략으로서, 단순한 중립을 넘어 '적극적 유연성과 정책 공간을 확보하는 방식이다.

셋째, 위기 완충자 및 신뢰 중재자 역할의 수행이다. 강대국 간 갈등이 심화되고 지정학적 분쟁이 장기화되는 오늘날, 한국은 중립성과 신뢰를 바탕으로 위기 조정 및 갈등 억제에 기여할 수 있는 안정 보장자로서의 역할이 요구된다. 이는 단순한 평화 중재를 넘어, 공급망, 에너지, 해양 안보 등 실질적 위기 국면에서 조정자이자 중재자로서 기능하는 것을 의미한다. 한국은 이와 같은 조정 역량을 통해 국제사회에서 실질적 책임을 수행하는 중견국에서 규범과 안정의 연결축으로 도약할 수 있는 기반이 된다. 이 세 가지 원칙은 한국이 안보, 자원, 인구 측면의 한계를 창의적 외교 전략으로 극복하고, 작지만 영향력 있는 국가로서 새로운 형태의 신강대국의 조건이다.

신강대국 외교에 우리가 주의해야 할 것은 기계적 중립이다. 현실적으로 지정학적 요충지에 있는 국가는 중립이라는 이상적 개념을 실현하기 어렵다. 폴란드가 독일과 소련 사이에서 중립을 표방했지만, 결국 양측에 의해 분할되고 점령당했으며, 벨기에도 프랑스를 향한 독일군의 관통로가 되면서 무자비하게 침략을 당한 역사적 교훈은, 중립이 가장 위험한 외교 전략이 될 수 있음을 보여 준다. 한국 역시 미·중 사이에서 중립을 고수한다면 오히려 어느 쪽으로부터도 신뢰받지 못하고 전략적 공간이 협소해질 수 있다. 따라서 단순한 중립을 지양하고 능동적 균형외교가 더욱더 현실적이다.

이와 같은 강대국 외교의 전형은 1960년대 프랑스의 드골 외교전략에서 찾아볼 수 있다.[97] 드골 대통령은 미국 중심의 NATO 군사통합지휘체계에서 이탈하며 독자적 방위정책을 선언했고, 자주국방 역량을 강화함과 동시에 독자적인 핵 억지력을 확보하였다. 동시에 소련과의 외교관계를 열고, 중국과도 수교함으로써 당시 양극 체제 내에서 프랑스의 외교적 위상을 독립적으로 구축하였다. 이 같은 전략은 동맹 자체를 거부한 것이 아니라 동맹의 틀 안에서 자국의 이익을 최우선시하는 자율적 외교의 실천한 것이었다. 한국 역시 이를 참고하여, 한·미동맹은 유지하되, 그 틀 안에서 전략적 선택권을 넓히는 실용적 외교를 모색해야 한다.

오늘날 한국은 미국의 영향권 안에 있음은 현실적으로 부정할 수 없다. 다만, 이는 미국의 모든 요구에 무조건 따르는 수동적 자세를 의미하지 않는다. 오히려 미국의 전략적 구도 내에서 한국의 지정학적·산업적·군사적 가치가 크다는 점을 활용해 자국 이익을 관철하는 외교적 레버리지로 삼아야 한다. 특히 방위비 분담 문제나 공급망 재편 과정에서 한국의 카드는 다른 어떤 나라도 대체할 수 없다. 예컨대 반도체, 배터리, 조선업 등 미국이 자국 내 유치하고자 하는 산업에서 한국의 역할은 결정적이며, 이는 협상의 주요 지렛대가 될 수 있다.

동시에 중국과는 경제협력을 지속하되, 과도한 기술 유출이나 전략산업 종속 위험에 대한 관리는 필수적이다. 중국과의 경제관계를 끊을 수 없는 구조적 현실을 인정하면서도, 핵심 인프라나 전략산업 분야에서는 자율성과 기술 주권을 유지하려는 노력이 필요하다. 일본과는 과거사 및 독도 문제에서 국익과 원칙을 명확히 하되, 경제·문화·관광 분야에서는 실용적 협력을 통해 관계 개선의 모멘텀을 형성해야 한다. 이는 감정이 아닌 실리에 기반한 접근이며, 외교적 갈등을 구조적으로 분리·관리하는 기술로 이해할 수 있다.

한국은 또한 아시아와 유라시아를 넘어 아프리카 및 라틴아메리카 등 신흥 지역과의 경제·외교 협력을 적극적으로 확대하고 세계에 대해 책임지는 강대국의 역할을 해야 한다. 이는 단순한 외교적 선택이 아니라 복합화된 국제 질서 속에서 국가 생존과 지속 가능한 성장을 위한 전략적 필연이다. 대미 의존 구조를 완화하고, 아세안·인도·호주·유럽 등과의 전략적 협력 관계를 심화함으로써, 한국은 보다 안정적인 지역 질서를 구축하고 기술·산업 분야의 공급망을 효과적으로 다변화할 수 있다. 동시에, 자주국방 역량 강화는 미국의 점증하는 안보 공백에 대한 실질적인 대응책이 되어야 한다. 나아가, 재생에너지와 그린산업 기반의 에너지 자립 체계 구축은 단순한 환경 정책을 넘어 국민경제의 구조적 전환과 경쟁력 강화로 직결될 수 있다.

미국 역시 더 이상 한국에 대해 일방적인 요구를 지속하기 어렵다. 트럼프 행정부는 일본, 대만, 호주, 인도와 함께 대중국 견제를 위한 다자안보 협력체를 구축하고 있으며, 이 과정에서 한국은 서태평양 전략의 핵심 지점으로서 전략적 가치를 지닌다. 특히 평택 미군기지는 산둥반도와 발해만 일대를 포괄하는 중국 동부 견제의 최전선 거점으로 기능하며, 미 해군력의 서진(西進) 전략에 있어 중추적 역할을 수행하고 있다. 이러한 지정학적 자산은 한·미 방위비 분담 협상 등에서 한국이 실질적 레버리지를 확보할 수 있는 기반이 된다.

경제적 측면에서도 한국은 미국 제조업 부흥 전략의 핵심 파트너로 자리 잡고 있다. 반도체, 배터리, 태양광, 자동차 등 핵심 산업군에서 한국 기업들이 미국 내 생산기지를 다수 설립하고 있으며, 트럼프 행정부는 이를 자국 산업 복원의 동력으로 적극적으로 활용하고자 한다. 이러한 현실은 미국이 한국의 산업역량에 구조적으로 의존하고 있음을 시사하며, 이는 협상에서 한국이 행사할 수 있는 전략적 자산이 될 수 있다.

한국은 변화하는 글로벌 질서 속에서 미국과의 협력을 전략적 자산으로 활용하되, 자신의 전략적 자율성과 외교적 다변화를 확보해야 한다. 미국의 보호무역주의와 탈세계화 기조는 위협인 동시에 기회로 작용할 수 있으며, 이를 활용해 에너지·식량·핵심 산업의 자급 기반을 강화하고, 탄소중립 및 녹색산업 중심의 성장전략으로 전환할 수 있다.

국제 질서가 구조적 전환기에 진입한 이 시점에서, 한국은 더 이상 수동적이고 방어적인 외교에 머물러서는 안 된다. 세계는 지금 기술·경제·안보·가치 체계 전반에서 다극성과 불확실성이 동시에 증대되는 전환기에 있으며, 특히 미·중 전략 경쟁은 단순한 지역 패권 경쟁이 아니라 글로벌 거버넌스의 재편을 둘러싼 총체적 경쟁으로 심화되고 있다. 이제 한국은 단순히 강대국 사이의 균형자 역할에 만족할 것이 아니라, 전략적 자율성을 갖춘 신강대국 외교 전략을 본격적으로 준비해야 한다. 이는 단순한 외교적 수사나 선언이 아닌, 자국 중심의 능동적인 외교 지평 확대, 군사·기술 역량의 내실화, 규범 창출 능력의 확보, 외교적 중개국으로서의 입지 강화 등을 포함하는 실질적 구조 전환이어야 한다. 또한 이것은 한국이 중견국 지위를 넘어, 21세기 다층적 국제 질서의 설계자 중 하나로 자리매김할 수 있는 현실적 가능성을 뜻한다.

2. 디지털 거버넌스 외교 전략

21세기 강대국의 조건 가운데 가장 중요한 것이 영토보다는 과학기술이라는 점이다. 이러한 의미에서 기술외교(tech diplomacy)가 21세기 국제 질서의 핵심축으로 부상하고 있다. 기술이 단지 산업혁신의 수단이 아니라, 국가 안보, 경제 안정성, 인권과 민주주의 가치, 그리고 외교적 지렛대의 핵심으로 전환되면서 외교의 영역은 전통적 군사·경제 중심에서 기술 중심의 다자 협상과 규범 경쟁으로 바뀌고 있다. 특히 트럼프 2.0 세계는 다시 한번 미국 주도의 기술 블록화와 중국의 기술자립 구상이 충돌하는 신냉전적 기술질서 속으로 재편될 가능성이 크다. 이러한 배경 속에서 기술외교는 더 이상 선택이 아닌 생존 전략이자 미래 전략이 될 수밖에 없다.

기술외교의 핵심적인 특징은 기술 자체가 외교정책의 독립적 대상이자 수단으로 기능한다는 점이다. 과거에는 기술이 주로 무역협정이나 개발원조의 부속 요소로 취급되었지만, 오늘날에는 AI, 반도체, 5G, 배터리, 바이오 등의 전략 기술이 국가 간 갈등과 협력의 핵심 고리로 작용한다. 특히 미국은 반도체 제조 장비, 고성능 AI칩, 양자컴퓨팅, 생명공학 등에서 중국에 대한 수출통제를 무기로 기술 패권을 유지하려 하고 있으며, EU는 디지털 서비스법(DSA), 인공지능 규제법(AI Act), 데이터 보호 일반규칙(GDPR) 등을 통해 기술 규범의 글로벌 표준 설정에 집중하고 있다. 중국은 이에 맞서 디지털 실크로드를 통해 제3세계에 독자적 기술생태계를 구축하며, 기술 자립화와 플랫폼 주권을 강화하는 전략을 취하고 있다.

기술외교는 또한 외교 행위자의 다원화를 요구한다. 국가 간 외교를 넘어, 글로벌 빅테크 기업, 기술 전문가, 국제 표준화 기구, 민간 싱크탱크, 심지어 해커 집단까지 기술외교의 참여자는 전통 외교 범주를 넘어선다. 덴마크가 세계 최초로 실리콘밸리에 '기술대사(Tech Ambassador)'를 파견한 것은 이를 상징적으로 보여주는 사례이다. 기술외교는 단지 개인과 기업, 국가 간 이익을 조정하는 협상에 그치지 않고, 세계 시민사회와 기술 기업, 윤리적 가치의 수호자 간의 복합적인 외교 전쟁으로 진화하고 있다.

트럼프 2기 정부는 기술외교의 탈다자주의화와 지정학적 블록화를 강하게 밀어붙일 가능성이 크다. 트럼프 1기 당시에도 미국은 화웨이 제재, TikTok 금지, TSMC·삼성의 미국 공장 유치, 반도체 동맹(Chip 4) 구상 등을 통해 기술을 중심으로 한 외교정책을 적극적으로 추진했다. 이러한 경향은 유럽, 일본, 인도, 호주 등 민주주의 기술 연합을 강화하면서도, 자국 중심의 공급망 구축과 기술 내셔널리즘을 더욱 부각시키는 방향으로 전개되었다. 중국은 이에 대응해 '중국 표준 2035' 전략을 가속화하고, AI, 6G, 디지털 위안화 등 분야에서 미국의 기술 봉쇄를 우회하기 위한 자립적 생태계 구축을 강화했다. 기술은 단순한 혁신의 수단을 넘어서, 양극화된 세계 질서를 구축하는 핵심 권력 장치이자 기술의 지정학으로 작동하고 있다.[98]

이러한 국제 질서 속에서 한국은 기술외교의 전략적 중간지대에 놓여 있다. 한국은 반도체, 배터리, AI, 디지털 인프라 등 핵심 기술 분야에서 세계 최고 수준의 기술력과 제조력을 갖춘 국가로, 주요 기술 동맹에 필수적인 파트너이자 기술 분쟁의 최전선에 있다. 한국은 미국과의 기술 안보협력을 강화하는 동시에, EU·아세안·중동 등과는 기술 규범과 표준 기반 협력을 병행해야 한다. 이를 위해 한국은 국제 기술표준 제정 기구에서의 영향력을 높이고, 과학기술 외교관을 확대하며, 신흥국과의 디지털 협력 구상을 전략적으로 추진해야 한다.

그러나 한국은 단순한 기술 협력이나 산업 지원 차원의 기술외교를 넘어 디지털 거버넌스 외교(Digital Governance Diplomacy)로 전환하여야 한다. 기술이 국제 질서의 핵심 권력 자원으로 부상함에 따라, 기술외교는 더 이상 특정 기술의 수출입이나 산업협력 수준에 머무를 수 없다. 특히 미·중 간 디지털 패권 경쟁이 첨예화되고, 각국이 데이터 규제·AI 윤리·사이버 안보·디지털 인권을 포함한 디지털 질서의 규범 정립에 나서는 상황에서, 기술외교는 규범 중심 외교로의 진화가 필수적이다.

디지털 거버넌스 외교의 기본은 기술 주권의 확보이다. 이는 반도체, 인공지능, 양자컴퓨팅 등 전략 기술에 대한 자립성과 독립성을 확보함으로써 외부 의존도를 줄이고, 기술을 통한 안보와 경제의 자율성을 확보하여야 한다. 동시에 이러한 기술이 사장되지 않으려면 디지털 규범을 선점해야 한다. 글로벌 차원에서 데이터 보호, 인공지능 윤리, 사이버 거버넌스 등 기술 규칙의 제정 경쟁이 격화되면서, 기술외교는 규범 설정을 통한 소프트 파워 강화의 장으로 진화하고 있다. 또한, 지정학적 리스크가 고조되는 가운데, 핵심 기술 소재와 부품의 안정적 확보를 위한 동맹 및 파트너십 전략도 디지털 거버넌스 외교가 반드시 추진해야 한다. 즉, 한국은 기술을 파는 국가를 넘어, 디지털 세계의 규칙을 설계하는 국가가 되어야 하며, 이를 위해서는 기술외교를 디지털 거버넌스 외교로 발전시켜 나가야 한다.

디지털 거버넌스 외교는 단순히 디지털 기술을 활용하는 외교가 아니라, 디지털 기술이 지배하는 국제규범, 법, 질서의 형성과 유지에 한국이 주도적으로 참여하는 외교다. 이는 EU의 GDPR, DSA, AI Act 같은 사례에서 나타나듯, 국가의 영향력은 무기력한 중견국이라 하더라도 기술 규범 설정의 선도자로 변모할 수 있음을 보여 준다. 한국은 OECD, G20, APEC 등 다양한 다자기구에 참여하고 있으며, 디지털 정부, 스마트시티, 전자상거래, K-사이버보안 등 다양한 분야에서 중견 이상의 역량을 축적하고 있다. 이 강점을 디지털 규범 외교로 전환하지 못하면, 기술의 수혜국에서 기술 질서의 수용국으로 전락할 위험이 있다.

또한 디지털 거버넌스는 단순한 기술 문제가 아니라 민주주의의 미래와 직결된 문제이기도 하다. AI 검열, 알고리즘의 편향, 디지털 감시체계 강화는 전 세계적으로 민주주의와 인권을 위협하고 있으며, 이에 대응한 규범적 외교는 한국의 중간규모 민주국가로서의 도덕적 위상과 외교적 공간을 확장할 수 있는 수단이 된다. 즉, 한국은 기술력을 기반으로 한 경제적 이익을 넘어, 디지털 시대의 공정성과 책임, 투명성, 자유의 원칙을 국제사회에 제시하고 공동 규범을 주도함으로써 기술문명 속 외교 강국으로 전환할 수 있다.

실제 국제사회에서는 디지털 거버넌스의 확대는 외교의 주요 과제 중의 하나이다. 바이든 정부는 'Chip 4'로 불리는 반도체 동맹을 통해 한국, 일본, 대만과의 기술 협력을 강화하였으며, 이는 단순한 산업협력을 넘어 글로벌 반도체 공급망의 재편과 중국 견제라는 외교 전략의 목적으로 작동하고 있다. 유럽연합은 가이아-X(Gaia-X) 프로젝트를 통해 유럽 중심의 클라우드 생태계를 구축하고, GDPR 제정을 통해 글로벌 디지털 규범 경쟁에서 주도권을 확보하고자 하였다. 이는 기술 주권과 규범 선도를 동시에 추구하는 전략으로, 디지털 거버넌스 외교의 제도적 구체화를 보여주는 대표적 사례이다. 일본은 반도체 및 첨단 부품 산업의 자립을 위해 미국 및 유럽과의 전략적 기술 제휴를 추진하였으며, 미국의 인텔, 네덜란드의 ASML 등과 협력하여 자국 내 생산기반을 복원하고 있다. 이스라엘은 사이버 안보 기술을 중심으로 국제 협력 범위를 넓히고 있으며, 민간 스타트업을 안보 외교의 핵심 자산으로 활용하는 독자적 모델을 통해 '기술-안보-외교'의 삼각 구조를 성공적으로 구축해왔다.

디지털 거버넌스 연대의 강화는 한국 외교전략의 중심축이 되어야 한다. 이는 단순한 무역 확대를 넘어서, 공동 연구개발(R&D), 국제 기술표준화, 특허 공동관리 등 기술 협력의 제도화를 통해 구체화되어야 하며, 특히 미국, EU, 일본 등 기술 선진국과의 연계가 전략적으로 중요하다. 최근 한국은 미국과의 '신흥기술 협력 대화(Emerging Technology Dialogue)'를 통해 AI, 양자기술, 반도체 등 분야에서 공동 기술 로드맵을 수립하고 있으며, 유럽연합과는 반도체 공급망 복원력 확보를 위한 MOU를 체결하는 등 기술외교의 다자화에 속도를 내고 있다. 이러한 기술 플랫폼은 단순한 기술 교류를 넘어 글로벌 기술 규범과 질서 형성에 한국이 실질적인 영향력을 행사할 수 있는 기반을 제공한다.

동시에 한국은 지정학적 리스크에 대응하기 위한 공급망 다변화 전략도 병행되어야 한다. 미·중 갈등으로 인해 기존 공급망이 군사안보화되는 추세에서 한국은 베트남, 인도, 인도네시아 등 신남방 국가들과의 기술 생산·공급 파트너십 강화가 요구된다. 한국은 이미 베트남과 반도체 패키징 협력, 인도와 배터리·소재 공동 생산 프로젝트를 추진하고 있으며, 이는 단기적인 비용 절감뿐 아니라 전략적 리스크 분산이라는 측면에서도 중요한 의미가 있다. 나아가 아세안과의 디지털 파트너십, 중동과의 수소 에너지 기술 협력 등도 한국 기술외교의 외연 확장 전략에 포함될 수 있다.

한국은 디지털 거버넌스 외교를 전방위로 확장할 수 있는 여건을 갖추고 있다. 다만 아직은 글로벌 규범 경쟁에서 후발 주자이며, 기술 리더십과 외교적 조율 능력의 결합이라는 과제가 남아 있다. 이를 극복하기 위해서는 범정부 차원의 정책 통합, 외교부·산업부·과학기술정보통신부 간의 전략 조정, 글로벌 기업 및 민간 파트너와의 유기적 연계가 필수적이다. 이러한 구조적 전환을 통해 한국은 글로벌 기술 질서의 규칙 제정자로서의 위상을 구축하고, 기술 보호주의 시대에도 독립적이며 주도적 지위를 확보할 수 있을 것이다.

국제 기술 질서에서 규칙 제정자라는 지위는 단순한 기술 개발 능력을 넘어, 국제사회가 따르게 될 규범과 표준, 윤리, 인프라 설계 원칙을 주도적으로 정립하는 능력을 의미한다. 이 지위를 확보하는 국가는 데이터 거버넌스, 인공지능 윤리, 사이버 안보, 디지털 무역 규칙 등 핵심 영역에서 자국의 가치와 이해관계를 반영한 규칙을 '국제 규범화(global norm-setting)'를 추진할 수 있으며, 장기적으로는 기술 수출과 제도 수출을 결합한 소프트 파워의 확대 효과를 기대할 수 있다.

첨단 기술 기반의 글로벌 경쟁이 안보와 외교, 무역의 경계를 허물고 융합하는 시대에 한국은 디지털 거버넌스 외교 전략을 통해 한국과 세계의 미래를 재설계해야 한다. 이는 단지 국제 환경에 대한 대응이 아닌, 새로운 질서를 선도하는 능동적 전략이며, 기술 강국으로서의 한국의 위상을 제도화하는 전략이기도 하다.

3. 한국형 복합억제군사 전략

트럼프 2.0 시대의 도래는 단순히 미국의 정치적 방향 전환을 의미하는 것이 아니라, 전 세계적으로 극우 세력의 부흥과 권위주의적 정치질서의 재등장이라는 보다 구조적인 흐름과 맞닿아 있다. 이는 국제 협력보다는 양자 협상과 경제·군사적 압박을 통한 분쟁 해결 방식의 선호로 귀결된다. 이러한 흐름은 미국뿐 아니라 유럽, 아시아, 남미 등지에서 극우 성향의 정치세력이 연쇄적으로 집권하거나 정치적 영향력을 확대할 기반을 조성하고 있으며, 다자주의적 질서를 전제로 한 기존의 안정 구조를 심각하게 훼손하고 있다.

이처럼 각국의 정치체제가 자국 중심주의로 기울고, 상호 불신과 적대가 외교의 기본전제가 되는 상황에서, 지역 단위의 국지적 충돌은 점차 확대 재생산될 가능성이 크다. 특히, 국수주의적 서사와 민족 정체성의 정치적 도구화는 영토 분쟁, 난민 문제, 자원 확보 경쟁 등의 사안을 이념적 갈등으로 전화시켜, 무력 충돌의 가능성을 불러일으킨다. 트럼프 2.0이 상징하는 국제적 파편화와 충돌의 외교 패턴은 결국 국지전을 넘어 대규모 지역전, 나아가 다자 참여형 세계대전 발생 가능성에 대한 우려를 현실화시키고 있다.[99]

중요한 점은 이러한 변화가 미국의 상대적 국력 약화에서 비롯된 것이 아니라, 강대국의 책임 회피라는 사실에서 기인한다는 것이다. 미국은 여전히 세계 초강대국이지만 국제적 책무를 이념적 사명보다는 경제적 비용의 문제로 환산하고 있으며, 이는 질서의 창조자에서 이익의 수취자로의 역할 전환을 상징한다. 이와 같은 미국의 전략적 축소는 전통적 자유주의 국제 질서의 해체를 가속화하며, 동맹국들이 자국의 안보와 경제를 자율적으로 관리해야 하는 압박으로 이어진다. 특히 유럽, 동북아, 중동과 같은 전략 요충지에서는 집단안보 체제의 신뢰 약화와 지역 군비 경쟁이 동시에 확산되고 있다. 이는 한편으로는 자주국방의 필요성, 다른 한편으로는 국제 권력 공백의 현실화를 의미한다.

이러한 환경 속에서 자주국방의 중요성은 단순한 안보의 문제를 넘어, 정치적 주권과 국제적 대응능력의 핵심 구성요소로 부상하고 있다. 동맹 체계가 약화되고, 기존의 집단안보 장치들이 정치적 이해관계에 따라 기능이 정지되거나 조건부로 전환되는 상황에서, 자국의 방위력을 독자적으로 유지하고 운용할 수 있는 역량은 국가 생존의 필수 요건이 된다. 특히, 정보전·사이버전·우주 안보 등 비전통적 안보 영역의 확대는 기술 주권과 군사 자립도의 확보 없이는 효과적인 위협 억제조차 어려운 구조로 진입하고 있음을 시사한다. 그만큼 한 나라의 국방력이 중요한 시대라는 점이 분명하다.

이제 믿을 수 없는 동맹이 사라지고 있는 현실에서 우리는 스스로를 지킬 준비가 되어 있는가라는 질문에 답해야 한다. 트럼프 1기 행정부 시절부터 명확하게 드러난 '비용 중심의 동맹관', '주한미군 감축 압박', '무역-안보 연계 협박'은 단순한 위협이 아니라 트럼프가 만들고 있는 새로운 국제 질서이다. 그 연장선에서 트럼프 2.0은 더 노골적이고 더 냉정한 방식으로 동맹국들에게 스스로를 방어할 준비가 되어 있는가를 요구할 것이며, 이는 한국 안보 전략의 핵심 전제를 다시 짜야 할 시점을 의미한다.

이러한 상황에서 한국이 단순히 핵무기 보유 여부만을 논하는 것은 협소하다. 한국은 핵 비보유국으로서 핵확산금지조약(NPT)의 틀 안에 있지만, 전략적 억지력의 측면에서 자체 핵무장 가능성이라는 전략적 옵션의 존재 자체가 외교적 레버리지로 작동할 수 있음을 분명히 보여줄 필요가 있다. 이는 단순히 핵무기 보유를 실현하겠다는 선언이 아니라, 국가안보의 최후 보루로서 핵무장 가능성을 배제할 수 없다는 인식을 국제사회, 특히 미국에 명확히 전달하는 것이다. 다시 말해, 한국은 '핵무장을 할 수 없는 나라'가 아니라, '핵무장을 하지 않기로 선택한 나라'라는 태도 아래, 최악의 상황에서는 독자적 해법을 마련할 수 있다는 의지와 능력을 대외적으로 보여주어야 한다. 이러한 접근은 국제외교에서 흔히 활용되는 전략적 모호성의 연장선에 있으며, 실제 무장을 선언하지 않으면서도 억지 효과를 창출하는 현실적 방책이 될 수 있다.

자체 핵무장 옵션은 단지 선언적인 위협이 아니라 기술적·제도적·정치적 수단을 통해 준비되고 있다는 점을 암묵적으로 유지하는 것이 중요하다. 이러한 전략은 동맹국과의 신뢰를 훼손하지 않으면서도, 주변 강대국에게 한국의 안보적 결단력이 단순한 수동성에 머물지 않는다는 점을 각인시킬 수 있는 복합 억지 체계의 하나로 기능할 수 있다.

핵무기는 억지의 상징이지만, 억지력의 실질적 작동은 그것을 뒷받침할 수 있는 국가 산업력, 기술력, 전략적 복원력 위에서만 유효하다. 이제 한국은 '핵무기보다 더 강력한 무장'을 고민해야 한다. 그 해답은 바로 자체 제조 기반의 무기 자주화와 전략물자 생산력의 절대우위 확보에 있다.

21세기 전쟁 양상의 전환점이 되고 있는 우크라이나 전쟁은 현대전의 실상을 극명하게 보여 준다.[100] 이 전쟁은 기존 전면전 개념을 유지하면서도, 비정규전·기술전·심리전이 복합적으로 작동하는 하이브리드 전쟁이라는 새로운 양식을 드러내면 군사 교리를 재편하는 계기가 되고 있다. 나아가 향후 전쟁 준비의 방식과 방향에 구조적인 변화를 요구하고 있다.

무엇보다 이 전쟁은 기갑 전력, 포병, 참호전 등 전통적인 지상전 양식의 유효성을 다시 입증하였다. 탈냉전기 이후 서방 국가들이 비대칭전과 대테러전에 집중하며 전면전을 상대적으로 경시해 온 가운데, 우크라이나 전쟁은 국가 간 고강도 충돌에서 여전히 전통 무기체계가 핵심적 역할을 수행함을 입증하였다. 그러나 동시에, 기갑 전력은 드론과 대전차 미사일 등 경량 고정밀 무기에 의해 손쉽게 무력화되는 사례가 반복되면서, 전통 무기의 생존력은 기술적 진화와의 결합 여부에 달려 있다는 점을 분명히 보여주었다.

드론 전력은 단순한 보조 전력이 아니라 전면전에 통합된 핵심 전력으로 부상하였다. 우크라이나와 러시아는 전술·전략 드론을 대규모로 운용하였으며, 특히 우크라이나는 상용 드론을 군용으로 개조하거나 자체 제작해 고가의 장비 및 지휘소 타격에 성공하였다. 이는 전쟁의 비용 구조를 근본적으로 변화시킨 사례이며, 향후 군대는 드론 운용뿐 아니라 대드론 방어, 전파 교란 대응, 자율 항법 기술 등 새로운 작전 영역을 포괄하는 편제와 훈련 체계를 갖추어야 한다.

사이버전과 정보전 역시 결정적 역할을 수행하였다. 러시아는 전쟁 초기 위성통신망, 에너지 인프라, 언론 시스템 등을 대상으로 사이버 공격을 감행하였으며, 이는 물리적 충돌 이전에 디지털 공간에서의 선제 타격이 전략적 수단으로 기능할 수 있음을 보여 준다. 이에 대응한 우크라이나는 Starlink와 같은 민간 위성통신망, 오픈소스 정보(OSINT), SNS를 활용한 정보 확산 전략을 통해 국내외 여론을 효과적으로 주도하였다. 이는 정보 통제와 인식 공간에서의 주도권이 물리적 전투를 능가하는 전략적 자산임을 입증한 사례이며, 한국 역시 유사시를 대비해 독립적인 위성 인터넷 네트워크 구축이 필요함을 시사한다.

민간과 군의 통합된 전쟁 수행 능력, 이른바 '군·민 융합(Military-Civil Fusion)'도 중요한 전환점으로 부상하였다. 우크라이나는 민간 기술기업, 자원봉사자, 스타트업들과의 협력을 통해 전시 기술 혁신과 물자 조달을 빠르게 실현해냈다. 예컨대 3D 프린팅 기반 탄약 생산, 크라우드 펀딩을 통한 장비 확보, 민간 해커의 사이버전 기여 등은 전쟁 수행 능력을 실질적으로 강화하였다. 이는 평시 산업과 기술 자산을 유사시 군사적 자산으로 전환할 수 있는 체계적 전략이 국가 안보의 필수 조건임을 보여주는 한편, 강력한 제조업 기반을 보유한 국가는 장기전에 더욱 유리하다는 사실을 21세기에도 여전히 확인시켜준다. 한국은 세계적 수준의 반도체, 통신, 조선, 기계, 배터리 산업을 보유한 국가로서 군·민 융합을 위한 잠재력이 매우 크지만 아직까지 민간 기술기업과 국방부문 간 제도적 연계는 미흡하며, 전시 상황에서의 산업 전환 체계, 인력 동원 계획, 디지털 기반 자산의 군사화 전략은 명확히 제시되어 있지 않다.[101]

우크라이나 전쟁은 인공지능 기반의 전투 시스템이 실제 전장에 부분적으로 통합되기 시작한 과도기적 양상을 반영한다. 영상 분석 AI, 자동 표적 식별 시스템, 전술 추천 알고리즘 등은 제한적으로 실전에 활용되었으며, 향후 지휘체계 내에서 인공지능 사령관(AI Commander)의 역할이 점차 확대될 가능성을 보여 준다. 미국과 중국은 이미 시뮬레이션 기반 AI 작전계획 수립 및 자율 전투 알고리즘을 시험 중이며, 궁극적으로는 실시간 전장 데이터를 분석하고 전략적 결정을 내리는 인공지능 사령부의 등장도 현실적 과제로 부상하고 있다.

자율주행 로봇 병사(Robotic Infantry) 역시 서서히 실전에 투입되기 시작했다. 미국은 이미 보스턴 다이내믹스와 협력한 4족 보행 수송 로봇을 실험 중이며, 한국은 무인지상차량(UGV)을 감시 및 화력지원 용도로 제한 운용하고 있다. 러시아는 '우란-9' 무장 로봇을 전장에 배치한 바 있다. 이러한 기술은 병력 손실을 줄이고 위험 지역에서의 작전 수행 능력을 강화하는 장점이 있으나, 동시에 윤리적 통제, 오판 가능성, 인간 통제권 상실 등 복잡한 군사철학적 쟁점을 수반한다.

우크라이나 전쟁은 전쟁이 병력과 무기력의 단순 합이 아니라, 기술력·정보력·사회적 동원 역량이 결합된 복합적 총력전임을 명확히 보여주었다. 향후 전쟁 준비는 기존의 군사 중심주의를 넘어, 디지털 기반의 작전 환경에 적응하고, 인공지능 중심 지휘체계를 구축하며, 자율 무기의 책임 구조와 윤리적 통제 체계를 마련하는 방향으로 진화해야 한다. 분산형 조직과 유연한 전시 전환 능력을 포괄하는 종합 안보체계 구축이 핵심 과제가 된 것이다. 이러한 맥락에서, 재래식 전력의 우위와 함께 디지털 기술력을 갖춘 한국은 향후 하이브리드 전쟁 환경에서 가장 유리한 전략적 위치에 서 있다고 평가할 수 있다.

현대 첨단 무기는 자체 제조 기반과 첨단 기술력이 결여되면 확보가 불가능하다. 한국은 이미 세계 10위권의 방위산업 수출국으로 성장했으며, 자주포(K9), 전차(K2), 경공격기(FA-50), 잠수함, 미사일 체계 등에서 서방 기준에 부합하는 무기를 생산해내고 있다. 방위산업은 민간 제조업의 기술, 인력, 수요 기반 위에 뒷받침되며, 부품소재의 자립률, 인공지능 기반 통합체계, 탄약 생산과 탄성 공급망 구축 없이는 확장성이 없다. 이러한 점에서 한국은 방위산업 자립도와 기술 개발 성공률 면에서 중국과 유사한 수준에 도달한 국가이다. 국방력의 실질적 독립은 산업기반의 독립에서 출발한다는 이는 잘 보여 준다.

트럼프 2.0 시대의 한국의 국방 전략은 분명하다. 한국형 방위체제는 핵무기보다 더 강하고 지속가능한 강력한 복합 방위체계를 갖추는 데 있다. 이것은 한국형 전쟁산업의 높은 수준에 뒷받침되며, 전쟁 위기 시 전면 전환 가능한 제조업 총동원 체계에서 시작된다. 즉, 단순히 총과 미사일을 많이 만드는 것이 아니라 무기 생산이 가능한 기계공업, 정밀가공, 고에너지화학 분야의 인프라, 군용기·드론·레이더·센서에 들어가는 반도체·소재 자립, 핵심 부품의 국산화와 생산기지의 분산, 방산 기업에 대한 금융·세제·인력 투자체계의 전면 개편 등으로 현실화된다. 특히 미국과 유럽조차 중국 의존에서 벗어나려는 지금 한국은 과거 '무기를 사는 나라'에서 '서방이 무기를 사러 오는 나라'로 바뀌고 있다. 이는 한국의 무기 자립도가 어느 나라보다 높아서 가능하며, 자유진영에서 유일무이하다.

한국이 미국의 안보 우산에 기대앉아 있을 수 없다는 냉정한 현실 앞에서 우리는 스스로의 자주방위 체계 재편을 위한 정치적·전략적 기반을 마련해야 한다. 예컨대, 미국이 더는 한국의 방위를 책임지지 않는다는 전제가 공식화되는 순간, 한국형 방위체계를 추진해야 한다. 이 개념은 핵무기의 파괴력 그 자체를 초월하는 실질적 억지 수단을 지칭하는 것이 아니라, 핵무장이 상징하는 억지력의 본질을 보다 지속할 수 있고 구조적 국가 역량 위에 기반한 전략적 비전을 의미한다. 즉, 억지력은 단일 무기체계의 보유 여부에만 의존하는 것이 아니라, 그 무기를 설계·생산·운용·보급할 수 있는 산업기반과 기술자립, 위기 상황에서 이를 복원하고 확장할 수 있는 국가 시스템의 탄력성에 의해 실질적으로 뒷받침된다.

핵무기가 갖는 절대적 파괴력에도 불구하고, 사용의 제약성과 전략적 유연성 부족이라는 한계를 고려할 때, 보다 다양한 수단의 결합을 통해 상대국의 전략적 선택지를 제한하고 체제 기능을 무력화시키는 능력이 핵무기 이상으로 중요해지고 있다. 이러한 복합 억제전략에 가장 중요한 것은 정밀 재래식 타격 능력을 갖추는 것이다. 이는 적의 적의 전략적 자산을 정밀하게 타격할 수 있는 능력을 의미하며, 이는 B-21 스텔스 폭격기, 극초음속 활공체(HGV), 고고도 전자기펄스(EMP) 무기와 같은 첨단 재래식 무기체계로 대표된다. 이러한 수단은 핵무기와 달리 실전 사용 가능성이 높고, 정밀성과 속도 측면에서 효과적인 실질적인 억지력을 제공한다.

이러한 맥락에서 복합적 억제전략은 핵무기 보유 여부를 넘어, 국방력의 산업화, 기술 주권, 전략물자 생산력, 군수 동원체계 등 복합적 요소가 통합된 총체적 방위력을 지향한다. 특히 전통적인 핵 억지력 모델이 군사적 상호확증파괴(MAD)에 기반하고 있지만, 복합적 억제전략은 위기 대응의 유연성, 확장억지의 자율성, 그리고 전면전 시 생산기반의 복원력 확보를 통해 실질적인 전쟁 억지 및 지속 가능한 안보체계를 구현하는 데 초점을 둔다.즉, 한국이 비핵 상태를 유지하면서도 전략적 억지력에서 핵보유국과 유사한 효과를 달성할 수 있도록 고안된 대안적 국가 전략이다.

이러한 측면에서, 한국은 다음 세 가지 국방 전략적 도약을 모색해야 한다. 첫째, 무기 산업의 이중 트랙화, 즉 내수 기반의 전면전 대비 체계와 수출 기반의 방산 기술 진화를 병행하는 전략이다. 전자는 전쟁 억지를 위한 물량과 품질의 안정성 확보를, 후자는 글로벌 네트워크를 통한 지속가능성과 경쟁력 강화를 목표로 한다. 둘째, 기술 국산화 전략의 핵심 산업화, 특히 AI 전투지휘체계, 초음속 미사일, 소형 위성·감시 체계, 드론 및 스텔스 전투기 등 차세대 무기 플랫폼의 기초 기술에 대한 집중 투자와 기술 내재화이다. 셋째, 전 국민적 산업·기술 역량 동원 체계, 즉 예비군 수준의 산업 기반 민방위 체계로, 유사시 제조업 기반이 군수 체계로 전환할 수 있도록 하는 산업형 총력 안보 체제를 구축해야 한다.

복합억제 전략의 또 다른 전략적 의미는 대한민국은 자체적인 방어 역량뿐만 아니라 유사시 외부로의 군사력 투사가 가능해야 한다는 것이다. 지금의 국제 질서는 무장하지 않는 국가에게는 평화도, 존엄도, 경제적 주권도 허용하지 않는다. 군사력의 핵심은 단순히 병력이나 미사일 수량이 아니라 위기 시 복원 가능한 생산체계와 그 체계를 운영할 수 있는 국가 역량이다. 무기는 이제 군대만이 아니라 국가 전체가 만드는 총체적 시스템이며, 그것이 핵무기보다 더 실질적 억제력이 될 수 있다.

나아가 한국은 자유주의 국제 질서의 지속적 안정을 위하여 한반도 지역 방위를 넘어 역외적 군사력 운용 능력과 질서 유지에 대한 기여 의지를 점차 확대해 나갈 필요가 있다. 세계 5위권 수준의 군사력을 보유한 한국은 다자적 안보협력과 국제 평화유지 활동, 해양 안보, 전략적 억지력 투사 등 국제 공공재로서 안보 기여는 선택이 아닌, 국가 위상에 상응하는 책임이다.

전통적으로 한국은 외교 전략의 하나로 군사력의 한반도 내 국지적 제한을 유지하고, 역외 분쟁에의 군사적 개입을 자제하는 방식으로 신중한 중견국 외교를 실현해왔다. 그러나 이러한 접근이 지속될 경우, 자국 이익만을 중시하는 폐쇄적 군사주의, 또는 국제 질서에 대한 기여 의지가 결여된 이기적 행위자로 간주될 수 있다. 특히 자유주의 질서로부터 막대한 경제적·정치적 이익을 누리는 국가가, 그 질서의 유지 비용을 분담하지 않으려는 태도를 보일 경우, 국제사회는 해당 국가를 무임승차 국가로 인식될 수 있다.

신강대국의 군사력은 단순한 국력 과시를 넘어, 자국의 군사력과 외교력을 유기적으로 결합하여 국제 질서의 안정과 규범 형성에 능동적으로 기여하려는 전략적 의지를 포함해야 한다. 이러한 관점에서 한국이 군사 역량을 한반도 방어에만 한정하고, 국제 분쟁이나 글로벌 질서의 위기 상황에 대해 실질적 대응을 회피하는 태도는 21세기 책임국가로서의 위상과 부합하지 않으며, 오히려 국제사회로부터의 신뢰와 존중 확보에 구조적 한계를 드러낼 수 있다.

이러한 맥락에서 한국형 항공모함 도입 논의는 단순한 전력 확충을 넘어, 한국이 국제적 안정과 공동 안보에 실질적으로 기여할 수 있는 작전 능력 확보의 의미를 내포한다. 항공모함은 전통적으로 전략 투사의 상징일 뿐 아니라, 인도적 지원(HA/DR), 해양 차단, 국제 분쟁 억지, 동맹국 보호 등 다기능·다역할 복합 플랫폼이다.. 이러한 자산의 보유는 한국이 자국 방어를 넘어 국제규범 수호와 분쟁 안정화 작전에 기여할 수 있는 실질적 수단이 될 수 있다.

또한 한국형 경항공모함(LHCV) 도입은 국방력 증강이나 무기체계 현대화에 국한되지 않고, 국제정치적 차원에서 정당성을 갖는 전략 자산의 확보라는 점에서 주목할 필요가 있다.[102] 한국은 미국과의 동맹 체제를 기반으로 하면서도 전시작전통제권 전환, 미·중 전략 경쟁의 심화, 다자안보의 중요성 증대 등 변화된 안보 환경 속에서 독자적 전략 수단을 일부 확보해야 할 필요성이 제기되고 있다. 항공모함은 단독 작전보다는 통상 연합 작전에서의 전략적 기여 수단으로 운용되는 경향이 강하며, 따라서 한국형 경항모는 동맹 중심의 안보협력 구조 내에서 자율성과 기여도를 동시에 강화하는 중간 수단으로 기능할 수 있다. 한국형 경항모의 도입은 전통적인 군사력 강화 논리를 넘어서, 한국이 책임과 자율성을 조화롭게 수행할 수 있는 외교·안보 전략의 일부로서 국제정치적 정당성을 갖는다. 이는 단지 국방 자산의 확충이 아니라, 대한민국이 규범 기반 국제 질서의 수호자, 국제안보 기여국, 다자협력의 전략적 강대국으로 자리매김하는 과정으로 이해되어야 한다.

한국이 만약 한반도 외부 분쟁에 개입하게 된다면, 그 가능성이 가장 높은 시나리오는 양안 전쟁일 것이다. 중국이 전쟁을 명분으로 대만해협을 봉쇄하거나 한국 국적 선박에 물리력을 행사하는 경우, 한국은 어떤 형태로든 참전을 회피하기 어려워진다. 더욱이 미국과 일본이 개입을 공식화하고 한국에 협조를 요구하는 상황이라면, 단순히 중립을 선언하는 것만으로는 외교적·전략적 대응이 불가능하다. 이러한 지정학적 리스크를 감안할 때, 한국은 해군 전력을 강화하고 항공모함 설계 등 원거리 해상 작전 능력을 포함한 종합적 대응 역량을 체계적으로 확보해 나가야 한다.

한국이 진정한 의미의 신강대국으로 자리매김하기 위해서는, 국제 질서의 수혜자에서 그 유지와 정당성의 창출자로 전환하는 자세가 요구된다. 이를 위해 국방 자립과 방산 산업 고도화는 선택이 아닌 필수 전략이며, 첨단 제조업 기반의 무장 능력 구축은 한국의 자주적 외교·안보 역량을 실질적으로 뒷받침할 수 있는 핵심축이 되어야 한다.

4. 매력 국가 전략

21세기 국제 질서에서 강대국의 위상은 더 이상 군사력이나 경제력만으로 정의되지 않는다. 냉전 이후 미국의 패권은 단순한 무력이나 자본의 과잉이 아니라 민주주의, 자유시장경제, 문화, 언어, 교육, 브랜드 등 다양한 비군사적 영향력이 결합된 결과였다. 조지프 나이(Joseph S. Nye)가 강대국의 조건을 소프트 파워에 두고 있는데,[103] 이는 타국이 그 국가를 '매력적으로 느끼도록' 하여 자발적 동조와 협력을 유도하는 힘을 의미한다. 오늘날의 글로벌 리더십은 바로 이러한 문화적 매력 국가의 자질을 갖춘 국가에게 부여되고 있으며, 이는 경제력이나 군사력보다도 더 넓고 깊은 영향력을 지속해서 확산시킨다.

바로 이 지점에서 한국은 소프트 파워의 구조적 가능성과 현실적 기반을 모두 갖춘 몇 안 되는 강대국이라고 감히 부를 수 있다.

한국은 일본의 식민지 지배, 6·25전쟁이라는 전면적 파괴, 냉전 체제, 이후의 권위주의적 정치체제를 거치면서도, 민주주의와 경제적 번영을 동시에 달성하였고, 오늘날에는 문화 강국으로 도약하였다. 전통적으로 지정학적 긴장과 전략적 요충성이 겹치는 복합 안보 공간에 위치하면서, 근대화의 압축성장, 민주화, 산업화, 정보화를 불과 반세기 만에 거의 동시에 달성한 한국은 다수의 개도국이 선망하거나 참조하는 발전 모델의 대표 사례로 자리매김하였다.

예컨대 베트남은 경제개발 전략의 하나로 '베트남판 새마을운동'을 전개하며, 농촌 개발과 지역 주도의 생활 인프라 개선에 있어서는 한국 모델을 직·간접적으로 도입하였다. 카자흐스탄, 우즈베키스탄 등 중앙아시아 국가들은 산업단지 조성, 교육훈련 체계, 전자정부 시스템 등에서 한국식 압축개발 경험을 적극적으로 벤치마킹하였으며, 아프리카 르완다와 에티오피아는 한국의 ICT 기반 교육·보건 시스템과 K-보건모델(K-health model)을 협력 프로젝트의 대표적 사례로 채택했다. 또한, 중남미의 콜롬비아, 페루, 파라과이 등은 한국의 포스트 권위주의 정치 전환 및 민주주의 정착 과정을 중요한 정치제도 전환 참고사례로 활용한 바 있다.

이러한 복합적이고 특수한 역사적 경험은 한국이 단순한 문화 수출국을 넘어, 정치적 전환, 경제성장, 민주주의 정착, 기술혁신을 포괄하는 발전 서사를 공유할 수 있는 외교 자산을 보유하고 있음을 의미한다. 이것은 문화적 영향력에 더해 규범적 외교 역량, 그리고 개발 협력과 글로벌 거버넌스에서의 전략적 발언권으로 확장될 수 있는 구조적 기반이 된다.

한국은 보편성과 특수성이 결합된 문화 콘텐츠를 다량 생산하고 있다. K-팝, K-드라마, K-무비, K-뷰티, 한국 음식 등은 단순한 유행을 넘어 삶의 양식으로 자리 잡고 있으며, 이는 미국의 할리우드 문화에 필적할 수 있는 세계적 문화 브랜드로 성장하고 있다. 중요한 점은, 이 모든 콘텐츠가 폐쇄적 국가가 아닌 개방성과 민주주의를 기반으로 한 사회에서 생산된다는 것이다. 한국 문화가 세계적 매력을 가지는 이유는 단순한 미적 요소 때문이 아니라 그 안에 내포된 개인의 자유, 가족관계의 재해석, 전통과 현대의 충돌 등 보편적인 인간 감수성에 대한 섬세한 접근 때문이다.

이러한 문화적 매력은 군사력보다도 더 정교하게 작동하며, 타국의 청년세대, 여성, 소비자층을 중심으로 자발적 공감과 추종을 유도한다. 실제로 한국어 학습과 유학 수요, 한국 기업 제품에 대한 선호도는 동남아, 중동, 유럽, 아프리카 등지에서 꾸준히 증가하고 있으며, 이는 한국의 외교적 영향력 기반을 비강압적 방식으로 확대시키고 있다. 특히, 문화 매력 국가로서의 영향력은 국가 간 군사동맹보다도 더 지속할 수 있고, 비용이 낮으며, 반감이 적다는 점에서 전략적 가치가 크다.

이론적으로 보자면, 문화적 매력 국가가 되기 위한 핵심 요소는 일관된 내적 정체성, 문화의 개방성과 포용성, 국가 차원의 문화외교 전략, 제도적 지원체계 등이다. 한국은 이미 민주주의 체제를 공고히 했고, 표현의 자유와 창작 환경을 기반으로 민간 중심의 문화산업이 성장하고 있다. 또한, 다문화 인구 증가, 문화예술 교육 확산, 공공외교 전략의 확대는 포용성과 지속가능성을 높이는 요인이 된다. 문제는 이 모든 자산이 외교 전략으로 아직 구조화되지 않았다는 데 있다.

지금까지의 K-컬처는 시장 중심의 확산이었다면, 앞으로는 국가 전략 차원의 문화영토 확장이 되어야 한다. 즉, 한국은 자국의 문화를 소프트 파워 자산으로 명시하고, 이를 외교전략의 핵심축으로 삼는 문화 중심 다자외교 전략을 본격화할 필요가 있다. 예컨대, 외교부·문화체육관광부·산업통상자원부·교육부·과학기술정보통신부 등 관련 부처가 통합적으로 작동하는 '문화외교 전략 본부'를 설치하고, 해외 문화원 확대, 한국어 교육 인프라 확충, 한국 관련 학과와 연구소, 문화상품과 외교사절단 연계, 디지털 플랫폼 기반 콘텐츠 전파 등을 추진할 수 있다. 또한, 문화 교류를 넘어 기술, 의학, 교육, 환경 등과 결합한 복합 문화 협력 모델을 구축하면, 한국은 문화 강국을 넘어 매력 있는 파트너 국가로 자리매김할 수 있다.

현대의 소프트 파워는 민주주의 가치와 인권, 지속가능성, 기후위기 등 글로벌 공공재의 수호자로서의 국가 이미지를 통해 작동한다. 한국은 아직 이 영역에서 소극적이지만 향후 G7 국가들과의 연대를 강화하고, 민주주의 연대를 통해 국제 이슈에 대한 윤리적 리더십을 발휘할 경우, 문화 강국의 이미지에 제도적 신뢰가 더해지며, 작지만 강한 글로벌 리더로서의 정체성이 명확해질 수 있다.

문화가 구조화되면 문명(civilization)으로 승화된다. 문명은 제국이 지배를 정당화하고 지속하기 위해 구축한 제도적 매력, 충성심, 경외의 감정을 포괄하는 일종의 소프트 파워이다. 이는 제국의 지배가 단순한 물리적 강제력에 기반한 것이 아니라, 피지배 집단이 자발적으로 수용하거나 동화될 수 있도록 설계된 정교한 문명적 장치의 산물임을 보여 준다. 제국은 일단 정복 이후에는 지배 비용을 최소화하고 피지배 세력의 에너지를 극대화하기 위한 전략으로서 문명을 구축하였다. 이러한 문명은 피지배자에게 경외심과 동화의식을 유발하고, 궁극적으로는 제국에 대한 충성심을 제도화하는 소프트 파워로 작용하였다.

이러한 제국의 문명 전략은 네오그람시주의적 관점에서 볼 때, 단순한 물리적 지배가 아닌 문화적 헤게모니(cultural hegemony)의 구축으로 해석할 수 있다. 안토니오 그람시의 이론을 확장한 네오그람시주의자(Neo-Gramscianism)는, 권력이 단지 강제력에 의해서만 작동하는 것이 아니라, 지배집단이 피지배 집단의 세계관과 가치체계를 재구성함으로써 자발적 동의를 획득하는 방식으로 작동한다고 본다.[104] 제국의 문명은 바로 이러한 문화적 헤게모니의 구현이며, 피지배자에게 제국의 질서를 '당연한 것'으로 받아들이게 만드는 이념적 구조로 기능했다. 즉, 문명은 물리적 억압이 아니라 자발적 복종을 유도하는 문화적 지배 장치로 기능했다.

이러한 문명 기반의 소프트 파워는 오늘날 국제정치에서 말하는 '매력 국가(attractive state)' 개념과 직결된다.[105] 매력 국가는 군사적 강압이나 경제적 압박이 아닌, 가치와 문화, 제도와 규범을 통해 타국의 존경과 모방을 유도할 수 있는 국가를 의미한다. 로마제국이나 오스만제국이 문명을 통해 피지배 집단으로부터 충성심과 경외를 끌어낸 것처럼, 현대의 강대국 또한 자국의 문명적 매력을 국제사회에 확산시킴으로써 스스로를 매력 국가로 자리매김하고자 한다. 제국의 문명은 단순한 과거의 유산이 아니라 오늘날 국가들이 추구하는 헤게모니의 비군사적 형태이자, 권위와 영향력을 확보하는 가장 세련된 방식으로 계승되고 있는 셈이다.

문화는 단순한 콘텐츠가 아니라 국가 정체성과 연성권력의 구현이다. 한국은 이미 콘텐츠 경쟁력, 창의성, 소비자 파급력, 민주주의 기반의 자유 창작 환경이라는 조건을 모두 갖추고 있다. 여기에 전략만 더해진다면, 한국은 '무기를 들지 않고 영향력을 행사할 수 있는 국가', 곧 21세기형 강대국의 전형이 될 수 있다.

　여기에 한국은 민주주의 모범국이라는 서사가 있다. 한국은 20세기 후반 군사독재 체제를 극복하고, 비교적 평화적이며 제도화된 방식으로 민주주의를 공고화한 대표적인 국가였다. 특히 1987년 체제 이후의 정치 발전은 개발도상국 민주화 모델의 중요한 모델이 되어왔으며, 한국의 정치체제는 선거에 기반한 정권 교체, 시민사회 참여, 헌법적 견제장치의 제도화를 통해 민주주의 전환과 공고화의 동시적 달성이라는 특수한 사례로 자리매김하였다.

　그러나 윤석열 정부 시기에는 정치적 편향, 사법기관의 동원, 언론자유 위축, 야당 탄압 논란 등 일련의 권위주의적 통치 양상이 반복적으로 제기되었으며, 이는 한국 내외에서 민주주의의 후퇴에 대한 우려를 불러일으켰다. 특히 집권 세력이 헌법적 견제 장치를 무력화하려는 시도와 공공영역의 정치화 경향은 정치적 양극화를 심화시켰고, 시민사회와 학계, 국제 인권기구의 비판을 촉발시켰다.

　그런데도, 헌정질서 내부에서 평화적이고 합법적인 절차를 통해 탄핵이 이루어졌다는 점은, 한국 민주주의의 내구성과 복원력을 다시금 입증하는 계기가 되었다. 이는 단순한 정치적 정권 교체를 넘어, 시민사회, 의회, 사법부가 권위주의적 국정 운영에 대해 제도적으로 대응할 수 있었음을 보여주는 사건으로서, 한국이 형식적 민주주의를 넘어 실질적 견제와 균형의 민주주의 체제를 유지하고 있음을 국제사회에 재확인시킨 사례로 해석될 수 있다.

　이러한 정치적 회복의 경험은 국제적으로도 중요한 함의를 지닌다. 민주주의가 위기에 직면했을 때 이를 제도 내부에서 극복할 수 있는 체제 역량은 선진국조차도 쉽게 구현하지 못하는 핵심 규범이며, 한국은 이를 입증한 비교적 드문 사례로서 국가 이미지와 외교적 신뢰성의 새로운 자산을 확보하게 되었다. 즉, 한국은 단지 민주주의를 유지한 국가가 아니라, 민주주의를 복원할 수 있는 제도적 역량과 시민적 힘을 동시에 입증한 국가로서, 글로벌 규범국가로의 지위를 다시 정립할 수 있는 외교적 자산을 확보한 셈이다.

이러한 경험은 향후 한국이 민주주의, 인권, 법치, 제도적 투명성 등 국제 규범의 수호와 창출에 기여하는 책임국가로서의 위상을 강화하는 데 중요한 기반이 될 수 있으며, 이는 한국이 단순한 문화·기술 수출국을 넘어 정치제도와 가치 기반의 매력 국가로 전환하는 핵심 조건이 된다.

그러나 한국은 세계적으로 주목받는 강력한 문화 콘텐츠 자산을 보유하고 있음에도 불구하고, 이를 지속 가능하게 유통·확산할 수 있는 문화 매개 인프라와 플랫폼 주도권 측면에서는 뚜렷한 한계를 드러내고 있다. K-팝, K-드라마, K-무비 등 콘텐츠 자체의 경쟁력은 높지만, 이들이 전 세계로 확산되는 경로는 대부분 유튜브, 넷플릭스, 틱톡, 디즈니플러스 등 외국계 글로벌 플랫폼에 전적으로 의존하고 있으며, 한국이 실질적으로 통제하거나 주도하는 매개체는 존재하지 않는다. 글로벌 미디어는 오늘날 국제관계와 문화외교의 핵심 도구로 작동하며, 물리적 공간을 넘어 인지도 형성에 결정적 영향을 미친다.

이러한 구조는 한국 문화의 세계화가 자국 플랫폼 기반 위에서 이루어지지 않는 비대칭적 소프트 파워 구조를 형성하며, 결과적으로 콘텐츠 소비 데이터, 알고리즘 추천, 수익 분배, 글로벌 규범 설정 등의 결정권이 타국 기업에 귀속되는 구조적 종속성을 일으킨다. 특히 미디어 플랫폼이 단순한 유통 채널을 넘어서 문화 정치적 필터 역할을 수행한다는 점에서, 이는 단순한 시장 접근의 문제를 넘어 문화 주권을 제약하는 구조로 귀결된다.

더욱이, 디지털 플랫폼을 통해 확산되는 문화 콘텐츠는 인공지능 알고리즘, 사용자 피드백, 플랫폼 자체 규칙에 따라 소비 행위가 구조적으로 조정되며,

이는 콘텐츠 생산국의 의도나 전략이 왜곡되거나 약화될 위험성을 내포하고 있다. 다시 말해, 한국은 문화적 콘텐츠는 강대국이지만, 플랫폼 구조에 있어 약소국이라는 구조적 딜레마에 직면해 있는 것이다.

이러한 현실은 한국이 향후 글로벌 문화 확산 전략을 재정립하는데, 단순히 콘텐츠 생산을 넘어 플랫폼 역량, 국제 데이터 규범 설정, 디지털 주권 확보를 포함한 종합적 소프트 파워 체계 구축이 필수적이라는 점을 보여 준다.

역사적으로 영국의 BBC World, 프랑스의 TV5 Monde는 각각 영연방 및 불어권 옛 식민지국들과의 상징적 유대를 유지하고, 공동체 정체성을 지속해서 환기하는 역할을 수행해왔다. 이는 전 세계의 영어 사용자나 프랑스어 사용자에게 언어적 공통성과 역사적 경험, 문화적 상징을 공유하게 함으로써, 지리적 거리와 국경의 한계를 초월한 심리적 커뮤니티(virtual community)를 구축하는 효과를 가져왔다. 이와 같은 미디어 플랫폼은 단지 방송 채널이 아닌, 글로벌 재결속 장치로 간주될 수 있다.

따라서 한국 또한 Arirang TV와 같은 국영·공영 국제방송 플랫폼을 단순 홍보 수단이 아닌 문화·언어·가치 기반의 연결 플랫폼으로 재정의하고, 이를 전략적 문화외교 인프라로 발전시킬 필요가 있다. 세계 곳곳에 거주하는 한국인 디아스포라, 한국어 학습자, K-컬처 소비자, 그리고 민주주의 및 기술 협력을 지향하는 중견국의 시민사회와 인지적 연대를 형성하기 위해서는, 방송 콘텐츠의 다국어화, 지역 맞춤형 이슈 편성, 온라인과 모바일 통합 전략 등이 병행되어야 한다.

향후 한국이 매력 국가로서의 위상을 공고히 하기 위해서는 다음과 같은 전략적 접근이 요구된다. 첫째, 문화 자산의 플랫폼화 및 글로벌화이다. 콘텐츠의 확산을 자국 플랫폼 또는 신뢰 가능한 중간 매개망을 통해 이루어질 수 있도록, 디지털 기반 문화외교 인프라와 공공미디어 외교 전략을 병행해야 한다.

둘째, 규범 외교의 강화이다. 민주주의, 인권, 디지털 윤리, 기후 정의, 젠더 평등 등에서 한국이 보편 가치에 입각한 선도국가로서의 입장을 표명하고, 다자주의 틀 내에서 정책 선도국으로서의 위상과 규범을 수립해야 한다.

셋째, 개발협력과 기술이전 등 가치 기반 공공외교의 확장이다. 단순한 원조국을 넘어, 문화와 기술, 제도 경험을 통합한 복합 파트너십을 구축함으로써 '존경받는 국가', '신뢰받는 국가'로의 위상을 높여야 한다.

한국은 이미 문화·제도·기술 등 다면적 매력 자산을 보유한 국가로서, 이를 전략적이고 구조화된 외교 자산으로 전환할 수 있는 능동적 접근이 요구된다. 매력 국가는 단순히 사랑받는 국가가 아니라 신뢰를 기반으로 질서를 설계하고 연대를 조율할 수 있는 규범국의 위상을 향해 나아가는 존경받는 국가가 되어야 하며, 한국은 그 출발점에 서 있다.

5. 대중국 전략 : 탈중국과 역외 균형

한국과 중국 간의 양자관계는 상호의존성과 전략적 경쟁이 병존하는 복합적인 구조 속에서 전개되고 있다. 양국은 지리적 근접성과 오랜 역사적 교류를 기반으로 긴밀한 관계를 형성해왔으며, 경제·문화·안보 등 다양한 영역에서 상호 영향을 미쳐왔다. 그러나 최근 들어 미·중 전략 경쟁의 격화, 기술·안보 영역에서의 이해 충돌, 역사 및 영토 문제에 대한 감정적 민감성 등이 복합되면서 양국 관계는 갈등과 불신의 양상으로 전환되고 있다.

중국은 세계화 과정에서 가장 큰 수혜를 입은 국가 중 하나로 평가받는다.

특히 개혁·개방 이후 중국은 WTO 가입과 IMF 체제의 수용을 통해 미국을 중심으로 한 자유주의 국제경제 질서에 통합되었으며, 세계의 공장으로서 글로벌 생산망의 핵심축으로 부상하였다. 이러한 발전은 자유무역과 다자주의에 기반한 국제경제 규범의 보호 아래 가능했던 구조적 전환이었다.

그러나 시진핑 집권 이후 중국은 점진적으로 자유주의적 규범에서 이탈하는 경향을 보인다. 중국은 자국의 산업 및 기술 주권 강화를 명분으로 보호주의적 정책을 강화하며, 기존의 개방형 성장전략에서 벗어나 자국 중심의 기술·무역·금융 블록 형성을 추구하고 있다. 이 과정에서 중국은 글로벌 시장에는 자국산 제품을 자유롭게 수출하면서도, 내부적으로는 다양한 비관세 장벽 및 제도적 장치를 통해 자국 시장에 대한 외국 기업의 접근을 제한하고 있다. 이러한 이중적 접근은 자유무역의 규범적 기반에 대한 도전이자 전 세계에 '중국 포비아(China-phobia)'를 불러일으키고 있다.[106]

특히 시진핑 체제 이후 중국의 권위주의 강화, 다른 나라를 공격하는 전랑외교, 내부 검열과 표현의 자유 억압, 소수민족에 대한 탄압 문제 등이 부각되면서 서구를 중심으로 한 민주주의 국가들에서는 '중국 위협론(China Threat Theory)'이 제도적 담론으로 공고화되고 있다. 이에 따라 중국산 기술제품에 대한 제재, 유학생과 연구자에 대한 스파이 의혹, 자국 내 화교 커뮤니티에 대한 감시 강화 등이 중국 포비아의 사회적·정책적 양상으로 나타나고 있다.

중국은 공식 담론상 '공정무역'과 '상호호혜'를 내세우지만, 실제로는 일방적 보호주의와 비대칭적 시장 접근 전략을 전방위적으로 전개해왔다. 대표적으로 구글, 넷플릭스, ChatGPT, 네이버, 카카오톡 등 외국 인터넷 기업의 진입을 제도적으로 차단하고 있지만, 자국 플랫폼은 틱톡, 테무, 알리바바, 쉬인 등을 통해 전 세계 시장에 제한 없이 진출할 수 있는 구조를 만들어냈다. 콘텐츠 산업에서도 '판호' 제도를 활용해 외국 게임과 영화의 중국 내 진입을 억제하면서, 중국산 콘텐츠는 글로벌 플랫폼을 통해 자유롭게 유통되고 있다. 특히 한류 콘텐츠에 대해서는 '한한령(限韓令)'을 통해 비공식적 금지 조치를 지속하며, 정치적 긴장에 따른 문화 제재의 도구로 활용해왔다. 이는 문화·디지털 부문에서의 구조적 비호혜성과 기술 민족주의 전략의 하나로 볼 수 있다.

제조업 분야에서는 더욱 조직적인 국가 주도의 지원이 이루어졌다. 중국 정부는 10년 넘게 자국 전기차 산업에 막대한 보조금을 투입하며 내수 기반을 통해 가격경쟁력을 확보하였고, 이후 글로벌 시장 진출 시 오히려 타국 정부로부터 보조금의 혜택을 받는 '내수 보호-외수 침투'라는 이중 이익 구조를 누리고 있다. 특히 전기차, 조선, 반도체, 5G 통신장비 등 전략산업군에서는 14억 내수시장과 정부 보조금, 국유기업의 시장 지배력을 결합한 초국가적 경쟁력이 형성되었으며, 이는 민간 기업이 국가 전체와 경쟁해야 하는 비정상적 경쟁 환경을 초래한다. 실제로 화웨이, ZTE가 삼성, 노키아, 에릭슨보다 훨씬 낮은 가격으로 5G 장비를 공급할 수 있었던 이유는 정부 보조와 자국 독점시장을 통한 규모의 경제 덕분으로, 이는 자유시장의 경쟁 논리를 왜곡하는 대표 사례로 평가된다.

한국은 이러한 중국식 산업 전략의 직접적인 피해국이자 1차 대상국이다. 중국은 경제개발 초기부터 한국의 산업모델을 광범위하게 벤치마킹하였고, 자동차, 조선, 스마트폰, 반도체, 디스플레이, 석유화학 등 한국의 전략산업과 거의 모든 부문에서 정면으로 충돌하는 산업 구조를 갖게 되었다. 문제는 중국이 자국 기업의 초기 성장을 위해 외국기업을 철저히 배제하고, 일정 수준의 기술 내재화와 가격경쟁력을 확보한 이후에는, 자유무역의 틀을 악용하여 해외 시장을 무차별적으로 잠식하는 전략을 반복해왔다는 점이다. 그 결과로 한국 기업은 단지 경쟁자가 아닌 국가가 결합된 중국 기업군과의 구조적 경쟁에 놓이게 되었으며, 이는 무역의 상호성이라는 국제적 원칙과 심각하게 배치된다.

과거에는 중국의 성장과 한국 수출의 기회라는 구도가 통했지만, 현재는 중국의 산업 팽창과 한국 기업의 구조적 몰락이라는 전환된 상관관계가 확인되고 있다.[107] 더욱이 중국은 규범의 형식은 외치지만, 실제로는 자유무역·공정무역의 핵심 가치에서 가장 거리가 먼 행동 패턴을 보이고 있으며, 외국 자본·기술·콘텐츠는 철저히 차단하면서 자국 기업의 글로벌 진출은 무제한 허용하는 비대칭적 질서를 외교적으로 정당화하고 있다.

경제 통계에서 이러한 추세는 잘 확인할 수 있다. 과거 수십년간 한국 경제의 대외 교역에서 중국은 절대적 비중을 차지해왔으며, 특히 2000년대 이후 한·중 간 상호보완적 산업 구조에 기반한 무역의존도가 빠르게 심화되었다. 그러나 한·중 수교 30주년을 맞이한 2022년 이후 이 관계는 양적으로나 질적으로 변화를 겪고 있으며, 이는 단순한 경기 변동이나 외생적 충격의 결과라기보다는 글로벌 공급망 재편, 미·중 전략 경쟁, 기술 자립화, 그리고 국내 산업정책의 전환이라는 다층적 요인에 의해 촉발된 구조적 조정으로 해석할 수 있다.

무역 측면에서 한국의 대중국 수출 비중은 지속해서 하락하고 있다. 2022년 약 22%를 차지하던 중국 수출 비중은 2023년 약 20%로, 그리고 2024년에는 19.5% 수준으로 낮아졌다. 이러한 변화는 중국의 '쌍순환(双循环)' 전략, 즉 내수 중심 성장모델 전환과 자국 공급망 자립 전략에 기인하며, 한국의 주력 수출 품목인 반도체·디스플레이·정밀화학제품에 대한 중국의 수입 수요가 축소되고 있다는 점에서 구조적 성격을 가진다. 동시에 한국은 미국, 동남아,

유럽 등지로 수출 다변화를 꾀하고 있으며, 이는 전략적 의존 분산 및 위험 회피의 하나로 추진되었다.

투자 부문에서는 한·중 간 비대칭성이 두드러진다. 한국의 대중국 직접투자는 2023년 기준 18.7억 달러에 불과했으며, 이는 전년 대비 78.1%라는 급격한 감소를 기록한 수치로, 1992년 수교 이후 가장 낮은 수준이다. 이러한 급감은 단기적 투자 환경 악화보다는 중장기적 정치·제도적 불확실성 확대에 기인한다. 중국 내 반(反)외자 정서의 고조, 외국기업 규제의 강화, 기술 유출 우려, 그리고 미·중 전략 경쟁 격화에 따른 제3국 내 탈중국 움직임 등이 한국 기업의 투자심리에 중대한 영향을 미쳤다. 특히 반도체, 배터리, 첨단부품 분야에서는 중국 진출의 전략적 타당성이 약화되고 있고, 대신 인도, 베트남, 인도네시아 등지로의 생산 거점 이전이 가속화되고 있다.

반면 중국의 대한국 투자는 상대적으로 안정적인 흐름을 유지하고 있다. 2023년 중국의 대한국 투자액은 18.6억 달러로, 한국의 외국인직접투자(FDI) 유입 순위 상위권을 지속해서 유지하였다. 이들 투자는 주로 제조업, 부동산, 금융서비스, 신재생에너지 및 디지털 기반 인프라 구축 분야에 집중되어 있으며, 일부 중국 기술기업의 한국 내 기술 협력 거점 확보 및 시장 진입 전략이 반영된 결과로 이해할 수 있다. 그러나 기술 안보 논의의 확대, 투자 심사 강화, 산업 기밀 보호 법제화 등의 흐름 속에서 중국 자본에 대한 사회적·정책적 경계가 높아지고 있는 상황에서 향후 지속하기는 쉽지 않아 보인다.

최근 3년간의 한·중 간 무역 및 투자 추이는 양적 축소뿐 아니라 질적 재편을 동반한 구조적 변화로 이해되어야 하고, 이는 기존의 경제 실용주의에 기반한 양국 관계가 지정학적 현실과 기술 패권 경쟁이라는 새로운 질서 속에서 재구성되고 있음을 보여 준다. 한국으로서는 기존의 중국 의존형 성장모델에서 탈피해 탈중국 모델을 구축해야 하며, 이는 미래 기술 공급망 내 입지 확보와 경제안보 역량 제고라는 이중 과제의 실현을 위한 핵심축이 될 것이다.

실제 그동안 한국의 중국 의존형 성장 구조는 한·중 관계의 안정성보다는 취약성을 드러내는 요인이 되었다. 2016년 사드(THAAD) 배치에 따른 중국의 경제보복은 한국에 일방적인 의존이 갖는 위험성을 각인시켰으며, 이 사건은 이후 한국 외교 전략의 구조적 재편을 촉발하는 계기가 되었다. 중국은 비공식적 규제 조치를 통해 한국 기업과 문화 콘텐츠, 관광 산업 등에 실질적 타격을 입혔고, 이는 경제적 수단을 외교적 지렛대로 사용하는 중국식 강압 외교의 전형으로 평가받았다. 그 이후 한국은 외교적 다변화 및 공급망 재구성을 통해 중국 리스크를 관리하려는 시도를 이어왔으나, 여전히 현실적인 한계에 직면해 있는 것도 사실이다.

트럼프 2기에서는 미·중 전략 경쟁이 한층 더 격화될 것으로 예상되는 가운데, 안보는 미국에 의존하고 경제는 중국에 의존하는 구도는 더 이상 유지하기 힘들게 될 것이다. 미국은 반도체 및 첨단기술 분야에서 동맹국 중심의 기술 블록화를 추진하고 있으며, 이에 따라 한국에도 기술 규제 참여, 공급망 재편, 대중 수출 통제 등의 동참을 요구하고 있다. 반면 중국은 미국 중심의 기술 블록화에 대해 강한 반감을 드러내며, 한국이 자국의 이해에 반하는 정치적 행보를 보일 경우 경제 제재에 가까운 비우호 조치를 다시 사용할 가능성을 배제할 수 없다. 따라서 한국은 어느 한쪽에 완전히 편승하거나, 반대로 중립을 고수하는 양자택일적 접근을 넘어서는 전략적 선택이 요구된다.

한국 경제는 반도체, 디스플레이, 정밀화학 등 첨단 산업에서 중국과 깊은 공급망 연계를 맺고 있으며, 최대 교역국의 지위를 유지해왔지만, 중국의 내수 중심 성장전략과 기술자립 기조 강화, 산업정책의 자국중심주의 심화는 한국 경제에 구조적 전환을 요구하고 있다. 이는 단순한 가격 경쟁력을 넘어, 기술 유출과 공급망 무기화, 보조금 경쟁이라는 새로운 외교·산업 리스크로 전이되는 추세를 보인다.

한국의 대중국 경제외교는 단기적 실익이 아닌, 장기적 전략 안정성과 자율성 확보를 중심으로 한다. 한국은 중국과의 경제 협력에서 선택과 집중 전략을 택해야 하며, 첨단기술과 공급망 핵심 품목에 대해서는 철저한 전략적 관리를 유지해야 한다. 이를 위해 반도체, 2차전지, 인공지능 등 국가 전략 기술에 대한 유출 방지와 해외 생산기지 다변화를 병행해야 한다. 동시에 기술 의존도를 줄이고 기술주권을 강화하는 방향으로 산업정책을 정비해야 한다. 중국과의 교역이 완전히 단절될 수는 없지만, 이에 일방적으로 의존하는 구조는 점진적으로 해소하여야 하며, 이를 위해 ASEAN, 인도, EU 등과의 다자적 협력 구조를 병행하여 구축해야 한다.

한국의 대중국 안보 외교 역시 점차 전략적 정교함이 요구되고 있다. 중국은 동북아시아에서 반도체, 통신망, 사이버·우주 안보, 공급망 등 비전통 안보 영역까지 안보화를 확대하며 회색지대 전략(Hybrid Coercion)을 전방위적으로 추진하고 있다. 예컨대, 2022년 한국의 사드 기지 정비를 명분으로 외교·경제적 압박을 재개하고, 이를 자국 안보 주권에 대한 침해로 규정한 사례는 중국의 전략을 단적으로 보여준다.

이러한 중국의 비대칭적 압박에 대응해 한국은 군사 분야에서는 미국과의 동맹을 유지하되, 외교·정치적 측면에서는 전략적 자율성을 모색하 이원화된 접근이 필요하다. 다시 말해, '역외 억지력(offshore balancing)'의 논리를 수용하여 중국과의 직접 충돌은 회피하면서도, 해양 안보, 사이버 전장, 드론·AI·감시기술 등 비전통 영역에서의 전략자산을 집중 강화함으로써 간접적 억제력을 제고해야 한다.

　동시에 한국은 한·미동맹 강화를 기정사실화하면서도 국제규범과 질서에 기반한 입장을 명확히 하여 중국의 자의적 해석을 견제해야 한다. 예를 들어, 대만 문제에 있어서 한국은 '하나의 중국' 원칙을 존중하되, 무력 사용에 대한 반대 입장을 분명히 해야 하며, 대만해협의 안정이 동북아 전체 안보에 직결된다는 사실을 국제사회와 공동으로 주장해야 한다. 이는 중국과의 충돌을 피하면서도 규범 기반의 입장을 선도적으로 설정하는 방식이며, 한국의 외교적 위상을 제고하는 계기가 될 수 있다.

　이와 함께 북핵 문제에 있어 한국은 중국의 후견 역할을 보다 명확히 비판해야 한다. 북한 비핵화 문제는 한반도의 안정뿐만 아니라 동북아 질서의 핵심 사안으로, 중국이 소극적 중재자에 머무는 것이 아니라 실질적인 행동을 취하도록 압박하고 유인해야 한다. 이를 위해 한국은 미국과의 공조 하에 중국과의 전략대화를 지속해서 이어가고, 북·중 국경 교역 및 에너지와 물자 흐름에 대한 실시간 정보 공유와 제재 이행 촉구 등의 실실적 외교 방안을 강화해야 한다.

　한국의 대중국 외교 전략은 원칙 있는 협력, 조건부 연대, 전략적 자율성을 핵심축으로 재구성되어야 한다. 중국과의 경제 협력은 현실적 필요를 고려하여 유지하되, 안보·기술 등 전략적 민감 분야에서는 명확한 대응 기준과 방어선을 설정함으로써 국가이익의 침해를 사전적으로 차단해야 한다. 외교적 차원에서는 양자 간 대응을 넘어 다자적 외교 틀을 적극적으로 활용하여 중국에 대한 과도한 의존성을 탈피하고, 외교 전략의 구조적 지속가능성을 확보할 수 있어야 한다. 이러한 복합적이고 층위화된 접근법은 단기적으로 불필요한 외교적 충돌을 회피하면서도, 장기적으로는 한국 외교의 독자성, 정책 유연성,

전략적 선택지를 확대하는 데 기여할 것이다. 나아가 이러한 전략은 한국이 국제규범 기반의 안정적 질서 형성과 지역 안보의 강대국 역할을 동시에 수행할 수 있는 외교적 토대를 강화하는 방향으로 작동해야 한다.

6. 대러시아 전략 : 평화 전환과 전략적 유연성

21세기 국제 질서의 구조적 전환점을 상징하는 우크라이나 전쟁은 유럽의 안보 질서뿐 아니라 국제관계에 심대한 영향을 미쳤다. 러시아의 침공은 국제법과 주권 존중이라는 전통적 국제규범을 정면으로 위반한 것이며, 이에 따라 국제사회는 강력한 제재와 정치적 고립이라는 방식으로 대응하였다. 한국 역시 민주주의 국가로서 국제 규범 수호의 입장에서 러시아에 대한 제재에 동참하고, 우크라이나에 대한 인도적·물자 지원을 통해 국제 연대의 일원으로서 역할을 수행해 왔다. 그러나 한국은 동시에 러시아와의 지정학적, 지경학적 현실을 외면할 수 없어서 러시아와의 일방적 관계 단절을 시도할 수는 없었다.

어떤 나라든 외교는 국제규범과 원칙을 기반으로 진행하되, 자율적 외교 공간을 확보하고 실질적 국익을 극대화하는 것을 목표로 한다. 우크라이나 전쟁 이후 러시아와의 외교 관계는 정치적으로 심각하게 제약되어 있지만, 한국은 모든 외교적 자산을 단절하기보다는, 일정한 원칙 속에서 비정치적·장기적인 교류 채널을 유지하고, 미래 질서 변화에 대비한 전략적 유연성을 유지해왔다. 이는 단기적 윤리 외교와 중장기적 국익 외교 간의 균형을 추구하는 실용외교의 전형이라고 할 수 있다.

한국은 국제규범을 존중하면서도, 러시아와의 외교적 관계 유지를 위해 서방이 주도하는 강도 높은 제재에는 동참하지 않았다. 그러나 그러한 유보적 접근에도 불구하고 러시아는 우크라이나와의 전쟁을 멈추지 않았고, 한국 역시 이후 뚜렷한 외교적 개입이나 중재 노력을 펼치지 못했다. 이러한 소극적 태도는 국제사회에서의 전략적 영향력 확보는 물론, 전후 질서 형성 과정에서의 주도권을 상실하는 결과로 이어질 수 있다.

이제 한국은 보다 능동적으로 나서야 할 시점이다. 전쟁의 종식과 이후의 안정적 전환을 위해, 한국은 '평화전환'이라는 원칙을 중심에 두고 국제사회에 전략적 비전을 제시해야 한다.[108] 평화전환전략(post-conflict transition strategy)은 단지 전쟁을 끝내는 것을 넘어, 러시아가 무력 충돌을 중단할 수 있는 현실적 동기를 제공하고, 전쟁 이후의 불안정한 과도기를 안정과 재건의 국면으로 이행시키는 데 기여할 수 있다.

이 전략은 단순한 휴전이나 물리적 복구를 넘어서, 정치적 안정의 정착, 사회적 신뢰의 회복, 그리고 제도적 지속가능성의 확보를 핵심 목표로 한다. 특히 인도주의적 지원, 복합재건사업, 사회통합 프로그램, 신뢰 회복을 위한 다자협력 메커니즘 등이 통합적으로, 단계적으로 설계되는 게 중요하다. 한국은 이러한 전략의 수립과 실행 과정에서 책임 있는 강대국으로서의 역할을 수행할 수 있으며, 이를 통해 러시아와의 실용적 협력도 병행할 수 있다. 이처럼 평화전환 전략은 한국 외교가 단순한 관망자가 아니라, 전후 국제 질서의 설계자이자 조정자로 전환할 수 있는 실질적 기회이기도 하다.

평화전환 전략은 단순한 전후 복구를 넘어, 지속 가능한 질서 재편을 위한 구조적 전환을 지향한다. 이를 위해 외교적 개입, 인도적 실천, 경제적·사회적 연계, 문화적 회복, 국제제도와의 협력 등을 중심으로 다층적인 정책이 추진되어야 한다. 평화전환 전략의 기초적 조건인 평화협상 지원 및 이행 감시 참여는 휴전 합의나 정치적 합의문이 단순한 형식적인 선언에 그치지 않고 실질적으로 실행되도록 보장하는 중재자·감시자의 역할을 포괄한다. 이를 위해서는 국제법 및 국제 인권 기준에 부합하는 투명한 이행 절차 수립, 교전 당사자 간 신뢰 조성을 위한 지속적 모니터링 메커니즘 구축, 그리고 제3국 또는 국제기구의 중재 역할을 제도화하는 것이 필요하다. 한국은 DMZ 평화협력 경험, 정전체제 관리, 비군사적 평화유지 역량 등에서 비교우위를 보유하고 있으며, 이행 감시 파트너로서 국제사회에 실질적 기여를 할 수 있다.

전후 인프라·에너지·디지털 재건사업 선점은 경제 회복과 구조적 평화 구축 간의 교차지점에서 중요한 전략적 과제다. 단기적 물리 인프라 복구를 넘어, 디지털 전환·재생에너지·지속 가능한 도시 인프라 등 장기적 성장 가능성을 고려한 재건형 개발협력이 요구된다. 한국은 스마트시티, 전자정부, 스마트그리드, 탈탄소 산업 등에서 선진 기술력과 제도 구축 경험을 보유하고 있어, 호혜적 평화경제 모델을 구현할 수 있는 복합형 재건 파트너로 자리매김할 수 있다. 한국은 비강제적 개입과 제도적 역량의 결합, 문화적 신뢰의 기반, 기술·개발 외교의 통합이라는 자산을 바탕으로 평화전환 전략의 주요 실행 주체가 될 수 있다. 이는 전후 질서의 설계자이자 실천 주체로서 한국의 국제적 역할을 확장하며 외교적 지평을 넓히는 계기가 될 것이다.

장기적으로 전후 한국의 대러시아 외교전략은 다음과 같은 사항을 고려해야 한다. 우선, 정치·외교 차원에서 한국은 국제사회와의 공조 속에 대러 제재 체제를 유지하면서도, 러시아와의 공식·비공식 외교 채널을 완전히 폐쇄하지 않아야 한다. 특히 안보리 상임이사국이자 북핵 협상 당사국인 러시아의 외교적 영향력은 여전히 유지되고 있으며, 러시아가 한반도 문제에 있어 북한과의 연대 강화를 본격화할 경우, 한국의 전략적 입지는 더욱 위축될 수 있다. 따라서 러시아에 대한 무조건적 고립보다는, 국제 질서의 회복 이후를 상정한 제한적 외교 교류의 여지를 열어두는 것이 장기적 국익에 부합한다. 이를 위해 인도적 협력, 기후변화, 북극 개발 등 상대적으로 정치적 민감도가 낮은 분야에서 비공식 대화 창구를 유지하는 것이 바람직하다.

경제·에너지 분야에서는 제재 체제하에서의 실질 협력은 제한적이지만, 한국은 러시아의 천연가스, 석유, 우라늄 등 전략 자원에 대한 의존도를 완전히 단절하기보다는 향후 정세 변화에 대비한 다층적 시나리오를 마련해야 한다. 러시아는 유럽과의 에너지 관계 단절 이후 아시아 시장으로의 전환을 모색하고 있으며, 특히 중국·인도를 중심으로 한 에너지 공급망을 가동하고 있다. 이 과정에서 한국은 직·간접적 에너지 거래뿐 아니라 기술 협력과 운송 인프라에 대한 정보 분석을 통해 재진입 가능성을 모색할 수 있다. 극동지역의 에너지 기지나 북극 항로 개발과 같은 중장기 프로젝트에 대해 '전쟁 이후'를 대비한 전략적 청사진을 유지해야 한다. 이러한 접근은 미국 및 유럽 동맹과의 제재 공조 원칙을 훼손하지 않으면서도, 미래 에너지 안보를 위한 선택지를 다변화하는 실용적 전략이 될 수 있다.

안보 측면에서 한국은 러시아의 동북아 전략과 북·중·러 3각 협력 가능성을 면밀히 분석하고 대응해야 한다. 특히 북한과 러시아 간의 무기 거래, 인력 교환, 군사기술 교류 등은 한국 안보에 직접적 위협 요인으로 작용할 수 있으며, 이에 대해 한국은 국제사회와의 정보 공유 및 제재 강화 노력을 지속해야 한다. 동시에 러시아의 동북아 접근을 차단하기 위해 미·일과의 안보협력을 강화하는 한편, 러시아가 동북아 지역 내 불안정성을 촉진하는 행보에 대해 국제규범 위반이라는 명확한 메시지를 전달해야 한다. 이 과정에서 한국은 조정자 역할을 수행하긴 어렵지만, 상황을 관리하고 통제해야 할 것이다.

러시아와 문화·인적 교류 차원에서는 정치 갈등과 무관하게 일정 수준의 교류 기반을 유지하는 것이 장기적으로 유익하다. 러시아 내 한국학, 한국어 교육, 한류 콘텐츠에 대한 수요는 여전히 존재하며, 이러한 민간 차원의 문화외교는 정치적 파열에도 불구하고 신뢰 자산을 유지하는 수단이 될 수 있다. 특히 러시아 내 젊은 세대를 중심으로 형성된 한국에 대한 문화적 친화감은 향후 외교 관계 정상화가 되면 중요한 기반이 될 수 있으며, 이를 위해 정부는 한국문화원, 온라인 교육 플랫폼, 유학생 연계 프로그램 등의 운영을 이어나가야 한다.

우크라이나 전쟁 이후 한국의 대러시아 외교는 국제규범 수호와 실용적 이익 간의 균형이라는 고차원적 외교 과제를 안고 있으며, 이에 따라 원칙 있는 대응과 전략적 유연성을 병행하는 정밀한 접근이 필요하다. 단기적으로는 국제사회의 책임 있는 일원으로서 대러 제재 공조를 지속해서 이행하고, 우크라이나의 주권과 국제법 질서 수호에 대한 외교적 입장을 명확히 하는 것이 핵심 과제이다. 이는 국제적 신뢰 자산을 유지하고, 보편적 가치 기반 외교의 일관성을 확보하는 데 필수 조건이다.

그러나 중장기적 관점에서 러시아는 단순한 제재 대상국을 넘어, 유라시아 대륙 내 지정학적·지경학적 교차점에 있는 전략적 행위자라는 복합성을 지닌다. 이에 따라 한국은 러시아와의 외교에서 정보 기반의 지속적 확보, 제한적 인적 교류의 유지, 전략자산의 재편과 활용 등을 포괄적으로 고려해야 하며, 지정학적 단절을 초래하지 않는 수준에서의 외교적 유연성을 확보할 필요가 있다.

향후 국제 질서가 다극화·블록화되는 전환기 속에서, 한국은 러시아를 포함한 유라시아 지역과의 전략적 연계를 통해 외교적 지평을 확대하고, 에너지·안보·운송 등 다층적 이익을 도모할 수 있는 기반을 마련해야 한다. 이것이 대륙과 해양을 동시에 품은 반도 국가로서의 지정학적 장점이다. 이와 같은 다층적 대러 전략은 강대국 한국 외교의 자율성과 지속가능성을 제고하는 데 기여할 것이다.

7. 대일본 전략 : 전략적 상호의존의 재구성

트럼프 2.0 시대의 도래는 미·중 전략 경쟁의 장기화, 미국의 대외 개입 의지 후퇴, 그리고 글로벌 다자주의의 약화라는 구조적 전환을 의미한다. 특히 미국이 동맹의 가치를 전략적 이익에 기초해 조건부로 판단하는 현실주의적 접근으로 회귀하면서, 한국과 일본은 그동안 의존해온 안보·경제 질서의 근본적 재편에 대한 도전에 직면하고 있다. 이와 같은 국제환경에서 양국의 생존과 번영을 지속하기 위해서는 기존의 제한된 협력 수준을 넘어 새로운 한·일 파트너십의 심화가 필요하다.

한·일 양국은 미국 중심의 안보망이 점차 조건부로 전환되고 있는 현실에서 지역 내 또 다른 안전보장 확보의 필요성을 느끼고 있다. 한·일 양국은 모두 미국과의 안보동맹을 기반으로 삼고 있지만, 미국의 전략적 우선순위가 유럽이나 중동 또는 자국 내 문제로 이동할 경우, 동북아 지역에서 미국의 직접적 개입은 제한될 수밖에 없다. 실제로 트럼프 1기 당시 주한미군 방위비 분담금 협상, 주일미군 재배치 논의 등은 미국이 보호국의 역할을 지속하기보다는 비용·효율 중심의 동맹 재정의를 시도했다. 이러한 상황은 한국과 일본이 자체적인 억지력 보완 및 공동 안보정책 조율체계를 구축할 필요성을 제기한다.

또한, 미·중 기술패권 경쟁의 고도화 속에서 한·일 양국은 공급망 안정성과 기술 주권 확보라는 공통의 전략과제를 안고 있다. 반도체, 배터리, AI 등 전략 기술 분야에서 양국은 상호 보완적 경쟁력을 보유하고 있으며, 기술표준, 특허 공동관리, 인력 교류 등을 포함한 심층 협력이 가능하다. 이는 단순한 민간 부문의 협력을 넘어서 국가 차원의 전략적 파트너십으로 확대될 여지가 있으며, 특히 글로벌 가치사슬(GVC)의 재편 과정에서 한·일 간 연대는 미국의 중국 디커플링 전략에 능동적으로 대응할 수 있는 기반을 제공한다.

한·일 양국이 안보를 넘어 경제·산업 구조의 전략적 통합을 통해 공동 생존과 번영을 도모해야 할 필요성을 더욱 부각시킨다. 특히 미국의 보호무역 기조 강화, 미·중 기술패권 경쟁, 글로벌 공급망의 지역화는 한국과 일본이 상호 보완적 관계를 바탕으로 경제 통합 수준의 협력을 모색할 수 있는 구조적 전환점이 되고 있다. 한·일 양국은 각각 세계 10위권의 경제력을 보유한 기술 기반 국가로서, 반도체·배터리·바이오·정밀기계·소재 분야 등에서 상호 의존성과 기술적 보완성이 매우 높다. 일본은 정밀소재·부품 기술에 강점을 지니고 있고, 한국은 시스템 반도체·완성품 제조 및 글로벌 생산 네트워크에 우위를 갖는다. 이처럼 가치사슬 상에서 상호 연결된 구조는 양국 간 경제 통합의 시너지를 낼 수 있는 기반이 되며, 이는 대중 의존도를 완화하고, 미국 중심의 디커플링 전략 속에서 동아시아 자체 공급망 안정성 확보라는 실질적 이점을 제공한다.[109]

나아가 양국은 CPTPP(포괄적·점진적 환태평양경제동반자협정), IPEF(인도·태평양 경제프레임워크) 등 새로운 지역경제 규범 형성 과정에서도 공동 대응이 요구된다. 일본이 주도적 역할을 해온 CPTPP 체제에 한국이 본격 참여하게 될 경우, 양국 간의 규범·표준·통상 협력 강화는 궁극적으로 경제 질서 주도권 확보로 이어질 수 있다. 이는 단순한 자유무역 확대를 넘어, 통상 안보의 시대에 경제 안보 파트너십 구축이라는 전략적 차원에서도 결정적인 의미가 있다. 경제 통합은 또한 외교적 갈등의 완충장치로서 기능할 수 있다. 생산 네트워크와 기술 협력이 고도화될수록, 양국은 상호 의존적 관계를 통해 정치적 충돌의 비용을 높이고 협력의 유인을 제도화할 수 있으며, 이는 양국 관계의 안정성 확보로 이어진다.

한편, 북한의 핵과 미사일 위협과 중국의 해양 확장 전략에 대응하는 과정에서도 한·일 협력의 제도화는 필수적이다. 현재의 미·일동맹과 한·미동맹은 '허브-스포크 체계(hub-and-spoke system)'[110]로 구성되어 있으며, 이 구조는 동맹 간 상호 조정에 본질적인 한계를 지닌다. 따라서 양국 간 직접적 군사 정보 교류, 공동훈련, 대응계획 수립 등을 포함한 대칭적 안보 네트워크 구축이 요구된다. 이는 단순히 GSOMIA(군사정보보호협정)의 재가동을 넘어, 작전운용성(interoperability)을 제고하는 방향으로 한·일 협력이 심화되어야 한다는 것을 의미한다.

한·일 관계는 동북아시아 지역에서 가장 복잡한 역사적 갈등과 경제·안보 협력을 동시에 내포하고 있다. 역사 문제와 영토 분쟁, 과거사에 대한 해석의 차이는 양국 간의 감정적 대립을 촉발했으며, 이는 한·일 간의 정치·외교적 신뢰를 제한하는 구조적 요인으로 작용해왔다. 그러나 동맹 중심 질서가 흔들리고, 미·중 패권 경쟁이 격화되는 국제 질서 속에서 한국과 일본은 지정학적·경제적·안보적 측면에서 상호 전략적 공조를 필요로 하는 파트너로 재조명되고 있다. 한국은 진영논리나 감정주의에 치우치지 않고, 실리와 원칙을 고려하여 대일 외교의 새로운 해법을 설계할 필요가 있다.

일본은 한국과 마찬가지로 미국의 안보 우산 하에 있는 국가이자, 세계 3위의 경제력을 가진 기술 선진국이다. 동시에 인도·태평양 전략을 포함한 미국의 대중국 견제 구도에서 중요한 축을 담당하고 있으며, 쿼드(Quad), CPTPP,

IPEF 등의 다자 협의체에서도 중추적 역할을 수행하고 있다. 한국은 이러한 점을 고려해서 한·일 관계를 감정적 상흔을 넘어 전략적 관점에서 재정립해야 한다. 기술 안보, 공급망 협력, 북핵 대응, 해양 안보 등의 분야에서 양국은 구조적 협력의 잠재력을 가지고 있음에도 불구하고, 그동안 정치적 신뢰의 결여로 인해 제대로 된 협상 테이블조차 꾸리지 못했다.

미·중 경쟁이 격화된 현실 속에 한국은 전략적 자율성을 한·일 관계에도 유효하게 작동할 수 있다. 먼저, 과거사 문제는 국제규범과 인권의 가치에 입각한 접근을 유지하되, 그 외의 실무 협력에서는 민·관 복합 네트워크를 통해 정치적 장애물을 우회하는 입체적인 외교가 요구된다. 예컨대 청구권 문제나 위안부, 강제징용 문제와 같은 핵심 사안에서는 국내 사법 결정의 존중과 피해자 중심 원칙을 지키는 한편, 외교적 마찰을 최소화할 수 있는 '국내적 해결-국제적 조율' 병행 전략을 구사할 수 있다. 이는 한국 정부의 국내법적 정당성과 국제사회의 책임 인식을 동시에 확보할 수 있는 절충적 해법이 될 수 있으며, 양국 관계의 파국을 방지하는 방파제 역할을 수행할 것이다.

한·일 양국은 경제·기술 분야에서는 상호보완적 협력을 확대할 수 있는 기반이 마련되어 있다. 반도체·배터리·탄소중립·디지털 전환 등 주요 전략산업에서 일본은 소재·장비·부품 기술의 강점을, 한국은 응용기술과 제조 역량의 경쟁력을 보유하고 있다. 2019년 일본의 수출 규제 조치는 한·일 간 기술 협력의 취약성을 드러낸 사례였지만, 동시에 한국의 기술자립을 가속화하는 계기가 되기도 했다. 이후 글로벌 공급망 재편이 가속화되면서, 기술 블록화에 대응한 한·일 공급망 협력의 필요성이 더욱 증대되고 있다. 이를 위해 양국은 미국 중심의 기술 동맹 틀 안에서 중간재·소재 기술을 공유하거나, 공동 연구개발 및 제3국 시장 진출을 통해 경제 협력을 다변화할 수 있다. 이 과정에서 양국 정부는 제도적 장벽을 완화하고, 산업계·학계·연구기관 간 민간 협력을 제도화하는 방향으로 역할을 분담해야 한다.

안보 분야에서도 양국은 협력 잠재력이 크다. 북한의 지속적인 핵·미사일 개발은 한·일 양국 모두에게 직접적 안보 위협으로 작용하고 있으며, 이에 따라 미·일동맹과 한·미동맹의 연계를 통해 정보 공유, 조기 경보, 미사일 방어 협력을 강화하는 것이 필요하다. 특히 미국 주도의 '한·미·일 3자 안보협력'은 한·일 간의 실질적 협력이 가능한 다자 틀이며, 이를 중심으로 군사적 신뢰를 재구축해나가는 실질적 접근이 요구된다. 물론 역사적 기억과 군사협력에 대한 국민적 반감이 상존하는 만큼, 정치 지도자들은 이러한 협력이 자주국방을 보완하는 집단안보의 일환이라는 점을 국민에게 설득력 있게 설명하고, 투명성과 절제된 접근을 통해 불필요한 갈등을 사전에 차단해야 한다. 나아가 사이버 안보, 해양 공동순찰, 인도적 재난 대응 등 비군사적 영역에서의 협력은 양국 군 당국 간 신뢰 회복의 촉매제가 될 수 있으며, 이를 통해 군사협력의 기반을 마련할 수 있다.

현행 국제 질서 하에서 일본이 과거와 같은 군국주의적·제국주의적 행태를 재현할 수 있는 가능성은 극히 낮다. 일본은 오늘날 자유주의 국제 질서의 핵심 구성원으로서, 경제와 시장질서를 중심으로 국제사회에 참여하고 있으며, 그 위상은 법과 규범의 준수를 전제로 유지된다. 일본의 안보정책이 점진적으로 확장되고 있음에도 불구하고, 이는 미국 주도의 인도·태평양 전략과 연계된 집단안보 체제의 일부로서 작동하고 있을 뿐, 과거의 침략주의와는 분명한 차별성을 지닌다.

이러한 국제정치적 현실을 무시한 채, 19세기 군국주의 일본의 이미지에만 고착되어 과거사 문제를 외교의 중심 변수로 고정시키고, 일본과의 전략적 협력을 거부하거나 시장·기술·안보 분야에서의 기회를 스스로 차단하는 태도는 대한민국의 중장기 국익 실현을 제약하는 결과를 초래할 수 있다. 물론 과거사에 대한 정확한 역사적 인식과 피해자 중심의 접근은 필수적이며, 이를 간과할 수는 없다. 그러나 과거사와 전략적 국익을 분리 관리하는 접근법은 21세기 국제관계에서 점점 더 요구되는 외교적 역량이 되고 있다.

문화 및 인적 교류 역시 대일 외교 전략에서 중요한 자산이다. 양국은 민주주의, 시장경제, 시민사회라는 공통 기반을 갖추고 있으며, 청년세대를 중심으로 한류·일류 콘텐츠의 상호 소비와 디지털 플랫폼 기반 교류는 과거 세대의 갈등과는 분리된 새로운 문화 네트워크를 형성하고 있다. 이러한 민간 교류는 양국 국민 간의 상호 인식 개선을 유도하는 데 실질적 효과를 발휘하고 있으며, 이를 외교 전략의 보완 축으로 제도화할 필요가 있다. 특히, 학생 교환, 공동 연구 펀드, 문화예술 프로젝트, 스타트업 연계 프로그램 등은 정치 갈등과 무관하게 지속 가능한 협력 채널로 기능할 수 있다.

트럼프 2.0 시대에 진입한 국제 질서 속에서, 한국과 일본은 역사적 갈등과 감정의 유산에도 불구하고, 지정학적 이해와 전략적 요구에 기반한 실질적 협력 파트너십을 모색해야 하는 전환기에 직면하고 있다. 미·중 전략 경쟁의 심화, 인도·태평양 전략의 재편, 글로벌 공급망의 불안정성 증대는 양국 모두에게 외교안보 정책의 구조적 재조정을 요구받고 있으며, 이는 과거사 중심의 감정적 외교를 넘어서 보다 전략적이고 통합적인 협력체계를 구축할 필요성을 제기한다. 이제 한·일 파트너십은 전통적 안보협력을 넘어, 경제·기술·인적 교류·공공외교·글로벌 규범 대응을 포함하는 복합적 협력 체제로 진화해야 한다. 이는 한국 외교의 성숙도와 동아시아에서의 영향력을 동시에 평가하는 주요한 시금석이 될 것이다.

8. 신남방 2.0 전략 : 다자주의 플랫폼의 형성

트럼프 2.0 시대의 도래와 함께 국제 질서는 재편 국면에 진입하고 있으며, 특히 미·중 간 전략 경쟁의 구조적 심화는 동남아시아 국가들이 외교적 자율성을 확보하기 위한 다원주의적 외교 기조를 강화하는 방향으로 나아가고 있다. 이러한 변화는 역내 국가들이 특정 강대국에 대한 일방적 정렬이 아닌, 자국의 이해관계에 따라 유연하게 파트너십을 조정하는 '선택적 다자주의(selective multilateralism)'의 확산으로 나타나고 있다.[111]

한국은 그동안 아세안 및 주요 역내 국가들과 구축해온 정치·경제·사회문화적 협력 기반을 바탕으로, 동남아시아에서의 전략적 입지를 한층 강화할 수 있는 구조적 기회를 확보하고 있다. 특히 공급망 재편, 기술 협력, 디지털 전환, 지속 가능한 발전 등 동남아 국가들이 직면한 현안에 있어 한국은 중견국으로서의 실질적 기여 역량과 규범 준수 태도를 동시에 인정받을 수 있는 위치에 있다.

최근 3개년(2022~2024) 동안 동남아시아(ASEAN 지역)의 경제는 팬데믹 이후 회복 국면에 진입하였으며 국가별 편차는 있지만 높은 성장 추세를 보인다. 2022년 동남아 지역의 실질 국내총생산(GDP) 성장률은 평균 5.6%를 기록하였으며, 이는 코로나19 이후 억눌렸던 소비와 관광 수요의 회복, 제조업 수출의 일시적 호조에 크게 기인했다. 2023년에는 4.9%, 2024년에는 4.5%로 성장률이 점진적으로 둔화하고 있지만 다른 지역보다는 성장률이 여전히 높다.

지역적 비교의 관점에서 동남아시아는 여전히 고성장 신흥 경제권의 특징을 유지하고 있다. 2024년 기준, 선진국 그룹(미국, EU, 일본 등)의 평균 성장률은 1.5% 내외로 평가되며, 라틴아메리카 및 카리브해 지역은 2.4%, 아프리카 대륙은 3.2%의 성장률을 기록한 것으로 나타났다. 이러한 비교는 동남아시아가 글로벌 사우스 내에서도 성장 잠재력이 높은 역내 경제권역임을 보여 준다. 특히 공급망 다변화 및 디지털 경제 전환에 따른 구조적 변화에 선제적으로 대응하는 국가일수록 상대적으로 안정된 성장 궤도를 유지하고 있음이 드러난다.

동남아시아 경제는 중장기적으로 글로벌 제조·물류 가치사슬(GVC)의 교차 지점으로서의 전략적 입지를 유지하고 있으나, 외생 변수에 대한 충격 흡수 능력 강화, 기술 집약적 산업 구조 전환, 정책의 일관성 확보 등이 향후 지속가능 성장을 위한 핵심 조건으로 대두되고 있다. 또한, 주요국 통화정책의 정상화, 글로벌 자본 흐름의 변동성, 미·중 기술 패권 경쟁의 외연 확대는 동남아 경제에 새로운 기회와 도전 요인이 되고 있다.

문재인 정부는 성장하는 동남아 지역을 주목하고 단순한 개발원조 혹은 외교적 교류의 확대를 넘어, 아세안과 인도와의 관계를 '전략적 동반자' 수준으로 격상시키겠다는 명확한 목표를 가지고 신남방정책을 제시하였다. 과거 한국 외교가 대체로 미국과 중국, 일본, 러시아라는 4강 외교에 집중된 데 반해, 신남방정책은 한국의 외교 공간을 구조적으로 확장함으로써 다자주의와 강대국 외교의 틀을 만들려는 시도였다. 이러한 정책 방향은 전략적 자율성, 협력의 분산화, 그리고 가치 기반의 국제 연대라는 외교 전략에서 시작되었다. 특히 아세안은 지역 통합과 협력을 중시하면서도 어느 특정 강대국에도 일방적으로 종속되지 않는 독립적 외교 기조를 견지해 왔다는 점에서, 한국의 강대국 외교의 출발점이라고 해도 과언이 아니다.

문재인 정부가 추진한 신남방 1.0이 주로 경제 관계에 초점을 맞추었다면 신남방 2.0은 외연을 확대하고 다양한 분야의 협력을 심화해야 한다. 신남방 2.0 전략은 첫째, 경제적 협력의 다변화를 통해 중국 중심의 공급망 구조에서 벗어나고자 하는 전략적 목표를 지닌다. 미·중 경쟁이 격화되면서 한국 기업의 중국 내 사업환경은 점차 악화되고 있으며, 이에 따라 동남아시아를 대체 생산기지 및 소비시장으로 전환하려는 움직임이 활발하다. 베트남, 인도네시아, 태국, 말레이시아 등은 제조업 기반 확충과 디지털 전환에 적극적이며, 한국 기업에게는 인프라 투자, 스마트공장, 디지털 교육, 전자상거래 등 분야에서 협력 기회를 제공한다. 이러한 경제협력은 단순한 수출시장 확대가 아니라 상호 기술협력, 역량 강화, 제도 정비 등을 포함하는 구조적 협력모델로 진화해야 하며, 이를 위해 한국 정부는 양자 FTA의 고도화와 함께 RCEP·IPEF·CPTPP 등 지역 경제 거버넌스에 대한 공동 대응 채널을 정비하거나 강화할 필요가 있다.

둘째, 신남방 2.0은 정치·외교 연대의 제도화를 통해 다자 외교 역량을 강화하는 것을 목표로 한다. 아세안은 동남아시아 내의 안정과 협력 질서를 유지하기 위한 제도적 틀을 갖추고 있으며, 미·중 모두에게 전략적 협력 대상으로 주목받고 있다. 따라서 한국은 아세안의 중립성과 자율성을 존중하면서, 공동 규범과 규범 설정 과정에 적극적으로 참여해야 한다. 예컨대 한·아세안 전략적 동반자 관계를 실질화하기 위해서는 기존의 정상회담 수준을 넘어 국방·보건·기후·기술표준 등 이슈별 전략대화를 제도화하고, 공동 프로젝트 추진을 위한 상설 협력 기구 설치를 추진해야 한다. 이를 통해 한국은 지역 내 규범 형성과 규범 중심 외교의 공동 주도국으로서의 위상을 확보할 수 있다.

셋째, 안보협력의 측면에서 신남방 2.0은 비전통 안보 이슈에 대한 협력을 확대하는 방향을 제시해야 한다. 아세안 국가들은 군사동맹이나 집단안보에는 신중하지만, 해양안보, 사이버 안보, 팬데믹 대응, 기후 위기 등 비전통 안보 분야에서는 협력 의지가 강하다. 한국은 이를 기회로 삼아 역내 해양 감시 체계 구축, 해양 순찰 훈련, 사이버 훈련, K-방역 경험을 공유하고 공동 대응 프로그램을 제안할 수 있으며, 이 과정에서 신뢰 기반의 중장기 안보협력 구조를 설계할 수 있다.

동남아 국가들은 중국과의 해양 영유권 갈등, 미·중 간 경쟁 격화, 초국가적 안보 위협의 증대 등으로 인해 국방력 강화 및 군 현대화에 본격적으로 착수하고 있다. 특히 트럼프 2기 행정부가 동맹국 및 전략 파트너국에 대한 방산 수입 압력을 강화할 것으로 전망됨에 따라, 미국 무기체계와의 상호운용성을 중시하는 국가들의 수요가 확대될 가능성이 크다. 이러한 정세 변화는 한국에게 방산 협력 확대의 기회를 제공할 수 있다. 한국은 미국산 체계와의 호환성과 경쟁력 있는 무기 기술, 신뢰성 있는 납품 체계, 합리적인 기술이전 등의 조건을 종합적으로 갖추고 있어, 방산 분야에서 유력한 대안으로 부상할 수 있다.

문화·인적 교류 역시 한국의 강대국 외교 전략의 일환으로서 가치가 크다. 한국은 이미 K-콘텐츠, 교육, 의료 등 소프트 파워 측면에서 동남아 국가들과 높은 호감도를 형성하고 있으며, 이를 쌍방향적 문화 협력과 인재 교류 체계로 확장해야 한다. 예를 들어, 한국 유학 프로그램의 지역 편중 문제를 개선하고, 아세안 대상 인적 교류 장학금 및 현지 취업 연계 제도를 강화할 수 있으며, 교육·보건·문화 분야에서의 공동 플랫폼을 구축함으로써 단발성 지원이 아닌 지속가능한 파트너십을 실현할 수 있다. 이와 함께 청년 창업, 디지털 기술 연계, 사회적 기업 지원 등을 통해 민간 협력 기반도 강화할 수 있다.

트럼프 2.0 시대 신남방 2.0 전략은 단순한 교류 확대나 시장 개척이 아니라 한국 외교의 전략적 자율성을 확장하고, 다극 질서 속에서 새로운 외교 거점을 확보하는 강대국 외교의 시험무대이다. 이는 미·중 어느 한 축에 의존하지 않고, 아세안 국가들과의 수평적 협력망을 통해 한국의 외교적 공간을 입체적으로 재편할 수 있으며, 한국 외교의 지평을 넓힐 수 있다.

그리고 신남방 2.0에는 인도를 포함시켜서는 안 된다. 인도는 그 지정학적 스케일과 전략적 정체성, 그리고 동남아 국가들과의 구조적 차이에서 비롯된다. 우선, 인도는 단순한 지역 강국이 아닌 준(準)글로벌 강대국으로서, 인구·경제력·군사력 등 모든 면에서 ASEAN 회원국들과는 차원이 다른 독자적 전략 단위를 형성한다. 인도는 14억 인구와 세계 5위권의 GDP를 바탕으로, 자국 중심 외교와 독자적 안보 체계를 구축하고 있으며, 이는 동남아 국가들이 외부 세력과의 연대를 통해 안보를 보완하려는 방식과는 본질적으로 다르다.

또한, 인도는 다자외교보다는 전략적 자율성을 중시하며, 비동맹전통과 자국 중심의 외교 행보를 지속하고 있다. 이로 인해 한국의 신남방정책이 강조해온 상호 연계성과 제도화된 협력 구조에 인도를 포함시키는 데에는 일정한 한계가 존재한다. 예컨대 ASEAN은 공동체 기반의 정치·경제 통합을 지향하고 있지만, 인도는 그와 별개로 BIMSTEC, IORA, QUAD 등의 다자 틀을 통해 자국 주도의 전략적 지역 협력을 추구한다.

더불어, 인도의 내륙 중심 개발 전략은 해양 지향적 구조를 전제로 한 신남방정책의 구조와도 충돌한다. 신남방정책은 남중국해와 인도양을 포괄하는 중국의 해상 실크로드 구상에 대응하지만, 인도는 동남아보다 남아시아·아프리카·중동에 더 중점을 두는 해양 전략을 선호한다. 이는 한국이 ASEAN과 추진해 온 교통, 에너지, 물류 연계 프로젝트와 인도의 지역 개발 프레임 간의 접점을 약화시킨다.

이와 같은 구조적 간극은 단순히 정책 조정의 문제를 넘어서, 전략 단위 간 비대칭성에서 비롯된 본질적 차이이다. 따라서 인도는 한국 외교의 중요 파트너일 수는 있으나, 신남방 2.0이라는 특정 지역 전략 프레임에 포섭되기에는 그 외교적 성격과 지정학적 범주가 지나치게 독립적이고 복합적이다. 이는 결국 인도를 별도 전략축으로 분리·운용할 필요가 있다.

최근 3년간 한국은 동남아 국가별로 상이한 전략적 접근을 취하고 있다. 베트남과 인도네시아는 제조업과 자원 연계 산업의 거점으로 중시되며, 전략적 동반자 관계를 바탕으로 국방·인프라·문화 분야의 포괄적 협력이 추진되고 있다. 필리핀과 태국은 건설·서비스·관광 분야의 협력과 함께, 해양 안보 및 인력 교류 측면에서 유의미한 협력 대상이다. 말레이시아는 할랄 산업과 친환경 분야에서의 협력 확대와 함께 이슬람 문화권 맞춤 전략이 병행되고 있다. 한편, 미얀마는 정치적 불안정으로 인해 교류가 축소됐지만, 라오스와 캄보디아는 개발협력 중심 관계에서 최근 전략적 동반자 관계로 격상되었고, 교육·문화 분야의 소프트 외교가 강화되고 있다. 전반적으로 한국은 동남아시아 국가별 정치·경제 여건에 따라 차별화된 접근을 통해 아세안 내 협력 기반을 다변화해야 한다.

1) 베트남

베트남은 트럼프 1기 당시 미·중 무역전쟁의 반사이익을 가장 크게 누린 국가 중 하나였다. 미국의 대중 고율 관세 정책에 대응해 글로벌 제조기업들이 생산거점을 베트남으로 이전하면서, 베트남은 미국과의 무역흑자 규모에서 중국과 멕시코에 이어 세 번째를 기록하였다. 그러나 트럼프 2기 체제에서는 동일한 전략적 혜택이 지속될 수 있을지에 대해 구조적 불확실성이 고조되고 있다. 미국의 무역불균형 시정 압력이 베트남에 집중될 가능성이 커졌기 때문이다.

이러한 상황에서 베트남 정부는 자국 기업의 시장 다변화를 유도하고, 외교적 대응력과 전략 리스크 관리체계를 강화하는 방식으로 전략적 대응 중이다. 2025년 5월 발표된 '민간경제 발전에 관한 결의안'은 민간을 경제성장의 주축으로 재정의하며, 과감한 구조개혁에 나선 신호탄이다.[112] 이 결의안은 민간경제를 GDP의 60% 이상을 차지하는 주체로 설정하고, 디지털 전환과 과학기술 주도, 글로벌 가치사슬 참여를 핵심 과제로 제시하였다. 이를 실현하기 위해 불필요한 규제 철폐, 세제 인센티브 확대, 소상공인과 자영업자 지원 강화, 토지 및 자본 접근성 제고, 공정경쟁 체계 구축 등이 병행된다. 이는 단순한 민간기업 육성을 넘어서 경제 전반의 생산성과 포용성을 동반 향상시키려는 구조적 조정의 성격을 지닌다.

베트남은 또 럼(To Lam) 공산당 총비서 체제에서 중앙정부 조직의 20% 감축, 지방정부 인력 25만 명 감축 등 행정조직의 축소 개편이 병행되고 있으며, 이는 단순한 경제 개혁이 아닌 관료사회에 대한 구조적 개입으로 해석된다. 이러한 행보는 1986년 도이머이(Doi Moi) 개혁 이래 베트남식 시장사회주의가 또 다른 질적 전환을 맞이하고 있음을 보여 준다. 특히, 공공부문의 비효율을 줄이고 민간의 창의성을 제도적으로 보장하려는 시도는 장기적으로 자본·기술 중심의 내생적 성장모델로의 전환을 목표로 하고 있다.

베트남 정부는 2045년까지 1인당 국민총소득(GNI) 12,000달러 이상을 달성하여 고소득국가로 진입하는 것을 장기 국가발전 전략의 핵심 목표로 설정하고 있다. 이 목표는 단순한 소득 지표의 개선을 넘어서, 베트남의 경제구조를 근본적으로 고도화하고, 글로벌 가치사슬 내에서의 위상을 재정립하려는 정책적 지향을 반영한다. 특히 베트남 지도부는 향후 15년을 '결정적 기회의 시기'로 간주하며, 국가 전략 전반에 걸쳐 정책 일관성의 강화와 성장 동력의 체계적 확보에 주력하고 있다.

이러한 전략의 중심축은 인프라 주도형 성장모델로, 이는 2000년대 중국이 경제 도약기 동안 활용했던 산업 기반 확장 전략을 준거로 삼고 있다. 구체적으로는 북부와 남부를 연결하는 남북고속철도 건설 사업, 동남아시아 허브공항으로의 위상을 목표로 하는 롱탄 신국제공항 프로젝트, 국가 전력망의 효율성과 안정성을 제고하기 위한 초고압 5500kV 송전선(광응아이-포노이 간) 구축 계획 등이 포함된다.

이러한 대규모 인프라 투자는 단기적으로는 총수요 확대를 통해 국내총생산(GDP)을 직접 견인하는 효과를 가지며, 중장기적으로는 공급망의 병목 해소, 제조업의 부가가치 제고, 외국인직접투자(FDI) 유치 확대, 그리고 소비 및 관광 수요 활성화와 같은 다차원적 파급 효과를 기대할 수 있다. 특히 베트남의 산업 경쟁력이 노동집약적 조립 생산에서 점차 기술 집약적 제조로 전환됨에 따라, 인프라 확충은 이를 가능케 하는 전제조건인 동시에 촉진 요인으로 작용한다.

이러한 베트남의 전략 변화는 기술력과 투자 역량을 갖춘 한국과 맞아떨어지고 있다. 한국은 베트남과 2023년 '포괄적 전략적 동반자 관계'를 공식화하며, 교역 규모 약 800억 달러, 진출기업 수 9,000개 이상이라는 실질적 통합경제 생태계를 구성하고 있다. 삼성, LG 등 주요 기업의 제조 허브이자, 27만 명에 이르는 한국인이 거주하는 사회문화적 공동체는 단순 투자국 이상의 의미를 지닌다. 양국 간 사회·문화·교육·복지 영역까지 포괄하는 실질적 공동체가 형성되었다. 이러한 구조는 단순한 수출입 관계를 넘어 생산·투자·인적교류·

개발협력에 이르는 전방위적 파트너십으로 발전한 특이한 사례에 해당한다.

베트남은 공산당 일당 체제를 유지하면서도, 미국·EU·일본·인도 등과 전략적 파트너십을 병행하는 다변화 외교를 구사하고 있다. 실용주의적 균형외교를 통해 미국 주도의 IPEF, Chip 4 참여와 중국 연계 제조기반을 동시에 운용하는 이중 전략은 한국 외교에 있어 도전이자 기회이다.

트럼프 2.0 시대 이후 국제 질서의 재편 속에서 베트남은 지정학적으로 중국과 인접하고 일본과 전략적 경쟁이 진행되는 동남아의 중심국이다. 이러한 조건 속에서 한국의 대베트남 전략이 약화될 경우, 그 반사이익은 일본과 중국이 가져갈 가능성이 크며, 이는 역내 전략 질서의 균형을 심화시킬 수 있다.

중국은 일대일로 전략을 통해 접경 지역 개발과 공급망 확장을 시도하고 있으며, 일본은 '자유롭고 개방된 인도·태평양(FOIP)' 구상 아래 안보 및 기술 협력을 심화하고 있다. 이에 따라 한국의 대베트남 전략은 베트남을 글로벌 사우스 외교의 모델로 만드는 데 있다. 이는 단기적 교역이나 투자 실적을 넘어 중장기적 상호신뢰 기반 협력체계의 구축이라는 방향으로 설정되어야 한다. 베트남은 단순한 제조 허브를 넘어서, 한국의 공급망 재편 전략과 아세안 다변화 정책의 교차점에 있는 핵심 지정학적 파트너가 되어야 한다. 한국은 베트남을 통해 미·중 패권 경쟁의 충격을 완충하고, 아세안 중심의 독자 외교 아키텍처 구축이라는 새로운 외교 지형을 그릴 수 있다.

2) 인도네시아

2023년 한·인도네시아 수교 50주년을 계기로 양국은 '특별 전략적 동반자 관계(Special Strategic Partnership)'를 재확인하고, 포괄적 경제동반자협정(CEPA)의 발효를 통해 교역 및 투자 협력 체계를 제도화하였다. 특히 한국은 인도네시아의 풍부한 광물 자원 중 니켈을 활용한 전기차 배터리 가치사슬 구축에 중점을 두고 있으며, 이는 미국 중심의 글로벌 공급망 재편과 중국산 원자재 의존도 완화라는 전략적 목적을 동시에 반영한다. 그러나 현대자동차와 LG 에너지솔루션의 공동 투자로 인도네시아 최초의 배터리 셀 공장이 건설되었지만 2024년 LG 에너지솔루션의 프로젝트 철수는 현지의 투자환경, 경제적 불확실성, 전략적 리스크가 복합적으로 작용한 사례다. 이것은 한국의 대인도네시아 외교가 정책적 난관이 적지 않다는 현실을 잘 보여 준다.

또한, 양국은 방위산업 협력에서도 중장기적 전략 연계를 시도하고 있지만, 아직 뚜렷한 성과가 가시화되지 않고 있다. 한국항공우주산업(KAI)과 인도네시아가 공동으로 개발 중인 KF-21/IF-X 차세대 전투기 사업은 한국에게는 기술력 수출과 국방 산업화의 기회, 인도네시아에게는 국산화와 군 현대화의 계기를 제공하는 상호이익 전략으로 설계되었지만 분담금 납부 지연, 기술 유출 의혹 등으로 협력이 정치화되며, 방산 협력의 제도적 취약성이 들어났다.

인도네시아는 비동맹 외교 전통을 기반으로 미·중 간 균형자 전략을 구사하고 있으며, 한국과의 관계에서도 지정학적 독립성과 산업 발전이라는 이중 목표를 동시에 추구한다. 한국은 이러한 인도네시아의 실용주의적 외교 기조에 부합하여, 정치체제나 가치의 일치보다 산업협력, 공급망 공동 구축, 디지털 전환 협력, 그리고 녹색 성장 전환 등 비이념적 의제 중심의 협력 채널을 확대해 왔다. 한국의 대인도네시아 외교는 경제와 방산 분야에서 난관에 직면했지만, 향후 다자주의·경제안보 연계 전략·전략적 자율성 확보라는 동시적 과제를 수행하기 위한 협력의 제도화와 상호 신뢰 구축이 병행되어야 한다.

3) 필리핀

필리핀은 남중국해를 둘러싼 중국과의 영유권 갈등의 주요 당사국이자 미국의 안보 파트너로서 이중적인 전략 위치를 차지하고 있다. 동시에 필리핀은 아세안 내 노동력, 인프라 수요, 소비시장 측면에서 한국의 신남방정책의 중요한 접점국이기도 하다. 한국은 이러한 복합적 특성을 고려하여, 다양한 분야 실용 협력 기반의 외교 전략을 통해 대필리핀 관계를 심화시켜 왔다.

2024년 양국은 수교 75주년을 맞아 '전략적 동반자 관계'를 공식화하고, 경제·안보·에너지 등 핵심 분야에서의 협력 구도를 제도화하였다. 특히 경제 부문에서는 2023년 체결된 한-필리핀 자유무역협정(FTA)이 2024년 말 발효되면서 교역 기반이 확대되었고, 전기차 부품·철강·디지털 기술 등 전략산업 분야에서 협력 수요가 증가하고 있다. 이는 한국의 공급망 다변화 전략과 필리핀의 산업 고도화 정책 간의 이해관계가 수렴하였기 때문이다.

안보협력 측면에서 한국은 필리핀의 군 현대화 계획에 적극적으로 참여하고 있다. FA-50 전투기, 고속정, 호위함 등 방산 수출은 단순한 상업적 거래를 넘어, 해양 안보 및 방산 기술 협력의 제도화라는 전략적 의미를 지닌다. 특히 남중국해에서의 항행의 자유 확보와 국제규범 기반 해양 질서 유지라는 공통 목표는 양국 간 안보협력의 외교적 정당성을 강화하고 있으며, 이는 미국 중심의 지역 안보체제에 직접적으로 편입되지 않으면서도 전략적 연성 균형(soft balancing)을 실현하는 형태로 평가할 수 있다.

문화 및 인적 교류 측면에서도 한국과 필리핀은 긴밀한 관계를 유지하고 있다. 한류 확산과 한국어 교육의 확장, 필리핀 내 한인 사회의 성장, 양국 간 국제결혼 가정의 증가 등은 비정치적 문화외교 채널을 통한 소프트 파워의 심화를 상징한다. 한국의 대필리핀 외교는 미·중 강대국 간 대립 구도 속에서도 지정학적 민감성과 국내외 정책 환경을 고려한 다층적 외교 접속 전략을 통해 자율성과 실리를 병행 확보하여야 한다.

4) 말레이시아

말레이시아는 지정학적으로 남중국해를 둘러싼 전략 요충지에 위치할 뿐만 아니라, 이슬람 다수 국가로서의 문화·외교적 특수성과 함께, ASEAN 내 중위권 경제국가로서 경제안보 연계 파트너십의 잠재성을 지닌 협력국이다. 말레이시아는 싱가포르의 금융, 태국의 지리, 인도네시아의 규모에 맞서 이슬람 금융 허브로서 중동과 아세안 연결의 중심축 역할을 자부하고 있다.

한국은 말레이시아와의 관계에서 한·아세안 협력 전략을 말레이시아의 국가발전 전략(Vision 2030) 및 디지털 경제 청사진(MyDIGITAL)과 접목하는 방식으로 협력 수준을 제고해왔다. 특히 디지털 전환, 스마트 제조, 에너지 전환 등 비이념적이고 기술 기반의 의제 중심 외교는 양국 간 신뢰 구축에 기여하고 있다. 한국은 말레이시아 내 할랄 산업, 반도체 후공정, IT서비스 및 스마트 물류 분야에서의 협력을 확대하고 있으며, 이는 미국의 글로벌 공급망 재편 전략과 호응하면서도, 중국의 영향권이 뚜렷한 동남아 경제 구조와의 이중적 조율(double hedging)을 시도하는 외교적 행보로 평가된다.

또한, 한국은 말레이시아와의 협력에서 가치 외교의 전략적 절제를 통해 문화적 간극과 정치체제 차이를 넘는 실질 협력을 추구하고 있다. 이슬람 다수 국가인 말레이시아와의 협력은 단순한 한류 확산을 넘어 이슬람 친화 콘텐츠 개발, 할랄 인증 협력, 이슬람 금융 협력 등 문화적 적응력을 동반한 맞춤형 외교로 구체화되고 있으며, 이는 가치 중심 외교에 내재된 이념적 경직성을 해소하면서도 사회문화적 공존을 추구하는 실용주의적 접근으로 해석된다.

안보 및 전략 분야에서는 말레이시아가 비동맹 외교 및 중립적 해양 정책을 유지하고 있는 점을 고려해, 한국은 안보협력보다 기술·산업 중심의 연성안보(soft security) 협력을 중심으로 관계를 구축하고 있다. 여기에는 사이버 안보, 스마트 국경 관리, 방역 협력 등이 포함되며, 전통적 군사동맹 중심의 안보외교와는 다른 구조를 보인다. 이는 미·중 간 안보 구도에 편입되지 않으면서도, 신뢰 기반의 전략적 협력을 지속하려는 의도가 반영된 것이다.

한국의 대말레이시아 외교는 기술과 문화, 산업과 외교, 안보와 경제 등 이질적인 영역 간의 경계를 유연하게 넘나들며, 복합적인 이해관계를 조율하고 전략적 자율성을 확보하는 방향으로 전개되어야 한다. 특히 말레이시아처럼 정치·문화적 이질성이 크고 전략적 유동성이 높은 국가와의 협력을 통해, 한국은 미·중 간 대결 구도 속에서 탈진영화된 협력 지형을 구축하고, 글로벌 입지를 다변화할 수 있다. 이러한 접근은 향후 ASEAN 전체를 아우르는 차별화된 협력 아키텍처 구축의 기반이 되며, 중장기적으로는 한국의 신남방정책 내 자율적 외교 공간을 확장하는 핵심 축으로 작용할 것이다.

트럼프 2기 행정부의 출범과 중국의 동남아시아 지역에 대한 공세적 진출은, 역내 안보·경제·에너지 거버넌스의 전반적 재편을 가속화하고 있으며, 이는 한국에게 도전과 기회의 이중적 국면을 동시에 제시하고 있다. 미국 주도의 기존 질서가 유동화되고 중국 주도의 지역 영향력이 확장되는 가운데, 동남아는 단순한 외교 대상이 아니라, 지정학적 연계와 경제 전략의 교차점으로서 전략적 중요성이 부각되고 있다.

한국은 이러한 질서 재편의 흐름 속에서, 제조 및 디지털 산업, 방위산업 협력, 에너지 전환 파트너십, 공적개발원조(ODA)의 고도화라는 전략축을 중심으로 동남아 국가들과의 복합적 협력체계를 강화해 나가야 한다. 이와 같은 협력은 한국을 중견국의 역할을 넘어서, 전략적 행위자로서의 외교 위상을 공고히 하는 계기가 될 것이다.

아세안과의 협력은 단기적인 교역 실익을 넘어, 다자주의의 후퇴와 국제 규범의 약화라는 트럼프 2.0 시대의 외교 환경 속에서 한국의 강대국 외교의 실질적 계기로 작용한다. 한국은 미·중 경쟁이 심화되는 가운데, 기존의 양자 중심 협력에서 벗어나 자국 주도의 소다자 협력 모델(Korea-led minilateralism)을 통해 외교 공간을 다변화해야 하는데, 아세안은 이러한 전략을 실현할 수 있는 가장 유연하고 실용적인 협력 파트너이다. 로 부상하고 있다. 정치·문화적 이질성과 전략적 유동성이 공존하는 아세안 지역은 한국이 규범 기반의 새로운 협력 질서를 주도할 수 있는 시험장이자, 신강대국형 외교 전략을 구체화할 수 있는 핵심 무대이다. 바로 이것이 우리가 신남방 2.0에 전략적 의미를 부여해야 하는 근본적 이유다.

9. 유라시아 초승달 협력 전략 : 개발협력을 넘어

21세기 국제 질서는 우크라이나 전쟁을 계기로 극적으로 바뀌고 있다. 전쟁이 현실의 문제가 되었고, 특히 유라시아의 지각판이 흔들리고 있다. 이에 따라 한국 외교 역시 기존의 동맹 중심, 해양 중심 외교를 넘어, 유라시아 대륙에 주목해야 한다. 이 대륙에서 불어오는 전쟁과 변화의 바람에 적극적으로 대응하지 못하면 한반도 또한 언제 불바다가 될지도 모른다.

유라시아 대륙은 지정학적·지경학적 잠재력이 풍부함에도 불구하고, 한국 외교의 실질적 영향력은 상대적으로 제한되어 있다. 문재인 정부는 북방외교라는 비전을 통해 유라시아 진출을 추진했지만 번번이 러시아와 북한의 비협조로 실질적인 성과를 거두지 못했다. 이것은 이 지역을 주로 경제협력의 대상으로 간주하고 프로젝트 중심으로 접근했기 때문이다. 게다가 우크라이나 전쟁이 발발하면서 한국은 유라시아 지역 국가와 실질적인 협력 자체가 어려워지게 되었다.

유라시아 지역은 하나의 정부와 하나의 민족이 사는 단일한 공간이 아니다. 수많은 국가와 다양한 민족들이 거주하고 있으며 그들은 갈등과 협력을 거듭하고 있다. 여기에 러시아와 중국이라는 강대국이 다자 협력체를 통해 영향력을 행사하고 있다. 이러한 상황에서 한국은 신강대국 외교 전략의 하나로 '유라시아 초승달 협력(Eurasian Crescent Cooperation)' 구상을 적극적으로 추진할 필요가 있다. 이 구상은 단순한 지역 외교 확대가 아닌, 러시아의 유라시아경제연합, 중국의 일대일로, 미국의 C5+1 구상에 대응하는 다극 협력의 플랫폼이자, 새로운 외교·안보 축 형성을 위한 지렛대가 될 수 있다.

이 구상이 전제하는 '초승달'은 몽골에서 출발하여 중앙아시아을 거쳐 캅카스 지역을 포괄하는 포괄하는 대륙의 곡선 축(crescent axis)이다. 이 축은 유럽과 아시아를 연결하는 육상 회랑이자, 과거 실크로드의 현대적 변형으로 해석할 수 있다. 캅카스 지역은 유럽과 유라시아의 연결고리 역할을 하며, 몽골을 포함한 중앙아시아는 풍부한 에너지 자원과 고속성장 잠재력을 지녔다. 한국은 이 지역들과의 연계 협력을 통해 해양 중심의 외교지형을 대륙으로 확장하고, 미·중 패권 경쟁으로부터 일정 부분 거리를 둔 전략 공간을 확보할 수 있다.

유라시아 초승달 협력의 핵심은 에너지, 철도 물류, 디지털 인프라라는 세 가지 협력 축의 통합이다. 첫째, 에너지 분야에서 한국은 중앙아시아 및 러시아와의 천연가스·수소 에너지 협력을 확대할 수 있으며, 향후 재생에너지 및 탄소중립 기술의 개발을 통해 녹색전환 파트너십을 구축할 수 있다. 리튬·수소·신재생에너지 등 미래자원의 공동 개발과 에너지 파트너십 강화는 글로벌 에너지 전환 구조 속에서 전략광물 확보와 기후 대응이라는 두 가지 과제를 동시에 해결할 수 있는 협력 지점이다. 특히 중앙아시아와 몽골은 태양광·풍력·수소 생산 잠재력이 풍부한 지역이며, 카자흐스탄·우즈베키스탄·키르기스스탄·아제르바이잔 등은 리튬, 우라늄, 희토류 등 전략광물의 공급 거점으로 부상하고 있다. 한국은 이들 국가와 '기술-자원 결합형 공동 생산 체계'를 구축함으로써 공급망 주도권을 선점하고, 중장기적으로는 탄소중립 파트너십의 기반을 마련할 수 있다. 에너지 안보의 다변화는 중동 및 중국 의존도를 줄이는

유라시아 초승달 협력

효과를 가져오며, 특히 에너지 수급 구조의 안정성 확보는 한국 경제의 전략적 리스크를 완화하는 데 중요한 수단이 될 수 있다.

둘째, 철도·물류 협력은 유라시아 내 경제 연계성과 전략적 회랑 형성의 기반이 된다. 한국은 현재 TSR(시베리아횡단철도), TCR(중국 횡단철도), 그리고 향후 INSTC(국제남북수송회랑) 등과 연계 가능한 복수의 철도 루트에 대해 외교적·경제적 참여를 확대할 수 있으며, 여기에 부산항-극동항구 간 해상·철도 복합 물류망을 구축하면 해양과 내륙을 통합한 다중회랑 전략이 완성된다. 이는 단순한 물류 효율성 제고를 넘어서, 지역 내 생산기지 및 중간재 이동의 전략적 기지화를 의미하며, 한국의 공급망 외교 역량을 실질적으로 강화하는 데 기여할 것이다. 여기에는 장기적으로 북극항로도 포함된다.

'몽골-중앙아시아-캅카스'를 연결하는 육상·항만 네트워크 구축은 유라시아 내 교통·물류 연계성을 강화함으로써 한국의 섬 경제 한계를 극복하고, 대륙 축 확장 전략을 실현하기 위한 핵심 인프라 프로젝트이다. 이는 기존의 해상 중심 글로벌 공급망을 다변화하는 '다중경로화(multi-routing)' 전략이자, 동북아-중앙아시아-유럽을 연결하는 포스트 실크로드형 대륙경제 회랑 구축 구상과도 상응한다. 한국은 복합물류, 철도 디지털화, 항만 자동화 등에서 기술적 우위를 바탕으로 이 네트워크의 설계자이자 실행자 역할을 수행할 수 있다.

셋째, 디지털 인프라 협력은 한국의 기술 역량을 지역 외교의 지렛대로 전환하는 핵심 도구이다. 5G·AI·디지털 정부·사이버보안 등 디지털 전환 분야에서 한국은 유라시아 국가들에게 신뢰 가능한 기술 파트너로 자리매김할 수 있으며, 이는 중국의 디지털 실크로드에 대한 현실적 대안으로 기능할 수 있다. 특히 중앙아시아와 몽골, 카프가스 국가들은 중국 기술의 과도한 영향력에 대해 일정한 경계심을 보이고 있으며, 한국은 민주주의 기반의 기술 협력모델을 통해 이들 국가와 제도적 신뢰를 구축할 수 있다. 또한 디지털 세관, 전자무역 시스템, 사이버 규범 협력 등을 통해 제도 수준의 협력을 강화하는 것은 중장기적으로 한국 외교의 표준화 영향력을 확대하는 결과로 이어질 수 있다.

5G/6G 통신망 및 스마트시티 기반의 디지털 인프라 구축은 유라시아 내 디지털 격차 해소와 미래산업 생태계 확장을 위한 핵심 추진축이다. 한국은 ICT 기술, 디지털 정부 운영 경험, 도시 통합 플랫폼 설계 역량 등을 활용하여, 디지털 거버넌스와 AI 인프라의 표준화를 선도할 수 있다. 이는 디지털 실크로드 구상과 접목 가능하며, 한국형 디지털 협력모델(K-Digital Model)은 비서구권 디지털 전환 파트너십의 규범적 대안으로 기능할 수 있다.

정치·안보 측면에서도 초승달 협력 구상은 한국의 강대국 구상에서 중요한 역할을 한다. 유라시아 내 다수 국가는 강대국들 사이에서 균형외교를 추구하는 중견국이자 비동맹 국가들로, 한국과 유사한 전략적 DNA를 공유하고 있다. 이들과의 연대는 한국이 특정 진영에 일방적으로 종속되지 않고, 유연한 전략 공간을 확보하는 데 중요한 역할을 할 수 있다. 예컨대, 러시아와의 관계에서는 군사적 의존을 지양하되, 에너지 및 북극항로 개발 협력은 지속하며, 정치적으로는 우크라이나 전후 질서 재편에 따른 유라시아 외교 전략을 재정립할 수 있다. 중앙아시아 및 몽골과는 다자 외교 채널을 활용한 민주주의 가치 연대, 개발 협력, 문화·교육 외교를 통해 제도적 안정성과 지속가능성을 높일 수 있다. 한국이 유라시아 개발도상국에 대한 공적개발원조(ODA)를 제공하는 행위는 과거 선진국으로부터 받은 원조에 대한 도덕적 상환이나 감정적 의무의 차원이 아니라, 현재의 국제 질서 유지와 국가 이익 증진을 위한 전략적 선택이다.

자유주의 국제 질서는 시장경제, 규범 기반 협력, 다자주의, 개방성 등을 기반으로 하며, 이는 한국의 성장과 번영에 결정적 기여를 해왔다. 그러므로 유라시아 개발도상국에 대한 원조는 단지 과거의 경험을 되풀이하는 것이 아니라, 현재의 질서를 관리하고 미래의 기회를 선점하는 국가 전략의 일부로 보아야 하며, 특히 강대국으로서의 책임과 영향력 확대라는 측면에서 더욱 적극적으로 접근해야 할 필요가 있다.

한국 외교가 처음으로 제도화된 다자주의 모델을 실험한 지역은 중앙아시아였다. 2007년 출범한 '한·중앙아시아 협력포럼(Korea-Central Asia Cooperation Forum)'은 한국과 중앙아시아 5개국(카자흐스탄, 우즈베키스탄, 키르기스스탄, 투르크메니스탄, 타지키스탄) 간의 다자 협력 플랫폼으로, 정치적 신뢰 구축과 경제·사회·문화 협력의 제도화를 목표로 한다. 외교부 주관 아래 매년 순회 개최되는 이 포럼은 고위급 인사와 전문가, 산업계 대표들이 참여하는 다층적 협의 구조를 갖추고 있으며, 초기에는 무역, 에너지, 인프라 등 전통적 분야를 중심으로 논의가 진행되었으나, 최근에는 디지털 전환, 스마트 농업, 기후변화 대응, 보건·의료 협력 등 포스트팬데믹 시대의 복합 아젠다로 범위가 확대되고 있다.

이러한 변화는 한국이 주도하는 제도화된 소다자 협력 모델(multilateralism-lite)의 실질적 적용을 의미하며, 한·중앙아 포럼은 전략적 파트너십의 실험장이자 한국형 다자외교 모델의 선도 사례이다. 나아가 이 포럼은 단순한 외교 채널을 넘어, 역내 규범 기반 협력 질서 구축, 한·중앙아 간 전략적 연대 심화, 대중국·대러시아 외교의 보완 축이라는 지경학적 함의를 함께 지닌다. 이처럼 다층적 구조와 전략적 연계 속에서, 이 협력포럼은 참가국의 범위를 몽골, 캅카스를 포함하여 포스트-중앙아시아 다자 플랫폼으로의 진화를 통해, 한국 외교의 유라시아 전략을 다변화하는 외연 확장 모델로 작용할 수 있다.

한국의 유라시아 전략 구상은 단순한 경제 협력을 넘어, 지정학적 연계성(geostrategic connectivity)과 기능적 실용주의(functional pragmatism)를 결합한 다차원 복합협력체계 구축을 지향한다. 이는 미·중 전략 경쟁, 글로벌 공급망 재편, 기후위기 대응, 디지털 전환 등 복합 위기 상황 속에서 한국이 자율적 외교 공간을 확보하고, 기술·개발·문화 외교를 통합적으로 수행하려는 전략적 기획이다.

한국의 대유라시아 초승달 협력 구상은 한반도 통일 외교에 전략적으로 기여할 수 있다. 유라시아 내 국가들과 구축하는 교통·통신·에너지 연결망은 향후 한반도 통합 시 북한을 경유한 대륙 횡단 루트로 전환될 수 있으며, 이는 단순한 경제협력을 넘어 지정학적 구도에 실질적 변화를 유도할 수 있는 전략적 지렛대로 작용한다. 이러한 기반은 북핵 협상에서 한국의 중재 역량을 강화하는 동시에, 한반도 평화에 대한 국제적 지지 기반을 다변화하는 데에도 기여할 수 있다.

유라시아 초승달 협력은 한국의 반도 외교를 유라시아 대륙으로 확장하는 지정학·지경학 융합 전략으로서, 단순히 중국의 일대일로에 대응하기 위한 구상이 아니다. 오히려 이는 한국이 지리적 한계를 넘어 유라시아 내 독자적 전략축을 구축하고 운영할 수 있는 외교 주체로 도약하고자 하는 미래지향적 선언이자 한국형 개발협력의 모델이기도 하다.

1) 우즈베키스탄

유라시아 지역은 전통적으로 러시아의 강력한 영향력 아래에 중국의 일대일로가 확장되는 가운데 지정학적 경쟁이 벌어지고 있다. 이러한 지정학적 경합 공간에서 우즈베키스탄은 비동맹, 다자 외교, 실용주의를 표방하며 균형외교를 모색하고 있으며, 한국은 이를 전략적 기회로 포착해야 한다.

2023년 양국은 '포괄적 전략적 동반자 관계'를 재확인하였고, 2024년 이후에는 핵심 광물, 수소에너지, 디지털 행정, 전자정부, 교육혁신 등 미래지향적 의제를 중심으로 양국 간 협력이 심화되고 있다. 특히 트럼프 행정부에서 미국의 동맹국들에게 반중 기술 동맹 참여, 공급망 정렬을 요구하는 상황에서, 한국은 자원의 안정적 확보와 제3국 기반 공급망 확보를 위해 우즈베키스탄을 전략적 대체지로 활용하고 있다. 니켈, 우라늄, 희토류 등 전략광물 자원에 대한 공동 개발과 중장기 수급 연계는 바로 이러한 '지경학적 완충지대(geo-economic buffer zone)'로서의 우즈베키스탄의 의미를 부각시킨다.

다른 어떤 글로벌 사우스보다 한국의 대우즈베키스탄 외교는 그동안 성공적이었다. 특히 개발협력에는 뚜렷한 성과를 낳았다. KOICA를 중심으로 이루어지는 정책 컨설팅, 전자정부 구축, 조세 행정 현대화, 중소기업 육성 정책 등은 단순한 기술이전이나 원조를 넘어, 우즈베키스탄의 정책 수단과 행정역량을 강화하였다. 이러한 접근은 수원국의 제도 수용성을 강조하며, 제도 확산의 비갈등적 경로를 제공한다는 점에서 주목된다. 특히 중앙아시아 국가들과 같이 권위주의적 안정성과 국가 주도 발전 모델을 중시하는 국가에서는, 한국의 개발 모델이 기존 서구식 원조 국가들과는 차별화되는 정책 매력으로 작용하고 있다. 이는 한국이 지역 강대국(중국·러시아)과 구분되는 신뢰 가능한 국가이기 때문이다.

또한, 우즈베키스탄의 한국 이주 노동은 지난 15년간 양국 간 경제·인적 협력의 주요 축으로 기능해 왔다. 특히 한국의 고용허가제 도입 이후, 우즈베키스탄은 한국 내 외국인 노동자 송출 국가 중 상위권을 지속적으로 유지하고 있으며, 누적 입국 인원은 약 7만 명 이상(2024년 기준)에 이른다. 2023년 한 해에만 약 8,000명 이상이 한국에 입국했으며, 이들은 주로 제조업, 농축산업, 건설 분야에 종사하고 있다.

경제적으로는 연간 약 2억~3억 달러 규모의 송금이 우즈베키스탄으로 유입되고 있으며, 이는 농촌 지역 가계소득의 안정, 교육비 및 의료비 지출 확대, 주택 건설 및 자영업 투자로 이어지고 있다. 송금은 단순한 외화 유입에 그치지 않고 소득 이전을 통한 우즈베키스탄 지역경제의 자생력 강화라는 성과를 동반하고 있다. 이주 노동자들은 한국 체류 과정에서 언어, 기술, 근로 규범을 습득하고, 귀국 이후 현지 중소기업 취업, 한국어 교사 활동, 창업 등 사회문화적 재투입 경로를 형성하고 있다. 이러한 순환은 한국의 KOICA, HRD 센터 등에서 운영하는 귀환자 대상 재정착 프로그램과 연계되며, 점차 제도화되는 양상을 보인다.

한국 내에서도 우즈베키스탄 노동자는 성실하고 장기근속률이 높으며, 한국어 학습 수준이 높다는 평가를 받아 안정적 송출국으로 인정받고 있다. 우즈베키스탄의 한국 이주 노동은 단순한 인력 수급을 넘어, 송금, 사회적 자본 축적, 외교적 파트너십 강화라는 복합적 성과를 창출하고 있으며, 이는 한국의 대중앙아시아 외교 전략에서 제도적·인적 연계를 통한 중장기적 소프트 파워의 실현이라는 구조적 의미가 있다.

우즈베키스탄은 지정학적·문화적·경제적 측면에서 한국의 대중앙아시아 외교 전략에서 핵심 거점이자 실질적 허브로 기능하고 있다.[113] 중앙아시아 내 인구 규모와 경제력에서 상위권을 차지하는 우즈베키스탄은 내륙국임에도 불구하고 지역 내 물류·에너지·외교 네트워크의 중심축에 있으며, 한국과의 협력 역시 단순한 양자관계를 넘어 중앙아시아 전체를 향한 다자적 확장

기반을 제공한다.

  1992년 수교 이후 한국은 우즈베키스탄을 중심으로 대중앙아 외교의 제도적 틀을 점진적으로 구축해왔다. 타슈켄트에 설립된 한국국제협력단(KOICA) 사무소, 한국문화원, 한국어교육센터, 세종학당, 무역투자진흥공사(KOTRA) 등이 밀집한 구조는 한국이 우즈베키스탄을 사실상의 외교·문화·경제 플랫폼으로 인식하고 있음을 보여 준다. 특히 한·우즈베키스탄 간 고위급 정례협의체, 특별 전략적 동반자 관계의 지정, 다수의 대형 인프라·플랜트 사업 공동 추진은 중앙아시아 내 국가들에 대한 외교 모델로 전환되고 있다.

  우즈베키스탄은 러시아, 중국, 터키, 이란 등 역내 강국들과의 전략적 균형을 유지하면서도, 한국에 대해선 상대적으로 높은 제도 신뢰와 기술 수용성을 보이며, 이는 한국의 비이념적·비패권적 이미지가 긍정적으로 작용한 결과로 해석할 수 있다. 한국이 제공하는 행정역량 구축, 전자정부, 조세행정, 보건의료, 중소기업 정책 등의 협력 프로그램은 우즈베키스탄 내 정책 현대화와 개혁의 준거 틀로 받아들여지고 있으며, 이는 한국형 제도 이전 모델의 성공 가능성을 타국에 실증하는 사례로 작용하고 있다.

  우즈베키스탄은 또한 이주 노동, 교육 연수, 기술 인력 교류 등을 통해 양국 간 인적 이동의 주된 통로 역할을 수행하고 있으며, 이는 중앙아시아 전역으로 확산 가능한 연성 네트워크로 기능한다. 요컨대 우즈베키스탄은 한국의 대중앙아시아 전략에서 단순한 양자 간 파트너를 넘어, 제도 확산과 가치 중개, 인적 연결과 외교 협력의 허브 국가로 발전시켜야 한다.

2) 카자흐스탄

한국은 2022년 이후 대카자흐스탄 관계를 전략적 동반자 수준에서 포괄적 실용 협력 관계로 발전시키기 위한 일련의 외교적 움직임을 이어왔다. 에너지, 광물자원, 인프라 개발뿐 아니라, 디지털 전환, 스마트시티, 녹색성장, 원자력, 인공지능 분야까지 협력의 스펙트럼을 확장하고 있으며, 이는 미·중 기술 패권 경쟁 구조하에서 기술·자원 복합협력의 대체축을 모색하는 전략적 선택의 하나였다.

2024년 이후 트럼프 행정부의 귀환과 함께, 미국의 보호주의적 통상정책과 동맹국을 대상으로 한 기술 동맹 재편 압력이 본격화되고 있다. 이러한 국제 정세 속에서 한국은 카자흐스탄과의 협력을 통해 자원·공급망·제도 협력 등 복합적인 전략적 목표를 모색하고 있다. 우선, 한국은 카자흐스탄과의 협력을 통해 우라늄, 희토류, 희귀금속 등 핵심 자원의 안정적 확보를 도모하고 있다. 이는 원자력 발전과 배터리 산업의 전략적 생태계 유지와 직결되는 사안으로, 미국과의 전략기술 제휴를 지속하면서도 중국산 자원에 대한 과도한 의존도를 완화하기 위한 포석이다.

또한, 카자흐스탄은 중·러를 연결하는 동서 교통회랑의 요충지로서, 한국이 추진 중인 글로벌 공급망 다변화 및 생산기지 재조정 전략과 긴밀히 연계된다. 최근 한-중앙아시아 협력 포럼 및 트랜스-카스피 수송망(TITR) 구상과도 맞물리며, 탈중국 공급망 구조의 우회 경로 확보 측면에서 전략적 의미가 크다.

아울러 한국은 KOICA, KOTRA, EDCF 등 다양한 정책 수단을 활용해 카자흐스탄의 행정 현대화, 보건의료 개선, 중소기업 육성, 교육의 디지털화 등 실질적 제도 역량 강화에 기여하고 있다. 이는 민주주의 전파와 같은 이념 중심 접근이 아닌, 정책 실행력과 연성권력을 기반으로 한 비이념적 제도 외교로서, 양국 간 지속가능한 협력 거버넌스를 구축하려는 노력의 일환이다.

안보 측면에서도 한국은 군사적 개입 없이 비군사 안보협력, 예컨대 사이버 안보, 기후 안보, 방역 외교 등을 통해 카자흐스탄과 신뢰 기반의 비전통안보 협력모델을 구축하고 있다. 카자흐스탄이 비핵화를 문화·교육 외교를 실천한 중앙아 핵 비확산 리더라는 점도 한국과의 가치 기반 연대를 가능하게 하며, 향후 기후 및 에너지 전환 시대의 녹색 기술 협력으로 연결될 수 있다.

문화 및 인적 교류 면에서는 고려인 디아스포라를 매개로 한 역사적 인연과 한류 기반의 소프트 파워 확산이 카자흐스탄에서 병행되고 있으며, 이는 비서구권 내 신뢰 기반 문화외교의 대표 사례로 작동하고 있다. 특히 카자흐스탄의 도시 엘리트층과 청년층 사이에서 한국어 교육, K-의료, IT 스타트업 협력 등이 성장하면서, 문화적 공감 기반의 외교 자산이 다층적으로 축적되고 있다.

카자흐스탄은 한국의 대중앙아시아 외교에서 정치적 안정성, 자원부국, 다자 외교 허브라는 점에서 전략적 의미가 있다. 세계 9위의 영토를 보유하고 있으며 풍부한 에너지·광물 자원은 한국의 자원 안보 다변화에 기여하고, 한-중앙아 협력 포럼의 중심 참여국으로서 다자 협력의 안정적 파트너로 작용한다. 또한 카자흐스탄은 러시아·중국·미국 간 다변화 외교를 펼치면서도 한국의 비이념적 외교 전략과 정합성이 높아 중앙아시아의 핵심적인 협국국이 되어가고 있다.

10. 대북한 전략 : 최악의 시나리오와 전략의 재설계

북한은 우크라이나 전쟁이라는 전 지구적 위기의 한복판에서 스스로를 전략적 재조정의 중심축으로 자리매김하고 있다. 전통적으로 북한은 생존을 위해 외교적 공간을 확장하거나 대외 도발을 감행하는 방식으로 자국 체제를 보존해 왔다. 우크라이나 전쟁을 둘러싼 강대국 간 갈등은 북한에게 보다 유리한 선택지를 제공하고 있다. 특히 북한은 러시아의 외교적 고립을 기회로 삼아, 러시아에 무기와 군수물자를 제공함으로써 단순한 우호국 수준을 넘어 혈맹 관계로 진입했다. 이는 단기적으로 무기 판매를 통한 외화 확보라는 경제적 실익을 도모함과 동시에, 중장기적으로는 향후 한반도 유사시 러시아의 군사적 또는 외교적 개입을 요청할 수 있는 명분과 정치적 파트너십을 확보할 수 있게 된 것이다.

이와 같은 전략은 김정은 정권이 기존의 중국 중심 외교에서 벗어나 다극 외교로 전환하려는 하나로도 해석된다.[114] 특히 중국의 제한적인 개입과 미온적 태도에 실망한 북한은 러시아라는 새로운 전략 후견인을 통해 외교 공간을 재설정하려 하고 있으며, 이는 기존 한반도 안보 지형의 근본적 재편을 초래할 수 있는 변수로 부상하고 있다. 러시아는 이를 통해 국제적 고립에서 벗어나는 외교 카드로 북한을 활용하고 있으며, 이 과정에서 첨단 군사기술, 위성 발사체, 잠수함 기반 핵무기 기술 등 민감 기술의 이전 가능성도 점점 현실화하고 있다. 특히 북한은 ICBM의 재진입체 기술과 고체연료 기반의 SLBM 기술에 한계를 보이고 있으나 러시아의 기술이전은 이를 완성할 수 있는 기회가 되고 있다.

이러한 변화는 한국을 포함한 동북아 지역 안보의 균열과 재정렬을 의미한다. 북한이 핵무장을 통해 자유주의 국제 질서의 핵심 규범을 정면으로 위반하면 남북 간 실질적 협력의 가능성은 극도로 제한된다. 유엔 안보리와 주요국의 다자 제재 체계에서, 한국이 주도하거나 참여할 수 있는 교류사업의 상당수는 국제 제재 위반 소지가 있으며, 경제적 실익이 없는 교류에 대해 북한 역시 전략적 관심을 보일 가능성은 작다. 동시에, 북한 입장에서도 핵을 포기하는 것이 곧바로 제재 해제로 이어지지 않는 현실적인 한계 속에서, 비핵화를 선택할 가능성도 크지 않다.

실제 북한은 이미 남북관계를 포기했다. 2024년 1월 16일 김정은은 "민족 역사에서 통일·화해·동족이라는 개념을 제거해야 한다"라고 공개적으로 언급한 것은 이러한 전략 변화의 공식화라 할 수 있다. 이는 남북관계를 '민족 내 내전'이 아닌 '적대적 국가 간 관계'로 재정의하려는 체제 전략의 천명이다. 김정은 체제는 이제 남한이 아닌, 중국·러시아·이란 등과의 전략적 연대와 기술·무기·자원 협력을 통해 제재의 구멍을 파고들며 생존을 도모하는 방향으로 외교노선을 선회하고 있다.

북한은 중국과 러시아, 그리고 이란과 같은 수정주의 대국들이 제재 회피의 경제·외교적 우회로로 부상하는 것은 북한에게 핵 보유와 경제 건설을 병행할 수 있는 병진노선 완성의 현실적 가능성을 제시한다. 이는 북한이 더 이상 한국과의 민족적 연대나 교류에 전략적 가치를 두지 않게 되는 결정적 계기로 작용할 수 있으며, 한국은 북한의 전략 인식 속에 점차 존재감을 상실하게 된다. 이에 따라 우리는 북한을 더 이상 '남북관계'라는 이중 구조적 틀로만 이해해서는 안 된다. 북한은 이미 자율적인 전략 행위자로서, 중·러·이란을 중심으로 한 탈서구적 국제 연대의 일원으로 자리하고 있으며, 이에 대한 대응 역시 한반도 내부 시각을 넘어 세계 전략 맥락에서 접근해야 한다.[115] 이제 우리는 한반도라는 지리적·정치적 공간을 넘어서, 대륙세력과 해양세력이 충돌하는 글로벌 전략 지형 속에서 북한을 바라보아야 한다.

한국은 북한이 러시아와의 혈맹을 통해 제기하려는 한반도 유사시 개입 명분을 국제법 위반으로 명확히 규정하고, 국제사회와의 외교 공조를 통해 사전 차단하는 조치를 취해야 한다. 이는 단순한 제재 강화가 아니라 국제 규범을 명확히 설정함으로써 러시아의 개입이 곧 국제적 고립과 추가적 비용으로 귀결된다는 외교적 프레임을 구성하는 것을 의미한다. 특히 유엔 안보리 무력화 이후에도, 주요 중견국 및 비동맹 국가들과의 외교 라인을 확장해 '러·북 군사연대 불인정'이라는 정치적 규범을 설정하는 것이 중요하다.

또한, 한국은 북한의 전략 기술 획득을 차단하기 위한 전방위적 대응에 나서야 한다. 러시아로부터의 기술 유입 가능성에 대해 미국, 일본, EU와의 정보 공유 체계를 강화하고, 인공위성 발사, 잠수함 개발, ICBM 시험 등의 기술적 진전을 조기에 감지할 수 있는 정찰 및 분석 역량을 제고해야 한다. 아울러 이 과정에서 북한의 군사기술 수준에 대한 정확한 평가가 필요하다.

북한 관련 가장 우려되는 시나리오는 중국의 대만 무력 침공이 현실화되는 경우, 동시에 북한이 한반도에서 군사적 도발을 감행함으로써 동북아 전체를 전면전의 위험에 빠뜨리는 것이다. 이러한 이중 충돌 시나리오는 미국을 비롯한 동맹국들의 개입을 불가피하게 만들며, 지역 분쟁이 전 지구적 대결로 비화될 수 있는 제3차 세계대전급 확전 가능성을 내포하고 있다.

북한이 양안전쟁의 시점을 택해 한국에 대한 군사적 침략을 감행할 가능성은 무시할 수 없는 전략적 현실로 부상하고 있다. 중국과 미국 간의 군사적 충돌이 대만해협에 집중될 경우, 미국의 동시 대응 능력이 분산되거나 지연될 수 있다는 판단하에, 북한은 이를 안보 공백으로 간주하고, 전통적 목표인 한반도 전역에 대한 지배 야욕을 재추진할 수 있다. 또한 북한은 대내적으로 경제 위기, 통치 정당성 약화, 주민 불만 누적 등 구조적 불안 요인을 안고 있으며, 전시 상황을 통해 국가 내부 결속을 유도하고 정권 유지을 도모하려는 목적도 병행될 수 있다.

특히 북한이 중국 및 러시아와 전략적으로 보조를 맞출 경우, 상황은 단순한 국지적 도발 수준을 넘어선다. 러시아는 이미 우크라이나 전쟁을 통해 서방과의 대립 구도를 고착화하고 있으며, 이를 확장하여 동아시아에서 제2 전선을 열고 서방 세력의 전략적 집중을 분산시키려는 유인을 가질 수 있다. 실제로 러시아는 북한과의 군사 협력 수준을 꾸준히 강화해왔으며, 군수물자 지원, 위성 기술 이전, 전자전·사이버전 분야 협력 가능성도 점차 현실화되고 있다.

이러한 북·중·러 삼각 연계가 유사시 이 연계가 동시적으로 작동할 경우, 이는 단순한 지역 갈등을 넘어 지정학적 전면전, 나아가 제3차 세계대전급 확전의 조건을 구성하게 된다. 이 시나리오는 단순한 우발적 충돌이 아니라, 중국과 러시아의 이익과 일치하며 수정주의 동맹에 의한 새로운 세계 질서 재편 기도라고 보아야 할 것이다.[116]

북한은 전쟁뿐만 아니라 다양한 방식으로 한국을 뒤흔들 수 있다. 김정은이 트럼프 대통령과의 개인적 외교를 통해 미국과의 탑다운 방식의 거래 외교를 선호한다는 점을 고려해야 한다. 김정은은 트럼프와의 개인적 관계를 활용해 제재 완화, 체제 보장, 군사훈련 중단 등의 양보를 끌어내려 할 것이며, 이는 한국에 커다란 압박으로 작용할 수 있다. 트럼프 1기 당시 북한은 정상외교를 통해 미국과의 직접 접촉을 끌어내며, 한국 정부의 중재 역할을 부분적으로 무력화시킨 바 있다. 이는 남북관계의 비대칭성을 더욱 고착화시키는 방향으로 작동하였고, 북한은 이후에도 한국을 독자적 협상 파트너로 인정하지 않겠다는 기조를 강화하였다. 트럼프의 외교 스타일은 협상의 일관성보다 개인적 판단과 상징적 이벤트에 의존하는 경향이 강하기 때문에, 재집권 이후 북미 간 정상회담이 다시 추진될 경우, 한국은 본질적으로 배제된 상태에서 한반도 운명의 주변화라는 전략적 곤경에 직면할 수 있다.

그러나 한국은 북한을 그나마 통제할 수 있는 카드는 경제이다. 북한의 도발에 대해 제재는 유지하되, 기후재난, 감염병, 식량문제 등 민감 분야에서는 제한적 협력 채널을 열어두는 유연성이 필요하다. 이러한 이중적 접근은 북한 주민에 대한 인도주의 원칙을 유지함과 동시에, 북한 정권의 고립 프레임을 강화하는 효과가 있다. 한국은 이를 위해 유엔 및 국제기구를 통한 '비정치적 인도 지원' 메커니즘을 적극적으로 활용하고, 민간단체와 연계한 투명한 지원 구조를 통해 정치적 악용 가능성을 최소화해야 한다.

북한이 러시아와 혈맹적 성격의 전략적 연대를 강화하고, 동시에 트럼프 대통령과의 개인적 외교 루트를 염두에 둔 정세 구성을 주도하고 있는 현실 속에서, 한국의 대북 전략은 이념적 일관성보다 유연한 판단과 전략적 고려를 우선시해야 한다. 한국의 대북한 전략은 전략적 탄력성과 조정 능력을 핵심 가치로 삼으며, 한반도 위기를 관리한다는 차원에서 진행되어야 한다. 북한을 '관리할 수 있는 위험'으로 전환하기 위해 외교적으로 러시아·중국·미국과의 조율을 통해 대북 전략의 입체적 입지를 공고히 해나가야 한다. 한국은 미국의 대북 정책 기조가 변화할 가능성에 대비하여, 미국 내 초당파적 대북 전략 공조 채널을 확대하고, 트럼프와의 협력 채널을 보다 긴밀히 운영해야 한다. 위기의 시대일수록 감정과 이념이 아닌, 실용과 절제가 강한 외교를 만든다.

트럼프 2기 시대 한국의 대북 외교는 한층 복합적인 전략적 사고를 요구한다. 북한은 이미 중·러와의 전략적 연대를 강화하며 탈서구적 국제 질서의 일원으로 이동하고 있으며, 미국은 동맹의 조건부화와 방위비 분담금 현실화를 통해 한국의 외교적 자율성에 압박을 가하고 있다. 심지어 중국이 대만을 공격하면 북한이 한국을 공격할 가능성마저 배제하지 않을 수 없다. 이러한 환경 속에서 한국은 단순한 중재자나 관망자에 머무를 수는 없고 동북아 질서를 재설계하고 능동적 전략 행위자로서의 대처해나가야 한다.

한국은 대북 정책에 있어 양자적 동맹의 안정성 유지와 다자적 협력체계의 확장을 동시에 추구해야 하는 전략적 과제를 안고 있다. 한·미동맹은 북핵 억제와 한반도 안보의 핵심 기반이지만, 점증하는 중·러의 지역 개입 가능성과 전략적 불확실성을 고려할 때, 한국은 이를 보완할 수 있는 일본을 포함한 다자안보 협력 구도를 병행적으로 구축할 필요가 있다. 특히 동북아의 안보 환경이 점점 더 다극화되고 복합화되는 상황에서, 동맹의 제도적 틀을 유지하면서도 다자적 연대를 통한 전략적 완충지대를 형성하는 것이 중요하다.

이와 동시에, 한국은 대북 관계에서 비정치적 협력의 외교적 활용성에 주목해야 한다. 보건, 기후변화, 재난 대응 등 정치성이 낮은 분야는 상대적으로 협상의 문턱이 낮고, 신뢰 구축의 기반이 될 수 있다. 이러한 비정치적 협력은 단기적 외교적 성과 창출은 물론, 장기적으로 대화의 구조를 복원하고 남북관계의 경로 의존성을 바꿀 수 있는 수단으로 기능한다. 이는 한국이 남북 대화를 국제적 차원의 의제와 연계시키는 전략적 지렛대로 활용될 수 있다.

궁극적으로 한국은 북한 문제를 단순한 남북 간 군사적 대치의 연장선이 아닌, 동북아 및 유라시아 전략질서 재편 속에서 바라보아야 한다. 즉, 북한 문제를 보다 상위의 지정학적 맥락에서 다룸으로써, 국제사회와의 연계 가능성을 높이고, 한국이 대북 외교을 재설계해 나가야 하는 것이다.

대한민국이 직면한 북핵 및 안보 위협에 효과적으로 대응하기 위해서는 전략적 조건들이 종합적이고 입체적으로 모색되어야 한다. 북한의 재래식 위협에 대해서는 한국군이 주도적으로 대응하되, 핵 위협에 대해서는 여전히 미국의 확장억지력에 의존할 수밖에 없는 현실을 인정해야 한다. 따라서 한·미 간 확장억제 체제의 실효성을 확보하고, 북핵에 대한 군사적 억지력을 안정적으로 유지하는 것이 핵심 과제다.

이와 동시에, 북한과 한반도 지역이 외부 변수에 과도하게 휘둘리지 않도록, 한국은 독자적인 외교·안보 역량을 지속적으로 강화해야 한다. 유사시 중국과 러시아의 개입 여지를 사전에 차단하기 위해, 포괄적이고 다층적인 외교 전략을 구축해야 하며, 이를 위해 국제사회와의 협력 네트워크를 확대해야 하는데, 특히 유라시아 국가들의 외교적 지지를 확보하는 것이 중요하다. 대북 외교 역시 일정 수준의 협력 채널을 유지함으로써, 북한과의 직접적 접촉 기반을 갖추고 있어야 한다. 단기적으로는 북핵 위협에 대한 대응 역량과 전쟁 억지력을 강화하고, 중장기적으로는 대한민국이 강대국 간 무력 충돌의 전장이 되는 것을 방지하기 위한 외교·군사적 리스크 관리가 핵심 과제가 된다.

맺음말

트럼프2.0시대 대한민국의 신강대국 전략

맺음말

　2025년 1월, 트럼프의 귀환은 단지 한 정치인의 복귀가 아니라 세계 질서의 구조 자체를 뒤흔드는 대전환의 방아쇠였다. 전후 국제 질서를 뒷받침해온 자유무역, 다자주의, 규범 기반 협력체계는 해체되거나 기능이 정지되었고, 그 자리를 자국 우선주의, 기술 블록화, 지정학적 팽창이 빠르게 채워가고 있다. 중국은 미국을 넘어 '중국몽(中國夢)'이라는 새로운 질서를 설계하려 하고 있으며, 푸틴 러시아는 전쟁을 통해 영토를 확장하려는 시대착오적 전략을 수년째 지속하고 있다.

　오늘날의 세계는 백여 년 전 안토니오 그람시(Antonio Gramsci)가 언급한 상황과 크게 다르지 않다. 그는 이렇게 말했다. "옛 세계는 죽어가고 있고, 새 세계는 아직 태어나지 않았다. 그 사이에는 괴물들이 나타난다."

　그람시가 말한 괴물은 파시즘이었다. 그리고 오늘날, 그 파시즘은 형태를 바꾸어 다시 출현하고 있다. 자유무역 체계를 교란하고, 디지털 감시 기술로 인간을 통제하며, 극우 민족주의와 결합한 팽창주의는 전쟁을 마다하지 않는다. 우리는 이 괴물을 물리치고 새로운 세계를 만들어야 한다.

　대한민국은 자유주의 국제 질서를 기반으로 선진국의 문턱을 넘어섰다. 미국과 중국 시장, 미국 자본, 그리고 세계화가 제공한 개방된 질서 없이는 오늘날 번영하는 대한민국은 존재할 수 없었다. 우리는 자유주의 국제 질서의 수혜국이자 그 기반 위에서 성장한 국가다. 그렇기에 우리는 이 질서를 적극적으로 수호하고 재설계해야 할 이유가 있다. 그리고 미국 주도의 질서가 흔들리고 있는 지금이야말로, 대한민국이 새로운 규범과 질서 설계에 기여하는 강대국으로 도약할 수 있는 천고의 기회이기도 하다.

이는 로마 변방 출신의 가이우스 마리우스(Gaius Marius)가 군제 개혁을 통해 무산자도 로마군으로 복무할 수 있도록 함으로써 궁극적으로는 로마 공화정의 질서를 유지하고 강화하였던 역사적 사례와 유사하다. 자유주의 국제 질서의 수혜를 통해 선진국 반열에 오른 대한민국 역시, 이제는 그 질서를 방어하고, 규칙을 확장하며, 제도를 재구성하는 역할을 맡아야 한다. 이는 단순한 질서의 수용자가 아닌, 새로운 국제 질서를 창출하고 설계하는 능동적 행위자로의 전환을 의미한다.

오늘날 세계는 불완전하더라도 제도화된 다자주의를 바탕으로 작동하는 규범 기반 질서가 작동하고 있다. 국가 간 관계는 강대국의 힘의 논리가 작용하지만 그래도 국제기구, 법적 규범, 다자협약 등 제도적 합의를 통해 상호 조정이 이루어지고 있다. 이 국제사회 안에서 글로벌 가치사슬로 복잡하게 얽힌 글로벌 시장은 대한민국의 생존과 번영의 핵심 기반이었다. 우리는 바로 이 규범 기반 국제 질서 속에서 개방된 시장, 안정된 제도, 계약에 대한 신뢰라는 혜택을 누리며 선진국으로 도약할 수 있었다. 다시 말해, 우리는 자유주의 질서의 수혜국임을 잊어서는 안 된다. 인구도 자원도 부족한 한국은 개방경제, 기술무역, 그리고 자유주의 국제 질서 없이는 결코 지금의 번영을 이룰 수 없었다.

이러한 이유로 한국은 결코 반자유주의·수정주의·권위주의 국가가 될 수 없다. 이는 단지 정치 체제의 선택 문제가 아니라, 국제사회에서 한국이 살아남을 수 있는 전략적 조건과 직결된 현실적 명제다. 우리가 2025년 윤석열의 계엄 시도를 저지하고 헌법 질서를 지켜낸 이유도, 그러한 체제와 사고방식이 국제사회에서 대한민국이 생존할 수 없는 길임을 국민이 본능적으로 인식했기 때문이다. 국제 무역과 기술, 외교, 안보 모두가 법치와 예측 가능성, 제도적 신뢰를 기반으로 작동하는 시대에, 권위주의적 통치는 장기적 국가 성장과 외교적 정당성 확보에는 치명적 장애물이 된다.

더 나아가, 계엄 시도에 맞선 시민사회의 저항과 헌정 수호는 단순한 내정의 문제가 아닌, 한국이 자유주의 국제 질서의 일원으로서 갖는 정체성과 책임을 증명한 사건이었다. 국제사회는 지금, 규범에 따라 자율적으로 작동하는 국가와 그렇지 않은 국가를 구분하며, 외교·투자·기술 협력의 파트너를 선택하고 있다. 이런 흐름 속에서 한국은 민주주의의 내부 위기를 자력으로 극복한 국가로서, 자유주의 질서의 신뢰할 수 있는 방어자이자 동반자라는 상징성을 확보했다. 그것이야말로 한국 외교가 권위주의적 전환을 거부해야 하는 실존적 이유이며, 동시에 한국이 강대국 외교의 주체로 도약하기 위한 첫 관문이다.

여기에다 지금은 변화의 시기이다. 트럼프 1기에 이어 트럼프 2.0의 시대에, 미국은 더 이상 세계 경찰의 역할을 지속할 의사가 없음을 분명히 보여 준다. 미국 우선주의는 단지 외교정책의 기조 전환이 아니라, 미국이 국제사회의 구조적 균형자에서 철저히 자국 이익 중심의 행위자로 후퇴하겠다는 전략적 선언이다. 이 같은 변화는 동맹 체계의 재편, 국제기구 경시, 군사개입 최소화 등의 방식으로 현실화되고 있으며, 그 결과 글로벌 거버넌스의 약화라는 구조적 여파를 초래하고 있다.

냉전 종식 이후 미국은 군사력·경제력·제도적 규범을 결합한 질서의 설계자로서의 리더십을 자임해왔으나, 트럼프주의는 그 기반을 전략적으로 해체하며 이해득실에 기반한 비제도화된 행위자로의 전환을 시도하고 있다. 중요한 점은 이러한 변화가 미국의 상대적 국력 약화에서 비롯된 것이 아니라, 미국의 전략 변화에서 시작되었다는 것이다. 미국은 여전히 세계 최대의 경제 대국이자 압도적 군사력과 첨단 기술 혁신력을 보유하고 있으며, 달러화의 기축통화 지위 또한 유지하고 있다.

이러한 변화 앞에서 우리는 근본적인 질문을 던지지 않을 수 없다. 국제 질서의 최대 수혜국 중 하나인 대한민국은, 과연 이 체제를 지키고 발전시킬 준비가 되어 있는가? 우리는 지금, 기존 질서의 수혜자로 머무를 것인가, 아니면 그 유지와 재설계를 주도하는 전략적 행위자로 도약할 것인가를 선택해야 하는 기로에 서 있다. 단순한 현상 유지의 지위는 더 이상 지속 가능하지 않으며, 새로운 규범과 체제를 둘러싼 주도권 경쟁에서 배제된다면 그간의 성취마저 위태로워질 수 있다.

대한민국은 과거 '중진국 함정'을 극복하고 선진국 반열에 진입한 경험이 있다. 그러나 지금 우리가 직면한 도전은 보다 복합적이고 구조적이다. 바로 '중견국 함정'이라 불리는 전략적 한계이다. 이는 경제적 수준은 높지만, 외교·안보·기술 등 복합 전략 분야에서 능동적 역할을 수행하지 못하는 상태를 의미한다. 옆나라 일본이 바로 이러한 함정에 빠져 지금은 선진국 지위마저 위협받고 있다.

이 지점을 넘어서지 못한다면, 우리는 단순한 부국에 머무를 뿐, 질서를 형성하고 위기를 관리하는 강대국으로의 전환은 불가능하다. 따라서 지금이야말로 한국이 전략적 상상력과 결단력을 바탕으로 규범의 설계자, 질서의 조정자, 글로벌 공공재의 공급자로서 국제사회에 기여하는 강대국으로 도약해야만 하는 전략적 당위가 제기되는 순간이다. 대한민국이 가야 할 길은 분명하다. 새로운 세계 질서의 수동적 수용자가 아니라, 그 질서를 능동적으로 설계하고 창출하는 국가, 곧 신강대국이 되어야 한다는 것이다. 그것이야말로 경제적 번영을 확보하면서도 국가의 안전을 지키고 세계의 번영과 평화에 기여하는 길이다.

한국은 더 이상 중견국에 머물 수가 없다. 생존에 집착하거나 기계적 균형에 안주해서는 안 된다. 신강대국으로 도약해야 한다. 문제는 역량이 아니라 인식이다. 오늘날 한국은 경제력, 군사력, 기술력, 문화적 영향력 측면에서 선진 강대국으로 진입할 수 있는 충분한 조건을 갖추었지만, 이를 이끌어야 할 정치 지도자들의 인식 구조는 여전히 20세기 개발 국가적 사고 프레임에 갇혀 있다. 이 낡은 인식은 한·미동맹, 대북관계, 한·일 관계, 한·중 관계, 개발원조 등 외교 전반에 뿌리 깊게 나타나고 있다.

예컨대, 한·미동맹을 한반도 방어에만 제한하려는 시각, 대북관계를 여전히 민족 내부의 특수 문제로만 간주하는 태도, 일본과의 외교를 과거사 문제에 대한 감정적 명분에 고정하는 태도, 중국을 여전히 시장으로 보는 관점, 동남아와 인도 등 거대 신흥시장을 단순한 무역·투자의 대상으로만 보는 시각, 개발도상국에 대한 원조를 국제적 연대가 아닌 경제 협력으로 제한하려는 인식은 냉전과 산업화 시기의 외교 프레임에서 벗어나지 못했기 때문이다.

대한민국이 추구해야 할 강대국은 전통적 의미의 강대국이 아니다. 신강대국은 단순히 압도적인 경제력과 군사력만 보유한 국가를 의미하지 않는다. 진정한 신강대국은 국제 규범을 제안하고 위기를 조정하며 미래를 설계하고 세계를 설득해 자발적 동참을 끌어낼 수 있는 국가이다. 오늘날 대한민국의 기술력, 제조 경쟁력, 문화 역량, 그리고 소프트 파워는 국제사회가 우리를 책임 있는 글로벌 행위자로 기대하게 만들고 있다.

미국과 중국이라는 양대 강대국이 세계 질서를 재편하고 있는 현재의 국제 정세 속에서, 한국이 전략적 자율성 없이 수동적 행위자로 머문다면, 중견국의 함정에 빠지는 것은 물론, 그 지위마저 급부상 중인 인도, 대만, 나아가 일부 동남아시아 국가들에 의해 상대적으로 위협받을 수 있다. 이러한 위기의식은 외교, 경제, 안보를 통합하는 국가 전략의 패러다임 전환을 절실히 요구한다.

대한민국의 생존과 발전은 단순한 적응을 넘어, 변화하는 세계 질서를 선도하고 재구축하는 데 있다. 자유주의 질서의 유지, 동맹 구조의 재편, 다자 규범의 재설계, 디지털 거버넌스 및 국제 평화의 구축은 이제 한국이 감당해야 할 전략적 책무이며, 도약을 위한 사실상 유일한 경로이다. 이러한 전환의 시대에 한국 외교는 지리적·역사적 한계를 넘어 지평을 확대해야 하며, 궁극적으로는 지역 중견국의 지위를 넘어 글로벌 규범 형성과 국제 질서 재편을 주도하는 전략 국가로 도약해야 한다.

무엇보다도 다가오는 세기에 한국 외교의 최대 과제는 중국의 전략적 부상과 이에 따른 전방위적 압박에 대응하는 데 있다. 한국은 군사적으로는 한·미 동맹을 굳건히 유지하되, 중국을 견제하는 미국의 '불침항모'가 되어서는 안 된다. 한반도 주변에서 전쟁이 발생한다면 양안전쟁이 가장 가능성이 높다. 한국은 대만 문제에 대해서는 중국이 오판하지 않도록 무력 사용에 대해 명확히 반대 입장을 밝혀야 한다. '힘에 의한 현상 변경'에 대한 반대는 국제사회의 신뢰를 확보하는 동시에, 한국의 전략적 신뢰도를 높이는 지렛대가 된다.

동시에 한국은 대만해협에서의 충돌 가능성에 대비하여, 복합적 군사 대응 능력을 실질적으로 제고해야 한다. 이를 위해서는 경항공모함, 무인 함대, 최신형 잠수함, 초음속 전투기, 정찰·타격용 드론, 인공지능 사령관 등 첨단 전력에 대한 투자와 실전 운용 능력 향상이 필수적이다. 이러한 역량은 단순히 군사력의 외형을 갖추는 데 그치지 않고, 한국이 지역 내 위기 억제자(deterrent)로서 역할을 수행할 수 있는 기반을 마련하는 전략적 자산이 될 것이다.

한국은 중국에 대한 과도한 경제 의존도를 해소하기 위해, 동남아시아·인도·유라시아 지역으로의 전략적 진출을 더욱 적극적으로 추진해야 한다. 특히 급속히 성장 중인 동남아 국가들과의 무역·투자 협력을 다변화하고, 디지털 전환, 기후 대응, 공급망 안정 등 한국 주도의 다자 협력 질서를 이 지역에 구축해야 한다. 이를 통해 단순한 경제 협력을 넘어, 중국의 자기완결적 플랫폼에 맞설 수 있는 전략적 파트너십을 형성할 수 있다.

또한, 고도 성장국인 인도와는 전방위적 협력을 심화해야 한다. 인도의 시장 규모와 성장 가능성은 중국을 실질적으로 대체할 수 있을 만큼 잠재력이 무궁무진한 점을 고려하여 장기적 경제 협력 플랫폼을 만들어야 한다. 여기에 인도는 중국과의 국경 갈등이라는 지속적인 안보 불안 요인을 안고 있는 만큼, 방위산업 협력과 안보 대화 채널 확대를 통해 실질적인 전략적 연대를 구축할 수 있다. 이는 인도양 지역에서 한국의 영향력을 강화하는 것은 물론이고 중국을 견제할 수 있는 중요한 기반이 될 것이다.

유라시아 초승달 지대 국가들과는 기존의 한·중앙아 협력 틀을 넘어, 한국형 다자협력체제라는 플랫폼을 구축하여 에너지·인프라·물류·인적 교류 등 실질적 경제 협력과 전략적 연계를 확대해야 하며, 이를 통해 중국·러시아의 영향력과는 차별화된 신뢰 기반의 파트너십을 형성할 수 있다. 동시에 러시아에 대해서는 국제사회의 원칙에 따라 평화 전환을 지속적으로 촉구하되, 전후 재건 과정에서 능동적으로 참여함으로써 경제 협력의 공간을 확보하고 전략적 입지를 회복할 필요가 있다. 이는 유라시아 지역에서 한국의 강대국 외교 역량을 실질적으로 구현하는 계기가 될 것이다.

중국의 무차별적인 팽창주의를 효과적으로 견제하기 위해, 한국에게 가장 핵심적인 협력 파트너는 일본이다. 한국은 과거의 감정 외교를 극복하고, 일본과의 관계를 전략적이고 다층적인 협력 체제로 전환할 필요가 있다. 이를 위해 한·일 FTA 체결을 포함해 안보, 첨단 기술, 공공외교 등 다양한 분야에서 실질적인 연계를 확대함으로써, 전략적 한·일 파트너십을 공고히 해야 한다.

단언컨대, 한국은 새로운 국제 질서를 설계할 수 있는 충분한 잠재력을 보유하고 있다. 그러나 그 가능성은 결코 자동으로 실현되지 않는다. 그것은 상상력과 결단, 전략이라는 능동적 선택과 정치적 의지를 통해서만 구체화될 수 있다. 낡은 사고와 관성을 버리고, 창의적인 사고와 실천을 감행할 수 있어야 한다.

우리는 더 이상 세계의 주변부에 머무를 수도, 중립적 위치에서 시대의 흐름에 편승할 수도 없다. 타인이 설계한 질서를 모방하며 그 뒤를 따르는 국가가 아니라, 새로운 규범과 전략을 창출하고 이를 주도하는 신강대국으로 도약해야 한다. 지금 이 첫걸음을 내딛지 않는다면, 다가올 미래는 한국이 방향을 설정할 수 없는 낯선 지형이 될 것이다. 역사는 스스로 움직이는 자에게만 기회를 부여한다. 이것이 바로 내가 이 책을 집필하고 세상에 내놓은 이유다.

미주

1) 디지털 트윈(Digital Twin)은 일반적으로 현실 세계의 사물이나 시스템을 가상 공간에 동일하게 구현한 기술을 의미한다. 기술적 맥락에 따라 가상 복제 시스템, 사이버 물리 복합체(CPS) 등으로 대체할 수 있다.
2) Bonny Ibhawoh, "Testing the Atlantic Charter: Linking Anticolonialism, Self-Determination and Universal Human Rights," *The International Journal of Human Rights* 18, no. 7-8 (2014): 875-876.
3) Michael Hudson, *Super Imperialism: The Economic Strategy of American Empire*, 2nd ed. (London: Pluto Press, 2003); Niall Ferguson, Colossus: The Rise and Fall of the American Empire (New York: Penguin Press, 2004).
4) Thomas B. Edsall, "Trump, the Authentic American," *The New York Times*, January 21, 2024.
5) M. Steven Fish는 트럼프 대통령이 미국을 권위주의로 이끌고 있으며, 외교정책을 통해 미국을 독재정권들과 연계시키고 있다고 주장한다. M. Steven Fish, "Trump's Foreign Policy Is Leading America toward Authoritarianism," UC Berkeley News, March 7, 2025, https://news.berkeley.edu/2025/03/07/as-trump-upends-foreign-policy-berkeley-scholar-sees-irreparable-damage-to-u-s-power-and-prestige/.
6) Transactional Alliances(거래적 동맹)는 이념이나 규범적 가치를 공유하는 전통적 동맹과 달리, 공동의 가치보다는 상호 이익, 비용-편익 계산에 따라 형성되고 유지되는 실용주의적 동맹 형태를 말한다. 이러한 동맹은 상대국의 정치체제나 인권 상황보다는 전략적 필요성과 자원 확보, 안보 협력의 실질적 대가에 초점을 둔다. Charles A. Kupchan, *Isolationism: A History of America's Efforts to Shield Itself from the World* (New York: Oxford University Press, 2020), esp. ch. 8; and Stephen M. Walt, "The End of the Liberal Order?" Foreign Affairs 96, no. 1 (2017): 52-61.
7) JD Vance, interview with Fox News, March 3, 2025.
8) Hal Brands, "The America First Doctrine and the Future of U.S. Alliances," *The Washington Quarterly 41*, no. 1 (2018): 7-25.
9) Daniel W. Drezner, "Economic Statecraft in the Age of Trump," *The Washington Quarterly 42*, no. 3 (2019): 7-24.
10) Georg L fflmann, "Populism, Nationalism, and U.S. Foreign Policy: The

Trump Doctrine and the Transformation of the Liberal International Order," *International Politics 58*, no. 1 (2021): 98-117.

11) Stephen Kotkin, *Armageddon Averted: The Soviet Collapse*, 1970-2000. Oxford University Press, (2001), pp. 58-60.
12) 프랜시스 후쿠야마, 『역사의 종말』, (한마음사, 1997), 12쪽.
13) Neo-Hobbesian disorder란 국제 질서가 규범과 제도가 아닌 힘의 균형과 국가 이기주의에 의해 작동하는 무정부 상태를 의미하며, 트럼프 행정부는 다자주의 해체, 동맹의 비용화, 보호주의 강화 등으로 이 질서를 현실화시킨 대표적 사례이다. Stephen M. Walt, "US Grand Strategy After the Cold War: Can Realism Explain It?" *International Relations 32*, no. 1 (2018): 3-15.
14) Kurt Weyland, "Populism's Threat to Democracy: Comparative Lessons for the United States," *Perspectives on Politics 18*, no. 2 (2020): 389-406.
15) Daniel Wagner는 트럼프 대통령의 정치적 행보와 마오쩌둥의 문화대혁명 초기 사이의 유사성을 지적하며, 반지성주의, 엘리트에 대한 공격, 제도적 불신 등의 공통점을 강조한다. Wagner, D. (2025, April 18). *MAGA and the alarming parallels with China's Cultural Revolution*. South China Morning Post. https://www.scmp.com/opinion/world-opinion/article/3305887/maga-and-alarming-parallels-chinas-cultural-revolution.
16) Dani Rodrik, "Economics after Neoliberalism," *Boston Review*, 2018.
17) Krugman, P. (2019, January 5). "The Economics of Soaking the Rich," The New York Times. Retrieved from https://www.nytimes.com/2019/01/05/opinion/ocasio-cortez-tax-rate.html.
18) Adam Tooze, *Shutdown: How Covid Shook the World's Economy* (New York: Viking, 2021), 193-195.
19) Caesar, L., Rahmstorf, S., Robinson, A., Feulner, G., & Saba, V. (2018). *Observed fingerprint of a weakening Atlantic Ocean overturning circulation*. Nature, 556(7700), 191-196.
20) '차이나+1 전략(China Plus One strategy)'은 글로벌 기업들이 중국에 대한 과도한 생산 의존을 줄이고, 다른 국가(1개 이상)로 공급망을 다변화하려는 전략을 의미한다. 이 개념은 미·중 무역전쟁, 팬데믹, 지정학적 리스크 증가와 같은 배경 속에서 부각되었으며, 베트남·인도·인도네시아·멕시코 등이 주요 대체지로 주목받고 있다.
21) Hopewell, K. (2022). "The US-China Trade War and the Rise of a New

Geoeconomic Order," *Review of International Political Economy*, 29(2), 284-310.
22) International Monetary Fund, *World Economic Outlook: A Rocky Recovery*, IMF, April 2023, pp. 57-60. https://www.imf.org/en/Publications/WEO.
23) United Nations Development Programme (UNDP), *Human Development Report 2021/2022: Uncertain Times, Unsettled Lives - Shaping Our Future in a Transforming World*, UNDP, New York, 2022, pp. 12-15. https://hdr.undp.org.
24) 기술 냉전(Technology Cold War)은 기존의 군사·이념 중심의 냉전(Cold War)과는 달리, 기술 패권, 데이터 통제, 인공지능·반도체·통신 장비 등 전략 기술 분야에서의 경쟁을 중심으로 전개되는 신냉전체제를 의미한다. 특히 미국과 중국 간의 지정학적 대립이 경제와 기술 인프라 영역으로 확장되며 이 용어가 본격적으로 사용되기 시작했다. Segal, A. (2020), "The Coming Tech Cold War with China," *Foreign Affairs*, 99(2), 10-17.
25) Ana Swanson, Ian Austen, and Simon Romero, "Trump's Tariffs on Canada, Mexico and China Snap Into Effect," *The New York Times*, March 4, 2025.
26) 반도체 제조 공정 중에서 고종횡비(high aspect ratio contact, HARC) 구조를 정밀하게 식각(etching) 하기 위해 사용되는 특수 장비임.
27) Kuo, M. A. (2023), "Friend-shoring and the Geopolitics of Supply Chain Resilience," *Asia Policy*, 18(1), 52-67.
28) Segal, A. (2021), *China's Push for Tech Self-Reliance. Council on Foreign Relations*. https://www.cfr.org/blog/chinas-push-tech-self-reliance. 국산화 2.0(國産化 2.0) 전략은 중국이 미국과의 기술 무역 갈등 심화 이후 추진하고 있는 고급 기술 분야의 자립 자주화 전략을 지칭하는 용어로, 특히 반도체, AI, 항공우주, 운영체제, 금융 인프라 등 핵심 영역에서 서방 기술 의존 탈피를 목표로 한다. 이는 단순한 국산 부품 대체를 넘어서, 기술 표준 자체를 중국 중심으로 재편하려는 시도와 연결된다.
29) Washington Post, (2025, May 16), Overnight staffing cuts threaten National Weather Service's warning capacity. https://www.washingtonpost.com/weather/2025/05/16/weather-service-offices-overnight-cuts-map.
30) Council on Competitiveness, (2021), Competing in the Next Economy: The New American Innovation Frontier. https://www.compete.org.
31) IMF, *Currency Composition of Official Foreign Exchange Reserves (COFER)*, Q4 2024 (Washington, DC: International Monetary Fund, December 2024).

https://data.imf.org/en/news/4225global%20fx%20reserves%20decreased%20by%203%20percent%20in%202024q4.

32) Rogoff, K. (2025), *Our Dollar, Your Problem: An Insider's View of Seven Turbulent Decades of Global Finance, and the Road Ahead*. New Haven: Yale University Press. https://doi.org/10.12987/9780300283716.

33) Barry Eichengreen, *Exorbitant Privilege: The Rise and Fall of the Dollar* (Oxford: Oxford University Press, 2011), 224.

34) Ibid., p.130.

35) Center Currency Persistence Hypothesis는 국제통화체제에서 기축통화의 지위는 점진적으로 약화되지 않으며, 특정 수준 이상 약화되기 전까지는 교체되지 않고 구조적으로 지속된다는 이론이다. Chinn, M., & Frankel, J. A. (2008). "Why the euro will rival the dollar," *International Finance*, 11(1), 49-73.

36) IMF, *The Rise of Geoeconomics: Implications for the Global Monetary System* (Washington, DC: International Monetary Fund, 2023).

37) Kurt M. Campbell & Ely Ratner, "The China Reckoning: How Beijing Defied American Expectations" *Foreign Affairs*, March/April 2018. pp. 60-70.

38) Snyder, Glenn H., *Deterrence and Defense: Toward a Theory of National Security* (Princeton University Press, 1961), p.3.

39) Alexander L. George & William E. Simons, *The Limits of Coercive Diplomacy* (Westview Press, 1994), pp. ix-xviii. 조지는 강압적 외교를 "상대방이 이미 시작한 행동을 중단하거나 되돌리도록 설득하는 전략"으로 정의하며, 이를 통해 전면적인 군사 충돌을 피하면서도 원하는 외교적 목표를 달성할 수 있다고 주장한다.

40) OECD, *OECD Economic Surveys: China* (Paris: OECD Publishing, 2022). https://www.oecd.org/economy/china-economic-snapshot.

41) 대외경제정책연구원(KIEP) 북경사무소, 「'중국제조 2025' 문건의 내용 및 평가」, 『KIEP 북경모니터링 보고서』 제15호, 2015.6, pp. 1-15.

42) 김부용 외, 「중국의 쌍순환 전략과 시사점」, 『대외경제정책연구원 기본연구』, 제21-04호, 대외경제정책연구원, 2021.

43) NPC Observer, 「2025년 중국 정부업무보고 (영문 비공식 번역본)」, NPC Observer, 2025.3.5., https://npcobserver.com.

44) International Energy Agency, *World Energy Outlook 2023* (Paris: IEA, 2023). 134-137. https://www.iea.org/reports/world-energy-outlook-2023.

45) Wenran Jiang, "China's Strategic Preparedness for a New Round of Trade War with the U.S.: A Comparative Analysis," *Peace & Diplomacy*, March 18, 2025. https://peacediplomacy.org/2025/03/18/chinas-strategic-preparedness-for-a-new-round-of-trade-war-with-the-u-s-a-comparative-analysis/.
46) Michael Pillsbury, *The Hundred-Year Marathon: China's Secret Strategy to Replace America as the Global Superpower* (New York: Henry Holt and Company, 2015), pp. 28-31.
47) GCI는 서구 자유주의 보편성에 대한 대항 담론으로서, 중국식 현대화의 담론적 정당성을 국제무대에서 확보하려는 전략적 기획이다. Xi Jinping, "Join Hands on the Path Towards Modernization," speech at the CPC in Dialogue with World Political Parties High-Level Meeting, March 15, 2023.
48) Wenran Jiang, "China's Strategic Preparedness for a New Round of Trade War with the U.S.: A Comparative Analysis," *Peace & Diplomacy*, March 18, 2025. https://peacediplomacy.org/2025/03/18/chinas-strategic-preparedness-for-a-new-round-of-trade-war-with-the-u-s-a-comparative-analysis/.
49) Wang Gungwu, *The Chinese Imperial Tradition and Globalization* (Cambridge: Cambridge University Press, 2019). Wang Gungwu는 시진핑 체제 이후 중국이 과거 중화제국의 제국적 유산을 현대의 국제전략에 어떻게 통합하고 있는지를 고찰한다. 특히 중국몽(中國夢), 일대일로(一帶一路)와 같은 국가 담론과 전략 구상을 통해, 전통적 중화 중심주의가 어떻게 21세기 중국의 대외전략, 권력 투사, 국제질서 재편 의지와 결합되고 있는지를 분석했다.
50) 이러한 중국이 되기 위해서는 시진핑 체제의 개혁이 우선시되어야 한다는 것은 분명하다.
51) Oriana Skylar Mastro, "The Taiwan Temptation: Why Beijing Might Resort to Force," *Foreign Affairs 100*, no. 4 (July/August 2021): 58-69.
52) Donald J. Trump, interview with Larry Kudlow, Fox Business, October 18, 2022, https://www.foxbusiness.com/media/trump-us-must-defend-taiwan-if-china-invades.
53) Kevin Rudd, *The Avoidable War: The Dangers of a Catastrophic Conflict between the US and Xi Jinping's China* (New York: PublicAffairs, 2022), 112-125.
54) Alain Frachon, "With Trump in the White House, Charles de Gaulle's Prophecy Is Coming True: One Day the US Will Leave the Old Continent," Le Monde,

November 7, 2024, https://www.lemonde.fr/en/opinion/article/2024/11/07/with-trump-in-the-white-house-charles-de-gaulle-s-prophecy-is-coming-true-one-day-the-us-will-leave-the-old-continent_6731927_23.html.

55) Donald J. Trump, interview with Tucker Carlson, Fox News, July 12, 2018. 트럼프는 "유럽연합은 미국을 이용하기 위해 만들어진 조직이다"라고 말했다. 그리고 J.D. 밴스는 2024년 2월 17일자 가디언에 "많은 유럽 지도자들은 전쟁을 겪어본 적 없는 진지한 사람들이다. 그들은 안보라는 환상 속에 살면서, 미국이 값비싼 대가를 대신 치르길 기대한다"고 말했다.

56) EU 집행위원장은 2025년 4월 공식적으로 CPTPP와의 전략적 협력 모색 및 장기적 가입 가능성을 표명하였다. 이는 단순한 경제적 이득 차원을 넘어, EU의 지정학적 입지를 확장하고 글로벌 영향력을 강화하려는 외교·안보 전략의 연장선상에서 이해할 수 있다. 단기적으로는 EU와 CPTPP 간 고위급 대화체를 구성하고, 트럼프 행정부의 관세정책에 대한 공동 대응 전략을 조율하고 있다. 이는 향후 미국과의 무역 협상에서 협상력을 제고하고, CPTPP 국가들과의 규범 연대를 강화하는 데 기여할 수 있다. 이를 위해 EU는 EU-미국 무역기술위원회(TTC)와 유사한 실무 그룹 및 공동 거버넌스 체계를 CPTPP와의 협력모델에 적용할 가능성을 모색하고 있다. 또한 디지털 무역, 원산지 규칙 상호연계, 기술표준 공동화 등 규범 연계 측면에서의 협력 가능성도 적극 검토 중이다.

57) Mathieu von Rohr, "Trump vs. Europe: America Is Now an Adversary," *Der Spiegel International*, March 10, 2025, https://www.spiegel.de/international/europe/trump-vs-europe-america-is-now-an-adversary-a-bdfa687c-69d7-4b5a-9689-9086d2a928f8.

58) Government of Japan, National Security Strategy, December 2022; NHK World, "Japan to Possess Counterstrike Capabilities," December 16, 2022.

59) Bonnie S. Glaser and Zack Cooper, "Taiwan and the U.S. Strategy of Strategic Clarity," Center for Strategic and International Studies (CSIS), August 2020. https://www.csis.org/analysis/taiwan-and-us-strategy-strategic-clarity;

60) Lai Ching-te, "Taiwan's Path Forward: Strengthening Democracy and Economic Security," speech at the 2024 Yushan Forum, Taipei, October 12, 2024.

61) Evelyn Goh, "Great Powers and Hierarchical Order in Southeast Asia: Analyzing Regional Security Strategies," *International Security 32*, no. 3 (Winter 2007/08): 113-157.

62) 아세안 중심성(ASEAN centrality)은 동남아시아 지역 협력과 안보 구조에서 ASEAN이 의사결정의 중심적 역할을 수행하고, 역내 및 역외 강대국 간 협력 또는 경쟁을 조율하는 주체로 기능해야 한다는 원칙적 입장을 의미한다. Amitav Acharya, "The Myth of ASEAN Centrality?" *Contemporary Southeast Asia 39*, no. 3 (2017): 273-279.
63) Nguyen Khac Giang, "Vietnam's Foreign Policy and the China-US Rivalry: Strategic Equidistance or Gradual Decoupling?" *The Diplomat*, September 14, 2023, https://thediplomat.com.
64) 인도네시아는 미국 주도의 '인도·태평양 경제 프레임워크(IPEF)'에 참여하였지만, 또한 중국 주도의 RCEP에도 깊이 관여하며 이중적인 모습을 보였다.
65) Charmaine Misalucha-Willoughby, "The Philippines' Hedging Strategy: Between the United States and China," *Contemporary Southeast Asia 43*, no. 1 (2021): 71-98.
66) Joshua Kurlantzick, "Thailand's Foreign Policy in an Era of U.S.-China Competition," Council on Foreign Relations, October 2023.
67) Lawrence Wong, "Speech by Prime Minister and Minister for Finance Lawrence Wong at the S Rajaratnam Lecture on 16 April 2025," Prime Minister's Office Singapore, April 16, 2025. https://www.pmo.gov.sg/Newsroom/PM-Lawrence-Wong-at-the-S-Rajaratnam-Lecture-2025.
68) Tanvi Madan, "India's Nonalignment Tightrope: Between the U.S. and Russia," *Foreign Affairs*, March 2022. Madan은 인도의 외교 전략을 '이익 중심적 선택적 정렬(policy of issue-based alignment)'로 설명하며, 인도가 경직된 동맹보다는 전략적 유연성을 선호함으로써 미·중 경쟁 구도에서 독자적 전략 공간을 확보하고 있다고 평가한다.
69) Harsh V. Pant & Rajeshwari Pillai Rajagopalan, "India's Foreign Policy: Between Strategic Autonomy and Alignment," *International Affairs*, Vol. 98, No. 2 (2022), pp. 345-363.
70) UNCTAD, World Investment Report 2023, United Nations Conference on Trade and Development, 2023, pp. 12-18.
71) Harsh V. Pant & Kartik Bommakanti, "India's Strategic Autonomy and Global Engagement under Modi 3.0," ORF Issue Brief, No. 601, 2024,
72) Vijay Prashad, "Trumpism and the Reconfiguration of the Global South," The Tricontinental Institute for Social Research, Dossier No. 63, March 2024.

73) Jihyun Park & Seungwoo Lee, "South Korea's Role Recalibration as 'Global Pivotal State'," ResearchGate, April 2024. https://www.researchgate.net/publication/385814289_South_Korea%27s_Role_Recalibration_as_Global_Pivotal_State.
74) Andrey Kortunov, "The Return of Great-Power Politics and Russia's Post-American Eurasia Strategy," *Russian International Affairs Council (RIAC)*, Policy Brief No. 58, 2023.
75) Thomas Graham, "The Reverse Kissinger: Can Washington Drive a Wedge Between Russia and China?," *Foreign Affairs*, March 28, 2022.
76) Edward W. Said, *Culture and Imperialism* (New York: Vintage Books, 1994).
77) Vladimir Pastukhov, "Russia as a Late Empire: Power, Law, and Identity." *Russian Politics & Law 58*, no. 6 (2020): 409-427.
78) Edward W. Said, *Culture and Imperialism* (New York: Vintage Books, 1994).
79) 푸틴은 2021년에 발표한 논문에서 다음과 같이 썼다. "러시아와 우크라이나의 영적, 인적, 문명적 연결고리는 수 세기 지속되어 온 것이다. 우리는 민족은 하나다. 우크라이나의 진정한 주권은 오직 러시아와의 파트너십 안에서만 가능하다." 푸틴에게 우크라이나의 존재 자체는 괘씸한 것이다. 그에게 우크라이나의 흡수는 역사의 정언명령이며, 반드시 완수해야 하는 사명이다. Vladimir Putin, "On the Historical Unity of Russians and Ukrainians," July 12, 2021. Available at: http://en.kremlin.ru/events/president/news/6618.
80) Andrei P. Tsygankov, *Russia's Foreign Policy:* Change and Continuity in National Identity, 5th ed. (Lanham, MD: Rowman & Littlefield, 2022).
81) 김흥규 외, 「중국의 북한 전략 변화와 그 함의」, 『국가전략』, 제19권 제2호, 세종연구소, 2013.; 박원곤, 「러시아의 한반도 정책과 북핵 문제에 대한 인식」, 『국가안보와 전략』, 제17권 제4호, 한국국가전략연구원, 2017.
82) 신(新)오스만주의(Neo-Ottomanism)는 2000년대 이후 터키 외교정책의 방향성을 설명하는 주요 개념 중 하나로, 초기에는 아흐메트 다부토울루(Ahmet Davuto lu)의 '전략적 심도론(Strategic Depth)'에 기반하여 비군사적 문화외교 및 경제 연계를 강조하였으나, 에르도안 체제 이후에는 군사개입, 안보협력, 국방기술 수출 등을 수반한 보다 적극적이고 실리적인 영향력 확대 정책으로 전환되었다. 이 개념은 중동, 발칸, 북아프리카, 남캅카스 등지에서 터키의 외교·군사 개입의 정당화 논리로 활용되며, 동시에 국내 정치에서는 터키 민족주의 및 이슬람 보수주의를 결합한 문명적 정체성

복원 담론으로 기능하고 있다. ener Akt rk, "The Turkish Miracle in Comparative Perspective: The Politics of Neo-Ottomanism," *Middle East Critique* 23, no. 2 (2014).

83) 근린 지역(Near Abroad, 러시아어: Ближнее зарубежье)은 구소련 해체 후 독립한 CIS 국가들을 포괄하는 지역으로, 러시아가 자국의 안보, 문화, 역사, 경제적 영향권 내에 있다고 간주하는 공간이다. 러시아는 이 지역을 단순한 외국(foreign abroad)이 아닌, 역사·문명·안보 논리에 기반한 역사적 공간으로 인식하고 자국민 보호, 러시아어권 보호, 정교회 문화 등을 명분으로 개입 정당화한다. Andrei Tsygankov, *Russia's Foreign Policy: Change and Continuity in National Identity*, Rowman & Littlefield, 2022.

84) 다변화 외교란, 국가가 특정 진영이나 강대국에 일방적으로 종속되기보다는, 동시다발적으로 복수의 외교 경로를 모색하여 자국의 안보, 경제, 외교적 이익을 극대화하려는 실용주의적 외교 전략을 의미한다. 이 모델의 대표적인 나라 카자흐스탄은 중국의 일대일로 미국의 C5+1, 러시아의 EAEU 등과 동시에 협력한다.

85) 중앙 회랑(Middle Corridor)을 통한 '중국-중앙아시아-카스피해-유럽' 간 육상 물류 축은, 단순한 교역 경로 다변화를 넘어 지정학적 완충지대 확보와 경제 연결성 강화를 동시에 추구한다. 이 회랑은 특히 참여국들이 외교적 자율성을 확대하고, 강대국 간 균형외교를 실현하는 데 기여하며, 유라시아 내 지역 질서 재편의 중요한 변수로 작용하고 있다. Tsering Gyalpo, "Balancing China's Influence in Central Asia: Middle Corridor as a Geopolitical Lever," *Central Asia Policy Brief*, 2023.

86) 조건부 후견주의(conditional patronage)는 트럼프 행정부의 대외전략에서 나타나는 특징적 외교 방식으로, 미국이 전통적 동맹국을 일괄적으로 보호하거나 지원하기보다는, 구체적 기여도와 실익 기반의 상호거래 방식을 통해 전략적 후견을 제공하는 구조를 의미한다. 김현욱, 「트럼프 행정부의 중동정책과 사우디아라비아의 전략적 적응」, 『국제정치논총』, 제61집 제1호, 한국국제정치학회, 2021.

87) Mike Pompeo, "President Trump's Foreign Policy Doctrine: Maximum Pressure and Engagement," *Foreign Affairs*, 2019.

88) 아브라함 협정은 2020년 8월부터 체결되기 시작한 이스라엘과 아랍 국가 간의 외교 정상화 협정으로, 트럼프 행정부의 중재 하에 추진된 중동 외교 질서의 중요한 전환점 중 하나이다. 이 협정은 중동 내 아랍-이스라엘 대립 구도 완화, 반이란 연대 형성, 미국의 중재 외교 부활, 걸프 국가의 국제 위상 제고라는 다층적 의미를 내포하고 있다.

89) 문정인, 『강대국의 조건: 새로운 질서, 새로운 책임』, 창비, 2021.

90) 이남주, 「평화체제와 강국화: 남북관계의 전략적 조건」, 『창작과비평』, 2018년 여름호.
91) 정재흥, 「중견국 외교에서 전략적 강국 외교로: 미·중 전략 경쟁과 한국의 선택」, 『국제정치논총』, 제63집 제2호, 한국국제정치학회, 2023.
92) 이근, 「전략적 주도권을 가진 강소국형 강대국으로: 한국의 미래 국가전략」, 『창작과비평』, 통권 193호(2021년 여름호), 창비, 2021.
93) 나이, 조지프 S., 「21세기 권력의 조건과 한국의 역할」, 『세계와 나』, 2012년 3월호, 중앙일보사.
94) 브루스 커밍스, 「한국은 강대국 질서에 길들여지지 않았다」, 『한겨레』, 2018년 4월 26일자 인터뷰 기사.
95) 박인휘, 「한국 외교의 정체성과 중견국 외교 전략」, 『국제정치논총』, 제59집 제1호, 한국국제정치학회, 2019.
96) U.S. News & World Report, 2025 Best Countries Rankings, https://www.usnews.com/news/best-countries/rankings/power (검색일: 2025.05.22).
97) 김현철, 「드골 외교의 전략적 자율성과 프랑스 핵정책」, 『국제정치논총』, 제50집 제3호, 한국국제정치학회, 2010.
98) 최병일, 「디지털 기술과 지정학: '기술의 무기화'와 전략적 대응」, 『글로벌 전략』, 제11권 제2호, 글로벌전략연구원, 2023.
99) 김흥규, 「트럼프 2기와 미·중 패권경쟁의 지정학적 확장성」, 『국제정치논총』, 제64집 제1호, 한국국제정치학회, 2024.
100) Lawrence Freedman, *Command: The Politics of Military Operations from Korea to Ukraine* (Oxford University Press, 2022).
101) 이를 위해 전시 산업 전환법, 기술·공정 전환 매뉴얼 마련하며, 기술기업과 국방부 간 협력 플랫폼 구축하는 것이 요구된다.
102) 반길주, 「항모정치: 한국형 항공모함 전력기획과 군사적 효용성-정치적 기회 교환모델」, 『군사연구』, 제77권 제1호, 국방대학교, 2021, 57-85쪽.
103) Nye, Joseph S. "The Rise and Fall of American Soft Power," *Foreign Affairs*, Vol. 94, No. 4, 2015.
104) Morton, Adam David, *Unravelling Gramsci: Hegemony and Passive Revolution in the Global Political Economy*. Pluto Press, 2007.
105) Lee, Geun, "South Korea as a Middle Power and the Role of the Attractive State," *East Asia*, Vol. 30, No. 1, 2013.
106) 중국 내 민족주의가 강화될수록 서방에서의 China-phobia 반응도 증폭된다. Jude

Blanchette, *China's New Red Guards: The Return of Radicalism and the Rebirth of Mao Zedong* (New York: Oxford University Press, 2019), p. 212.
107) 이승훈 외, 『한국의 수출산업과 중국과의 구조적 경쟁: 무역의존도 재평가』, 대외경제정책연구원, 2021.
108) 평화전환 전략은 한양대 김영진 교수가 제안한 정책적 아이디어이다. 김영진, 「차기 정부의 유라시아 전략: '평화전환 전략'과 '평화번영벨트 구축'」, 미발표 논문, 2025.
109) Ravenhill, John. *Global Political Economy*. 6th ed. (Oxford: Oxford University Press, 2021).
110) Victor Cha and David Kang, *Nuclear North Korea: A Debate on Engagement Strategies*, Columbia University Press, 2018.
111) Ian Storey, "Southeast Asia and the Rise of China: The Search for Security," in *Rising China: Power and Reassurance*, ed. Paul Dibb and Ross Babbage (Canberra: ANU Press, 2018), 118-120.
112) Government of Vietnam. (2025), *Resolution on enhancing the role of the private sector in national economic development* (No. 45/NQ-CP). Hanoi: Office of the Prime Minister.
113) 성동기, 「한국의 신북방정책과 중앙아시아 외교전략: 우즈베키스탄을 중심으로」, 『중앙아시아연구』, 제27권 제1호, 중앙아시아학회, 2022, 45-67쪽.
114) 이상수, 「북한 외교의 전략적 변화와 다극체제 적응: 러시아·중국·아세안 외교를 중심으로」, 『통일정책연구』, 제32권 제1호, 통일연구원, 2023, 89-112쪽.
115) 박영자, 「북한의 대외전략과 탈서구 연대의 심화: 중·러·이란 협력구도를 중심으로」, 『국제정치논총』, 제64권 제4호, 한국국제정치학회, 2024, 101-125쪽.
116) Andrew F. Krepinevich, *The Global Triangle: Strategic Coordination among China, Russia, and North Korea*, (Washington, DC: Center for Strategic and Budgetary Assessments, 2023).

참고 문헌

한국 문헌

- 김부용 외.『중국의 쌍순환 전략과 시사점』. 대외경제정책연구원 기본연구 21-04. 세종: 대외경제정책연구원, 2021.
- 김영진. "차기 정부의 유라시아 전략: '평화전환 전략'과 '평화번영벨트 구축'." 미발표 논문, 2025.
- 김현욱. "트럼프 행정부의 중동정책과 사우디아라비아의 전략적 적응."『국제정치논총』제61집 제1호 (2021): 한국국제정치학회.
- 김현철. "드골 외교의 전략적 자율성과 프랑스 핵정책."『국제정치논총』제50집 제3호 (2010): 한국국제정치학회.
- 김흥규. "트럼프 2기와 미·중 패권경쟁의 지정학적 확장성."『국제정치논총』제64집 제1호 (2024): 한국국제정치학회.
- 김흥규 외. "중국의 북한 전략 변화와 그 함의."『국가전략』제19권 제2호 (2013): 세종연구소.
- 나이, 조지프 S. "21세기 권력의 조건과 한국의 역할."『세계와 나』2012년 3월호: 중앙일보사.
- 대외경제정책연구원 북경사무소. "'중국제조 2025' 문건의 내용 및 평가."『KIEP 북경모니터링 보고서』제15호 (2015.6).
- 문정인.『강대국의 조건: 새로운 질서, 새로운 책임』. 파주: 창비, 2021.
- 반길주. "항모정치: 한국형 항공모함 전력기획과 군사적 효용성-정치적 기회 교환모델."『군사연구』제77권 제1호 (2021): 57-85쪽. 국방대학교.
- 박원곤. "러시아의 한반도 정책과 북핵 문제에 대한 인식."『국가안보와 전략』제17권 제4호 (2017): 한국국가전략연구원.
- 박영자. "북한의 대외전략과 탈서구 연대의 심화: 중·러·이란 협력구도를 중심으로."『국제정치논총』제64집 제4호 (2024): 101-125쪽. 한국국제정치학회.
- 박인휘. "한국 외교의 정체성과 중견국 외교 전략."『국제정치논총』제59집 제1호 (2019): 한국국제정치학회.
- 브루스 커밍스. "한국은 강대국 질서에 길들여지지 않았다."『한겨레』, 2018년 4월 26일자 인터뷰 기사.

- 성동기. "한국의 신북방정책과 중앙아시아 외교전략: 우즈베키스탄을 중심으로." 『중앙아시아연구』 제27권 제1호 (2022). 중앙아시아학회.
- 이근. "전략적 주도권을 가진 강소국형 강대국으로: 한국의 미래 국가전략." 『창작과비평』 통권 193호(2021년 여름호): 창비.
- 이상수. "북한 외교의 전략적 변화와 다극체제 적응: 러시아·중국·아세안 외교를 중심으로." 『통일정책연구』 제32권 제1호 (2023): 89-112쪽. 통일연구원.
- 이남주. "평화체제와 강국화: 남북관계의 전략적 조건." 『창작과비평』 2018년 여름호(통권 183호): 창비.
- 이승훈 외. 『한국의 수출산업과 중국과의 구조적 경쟁: 무역의존도 재평가』. 세종: 대외경제정책연구원, 2021.
- 임혁백. 『한국 근대정치의 다중적 기원』. 고려대학교 출판부, 2014.
- 정재흥. "중견국 외교에서 전략적 강국 외교로: 미·중 전략 경쟁과 한국의 선택." 『국제정치논총』 제63집 제2호 (2023): 한국국제정치학회.
- 존 볼턴 지음, 박산호·김동규·황선영 옮김. 『존 볼턴의 백악관 회고록: 그 일이 일어난 방』. 서울: 시사저널, 2020.
- 최병일. "디지털 기술과 지정학: '기술의 무기화'와 전략적 대응." 『글로벌 전략』 제11권 제2호 (2023): 글로벌전략연구원.
- 프랜시스 후쿠야마. 『역사의 종말』. 서울: 한마음사, 1997.

영어 문헌

- Acharya, Amitav. "The Myth of ASEAN Centrality?" C*ontemporary Southeast Asia 39*, no. 3 (2017).
- Akt rk, ener. "The Turkish Miracle in Comparative Perspective: The Politics of Neo-Ottomanism." *Middle East Critique 23*, no. 2 (2014).
- Blanchette, Jude. *China's New Red Guards: The Return of Radicalism and the Rebirth of Mao Zedong*. New York: Oxford University Press, 2019.
- Brands, Hal. "The America First Doctrine and the Future of U.S. Alliances." *The Washington Quarterly 41*, no. 1 (2018).
- Caesar, L., Rahmstorf, S., Robinson, A., Feulner, G., and Saba, V. "Observed Fingerprint of a Weakening Atlantic Ocean Overturning Circulation." *Nature 556*,

no. 7700 (2018).
- Campbell, Kurt M., and Ely Ratner. "The China Reckoning: How Beijing Defied American Expectations." *Foreign Affairs,* March/April 2018.
- Chinn, Menzie, and Jeffrey A. Frankel. "Why the Euro Will Rival the Dollar." *International Finance 11*, no. 1 (2008).
- Council on Competitiveness. *Competing in the Next Economy: The New American Innovation Frontier.* 2021.
- Drezner, Daniel W. "Economic Statecraft in the Age of Trump." *The Washington Quarterly 42*, no. 3 (2019).
- Edsall, Thomas B. "Trump, the Authentic American." The New York Times, January 21, 2024.
- Eichengreen, Barry. *Exorbitant Privilege: The Rise and Fall of the Dollar.* Oxford: Oxford University Press, 2011.
- Fish, M. Steven. "Trump's Foreign Policy Is Leading America toward Authoritarianism." *UC Berkeley News*, March 7, 2025. https://news.berkeley.edu/2025/03/07/as-trump-upends-foreign-policy-berkeley-scholar-sees-irreparable-damage-to-u-s-power-and-prestige/
- Frachon, Alain. "With Trump in the White House, Charles de Gaulle's Prophecy Is Coming True: One Day the US Will Leave the Old Continent." *Le Monde*, November 7, 2024.
- Freedman, Lawrence. *Command: The Politics of Military Operations from Korea to Ukraine.* Oxford: Oxford University Press, 2022.
- George, Alexander L., and William E. Simons. *The Limits of Coercive Diplomacy.* Boulder, CO: Westview Press, 1994.
- Glaser, Bonnie S., and Zack Cooper. "Taiwan and the U.S. Strategy of Strategic Clarity." *Center for Strategic and International Studies (CSIS),* August 2020.
- Goh, Evelyn. "Great Powers and Hierarchical Order in Southeast Asia: Analyzing Regional Security Strategies." *International Security 32*, no. 3 (Winter 2007/08).
- Government of Japan. National Security Strategy. December 2022.
- Gyalpo, Tsering. "Balancing China's Influence in Central Asia: Middle Corridor as a Geopolitical Lever." *Central Asia Policy Brief,* 2023.
- Hopewell, Kristen. "The US-China Trade War and the Rise of a New Geoeco-

- nomic Order." *Review of International Political Economy 29,* no. 2 (2022).
- Hudson, Michael. *Super Imperialism: The Economic Strategy of American Empire. 2nd ed.* London: Pluto Press, 2003.
- International Energy Agency. *World Energy Outlook 2023.* Paris: IEA, 2023.
- International Monetary Fund. *Currency Composition of Official Foreign Exchange Reserves (COFER),* Q4 2024. Washington, DC: IMF, December 2024.
- International Monetary Fund. *The Rise of Geoeconomics: Implications for the Global Monetary System.* Washington, DC: IMF, 2023.
- International Monetary Fund. *World Economic Outlook: A Rocky Recovery.* Washington, DC: IMF, April 2023.
- Ibhawoh, Bonny. "Testing the Atlantic Charter: Linking Anticolonialism, Self-Determination and Universal Human Rights." *The International Journal of Human Rights 18,* no. 7-8 (2014).
- Jiang, Wenran. "China's Strategic Preparedness for a New Round of Trade War with the U.S.: A Comparative Analysis." *Peace & Diplomacy,* March 18, 2025.
- Krugman, Paul. "The Economics of Soaking the Rich." *The New York Times,* January 5, 2019.
- Kupchan, Charles A. *Isolationism: A History of America's Efforts to Shield Itself from the World.* New York: Oxford University Press, 2020.
- Kuo, Mercy A. "Friend-shoring and the Geopolitics of Supply Chain Resilience." *Asia Policy 18,* no. 1 (2023).
- Lai, Ching-te. "Taiwan's Path Forward: Strengthening Democracy and Economic Security." Speech at the 2024 Yushan Forum, Taipei, October 12, 2024.
- Lee, Geun. "South Korea as a Middle Power and the Role of the Attractive State." *East Asia 30,* no. 1 (2013).
- Löffmann, Georg. "Populism, Nationalism, and U.S. Foreign Policy: The Trump Doctrine and the Transformation of the Liberal International Order." *International Politics 58,* no. 1 (2021).
- Madan, Tanvi. "India's Nonalignment Tightrope: Between the U.S. and Russia." *Foreign Affairs,* March 2022.
- Mastro, Oriana Skylar. "The Taiwan Temptation: Why Beijing Might Resort to Force." *Foreign Affairs* 100, no. 4 (July/August 2021).

- Misalucha-Willoughby, Charmaine. "The Philippines' Hedging Strategy: Between the United States and China." *Contemporary Southeast Asia 43*, no. 1 (2021).
- Morton, Adam David. *Unravelling Gramsci: Hegemony and Passive Revolution in the Global Political Economy*. London: Pluto Press, 2007.
- Nguyen Khac Giang. "Vietnam's Foreign Policy and the China-US Rivalry: Strategic Equidistance or Gradual Decoupling?" *The Diplomat*, September 14, 2023.
- Nye, Joseph S. "The Rise and Fall of American Soft Power." *Foreign Affairs 94*, no. 4 (2015).
- OECD. *OECD Economic Surveys: China*. Paris: OECD Publishing, 2022.
- Park, Jihyun, and Seungwoo Lee. South Korea's Role Recalibration as 'Global Pivotal State'. *ResearchGate*, April 2024.
- Pastukhov, Vladimir. "Russia as a Late Empire: Power, Law, and Identity." *Russian Politics & Law 58*, no. 6 (2020).
- Pillsbury, Michael. *The Hundred-Year Marathon: China's Secret Strategy to Replace America as the Global Superpower*. New York: Henry Holt and Company, 2015.
- Pompeo, Mike. "President Trump's Foreign Policy Doctrine: Maximum Pressure and Engagement." *Foreign Affairs*, 2019.
- Prashad, Vijay. "Trumpism and the Reconfiguration of the Global South." The Tricontinental Institute for Social Research, Dossier No. 63, March 2024.
- Putin, Vladimir. "On the Historical Unity of Russians and Ukrainians." July 12, 2021.
- Ravenhill, John. *Global Political Economy*. 6th ed. Oxford: Oxford University Press, 2021.
- Rodrik, Dani. "Economics after Neoliberalism." *Boston Review*, 2018.
- Rogoff, Kenneth. *Our Dollar, Your Problem: An Insider's View of Seven Turbulent Decades of Global Finance, and the Road Ahead*. New Haven: Yale University Press, 2025.
- Rudd, Kevin. *The Avoidable War: The Dangers of a Catastrophic Conflict between the US and Xi Jinping's China*. New York: PublicAffairs, 2022.
- Said, Edward W. *Culture and Imperialism*. New York: Vintage Books, 1994.

- Segal, Adam. "The Coming Tech Cold War with China." *Foreign Affairs 99*, no. 2 (2020).
- Segal, Adam. "China's Push for Tech Self-Reliance." *Council on Foreign Relations*, 2021.
- Snyder, Glenn H. *Deterrence and Defense: Toward a Theory of National Security.* Princeton: Princeton University Press, 1961.
- Storey, Ian. "Southeast Asia and the Rise of China: The Search for Security." In *Rising China: Power and Reassurance*, edited by Paul Dibb and Ross Babbage, 103-127. Canberra: ANU Press, 2018.
- Trump, Donald J. Interview with Larry Kudlow. *Fox Business,* October 18, 2022.
- Trump, Donald J. Interview with Tucker Carlson. *Fox News,* July 12, 2018.
- Tsygankov, Andrei P. *Russia's Foreign Policy: Change and Continuity in National Identity.* 5th ed. Lanham, MD: Rowman & Littlefield, 2022.
- UNCTAD. *World Investment Report 2023.* United Nations Conference on Trade and Development, 2023.
- United Nations Development Programme (UNDP). *Human Development Report 2021/2022: Uncertain Times, Unsettled Lives Shaping Our Future in a Transforming World.* New York: UNDP, 2022.
- Vance, J.D. Interview with Fox News, March 3, 2025.
- von Rohr, Mathieu. "Trump vs. Europe: America Is Now an Adversary." *Der Spiegel International*, March 10, 2025.
- Wagner, David. "MAGA and the Alarming Parallels with China's Cultural Revolution." *South China Morning Post,* April 18, 2025. https://www.scmp.com/opinion/world-opinion/article/3305887/maga-and-alarming-parallels-chinas-cultural-revolution.
- Walt, Stephen M. "US Grand Strategy After the Cold War: Can Realism Explain It?" *International Relations 32,* no. 1 (2018).
- Walt, Stephen M. "The End of the Liberal Order?" *Foreign Affairs 96*, no. 1 (2017). Wenran Jiang. "China's Strategic Preparedness for a New Round of Trade War with the U.S.: A Comparative Analysis." *Peace & Diplomacy,* March 18, 2025.
- Weyland, Kurt. "Populism's Threat to Democracy: Comparative Lessons for the United States." *Perspectives on Politics 18*, no. 2 (2020).

- Wong, Lawrence. "Speech by Prime Minister and Minister for Finance Lawrence Wong at the S Rajaratnam Lecture on 16 April 2025." Prime Minister's Office Singapore, April 16, 2025.
- Xi, Jinping. *Join Hands on the Path Towards Modernization.* Speech at the CPC in Dialogue with World Political Parties High-Level Meeting. March 15, 2023.
- https://www.fmprc.gov.cn/mfa_eng/wjdt_665385/zyjh_665391/202303/t20230315_11042043.html.

찾아보기

4강 외교 16, 235, 293
America First 28, 33, 34, 49, 102
CHIPS법 89
CPTPP 136, 157, 287, 289
IPEF 191, 287, 289, 294, 300
K-정치 15
MAGA 33, 34, 35, 36, 52, 335
Mission 500 177
RCEP 156, 167, 168, 294, 340

ㄱ

강압 외교 105, 278
거래적 동맹주의 30, 31, 32
거래적 패권주의 35
국산화 2.0 전략 75
규범 강국 237
균형외교 152, 157, 160, 167, 186, 214, 223, 231
그리드락 64
근린 지역 215, 342
글로벌 가치사슬 18, 86, 149, 176, 287
글로벌 문명 이니셔티브 116
글로벌 중추국가 180, 237
글로벌 책임국가 236
기술 냉전 65, 336
기술외교 249, 251, 253, 254

ㄴ

남남협력 56, 178, 189
능동적 고립주의 35

ㄷ

다변화 외교 115, 215, 219, 221, 300, 316
대서양 헌장 27

ㄹ

리쇼어링 53, 84, 88

ㅁ

매드맨 전략 37
매력 국가 8, 265, 269, 271
문명적 예외주의 203
문화대혁명 42, 335

ㅂ

비동맹 외교 301, 304
비자유적 민주주의 45

ㅅ

상호관세 61, 62, 64, 66, 71, 103
선동적 권위주의 42
선택적 개입 32, 169, 172, 238
선택적 다자주의 292
스윙 스테이트 173
슬로벌라이제이션 64
신강대국 8, 239, 246, 263, 265
신극우 13, 22, 40
신남방 정책 16
신오스만주의 212
쌍순환 109, 276, 337

ㅇ

아브라함 협정 227, 229, 342
양안전쟁 124, 127, 128, 146, 151, 319
역외 억지력 279
연성 안보 304
완충지대 152, 159, 168, 207, 215, 219, 312
우크라이나 전쟁 63, 133, 147, 176, 195, 197, 201, 211, 215, 219, 240, 281, 285, 316
운명공동체 114, 159
인공지능 사령관 259
일대일로 56, 102, 117, 120, 128, 185, 216, 242, 300

ㅈ

적응 가설 99
전략적 명확성 125, 144
전략적 모호성 75, 76, 124, 142, 144, 150, 174, 205, 257
전략적 자율성 20, 30, 57, 76, 84, 133, 152, 162, 170, 183, 205, 210, 235, 301, 343
전략적 점진주의 115
정부 효율성 부서 79
제국의 숙취 199, 201, 202, 204
제국주의의 무고함 201
조건부 후견주의 224, 342
준국방국가 140
중국몽 120, 128
중국제조 2025 108, 337
중국 표준 2035 251
중심 통화 지속성 가설 94

ㅊ

최고의 압박과 관여 226

ㅌ

트럼피즘 44, 45

ㅍ

평화 전환 281
포스트 차이나 18
프랜시스 후쿠야마 40, 46, 335
프렌드 쇼어링 73, 76
플랫폼 주권 8, 17, 250
핀포인트 규제 73

ㅎ

하나의 중국 124, 126, 127, 145, 280
하이브리드 전쟁 257, 260
해상 지경학 36
해양 실크로드 154
핵심광물협정 30
헤게모니 17, 55, 57, 269
확전 우위 104
회색지대 전략 279

트럼프 2.0 시대, 대한민국의 신강대국 전략

초판 1쇄   2025년 6월 1일

저자   윤성학
발행인   황일민

펴낸곳   K북스
등록번호   제 2021-000025호
등록일자   2021년 2월 10일
주소   04578 서울시 중구 신당동 151-29
전화/팩스   02-2234-7762
메일   kbooks2021@daum.net

ISBN 979-11-94371-84-7(93340)

• 이 책은 저작권법에 따라 보호를 받는 저작물이므로 무단전제와 복제를 금지합니다.
• 책값은 뒤표지에 있습니다.